20

U0690922

（第 14 辑）

北大清华人大
社会学硕士论文选编

郭星华　卢晖临　沈　原　编

中国发展出版社
CHINA DEVELOPMENT PRESS

图书在版编目（CIP）数据

北大清华人大社会学硕士论文选编. 2016 / 郭星华, 卢晖临, 沈原编. — 北京：中国发展出版社, 2016.11

ISBN 978-7-5177-0613-7

Ⅰ. ①北…　Ⅱ. ①郭…②卢…③沈…　Ⅲ. ①社会学－文集　Ⅳ. ①C91-53

中国版本图书馆CIP数据核字（2016）第276806号

书　　　名：北大清华人大社会学硕士论文选编. 2016

著作责任者：郭星华　卢晖临　沈原　编

责 任 编 辑：孙　勇

装 帧 设 计：北京中源太行文化创意有限公司

出 版 发 行：中国发展出版社

　　　　　　（北京市西城区百万庄大街16号8层　100037）

标 准 书 号：ISBN 978-7-5177-0613-7

经 　销 　者：各地新华书店

印 　刷 　者：三河市君旺印务有限公司

开　　　本：880×1230mm　1/32

印　　　张：13.25

字　　　数：370千字

版　　　次：2017年1月第1版

印　　　次：2017年1月第1次印刷

定　　　价：45.00元

联 系 电 话：（010）88913231 68990692

购 书 热 线：（010）68990682 68990686

网 络 订 购：http://zgfzchbs.tmall.com//

网 购 电 话：（010）68990639　88333349

本 社 网 址：http://www.develpress.com.cn

电 子 邮 件：sunyongcdp@126.com

目　录

前　言

从社会学的恢复重建到今天的繁荣发展，已经过去三十七年了。期间，有众多的拓荒者、引领者，如费孝通、雷洁琼、袁方、陆学艺、郑杭生等老前辈，他们为社会学独立的学科地位、学科建设、人才培养、理论创新而呕心沥血、奔走呼号并且身体力行。除了这些名流、巨擘，在社会学发展的历程中，还有一些人，他们在做好自己的教学与研究的同时，也在为提升教学质量、规范学科研究、扩大学科影响而默默地贡献着自己的力量。《北大清华人大社会学硕士论文选编》（以下简称"三校论文集"），就是其中一朵璀璨的小花，她从当初的籍籍无名、暗香自赏，已经到了今天的桃李不言、下自成蹊，成为众多导师指导学生撰写论文的重要参考文献，也成了学子们完成学位论文的模板，什么是好的研究，什么是好的论文，一目了然。"三校论文集"，只是一种民间行为，没有课题资助，没有经费来源，对编辑者来说，也没有任何报酬，完全是凭着对学科的热爱、对一种信念的坚守才能一路坚持下来的。从2003年到今年，每年一集，出版了13集，其中的艰辛、困苦只有局中人才能体味。要从三校每年百余篇硕士论文中挑选优秀者入选，编辑、出版、发行，均是亲力亲为，确实不易，没有一点对学术抱着宗教般的狂热是难以做到的。说到这里，我必须要对"三校论文集"的三位创始人表达我的敬意，他们是：北大的郑也夫教授、清华的沈原教授、人大的潘绥铭教授。

他们三位教授，都术业有专攻、名满学界。郑老师，对信任问题有独到的研究；沈老师，长期专注于劳动社会学的研究；潘老师，在性社会学研究方面独树一帜。郑也夫、沈原、潘绥铭三位教授都是50后，先是人大的潘老师退休，替补上场的我还是50后（1957年出生）。北大的郑老师退休后补上卢晖临，终于有了60后的人参与编辑

"三校论文集"。等到明年（2017年），沈老师和我都将辞去编辑工作，编辑队伍将完成从50后到60后、70后乃至80后的华丽转身。

一个"老炮儿"的时代就这样谢幕了。

说起"老炮儿"，郑沈潘三位老师虽然性格各异，但还真都有点"老炮儿"的劲儿：有担当精神，敢仗义执言，有侠士风骨。由于三位老师都是成长于京城，还都有点北京"爷们儿"的范儿：天空飘来五个字——那都不叫事，那种处乱不惊、淡定自若的范儿，那种不管身处何种境遇都在放眼世界、忧国忧民的范儿，像我等操着外地口音的京城人是学都学不来的。

最后，谈一谈对"三校论文集"的一点个人评价。在我看来，该文集未必囊括了年度所有论文中的优秀硕士论文，但是，我敢说，入选的论文都称得上是当年论文中的优秀者，代表了三校硕士论文中的最高水准。敢这么说，是因为编选者的眼光是严苛与挑剔的，不讲情面、不讲平衡，只有一个标准：学术水准，其他一概不在考虑范围之内。当然，三位老师之间有时也会有分歧，甚至有争议，但标准从来没有改变过。依我参加三届编选工作来看，入选的标准有四条，我称之为"四有论文"：有材料、有理论、有观点、有规范。其他三条好理解，着重说说"有材料"。这里的材料，主要是指作者收集的第一手经验材料，依据文献资料或第二手的统计资料撰写的论文，除非特别特别出众，一般很难入选。虽然对此我有些不同看法，但我还是能理解创始人的初心：鼓励脚踏实地的学风，提倡扎实田野调查的态度。想想我国早期的社会学家，潘光旦、严景耀、李景汉、费孝通等等，哪个不是在田野中摸爬滚打过？只有掌握了来自基层、来自生活的鲜活资料，才能帮助我们深刻认识当下社会。

好了，就说这么多。期待三校论文集越办越好。

人人都是过客，只是我太过匆匆。

郭星华

2016年7月25日

"打赊"中的"义""利"整合
——团结经济理论视角下对村民资金互助合作的研究

陈雪松　北京大学社会学系2014级

指导教师　马凤芝

第一章　绪论

一、研究缘起

在笔者家乡大理地区广泛存在着一种民间资金流转行为,在当地土话中人们将之称为"打虫"(但实际上是对赊cóng音的异读)。我对于打赊的印象源自于儿时家中父母参与打赊的记忆,那时家中遇到资金困难,就去打赊。若干年后父亲谈及此事时总还是说"穷人有穷办法,大家一起筹点钱日子就过去了"。随着当地经济的发展,家乡也有了完善的农村信用社,但要取得信用社的贷款需要一套复杂的程序和信用担保,因而"打赊"仍然是当人们遇到手头资金周转不开、解决资金需求时的常用方法,打赊在我家乡人的经济生活中仍然显现出巨大的生命力。然而真正激发我研究欲望的是社会工作的专业知识背景,社会工作强调"助人自助",助人的最终目的是使受助者达到"自助"。费孝通先生在其著作《乡土中国》中对此有过记载:云南乡下有一种称上赊的钱会,是一种信用互助组织(费孝通,1986,76)。打赊从某一层面来说就是一种民间的资金互助行为,是一种民间非正式互助行为。虽然打赊的最初目的是否为"互助"需要具体分析,但不可否认,在这一过程中,"互助"和"资金需求的满足"是客观存在的。基于上述的观察、体验和思考，我将打睬这一具有乡土色彩的社会事实作为研究对象。

二、研究问题

打睬，从形式上来看，最简单的描述便是定期的集体资金合作行为，正如费孝通先生所言，睬是一种信用互助组织。在农村"合作"并不少见，然而人们为何选择打睬解决日常生活中在资金上的困难，对他们有何意义？对此，本研究力图回答如下三个问题。

第一，A 睬会是由什么样的人组成的？睬头和睬员之间有着什么样的区别？成员之间关系是什么样的？睬会是如何运转，又具备了什么样的功能？

第二，打睬在如何在人们的日常生活中发挥功能？睬会背后的运行机制是怎样的？人们在睬会背后持有怎样的态度和认识？

第三，打睬作为一种村民之间的经济合作行为，发挥了什么功能？这种功能的背后蕴含着怎样的合作机制？对于社会工作理论和实务具有怎样的意义？

三、理论视角

团结经济（solidarity economy），又称为社会经济。社会经济强调社会团结和整合，强调为社会大众和社会环境服务。团结经济更像一种理念，它是一个开放和变动的概念，它可以将合作主义置于一个更广泛、更有政治意义的、建立不同的经济模式的视野之中（伊桑·米勒，2012）。团结经济实践包括生产者合作社、消费者合作社、公平贸易、社会企业、小区货币、良心消费、集体购买、小区支持农业、小区内生性经济、内置金融、集体所有制经济等等（潘毅、陈凤仪、阮耀启，2012）。然而团结经济的内核却又是统一的。从一种核心信仰出发——人们是非常有创造性的，有能力自己找到解决经济问题的办法；在不同的地方、不同的背景下，这些办法看上去会不同——团结经济试图展示已经存在以及刚刚萌芽的替代性经济方案，用相互支持的方式把他们连接起来（伊桑·米勒，2012）。经济发展的最终目的是为了人更好的生活，社会经济正是基于这一基本的理念，强调多元文化视野下，各种社会力量主导的经济形式，通过它们人们可以得到更加有效的整合和价值提升。团结的理念确定了一种特定的关系模式：我们的生活和命运是与许许多多其他人的生活和命运捆绑在一起的（伊桑·米勒，2012）。

团结经济是一种人文主义经济（humanist economy），它协调金钱与价值之间的关系，信赖民主商议（埃里克·达舍、丹尼尔·古戎，2012）。正如赖特（Wright）所指出，团结经济的特点是集体组织生产，直接满足人们的需要，而不是服从利润最大化或国家-技术官僚的理性逻辑（埃里克·欧林·赖特，2012）。团结经济并非不注重经济效益，而是将产品、利润和资本等问题放到了社会结构之后，以期通过经济实践重建社会结构和原则。根据欧洲社会经济联盟（Social Economy Europe）所倡议的《社会经济原则宪章》，要求社会经济运动的内部守则包括以下七点：第一，重视个人及社会目标高于资本与利润；第二，成员的参与必须是开放而自愿的；第三，重视社会持份者的参与、由成员民主管理；第四，业务的营运不仅照顾组织成员和服务用户的利益，并同时关注公众利益；第五，维护并着力实践社群之间的团结精神及相互守责的基本原则；第六，独立于公营部门，实行自主管理；第七，盈余的分配大部分用于维持永续发展的目标、服务成员的利益，以及照顾公众利益（潘毅、陈凤仪、阮耀启，2012）。透过这些原则，不难发现团结经济具有的经济-社会整体视野，可以看到团结经济作为社会运动的价值追求就是人的发展。

目前，在中国内地有关团结经济的研究不多，但是从已有的研究中能够看出，团结经济由于其文化性、多元性和人文性在中国有光明的实践前景。李长江等人对周家庄合作社的研究表明，合作社能够成为作为超越资本主义生产方式替代物的社会经济的一种可能尝试（潘毅等，2004，114-117）。刘亚通过对香港理工大学"珠三角农村社区设计和社会经济建立"项目在崖口村的实践研究表明，社会经济项目的开展促进社会的有机团结，凝聚社区共同体意识，重新将经济发展嵌入社会关系（潘毅等，2004，135）。山西永济市蒲州果品协会社会经济的案例则表明一种"内外循环"社区经济的可能性（潘毅等，2004，149）。云南平寨的合作经济经验则表明经济的增长与村民能力建设和赋权相互促进的可能性（潘毅等，2004，183-189）。通过上述研究不难发现，社会经济的目的不是单一地追求经济的增长，而是强调社会关系、社会团结、社会联结等的发展，从中获得社会与人的全面发展，使得社会经济回归到服务于人的发展的根本议题上来。

在中国乡土社会中，人们对于彼此之间关系的强调，对于"我们"这一整体利益的强调都吻合了团结经济对社会团结的内核。透过团结经济的相关文献，能够更加理解村民的资金互助合作不单单是存在于资金方面，更加存在于彼此之间的联结和关系。在团结经济中可以看到人的发展、看到合作、看到社会团结。从团结经济的角度去观察"打賝"活动，可以为团结经济实践提供中国本土内生的经验，亦可以了解到团结经济在乡土文化中运行的基本逻辑和功能。

四、研究方法

1. 质性研究

关于质性研究的概念目前学术界尚无统一明确的定义。袁方从描述的角度指出定性研究方法不对不同单位的特征做数量上的比较和统计分析，它只是对观察资料进行归纳、分类、比较，进而对某个或某类现象的性质和特征做出概括（袁方，2012，145）。陈向明提出"质的研究是以研究者本人作为研究工具，在自然情境下采用多种资料的收集方法对社会现象进行整体性探究，使用归纳法分析资料和形成理论，通过与研究对象互动对其行为和意义建构获得解释性理解的一种活动"（陈向明，2014，12）。质性研究区别于定量研究的主要原因，不仅仅在于对数据和资料的收集和分析，更在于方法论上的差异。定量研究是一种专家式的由上而下的研究路径，定量研究的思路是一种因果取向的线性思维。而质性研究更加强调与研究对象之间的互动，将研究对象放置在更为广阔的背景和视野中去理解，从而归纳总结建构理论的由下至上的路径。

　　质性研究的重点是理解特定社会情境下的社会实践，而不是对类似事件类似情形进行推论（陈向明，2014，8）。以定量为特征的研究方法试图通过数据、模型的建构解释一般的人类行为，这背后是以"宏大叙述"为特征的思想发展模式，追求"代表性"和"普适性"，更是对自然科学的一种"趋同"。然而，随着社会科学研究的发展，研究者逐渐意识到社会科学与自然科学研究的差异性，更反思到"宏大叙事"的定量研究，忽略了少数群体的声音，客观上排斥和忽略了弱势群体的话语力量。因此，质性研究强调"被研究者的内部世界"的视角，强调研究者的"投入式理解"，注重对研究对象的现实生活经验的考察，着重对被研究者"默会知识"的理解。每一个人对自己所处的世界有一套属于自己的理解方式，同样一群人也有属于他们自己的意思世界，但是往往不能完全加以说明，大量的"默会知识"存在于我们的生活中并发挥着重要的作用。正如诠释主义者指出知识是社会性与历史性的产物，而"事实"来到我们面前时，都是负载理论的（Matthew B. Miles、A. Michael Huberman，2013，6）。

　　打赏作为一种社会实在（social reality），是在特定的文化社会环境中产生和维持并得以发展的。后现代主义强调所有的知识都离不开特定的社会背景和情景，脱离了综合背景（contextuality）的理解和认知是无意的。因此所有的语言本质上都是在一种有机背景之下的话语（discourse）和文本（text），透过这些文本我们能够看到蕴藏在语言背后丰富的文化层次、社会结构和行动关系。要想充分认识打赏，就必须对打赏进行"深度描写"（thick description）——一种"显微性"地叙述和描写——以达致对其行为尽可能地还原。"描写"不是"深度描写"的题中之义，最重要的还是通过"描写"来"阐释"。

　　建构主义是质性研究的重要理论范式之一。建构主义认为社会事实不是客观的、单一的，而是多元的，这种多元性就是人们根据不同的历史、社会、地理、经验等因素建构起来的。建构一个互为主体的理解。建构主义认为完全的价值无涉是不可能的，研究者看待事物的角度和价值决定了其解释的取向。因此要求研究者在研究过程中不单单是站在研究者的角度看问题，还要站在被研究者的意义世界中解读问题，更重要的是强调通过互动和反思，领会不同主体视角中的"事实"。因而陈向明认为，研究者在质性研究中是重要的研究工具，质性研究就是研究者将自己作为工具，与研究对象一起意义建构的过程。平等、赋权一直是社会工作的专业价值追求，质性研究的理论基础和方法论要求在社会工作研究价值上达到了一致性。

　　2. 研究对象

　　现实生活中，打赊往往会演化为恶性的集资事件，就这一问题需要更多地从法律、经济和越轨社会学角度进行讨论。为了更好理解打赊在社会福利方面的功能和作用，笔者将研究对象集中在规模较小（10—20人左右），月供金额低于当地平均工资水平（大约3000元），利息相对较低的赊会。需要澄清的是，虽然在当地人口中打赊是一个大概念，它包括了群体之间的资金借贷和非法集资等有相似点但却性质不同的团体形式。邱建新在对崇川镇"标会"的研究中指出了非法集资的主要特点：由于标会本身并不会使轮转资金增值，因此只能靠高额利息造成赚钱假象骗取更多人入会，以连锁累进的方式发展会员；在这一过程中逐渐出现了职业会头群体，形成了从大会头、中会头、小会头和散户的四重金字塔结构；同时处于结构洞位置的强关系成员会变成会头与会员之间的"中介人"，脆弱的关系链会因为中介人的失信而断裂（邱建新，2005，67—80）。由此可见，打赊与非法集资等现象在外显特征上有着高度相似性，然而具体运作方式、价值等却有本质的差别。因此采用这一定义主要是出于三个考虑。第一，集资行为往往由于其资金链需求而不断扩大，反过来由于参与人数过多也客观加重了其对资金的需求，如此循环，促使这样的组织有不断扩大的态势。第二，集资行为为了吸引更多的人参与，往往报以高投入高回报，且有很多"闲钱"投入其中的家庭对打赊的需求显得"微不足道"。第三，追逐高利益回报，超高的利益回报是集资行为的最重要标签。

　　本研究访谈15人，其中包括共同参与"A赊会"的11人，参与打赌但是未参与该赌的相关人员 2 人，未参与打赌 2 人[①]。需要特别指出的是，本研究中的所有受访者互相之间都是熟悉的、有社会往来的，换而言之，他们都共处于同一生活圈中。

3. 资料收集方式

为了更好地观察和研究打赌现象，我以局内人的身份，依靠自己在当地的社会关系，进入到 A 赌会中，对参与打赌的人进行观察和访谈。本研究主要采取参与式观察和无结构访谈两种方式收集相关资料。参与式观察是指研究者作为一个参与者参与到研究对象的活动中去，在自然状态下对研究对象展开研究。选择"作为参与者的观察者"作为介入的角色，其主要特征在于，被研究对象是知道研究者身份和目的的。由于有 A 赌会中的赌头和重要骨干作为"担保"，有效地解决了我在收集资料过程中会遇到的信任问题。因此赌会的参与者会更加真实地向我表达他们的态度和动机。无结构访谈是相较于结构式访谈而言的，不预设一个标准的提问程序，只给定一个题目，受访者和研究者就这个题目自由交谈。无结构访谈能够有效凸显研究对象多层次的社会行动背景，当受访者谈话内容指向某些方面时，更能凸显共同的意义或价值。

五、研究意义

1. 理论意义：社会工作知识本土建构

中国社会工作的发展需要本土知识建构。马凤芝指出，大陆社会工作学界注重对社会工作本土化的讨论，忽略对本土社会工作资源的总结与发掘，包括制度与结构资源、社会价值资源、理论和实务知识（马凤芝，2010，10）。首先，社会工作知识是需要建构的。社会工作的知识基础来自于政治学、社会学、经济系和人类学等学科，也来自于对于实务工作的总结和提升。大卫·豪将社会工作理论在逻辑结构

---

① 受访者编码规则如下："C"表示本研究所涉及赌会；"R"表示有打赌经历（现在也在打赌），但是不属于本研究所涉及赌会；"N"表示从未参加过打赌；"T"表示在打赌中承担的角色为赌头；"Y"表示赌会中的一般成员。数字表示的是访谈的顺序，举例来说，"RT01"表示的是在本研究所涉及赌会外的赌头。

上分为"为社会工作的理论"（theory for social work）和"社会工作的理论"（theory of social work）。孙立亚认为社会工作专业在借用其他学科理论与方法的同时，并不是简单的挪用，而是根据社会工作专业目标的要求和解决实际中的社会问题和需要，在社会工作专业范畴体系中将不同理论和方法组织在一起，形成社会工作专业自己的理论体系（孙立亚，1999，155）。可以说这一过程就是社会工作知识建构的过程，其中融合了专业要求、文化因素、情境特点等。其次，本土知识建构就是要发展出一套既包括各国社会工作的一般特性又能反映我国社会工作本土特色的中国化社会工作理论（王思斌，2010，72）。这就要求运用社会工作专业视角观察中国社会原有的助人方式和文化元素，从中提取理论要素，搭建本土化的知识体系。打醮长期存在于当地村民的经济社会生活中，面对剧烈的社会变迁，打醮不仅没有消失，反而更加具有生命力。这就说明打醮这种村民中的经济互助形式蕴含了存在的合理性和自助互助的知识，对这些知识的提炼和总结能够促进社会工作知识的本土建构。现行有关团结经济的实践和研究基本都是在合作社、集体经济、社区经济等之类的组织中，这一类组织的显著特点是需要有人刻意组织，甚至需要学习境外相关经验。然而打醮是一种地区文化传承的习惯，它是本土社会中的传统经验。从打醮中可以帮助我们认识到中国乡土社会中的合作经济形式和经验，可以弥补团结经济研究中本土资源挖掘的不足。

2. 实践意义：对精准扶贫的启示意义

贫穷自古以来就是人类的悲剧，尽管对贫穷的定义不一而足，但"没钱"都是贫困的核心特征之一。社会工作作为一种应对工业化和现代化进程中的贫困的手段而出现，可以说社会工作的专业使命始终关注着贫困问题，2016年第十届国际社工日的中国主题是"发展社会工作，助力扶贫济困"。精准扶贫，作为现阶段国家层面的宏观战略，目前已经成为政府各层级和社会广泛关注、讨论的议题。目前学界尚未对此有统一定义，在官方话语体系中主要特质体现在"精准"二字之中，可以简单的将其理解为找准贫根，用准脱贫药。但是在基层，由于没有可供参考和借鉴的案例，加之政策的自由裁量空间过大，很多工作的开展只能是"摸着石头过河"。打賝作为一种民间资金流转行为，在很大程度上满足人们对资金的需求。作为一种民间长期存在的"地方性知识"，是人们在资金缺乏时互济互助的一种方式，具有很强的文化适应能力和深厚的社会文化基础，其中蕴含了丰富的有关助人实践的本土知识。社会工作作为一个以帮助弱势群体为目标的专业，能够在精准扶贫中发挥重要的作用。首先，能进一步探究存在于原有的社会互助网络中的、能够被用于社会工作和社会政策中的实践要素。其次，能够为研究提供一个对"人在情景中"的视角，透过这个视角能够理解传统文化与现代文化相互激荡中的民间互助行为，为本土社会工作知识提供经验材料。

第二章　文献研究

本章将通过互助会、民间互助、传统义利观、社群主义几个主题展开文献研究，通过这些观点认识和了解打賝现象。

一、互助会

賝，又做"賨"，据《汉语大词典》解释：秦汉时西南少数民族巴人称其所交纳赋税为賝。根据字典的解释，賝在本意上是一种定期上缴的赋税。人们根据日常生活形式，仿照上賝的形式，把对官方的关系转化为民间的自我形式，自发组织了賝，每人凑出一定的资金，轮流供凑集人使用（习煜华，1994）。目前研究主要集中在纳西族"化賝"现象。组建賝的范围限于由天灾人祸引起的困难者和计划置办家产者，并且賝作为民间结社得以长期流行主要在于迎合了纳西族从血缘到地缘的社会组织过程、满足了从游牧狩猎转入农耕的生产方式、契合了向往团结追求和谐的文化基础和中心地理位置带来商品经济发展的影响（习煜华，1994）。进入21世纪，化賝成为丽江古城纳西人最普遍的一种休闲娱乐的生活方式，更成为纳西人最重要的一种人际交往模式，这种对化瞭现代性应有的转变来自于对传统文化的自觉，化瞭在保持金融储蓄互助的原始风貌前提下，强化了对社会结构内部人际关系网络的重建和巩固，同时适应新的社会交往变化（和立勇、和少英，2007）。何秀涓通过问卷形式发现化瞭的形式总体上呈现出一种由原来的结构严谨到结构松散的变化过程，并认为经济互助功能的减弱，社会支持功能、文化功能、闲暇功能的凸显则是导致化瞭形式非结构性变迁趋势的根本原因（和秀涓，2011）。通过对化瞭的描述和分析，可以看到瞭是一种具有民族文化特性的民间经济互助组织，瞭在许多民族当中也有流行，称瞭会、钱会等（习煜华，1994）。

不论钱会、标会或瞭会等都是互助会的一种形式。互助会是一种民间非正式的经济互助组织，认为其是非正式的，主要是区别于银监会《农村资金互助社管理暂行规定》的农村资金互助合作社[①]。我国民间社会针对其有不同的称呼，例如标会、钱会、合会等，不同的称呼意味着互助会在运转形式上的些许不同。在国际学术研究中，互助会被形象地称为轮转储蓄和信用互助协会（Rotating Savings and Credit Associations 简称 Rosacs）。互助会一般由发起人（会首）邀请若干人（会脚，或会员）参加，约定时间按期举行，每次收集一定数量的会金，轮流交由一人使用借以互助，资金使用顺序会依照互助会内部共识商定。目前针对互助会的研究主要集中在描述和功能分析层面，社会学、人类学等主要揭示了互助会的社会整合功能和文化功能——增强团体凝聚力、监督约束和文化传承（董研，2013），而经济学、法学主要揭示了互助会维系和发展过程中的一些议题。总的来说，对于互助会的认识还比较碎片化。

互助会的存在与民间的文化习俗有着密不可分的关联。有研究指出互助会已经作为一种习俗，它的根基已经深深扎到当地的整个社会系统之中，并且标会将自由竞标过程与程序、竞争性利率决定、自愿

---

① 其定义为：农村资金互助社未经银行业监督管理机构批准，乡（镇）、行政村农民和农村小企业自愿入股组成，为社员提供存款、贷款、结算等业务的社区互助性银行业金融机构。

性合作、大众参与、信任等因素实现了有机结合，是一种很有效率、活力与竞争力的非正式金融制度安排（胡必亮，2004）。Biggart 认为互助组织具有一定的信息优势、担保优势、交易成本优势，并能够充分利用本地知识（local knowledge），这也是互助组织之所以具有顽强生命力的原因（Nicole Woolsey Biggart，2000）。有学者认为标会在当地存在历史传统悠久且在社会生活中发挥独特作用，已为乡规民约、传统风俗认可并获得存在的"合法性"，这种合法性机制有别于法律、法规的合法性意义，而是一种民间习惯法意义上的合法性（蒋小平，2012）。

互助会具有明显的社会功能。第一，社会整合功能。民权、徐忠、俞建拖在总结国外已有的 ROSCA 研究发现，互助会的社会功能主要表现在以下三方面：（1）增加团体的凝聚力；（2）教育功能，互助会作为一个以互惠为原则的互助性团体，宣传和培养了一种友爱互助的道德准则；（3）有利于妇女经济地位改善，提高妇女在家庭中的经济支配权（民权、徐忠、俞建拖，2003）。钱会组织具有鲜明的融资与互助色彩，融资是在互助的性质下完成的，互助是以融资借贷的形式实现的，提供了一种灵活、可靠的选择，满足了个人和宗族的资金需求，促进了社会的稳定与团结（胡中生，2011）。从社会学功能分析角度来说，互助会的负功能主要在于一定程度上，扰乱了国家金融秩序，也影响了货币信贷政策的效果，对个体而言造成资金流失、经济受损（陈炉丹、万江红，2006）。第二，社会保障功能。针对肯尼亚的研究指出，有收入的已婚妇女通过 ROSCA 获得一定的积蓄而不是将其作为家庭日用花费，以此获得家庭稳定的保障（Siwan Anderson、Jean-Marie Baland，2002）。邱建新指出，互助会是人们用来寻求自身的社会保障，而社会保障的获得又进一步巩固了既有关系网，从而成为一种"生存理性"（邱建新，2005）。

有学者从运行机制的角度对互助会展开研究（程昆、潘朝顺、曹木顺，2009）。从更为宏观的机制角度，何广文在研究中国农村资金互助机制中提到与正规金融机构相比，合作金融制度在中国的演进逻辑是正规金融供给不足→民间内生自发金融创新，产生资金互助组织，是一种非正式制度安排→政府承认、加以总结和规范、以法律或规章等方式固定下来，并加以推广，资金互助，合作进而成为一种正式的制度安排（何广文，2007）。由此可以将打睬行为视为农村资金互助合作社线性发展的前一阶段。因此同资金互助合作社一样，是一种内生性的、农民自己的金融组织，是"弱势群体"在农村正规金融无法满足金融需求情况下的一种需求诱致性的自发制度创新，是一种"自救行为"，因而最贴近生活、最能满足农村的金融需求。

有经济学研究指出，非正规金融提供的信贷服务覆盖面和正规金融基本相当，借款和储蓄的主要用途都偏重于消费（潘朝顺，2009）。入会家庭的借款高于没有参加互助会的家庭，入会与非入会农户在借贷市场上的融资水平相差较大（俞建拖、刘民权、徐忠，2004），因此互助会的存在能够有效促进消费的增长。信息交流是互助会的主要特点，标会作为一种投融资机制是有效率的，但参与者对倒会风险的担心降低了它的效率，导致它难以大范围和大规模地发展（陈德付、戴志敏，2005）。互助会相对于银行的最大优势在于它更好地解决了信息问题，且这种优势在面对农户、小企业等群体时尤为明显（朱喜，2006）。值得提出的是，张海洋、平新乔通过抽样数据调查，比较了农村民间信贷市场中借贷双方的收入状况，发现民间信贷资金表现出较强的"正向分类相聚"（Positive Assortative Maratching）性质：穷人把钱更多地借给了穷人，富人把钱更多地借给了富人，并使用搜寻 - 匹配的模型解释了这一现象（张海洋、平新乔，2010）。然而，李勤、张元红认为通货膨胀率的波动影响了会员的净收益，在一定范围内，随着通货膨胀率的上升，前期得会会员（一般是资金需求者）的净收益上升，后期得会会员（一般是资金富裕者）的净收益下降，因而互助会会员净收益的离差变小了，因而互助会的福利再分配也变得均匀（李勤、张元红，2011）。有学者通过研究云南民国时期的民间借贷与乡村社会秩序，认为民间借贷作为一种内生的经济力量，在我国农村经济中占有不可取代的历史地位和作用（黎志刚，2011）。更有学者指出农村金融市场不是一个单一金融市场，而是由多个局部金融市场组成，存在着大量有关有效金融服务需求的局部知识，需要金融组织或活动的多元化来充分利用这些知识，以改善金融服务供给（冯兴元、何梦笔、何广文，2004）。

总之，打赊作为一种民间非正式的经济互助行为，是我国本土社会中地方知识在互助行为中的深度刻写。

二、民间互助

互助是指人们之间互相帮助解决困难、满足需求的行为，中国民间社会中有着丰富的互助传统和经验。之所以强调民间互助，是因为在社会工作专业视域下我们将民间互助等同于非正式互助，即在国家制度性、正式组织之外存在的互相帮助行为。民间互助存在于人们的日常生活之中，是一种生存性智慧。王思斌认为在社会工作研究中，求-助关系的研究处于核心地位，指出中国人在求-助关系中表现为"情、理、法"的作用，就是人们在那种情境下的"应该"判断，即人在他们所处的那种特定情境，由于情、理、法的综合作用，求助人的求助行为是合乎情理的，助人者的助人行为也是应该的（王思斌，2001）。这意味着民间互助并非是一种简单的交换。

民间互助行为深深地扎根于民间社会土壤，其行动逻辑必然带有熟人社会的基本底色。费孝通提出差序格局是中国乡土社会的基本结构特征，正如其所作的比喻：以"己"为中心，像石子一般投入水中，和别人所联系成的社会关系，不像团体中的分子一般大家立在一个平面上的，而是像水的波纹一般，一圈圈推出去，愈推愈远，也愈推愈薄（费孝通，1986，25）。梁漱溟认为中国是伦理本位的社会，正如其所言，伦理关系即表示一种义务关系，一个人似不为自己而存在，乃仿佛互为他人而存在着（梁漱溟，2005，81）。两者都共同揭示了中国社会的"关系"特质。黄光国认为中国社会中个人可能拥有的三大类人际关系，即情感性的、工具性的和混合性的关系，三者的不同是由于情感性成分和工具性成分所占比例不同造成的（黄光国，1985）。

关于差序格局的再讨论。王思斌认为血缘的亲疏不再是唯一判别关系亲近的标准，经济利益已成为亲属家庭联系的重要纽带，亲属家庭走到一起，除了沟通感情以外，更重要的是为了在经济上有效地合作，实现经济上的互利（王思斌，1987）。陈俊杰、陈震认为差序格局是在"伦理 - 感情 - 利益"三个维度上有差序地建构的（陈俊杰、陈震，1998）。杨善华、侯红蕊用"差序格局的理性化"来概括理性全面进入农民生活，从而让正式关系带上更多的人情味，同时又使非正式关系具有更多的理性，并且，如果需要并存在可能，则尽量将正式关系转化为非正式关系。认为这是步入现代化的中国农民对他们的人际交往和相互对待的标准在原则上所作的选择（杨善华、侯红蕊，1999）。有人用人际关系的理性化来概括上述现象（贺雪峰，2001）。有学者认为转型期中国乡村社会存在网络性交换非网络化和非网络性交换网络化，这使得看似传统的"人情"原则与看似现代的"商业"原则实现了整合（徐晓军，2001）。卢成仁认为，基于市场的流动对村落共同体实际起较为明显的消解作用，基于互惠的流动则促进了共同体的整合，在互惠机制、网络的绵密作用下，市场对村落共同体的消解实际上被抵消了（卢成仁，2015）。

人情是社会互助的重要基础。如果说亲密亲属之间的互助具有义务性，那么基于非亲属或者远亲之间的互助则更多体现了人情社会的特质，而不是简单的资源交换。阎云祥通过对下岬村礼物交换的考察，发现在中国礼物的交换遵循互惠原则，然而却不单单是人情和资源的互惠，还包含了更多的道德和情感因素，并提出了表达性礼物 - 工具性礼物的分析框架。翟学伟认为，人缘、人伦和人情这三者的三位一体构成了中国人人际关系的特质（翟学伟，1993）。并且中国人在情理社会中，通过人情和面子的运作，放弃的是规则、理性和制度，得到的却是不可估量的社会资源、非制度性的社会支持和庇护及以势压人的日常权威。人情的运作期待不是直接利益最大化，而是互惠的最优化，即里面有许多非（直接）利益因素的考虑（翟学伟，2004）。黄国光指出，人情法则之下，关系网内的人彼此都会预期将来他们还会继续交往，并且自己的付出能够从他人那里获得回报（黄光国，1985）。这直接说明人情具有计算的一面，有研究指出互助是以互惠互利为基本原则，以人情和关系为文化基础的社会交换。它既是一种利益交换的工具，也是一种表达感情和履行道德义务的方式（蒋英菊，2004）；马凤芝认为，中国文化与观念中有一些对中国人生活影响深远的因素，包括面子的观念、人情、关系和差序格局等，这些因素深深影响着个人对自己与他人及社会的看法，并与互助行为有密切的关联（马凤芝，2010，31）。

由此可见，在当前中国社会工作研究中，需要围绕着中国人的互助逻辑来推进社会工作服务的发展。因此，需要进一步明确情感选择和利益选择在民间互助过程中是如何相互牵涉、共同作用于人们的互助行为的。

三、 传统义利观

在中国文化传统中有一对相互依存、相互斗争的价值取向——"义"与"利"，"义利之辨"一直深刻影响着中国社会的发展、人们的行为选择等等。中国传统义利之辨是关于道义与利益之间关系的思想和观点："义"即道义、情义，指思想行为符合道德准则；"利"，即利益、功利（曹德本、方妍，2005）。在乡土社会中"道义"更多的是有差序格局，讲求君君、臣臣、父父、子子的"伦"，这是一种伦理关联的社会关联形式（陈劲松，1999）。欧阳润平认为义与利是一个多维性的价值范畴体系，义与利各自具有三重含义，又相互对应形成三重结构，即公益与私益、人道与物用、公平与效率的关系（龚长宇，2003）。

在数千年的争辩中人们针对取义、逐利、重义轻利、利益并重与义利俱轻等话题展开了广泛而深入的讨论，在讨论中逐步确立了两种义利观。一是随着独尊儒术到程朱理学的发展，主流话语体系中接纳了重义轻利的价值观，这是将义利对立起来的价值体系，例如"君子喻于义，小人喻于利"、"存天理，灭人欲"等。二是以认为"仓廪实则知礼节，衣食足则知荣辱"、"兼相爱，交相利"为代表的义利并重的观点，其认为义利可以并存，并且可以互为补充。从更加广阔的视角来看，有学者认为中国传统义利观有一个严密的体系：一是"人非利不生"，二是"制礼义以分之"，三是"见利思义"，四是"计利富民"（曹德本、方妍，2005）。这一体系直接体现了马克思唯物主义的哲学观点，认为物质基础决定上层建筑，只有关乎生计的问题得以解决才能追求情感归属的需求。从马斯洛需求层次理论角度来看，两者不谋而合。郑杭生从社会运行论的角度阐述了义利整合和义利冲突的重要作用，认为中国历史上出现过三次义利之辩的高潮：战国时期、两宋时期和近代社会，这三次高潮也正逢社会制度的深刻变革、社会结构的剧烈振荡时期（郑杭生，龚长宇，2001）。其认为义利可以互为工具和目标，此时可以实现义利整合，也有利于社会转型，维持社会良性发展。实现义利整合过程就是将"利益"作为中介变量，联结"道义"与"善行"，实现两者的相互作用与转换。

传统义利之辩在今天有了新的发展，这包括不同学科视角的解读与诠释，西方价值观的影响，市场经济发展和社会主义道德的培育等等因素，因而呈现出多元化的特点。笔者认为，多元主义的义利观是社会发展的必然产物，是个体与共同体之间多元互动的写照。要关注"义"和"利"对人们行为活动的影响，从结构和功能的层次认识"义""利"对人们行为选择的影响，在社会工作方面，尤其关注"义""利"对助人活动产生的影响。

四、 社群主义

社群主义又称为共同体主义、社区主义、社团主义等，是20世纪末在批判自由主义基础上形成的一种反对个人主义，强调社群共同体利益的思潮，它深刻影响了哲学、政治学、社会学等学科。1887年德国社会学家滕尼斯出版《共同体与社会》（Gemeinschaft and Gesellschaft， 英译为 Community and Society），在该书中提出了共同体的概念和理论。Gemeinschaft 是指由具有共同习俗和价值观的同质人口所形成的、关系密切、富有人情味的组合方式；Gesellschaft 是指由契约关系和理性意志形成的社会组合（王思斌，2010，165）。Gemeinschaft 可以翻译为共同体、公社、社区等，都表达的是在本质上基于深厚感情、习惯价值和共同关系的基础上紧密联系起来的有机体。此后，涂尔干提出有机团结和机械团结进一步拓展了共同体概念。滕尼斯首先将人的意志分为本质意志和选择意志。本质意志主要是基于情感动机而达致一致性和融洽；选择意志主要是基于思想动机，在人们排除情感之外的理性计算而达成的合作与一致。共同体就是基于本质意志而形成的一种亲密的、相互信赖的、排他性的共同生活。在"共同体"形式里，不管人们形式上怎样分隔，也总是互相联系的；而在"社会"形式里，不管人们形式上怎样结合，也总是分离的（贾春增，2008，60）。共同体观念是社群主义的核心概念（龚群，2013）。随着芝加哥学派的发展，Gemeinschaft 被赋予了地域的特征，作为社区（Community）的概念被广为接受，帕克（R.Park，1936）认为社区本质特征包括：一是按区域组织起来的人口，二是这些人口不同程度地完全扎根于他们赖以生息的土地，三是社区中的每个人都生活在相互依赖的关系中。共同体的概念随着不同学者的研究，在不同语境中也体现出不同的诠释，张志旻等认为可以从共性的角度给出描述性的定义，即一个基于共同目标和自主认同、能够让成员体验到归属感的人的群体（张志旻，2010）。

社群主义主张社群是构成个人的基本因素、公共利益优先于个人权利、国家应在道德问题上负起责任（何霜梅，2005）。胡伟希将儒家文化中的社群主义归纳为国家社群主义，将西方社群主义归纳为共同体社群主义，以此来突显儒家社群主义作为一种社会与政治思想理论的特征（胡伟希，2006）。

社群主义能够为认识理解打賝提供更加基础的观点。首先，不是一家人不进一家门，打賝成员之间的关系是亲密的，他们互相认同彼此之间的关系，对于互助持有共同的价值观，因而从原有的社会网络中组建起了賝会。他们之间关系的密切不仅仅体现在地域上的紧密联系，更体现在社会生活交往中的有来有往。这种经济互助合作是一种团结的形式，而互助合作又是建立在社群交往的基础之上的。其次，面对社会环境的变迁，賝会内部的凝聚力不再像传统社会中那么紧密，也面临着新的变化。

第三章　打赊的结构、内容和过程

打赊作为一种极具地方特色的称呼，包含了当地人们对这一事物的基本认识。通过对打赊的描述，能够更加直观地展现这一现象。吉尔兹认为在解释中不可能重铸别人的精神世界或经历别人的经历，而只能通过别人在构筑其世界和阐释现实时所用的概念和符号去理解他们（吉尔兹，2001）。对社会现象的研究始于对社会事实的观察和了解，对研究对象的了解始于对其语言和符号体系的了解。本章将描述赊会的组织结构、目的和目标、解决的问题及其运作过程，从中发现打赊通过汇集闲散资金实现了参与者之间多元需求的满足，而产生一定的福利功能，同时人们在赊会之间的互动和合作也深刻影响了打赊福利功能的发挥。

一、赊的组织形式与结构

1. 打赊的涵义

"打赊"一词中，"打"是动词，"赊"是名词。所谓"赊"，本意为西南少数民族对税赋的一种称呼。"打赊"意思是，在面对资金需求时，以共同体成员之间定期资金合作的方式进行经济互助的行为。

研究对象 CT01 就说："普通老百姓建房子、娶媳妇、做生意等等一时拿不出那么多钱，找人借不到，银行贷款又要担保，只好亲戚朋友几个人大家在一起互相凑一点，解决难题，这叫抱团取暖。"可见，"打赊"是一个行动，意味着加入某一个"赊"会，进行与资金融通相关的活动。研究对象 CY02 说："有的人会同时打好几个赊，我就打了这一个。"参加打赊的人是一群对资金有需求的亲友邻里，一般 10-20 人左右，定期向赊会上交约定数额的资金，形成一笔统一的资金，在成员间轮流使用，并按约定支付一定的利息。

赊会是打赊团体的简称，在他们的语言中并未对这个约定的打赊有固定的称谓，一般都冠以赊头的姓名加以区分。例如研究对象

ET00将本文研究的赊会称为"李婶的赊"。故而为了更好地对应文献研究，本文研究的是"A赊会"。A赊会是以北村村民李婶（编码为CT01）为赊头的赊会，赊会赊员10人，共计11人，成员大多数都是北村村民，个别成员（CY11）是李婶个人的私交，成员之间彼此都相互熟悉。A赊会打月赊，每赊1000元，每月1号左右上赊。根据RT01所述："每个月打一千元赊在所有本地赊会中属于中上水平。"

"赊"指的是每位成员按时交纳的资金。在赊会中对"赊"的衡量单位为"股"，例如CT01说："如果你有钱可以打赊，可以打两股或者几股，没钱的可以和别人拼凑打半股。"区分赊会的重要方式主要有两种。第一，根据赊会约定交纳资金的时间分，例如"月赊"（按月交纳资金）、"半月赊"（按半月交纳资金）等。第二，根据"赊"的资金数额多少分，例如"千元赊"（一千元一股赊）、"五百元赊"（伍佰元一股赊）等。打赊的类型主要是由参与的成员之间协商决定的。

"上赊"指的是在约定时间向赊头交纳固定金额的资金。"赊钱"指的是定期形成的资金总和，即"赊"的总和。需要指出的是在小部分人口中这与"赊"可以互换，只是口头语言的简略，在后面的访谈资料中会出现，但是本文的界定是依据大部分人对两者的使用方式。"利息"指的是"赊钱"使用者对资金使用的回报。"赊头"指的是赊会中行使资金流转功能的人，他是赊会的核心人物。"赊员"指的是赊会中除去赊头的所有参与者。

2. 赊会的形成与结束

打赊行为是一种具有地方性的民间传统行为，其产生的直接原因在于个体或家庭的资金或财产缺乏，因此从历史的角度来说，这样的组织具有一定的传统性质，是根植于传统文化当中的。而具体到某一组打赊组织或者个人，打赊组织的成立，却具有明显的目标取向——"因利而聚，利尽而散"。其产生主要有两种方式。第一，主动形成。当赊头或一群"处得好"的人对资金产生一定的需求时，会主动联络、组织一个赊会，当整个赊的成员都享受到了"赊"的利益和好处之后，这个"赊"也就随之解散。若该组织仍要继续，则属于另一个"赊"。例如 CT01 提及"他们要打个赊，把我拉进去，让我当赊头。"RY02 所言："他们拉我打赊，都是亲戚朋友，就答应了。"第二，驱动形成。当若干对资金有需求的"亲戚朋友"对资金产生需求，且需求的程度有轻重缓急之分时，这几位成员就会"拉"其余成员，组成相应的赊会，在这个过程中会通过"拉"或"推选"的方式产生赊头，同样该"赊"也会随着利益的满足而自动解散。例如 CY07 所言："我们都是一发人（注：土话，意为同辈）又处得好，几个需要钱就互相借一下，就问身边的人要不要参加，就形成我们这一群人。"CY09 的需求则更加明显："建房子等着用钱，没地方借，就想到了加入这个赊。"显然，两种组会方式都绕不开"利"的因素。

3. 关于赊头

赊头是一个赊的核心，赊头的好坏关系到赊会的发展和维系。研究指出，互助会的关系网络中，会员关系较为密切，会首能够利用社会关系向成员施加影响并保证互助会运行（程昆、潘朝顺、曹木顺，2009）。"烂赊"的形成往往是因为赊员抵赖、赊头卷钱等，这都与赊头有着密不可分的联系。从赊头的产生来说，正如前述，一是主动召集人成为赊头，二是受邀加入赊会成为赊头，正如 CT01 所说："把我拉进去，让我当赊头。"

由于赊头的重要性，所以对赊头有胜任力要求。胜任力是指在工作情景中员工的价值观、动机、个性或态度、技能、能力和知识等关键特征（陈民科，2002）。根据调查结果，结合赊员的标准，笔者将赊头胜任力分为四个主要部分：经济要求，即要求赊头具备一定的经济能力；影响力要求，即要求赊头能够具备一定的权威，能对赊会成员施以一定的影响力；性格要求，即要求赊头能够细心、认真、正直等等；技能要求，即要求赊头能够掌握一定的财务或其他技能。访谈中笔者要求 15 位访谈对象从 4 个胜任力要求中选择认为重要的几项，并且可以再补充一项。受访者全都认为经济要求和影响力要求是赊头胜任力必不可少的重要组成部分。由此可以勾勒出赊头的基本样子——赊头必须具有一定的经济实力、能够在成员之中具有一定的号召影响力和声誉，同时要正直、硬气等性格。

从赊头的角色功能来看，赊员定期向赊头上赊，赊头有责任和义务维系赊会之间的规则，处理赊会融资中的各种问题等等，俨然是赊会的管理者。CT01 描述自己的核心工作内容为"管钱，把钱收上来再把钱交给用的人"，"有时候个别赊员没钱上赊，自己也要垫付一下……最怕的就是怕有人退赊，退出一个就会牵扯一串……钱经我的手，如果出现有假币、钱不够的情况都是我要负责的。"ET01 说："我就是钱的中转站，钱到手还没捂热乎了就交给下家了。""赊头要担风险啊，万一哪一个要赖，这个责任就是我的。"他还提及一个烂赊的赊头："他那个人就是太不值价，自己拿赊钱去赌，还纵容包庇赊员不按时上赊，结果只好躲债跑路……现在在县城里面提起他谁不知道这件事，把自己名声也搞坏了。"CY04 提及："赊头就是打赊人之间的桥梁，什么时候交钱、抬多少利息都是有规矩的……打赊对参与的人来说很简单，可是对赊头就不一样了，他要硬气不能让赊烂了。"CY09 对自己有着清晰的定位："像我们是当不了赊头的，因为叫不动人啊，别人不听你的……赊头有那个兜风险的能力……万一赊烂了他得拿得出那么多钱堵窟窿。"

"责任"与"风险"不仅是赊会面临的问题，在赊头这个位置更是被放大。因此也就不难理解为什么赊头的胜任力一定需要"经济要求"和"影响力要求"，相较于赊员，他更是一名大家信得过的社区、团体领袖。

4. 关于赊员

赊员在赊会中是除赊头以外的所有成员。主要有三个特点。第一，互相之间是相互熟悉，"知根知底"的。第二，赊会在组织的过程中，虽然大家都是"亲戚朋友"，但实际上蕴含了经济、社会、个人方面的正负标准评价。第三，成员之间的平等性。

第一，赊会的任何两个人之间都是存在互动关系的，成员之间的互动性保证了赊会存在和维持的基本社会条件。邱建新研究中所涉及"崩会"的标会已经触及非法集资的法律底线，其中职业会头和散户之间的金字塔结构和中介人的出现，证明非法集资行为的很重要特点在于其不是一种多向度交流，往往是直线式的交流，参与成员之间基本没有互动，而赊会是用资金互助深化了原有的社会关系网络，同时原有的社会关系网络也是保证赊会资金安全的重要措施。

CT01："我们打赊，基本都是找熟人，不像他们乱搞的（注：非法集资），所有人就只认识赊头一个人，我们中间有一个村的、有亲戚朋友……我们就是在一个原来大家都知根知底的关系上建立起来的，不了解的人是不会同意他加入的。"

CY11："不是熟悉的赊会是不敢加入的……这个赊会里面有我表婶，有我亲家，有我长辈。如果换个赊会我是不会加入的，毕竟还是要考虑一下安全……比起搞集资的那些，我们之间的关系可能更加亲近些吧。"

EY02："判断一个赊是不是搞集资，最主要的就是看它里面都是些什么样的人，要是打赊的人我都不认识，利息抬得还特别高，那个就是有风险了。"

第二，成员标准。在相互熟悉的"熟人社会"中建立起来的赊会，并非是一个开放的团体，其经济特性就决定其利益分享的私人化。所以，打赊组成成员之间是有一些共享的内在标准的，本文将这种"默而不宣"的标准分为两类，分别为正面接纳标准和负面排除标准，并从经济、社会、个人三个维度展开。良好的社会声誉和个人品质，在经济方面具备"开源"和"节流"能力，是打赊成员的重要筛选标准。有学者针对台湾标会研究发现，收入的稳定性对人们参与标会起了重要作用（Alec R. Levenson、Timothy Besley，1996）。此外，这种筛选不是由某一个或几个人开展的，是自愿组会的基础上成员之间互相筛选的。正如 CY07 所举例子："如果施某（注：匿名处理，指一个与她关系不好的人）参加，我就坚决不会参加他们……她和我之间的关系大家都知道，所以就没让她加入。"最后，几乎所有的社会、个体标准都是关乎个体的经济状况和行为，"好吃懒做""只会喝酒打麻将赌钱""讲大话、空话等""借钱不还"等等都是在描述个体的经济活动状况，由此可见，经济标准在成员标准中有更加重要的作用。

表1:	成员标准	
	正面接纳标准（频次）	负面排除标准（频次）
经济方面	肯干、能干活（18） 一技之长、挣钱能力（16） 正经收入、固定工资（15） 固定资产（田地、牲畜等）（7）	不做活（21） 乱花钱（17） 收入不稳定（10） 攒不了钱（9）、没钱（3）
社会方面	名声好（24） 事业、工作（19） 家庭内外和谐（6）	好吃懒做（23） 违法乱纪（偷盗、赌博等）（25） 不良信用记录（14）
个人方面	正直、善良等优秀品质（27） 一技之长、挣钱能力（16）	欺骗、不讲信用等（19） 讲大话、空话（7）

第三，平等性。正如 CY06 所言："CY02、CY08 两家比较有钱，在社会上关系也比较多，大家对他们也是敬重的……利息大家都是一样的，出的钱也是一样的，在钱上就要讲究公平了。"睰会成员只是他们在原有众多社会关系角色中的一个，因此在睰会当中就不得不受到原有社会关系结构的影响，睰会中经济 - 社会地位较高的关键人物会具有较高的话语权和影响力，但成员在睰会经济利益分担中却是平等的，这种经济利益的平等原则保证了睰会成员之间的经济合作。

二、组会特征

打睰行为自古有之，其中沉淀了丰厚的历史文化，但是具体到某一个睰会，就呈现出"相对临时性"，即"因利而聚，利尽而散"，"利"是指在睰会中流动的资金和利息，它以不同的方式满足了人们对于资金的需求。睰会作为一个群体，正是因为它发挥了一些积极的正功能人们才会愿意加入其中，这也成为了组建睰会的主要原因。因此从组会到发挥功能，正是睰会特征凸显的关键阶段。笔者将其归纳为三个方面：第一，抱团取暖，互助互济；第二，成员资格的获得；第三，多元需求的满足。

第一，抱团取暖，互助互济。大多数参与成员的社会支持网络相

---

① 有一些词语的表述会有些许细微差别，笔者根据所表达的意思筛选和归纳出所列内容。

对薄弱，"穷人都是穷亲戚"个体缺乏经济能力较强的社会支持，只好寻求同类成员之间的"抱团取暖"。此外，银行信贷的担保制度是人们选择民间资金互助会形式的重要原因，这也间接指出社会支持网络薄弱的问题。

CY03："找谁借钱呢？大家的钱都是一个萝卜一个坑，借几百块钱还可以，借到万没人会借你，再说了想借也没有钱啊。"

ET01："我从90年代就开始打赊……那时候只是一百块一赊……做点小生意缺本钱，没办法啊，只能是这种老百姓的土办法……我们几个都是打了这赊，才凑齐进货钱，这就是抱团取暖了。"

这里面临一个问题，赊会本身并不具备生产能力，利息是出自先用钱的赊员，这是否属于互助互济？答案是肯定的。首先，有资金需求的赊员在薄弱的社会支持网络中无法得到资金帮助，因为选取加入赊会解决燃眉之急，这正是给予物质上的援助。其次，利息的付出不会造成不公平，反而利息是赊会的重要粘合剂。

第二，获得成员资格。所谓成员资格是指一种身份、一种权利、一种参与（何雪松，2007，203）。首先，是新的关系的建立。在原有的社会网络中，人与人之间的联系更多的是依靠情感联结，但是在赊会之中，彼此之间多了一个"利益共同体"身份联结，这一个身份就是成员资格。个体参与到打赊，是将原有社会网络和资金互助关系双向加固，彼此之间形成一种更加紧密的社会支持网络，在这种新的关系下，成员之间互相具备约定的义务和权利。其次，是参与而非帮助。参与到赊会中的个人不是向其他人借钱，也不是对其他人的施舍，互相之间是平等且独立的。打赊因其具有的获利性已然被视为一种理财方式、甚至是投资方式，参与其中的个体不再是需要背负"借钱"的名义，而是以一种积极的姿态、参与式的行为在赊会中获得自己应有的利益，从而获得一种具备经济活动能力的成员资格。

CY07："我是来打赊的，不是向任何人借钱……每个月上一千块钱的赊，虽然有点多，但是在能够承受……到我用了我就拿走我那份，该我交钱了我就交我那一份，不消牵扯其他什么，这笔账很清楚。"

CY08："都是些穷亲戚……借钱不光是欠了钱，还欠了一个大人情……扯到人情上就不好说了……银行贷款要担保人，手续复杂，想想还是算了。"

CY03："打了这一赊，我可以预想到我在什么时候会有一笔钱，就可以做一些规划……而且我每个月上赊是规定动作，这个就给我一个警示，要节约不能乱花钱。"

第三，多元化需求的满足。正如前文所述民间资金信贷存在"正向分类相聚"特性，然而最理想的互助形式应该让有钱人能够把钱借给穷人，打赊正因为其多元的包容性实现了这一目的。成员参与的目的可以分为"缺钱"、"攒钱"和"赚钱"三种：缺钱就是资金短缺，急等着用钱；攒钱既包含储蓄，也包含资金需求的延时满足；赚钱就是纯粹为了获得比银行高的利息报酬。CY01提及"大部分都是等着用钱的，但是CY02是不等着用钱的，她就是想拿利息的。"CY09属于缺钱的一类："（建房子）就等着用钱，刚刚好打赊来的这一万可以维持一段时间。"CY10则是为了攒钱："孩子也快要成家了，相当于说存了一万块钱来做些准备。"RY02采取打赊来攒钱显得有些无奈："我们两个都有退休工资……儿孙经常来我这里一点点抠（钱），最后还落了个没用过我的钱……我的工资可以用来打赊，老伴的负责生活……就是要攒点钱……最后统一的一笔拿出来摆在台面上分。三种目的代表着三种资金状态，打赊使得有钱者和缺钱者之间实现了资金的合作。

三、成员关系

熟人网络是赊会存在的基础。从A赊会11名参与成员（女性成员8名，男性成员3名）中能够明确看出成员之间的关系模式。首先，女性为主。A赊会是一个以女性为主的赊会，这主要是因为A赊会赊头是女性。仅从与赊头的关系来看，其余 7 名女性成员中，5 名成员是赊头的同辈朋友，其余两人（CY04、CY11）都与赊头有着密切的交往关系；剩下 3 名男性成员中，CY09 是赊头的侄儿，其余 2 人的妻子与赊头是同辈朋友关系。这深刻地体现了赊会成员关系模式中的熟人社会特点。对于 A 赊会来说，成员之间都有着或多或少的关系，原有的关系网络是赊会得以组建的重要基础。正如研究对象 CY09 所言："地方小，转过来转过去都是亲戚朋友，大家互相帮衬一把。"乡土社会中的关系是基于血缘和地缘而形成的一种相互交织的关系网络，成员对于彼此关系的认同是形成合作的重要条件。按照 ET01 的说法，"打赊是老祖宗留下来的东西，我们只是按照老祖宗的做法把几个关系好的，想搞点钱的人聚在一起，没有特别复杂的东西，所有的都是自然而然就形成了。"成员之间的关系是作为家庭整体关系的总和而不是个体关系。参与到赊会中的个人往往不是以个人的身份参与的，而是作为整个家庭的代表参与其中，因此衡量成员之间关系的不是"我和你"，而是"我们家和你们家"。研究对象 CY02 如此描述和赊头之间的关系："我们是一起长大的一发人，我母亲和她父亲那边有表亲关系，我父亲这边的表妹又是她家儿媳妇的舅奶奶……再加上我们之间互相有时候还有生意上的往来。亲戚关系有点复杂，这是亲上加亲，然后我们两个关系又好。"在 A 赊会中，这种亲上加亲、亲上加友情的关系是特别明显的，任何两个人之间几乎都能够从彼此的家庭亲属关系中找到联系。但是比较特殊的 CY11 是作为赊头的私人交往加入进来的，更为准确地说是赊头女儿的闺蜜加入其中的。然而，CY11 在日常生活中与其他成员的关系中需要投入更多的人情往来。CY11 说："我和她（注：赊头女儿）关系很好，通过她我参加打赊……这些人我都认识，参加了打赊之后接触也就更多了，他们请客我也会去积极地帮忙，有时候他们出去玩我也会积极参与。我觉得很多时候他们是把我当做了关系很好的一辈人，并不是晚辈。"

如图 1：赊会成员关系模式所示参与打赊的成员在原有熟人社会之中可能分属于若干的小团体，赊会只是其中的一个组织。首先，赊会成员对于赊会的认识需要回归到原有的社会网络中去，即亲戚好友之间的关系。其次，賖会拉近了成员彼此之间的关系，使得賖会形成一个利益共同体，并形成排他性。賖会成员之间定期上賖，形成轮转资金，賖会的健康安全运转关系到每一个人的切身利益，因此基于生活交往的联系也变得频繁和密切起来。

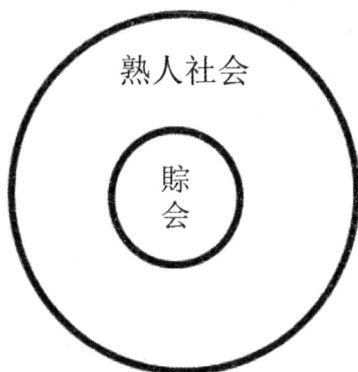

图1：賖会成员关系模式

正如 CY11 所言："之所以和他们频繁往来，一方面是要他们接受我，另一方面也是怕万一有人卷钱跑路。"相比 CY11 的顾虑，CT01 显得更为自然："打一个賖的人都是闲得拢的人，我们之间既然本来就处的好，现在还在一起打賖，就说明我们的关系比一般的人要好一点嘛，所以来往也会多一些。"利益分配的排他性也促使彼此之间增强了更多的共同体意识。CY06 说："賖钱就只能给我们几个人用，不能给其他人。我们是一伙的，我们大家凑钱都是给互相用的，不给别人。"这种"我们"意识的出现说明賖会成员之间对于賖会有着高度的团体认同。最后，成员之间交往的伦理道德准则共同彤塑了賖会的行为规范。賖会成员之间对彼此都有着内隐式的要求，这些要求虽然没有诉诸文字，却深刻地存在于成员的日常生活之中。正如研究对象 CY07 所言："我们会在平时生活里判断这个人还有他们一家。"CY10 提到了日常生活如何影响了賖会的行为规范："假设说这家人在村子里面不得人心，他们想要加入我们，基本大家都会不同意……如果说家里面的人好吃懒做，吃喝嫖赌，那么和他打赊就要相当小心了，大家肯定是不会让他先用钱的。"总之，赊会成员之间的关系是基于原有生活共同体而形成的利益关系。

四、赊会的运转

打赊的核心就是资金流动，资金流动实现互助，其中遵循的内在逻辑——情归情，利归利——成为赊会运转的重要原则。通过对 A 赊会的观察，根据其中 11 名成员之间资金轮转方法和利息支付方式，画出图 2：赊会资金轮转图。

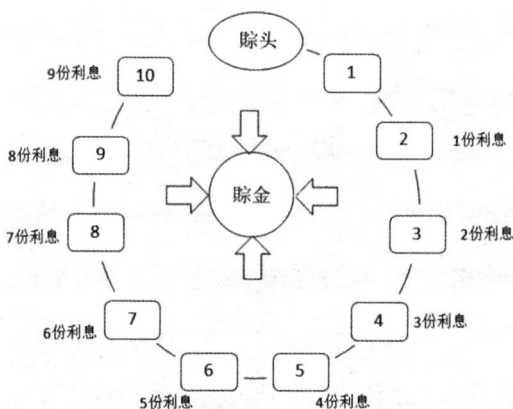

图 2：赊会资金轮转图

首先，人人皆可获利。大家因为共同的核心需求——钱，组成了赊会，在每一个约定的时间节点形成新的赊金，大家依次使用。赊头第一个使用赊金且不需要担负利息，或者最后一个使用赊金获得最大利息。赊员使用赊金需要担负利息，且利息与使用顺序成反比。赊员使用赊金的顺序由抽签或协商决定。获利的另外一个层面是，满足不同类型的需求，促使参与者各方的需求与利益得到最大满足。A 赊会采用了"协商＋抽签"的决策方式。赊头使用第一轮赊金，赊员之间根据抽签决定资金轮转顺序，然后再在个人之间互相调整交换具体顺序。

其次，利息直接对个人，不滚入赊金。赊员使用赊金后，需在以后几轮"上赊"时候向赊头交纳约定数额钱，此外还需要向后几位赊员直接支付约定数额的利息。为了更好了解赊会的运转，将结合图2：赊会资金轮转图做详细讲解。每人每月上赊1千元；赊头使用第一轮赊金，不向任何人支付利息，也拿不到任何利息；以"后赊"员抽签决定赊金使用顺序，第一位赊员使用第二轮赊金，以后每一轮都要向以后使用者分别支付利息20元，所以到第三轮他需要向第二位赊员支付50元利息，第四轮向第三位、第四位使用者分别支付50元利息，如此类推一直到第十位使用者。所以第三轮开始，第n轮使用赊金成员，将获得的利息等于（n－2）份利息。到第十一轮"上赊"结束，赊会自动解散。

再次，利息的考量。首先，在赊会中产生的利息算不算多？A赊会共11人，"上赊"11轮，每轮产生11000元赊金，共轮转资金121000元；除去赊头无息使用第一轮外，共有九轮产生利息，共产生利息2250元。平均利息率为1.860%，环比高利贷动辄几成的利息和同期银行存贷款利息[①]，显得不算太多。其次采用这种累加式的付息方式主要有三点原因。第一，对风险和需求延迟满足的补偿，越往后面临的资金风险就相对越大，获得利息也越多。第二，逐利需要。利益与风险成为相互交换的筹码，也是吸引资金富余者参与到赊会中的最好形式。第三，逐利需要能够引导个人资本积累。如果富人的偏好与穷人的偏好具有相同的道德合理性，那么将会强化鼓励个人资本积累的社会制度（莱恩·多亚尔、伊恩·高夫，2008，16）。这意味着逐利目标能够为穷人提供行为导向，以此激励逐利行为，达致资本积累的可能。正如CY03所言，上赊对他的资金使用是一个"警示"。

---

① 银行存款利息不同时间、不同银行、不同项目之间有较多差别。做了直观对比，仅中国农业银行2015年10月24日起执行的利率表为例，个人一年零存整取利率为1.35%，个人一年短期贷款利息率为4.35%。

CT01："因为做生意本钱周转不开所以急着用钱，我不用付利息……大家都想着先用钱，怎么办？就只能抽签，但是抽签之前谁也不知道自己抽到什么，所以就必须有一个规则，让先用钱的补偿后面的，这样谁也不欠谁。"

ET01："我们经常说的就是情归情，利归利，不要因为这点钱伤了大家的和气……哪个会愿意自己少拿一点，别人多得一点……这就是代价嘛，凭什么你先用我后用……私下里大家的感情好你给我几百我给你几千那是你们的感情，大家都来打赊，不能破坏这个规则嘛，不然把其他人搞得不知道怎么做。"

CY02："我不等着用钱，抽到几号就几号，我抽到 3 号比较靠中间……抽到后面的要和我换，因为他（CY06）小儿子娶媳妇请客要用钱，我就和他换了……比存银行划算……不给后面的人付高利息是不公平的，我也可以说我也等着用钱啊，不可能我先不用拿给你用。"

CY05："对我们老百姓来说，这种土方法一点也不麻烦……后边的人凑钱给你用，你当然要回报一下啊……这不是感情不感情的问题，是我的钱给你用了，况且我急等着用钱啊。"

由此可见，赊会在运转过程中，兼顾了情义与利益两套价值要求。

五、 对打赊的法律地位认知

本文的研究对象是规模较小（10－20 人左右），月供金额低于当地平均工资水平（大约 3000 元），利息相对较低的赊会。这个赊会区别于那种非法集资的"赊会"，然而两者在形式上的高度相似，让人们对赊会的法律定位产生模糊化的理解，因而赊会成员之间对赊会的法律定位也是讳莫如深，致使成员陷入合法性的焦虑之中。

1. "赊"的法律问题

打赊是民事行为。1991 年《最高人民法院关于人民法院审理借贷案件的若干意见》规定：民间借贷的利息可适当高于银行利率，但最高不得超过同期银行贷款利率的 4 倍，超出部分的利息法律不予保护。

根据《最高人民法院关于审理非法集资刑事案件具体应用法律若干问题的解释》中关于"非法吸收公众存款或者变相吸收公众存款"的规定，本研究的"賝"由于规模较小（10－20人左右），月供金额低于当地平均工资水平（大约3000元），利息相对较低等特点不属于非法集资。结合相关法律规定分析可得：第一，打賝所涉资金和成员低于相关规定，不会涉及追究刑事责任。第二，"賝"的成员都是相互熟知，有私人关系，属于亲朋好友之间的借贷行为，而不是向社会不特定对象吸收资金，也没有利用媒介等向社会公开宣传，因此不是非法集资。第三，如果发生"烂賝"，需要负民事责任，超过同期银行贷款利率4倍的利息不予保护。因此，打賝是民间借贷的一种形式，涉及民事相关法律问题。

2. 合法性焦虑来源

合法性焦虑是来自賝会成员的内外压力。第一，合法性焦虑来自"烂賝"的焦虑。因为打賝与非法集资的天然相似性，导致当地人往往对两者不加以区分。频发的非法集资和"烂賝"案例导致成员对賝会的性质产生了怀疑和焦虑。第二，合法性焦虑来自政府、法律和社会的态度。賝会参与者由于相关知识的欠缺，没有意识和能力查阅相关规定，只能够从街谈巷议中听到一些"烂賝"的故事，这些故事中法律和政府往往是一种否定打賝的态度，加之媒体等的宣传，更加加重了成员对于打賝合法性的焦虑。第三，合法性焦虑还来自成员认为的不可示人的"赚钱"目的。因为賝会利息远远高于银行借贷利息，这导致人们认为这也是"高利贷"的一种，于是怀有赚钱目的参与打賝的成员会因为参与目的而感到自己身处违法境地。鉴于笔者是以一个"自己人"身份介入A賝会，因此会得到比较真实的想法和声音。以上三个因素直接导致成员的合法性焦虑。

3. 焦虑与参与

为什么面对自认为会违法的事物仍会参与其中？这是解释打賝行为面临的一个问题。在前文组会特征中，笔者论述过賝会组建有互助互济、获得成员资格和满足多元化需求三个特征，这可以视为成员参与賝会的主要动机。然而在面对可能违法的境遇时，则是因为大量存在的赊会证明"政府管不了"。前文已经提及存在于亲朋好友之间的民间借贷行为不涉及违反刑法，因此政府不会介入打赊行为。此外，对赊会的现实需求导致打赊根本不可能被消灭，即便政府想管也是心有余而力不足。

这种"政府管不了"反映了参与成员对打赊在法律层面上最基本的态度认知。首先，违法假设。在"政府管不了"背后，蕴含着一个最基本的认知就是只要政府出面管理的行为肯定是违法的。一个个身边鲜活的非法集资案例、"烂赊"案例都在说明，打赊是一个游走在法律边线的行为，随时可能触及法律底线，政府对打赊只是睁一只眼闭一只眼，参与打赊是不能"摆在台面上说"的。其次，法不责众，"违法成本"低。因为赊会的数量巨大，参与人员多且分布广泛，根本不可能追究每一个人的相关法律责任，因此几乎没有违法成本。再次，存在即有其合理性。打赊传承自老祖宗的土办法，具备传统文化上的正当性；现实生活中的现实需求证明其有现实正当性；参与者都是亲朋好友，有其情感上的正当性。因此打赊是合理的。ET01认为"我从90年代就开始打赊，这20多年下来，各种各样额赊都见过。……只能是这种老百姓的土办法……这就是抱团取暖了……现在打赊是为了攒点钱，赚点利息。这20多年看下来，政府是根本管不了打赊的。你别说政府管了，那么多公务员也都参与打赊呢。"可见，人们虽然面临着合法性的焦虑，但是鉴于政府管不了的心态和赊会在满足人们资金需求上的便捷性，使得人们愿意参与到这种经济合作中。

第四章　打赊中的"义"和"利"

打赊扎根于人们的日常生活中，面对柴米油盐的日常生计和亲友邻里的人情世故，赊会成员必须将义利进行整合。用义的要求处理人情关系，用利的规则进行利益分配，这是取义与获利整合的本土经验，从中可以发现，赊会资金互助的核心在于以利为基础，义为导向的互助逻辑。睒会的运转是一个"义利"综合考量的结果，为了更好地从两个端点展示"义""利"考量对民间资金互助的影响，本章将从较为中观的角度讨论睒会中的"义""利"取向考虑和取向，具体操作中的技术性问题不做深入讨论。

一、打睒中的"义"：对情义的追求

睒会中的"义"，就是情义，人们在社会交往中的情义要求自然而然地影响到了人们在睒会中对"义"的追求。

1. 人情关系的考量

费孝通指出，一个差序格局的社会，是由无数私人关系搭成的网络，这个网络承载了人们的行为和互动。中国传统伦理实体建构的内在原理就是：血缘本位——人情逻辑——礼治秩序——情理法三位一体"（樊浩，1996），在这一内在原理中"人伦"、"人情"作为重要主线一以贯之。熟人社会、人情交往是睒会形成的重要基础，脱离了这一基础，睒会的形成和发展将会形成完全的信贷行为，所有的资金流动都需要体系化的机制，包括信用登记、资产担保等等。反过来，睒会的运转又加深了团体内部的认同感和归属感，从而形成更加紧密的社会支持网络。亲密社群的团结性就倚重于各分子间都相互地拖欠着未了的人情（费孝通，1985，75），人与人之间的"人情"靠着"欠"来维系。它划定了一个身份的圈子，在圈子内的人自成一派，圈子内成员具有共同的价值认同——"我们"——这种价值认同促使人们在社会生活中表现出更多的互助和互惠。

CY04说："……因为她和我们是一伙，所以她家办酒席我得早早的过去帮忙……虽然他们年纪比我大些，但是我们都是相互帮助相互帮忙的……"CY08认为："和你怎么说呢？不是因为打睒我们关系好，我们之间关系本来就很好，打了睒我们之间就更好。"这表明打睒产生和根植于人情社会中，人情社会中的诸多人情法则深刻地影响到了睒会的纽建和运转。

2. 道德的认同

首先，在睒会中私人关系之间的网络之上存在着睒会之间的约定网络，它形塑了个体之间、个体 - 群体之间的道德约束。费孝通指出"孝悌忠信"是乡土社会私人关系中的道德元素。梁漱溟认为中国传统伦理于经济有"三义"：共财之义、分财之义和通财之义（梁漱溟，2005，74），在伦理关系中能够互相照顾成为伦理道义。在赊会中内部共享的价值目标为"群体利益最大化"，在这一价值目标导向作用下，成员之间不得不将"孝悌忠信"扩大到群体层面，使得原有的关系网络更加坚固。其次，对个人"忠信"的考核从社区影响到群体，由群体扩大到社区。赊会组建过程中成员之间依据内在选择标准，从社区生活中对个体展开考察，从表1成员标准中可以观察到对"忠信"的考察显得尤为凸出。个体在群体内部的行为表现又会被放大到社区中，形成一个循环的道德要求。正如 CY09 所说："参加打赊之前一定会考虑好要有钱保证上赊，不能让别人说，关系到我做人的名声。"用道义、声誉作为重要的信用行为的重要筹码，而非经济资本，正是对乡土人际道德元素的认同。

3. 对个人能力感的追求

个人能力感即能够感受到自己能力的一种人格特质，它在更为广泛的层面包含了自我效能感，即个人的能力是具有效能的。自我效能感（Self-efficacy）由美国心理学者班杜拉提出，是指人们对自身能否利用所拥有的技能去完成某项工作行为的自信程度（周文霞、郭桂萍，2006）。在乡土社会中守望相助已然成为一种常态，然而打赊实现了对资金富余者和资金短缺者之间的有效互助。但是受助往往带来的是地位上的不平等，带来受助的标签，甚至是一种耻辱感。在赊会之中，个体通过分配与补偿机制，促使形成了一个"谁也不欠谁"的相对平等氛围，肯定了成员自身具备正常的经济生产能力。之所以是相对的，是因为赊会也不能摆脱原有的社会结构和网络，这种平等的氛围通过成员之间积极的生产性的参与实现。因此，用赊会的钱是成员应得的，而非其他人的帮助，实现了对个人自我效能感和尊严肯定。自尊是指个人对自我价值和自我能力的情感体验，属于自我系统中的情感成分（田录梅、李双，2005）。正如 CY06 所言："……我就拿我该得……本来我在后面我就该得利息，现在我先用我就要付利息，谁用都一样……什么人该得什么都是很清楚明白的。"CY09 对于自我经济能力的肯定有深刻的表述："即便能借到钱，我就欠下好大一个人情，这个人情就要跟着我一辈子，我现在还年轻，有能力挣钱……盖房子的钱不是借来的，是打赊凑来的，自己辛辛苦苦一分一文挣来的……对我而言这也是一种交代。"参与打赊是个体对自己经济能力从道德价值上自我肯定。这种"义"的追求是成员个体对自己的肯定。

二、打赊中的"利"：对自利的追求

打赊是村民之间直接的资金互助合作形式，这种合作形式直接面对的是村民的生产生活，因此在具体的合作之中，不得不对经济利益进行计算。

1. 经济利益的要求

"钱"是打赊的中心，整个赊会的维持与运转都围绕着它。"因利而聚，利尽而散"就是对赊会逐利的最好体现。在赊会中的"利"可以具体解释为经济利益，但是经济利益是多方面的。成员组会的三个目的——缺钱、攒钱和赚钱——是对经济利益追求的最好表现。缺钱者希望获得及时的经济支持；攒钱者不等着用钱，希望通过定期上赊的方式积累资金；赚钱者利用闲钱投入赊会，赚取比银行储蓄更高的利息回报。不同成员在不同的需求上对经济利益有不同的表达，赊会能够包容性地接纳各种利益诉求，将不同需求有机整合。"利息"成为整合的重要胶合剂，通过利息直接补偿的方式，让逐利行为变得公开化，同时逐利的标签也掩盖了帮助 - 受助的一面，使得赊会变成一种具有生产性的团体，赊员与赊头之间、赊员之间更多的是一种相互投资行为。这种投资行为直接带来的是经济利益的满足。"赚钱"、"获利"能否与"帮助"并存是赊会面临的一个困境，一方面，从赊会来看，一部分人有闲钱想赚钱，一部分人缺钱想借钱，彼此之间的需求可以配适，因此可以使对方的需求成为满足自己需求的手段。另一方面，个体之间的原有社会关系导致了互相成为潜在的借钱对象，对于参与者来说，其私下之间的个体对个体的借钱行为时有发生，然而采取打赊的形式，可以将私人之间的借贷变成集体行为，分担了个体经济压力，同时也顺带满足了获利需求。因此可以说，"获利"与"帮助"是可以互成目的与手段。而"义"成为发挥这一目的与手段、发挥正功能的必备土壤。

2.风险管理的要求

参与打赊就不得不面对资金链断裂的风险，且这种风险是越往后风险越大，为了对风险进行管理和约束，通过风险管理，促使每一个参与者能够站在"利益最大化"的角度去考虑问题。正如费孝通指出：

> 社会生活愈发达，人和人之间往来也愈繁重，单靠人情不易维持相互间权利和义务的平衡。于是"当场算清"的需要也增加了。货币是清算的单位和媒介，有了一定的单位，清算时可以正确；有了这媒介可以保证各人间所得和所欠的信用。（费孝通，1986，76）

赊会主要通过三个渠道进行风险管理。第一，在组会时成员之间通过内隐的标准进行相互的筛选，通过前述可以看到这种筛选有力地保证了成员之间"知根知底"，以人际关系声誉作为一种担保资本，同时这种"跑得了和尚跑不了庙"的社会联结会增加打赊的稳定性。特别通过对赊头的选择，能够有力保障成员之间的关系协调。简单来说，参与者参与到打赊之中，并不是一个平面化的个体，他是以一个完整的社会人参与到其中，整个社会关系也将作为风险的管理手段参与到其中。第二，在资金流转的程序机制，通过统一的资金流转规则，再决定资金流转顺序，这有力地保证了在任意位置上成员的利益。主要通过利息补偿风险的机制，将风险与利息收益挂钩，实现了收益与风险的一致性。第三，风险分担网络。由于赊会的封闭性，成员之间相对固定，而且赊会的维持时间比较短，因此在这一段时间内形成了一个风险的共担网络，在这一网络内，虽然个体面对的风险有次序之分，但是整体面对的风险——例如赊头卷钱、赊员因病因事退赊等——却需要大家来承担，甚至在面对贫困风险，每一个个体都被实质性的卷入了赊会之中。这种情况下赊会集体抵抗风险的压力是高于个人的。

3. "人情债" 难还

人情是 "出入相友,守望相助,疾病相扶持",更是一种 "礼尚往来",单方面的付出给予不是人情,人情必定是产生于两者有来有往的互动之中。在乡土社会中,人与人之间的交往呈现出的 "差序格局理性化" 状态。人情的交际在很多时候需要利益的衡量,背负一个 "人情债",往往意味着要背负一辈子,甚至要用更多的人情补偿来偿还,而人情债是不能够通过经济理性计算的。翟学伟认为情理社会在人情往来上的非对等性在于期望彼此因为情的产生而使交换关系不是一次(或若干次)性地完结,或结束一次重新开始一次,而是发生了一次就能连续性地循环下去(翟学伟,2004)。研究指出伴随着人们生产生活接触互助的减少,仪式性人情就成为生产和再生产农村亲密关系的功能性替代(陈辉,2012),这种仪式性的人情带来了更多的人情负担。正如 CY08 所言:"向别人借钱,欠下一个人情,这个太难还了。比如你请客,我就要多挂礼吧,你有事我就要去帮你吧,过年过节我还要送点东西吧……最主要的是以后万一(别人)说出来'我某年某月给钱给你',这个情你要领吧,这个人情我就欠到了棺材里。"CY06 则说的更为具体:"小儿子结婚了我的责任就没了,不能让以后人家说儿子结婚的钱都是借的……连以后小两口都要记得这个情,还不完啊。"打赊用简单甚至是简化的方式,将人情化为利息,这是一种乡土的生活智慧,是出于自我利益最大化的考虑。然而需要审视的是这种 "人情债" 出现的人际关系基础,在十分亲密的人情关系中与淡薄的人情关系中,人情债的强度一定是不同的,因此 "人情债" 成为 "问题" 根源在于原有的人际关系基础。在访谈中笔者注意到提及以 CY06、CY08 为代表的提及此话题的人物大都是赊会中经济条件稍显薄弱的家庭,他们或多或少地能够感受到私人之间借款的不易与诸多麻烦后果。

三、整合:情归情利归利

站在中庸的角度来说,如果能够实现义与利的整合是取义与取利两者的最佳状态，打赊无疑是义利整合的优秀范例。简单来说，如果将取义与取利的考量作为两个集合，两者有交集，这个交集就是"利息"，通过利息的折算，义与利实现了整合。

打赊实现义利整合的重要方式就是"情归情、利归利"。情归情利归利貌似是情和利两者的分离，实际上让情义处理熟人社会中的情，让利益计算处理赊会中的利，这两者互相合作，实现了情与利的整合。CY07说："涉及到钱，就不要再谈谁和谁关系好，就是要做到利益分配的平等，谁多得利息，谁多付利息都是要按规矩来。"CT01则更好地描述了义利整合的状态："人情和利息都是一样的，如果不是因为人情，可能（有些人）加入赊会的机会都没有……如果没有利息，这就伤了大家之间的和气，谁也不愿意多出钱，那赊钱从哪里来？"这种整合方式是站在最朴素的义利观念上，利用民间传统形成的。不能从"义"与"利"中认定谁利用了谁，反而可以将两者都视为手段和目的，共同实现了人们的需求。从微观上来说，这种义利整合已经指向了"民生"，拓展了在资金流转方面的"可行能力"。可行能力（capability）指的是此人有可能实现的、各种可能的功能性活动组合，可行能力是实现各种可能的功能性活动组合的实质自由（阿马蒂亚·森，2012，63）。CY11说："我就是把自己的闲钱存起来，到时候形成一笔整钱，虽然也不算太多，但是起码可以做点事情了。"CY09认为："互相筹钱的过程，（对个人来说）其实就是提前用自己的钱，因为我之后的每个月都要上赊，还要付利息……有这个挣钱的能力才会打赊。"赊会就其形式而言就是零存整取或者整取零存的团结经济行为，是对自己经济潜力的动员和利用。

人情、道德和尊严是人们处于人情社会的情义考虑，利益、风险和人情债是人们在赊会中的自利考虑，利息作为将利益分配明确化、将人情关系简单化的最直接工具存在于情义与自利之间。可见，利息发挥了"粘合剂"的作用。

四、打赊的文化场域

社会福利本质上还是一种给予 - 接受的关系，不同的行动者与环境（或情景）构成了不同的权利模式（熊跃根，2009，13）。睒会作为一个组成群体，和外部具有明确的分界线，但是成员之间的规则却有两套——"义"和"利"。韩国学者朴炳铉在其著作《社会福利与文化》一书中，按照道格拉斯的文化理论，利用"集团（group）"和"格栅（grid）"两个概念将影响福利的文化分为四种类型。其中"集团"是指人们与外界建立的关系界线，是外部性的条件。在强集团的文化氛围内，人们有较强的集团归属感，强调集体的重要作用，个体问题是与集体问题紧密相联系的，因此会强调福利中的国家责任。"格栅"是为控制人们行为方式而采取的所有社会规则和权威，是内部社会规则、权威的条件。在强格栅的文化中，社会内部有着很强的规则和律令；弱格栅中社会内部缺少权威和规则。根据这一理论，我们可以将睒会视为是一个强集团与强格栅和弱格栅并存的关系结构。在"义"的层面属于阶层主义文化，遵循集团主义价值；在"利"的层面属于平等主义文化，遵循平等价值。

1. 群己之分

社会人假设是社会学的最基本观点，个体只有在社会生活中才能被称为人。同样每一个人都会属于这样那样的群体，社会学认为群体分为初级群体和次级群体。初级群体也称为首属群体，是指最亲密的成员构成的群体，家庭是最典型的初级群。次级群体指关系太亲密或有功利性目的的群体。如此来说，打睒是一个次级群体，且睒会有着明显的界限标识——参与资金轮转，这使得成员对群体有着高度的群体意识，并排斥非睒会人员参与睒会事物，睒会的群己之分凸显了"强集团"意识。

"强集团"意识明显地体现在"关系"的形成。中国人"我们"概念是在社会情境的启动和价值取向等因素影响之下，经由相互交织的"关系化"与"类别化"双重过程形成的（杨宜音，2008）。可见"关系"在群体的行程中具有重要作用，在儒家文化视野下，对人的确立方式是把人放在"二人"的对应关系中，抽掉了关系个体便不存在，所谓"仁者，人也。"（樊浩，1996）梁漱溟认为中国社会既不是一个人本位的社会，也非社会本位的社会，而是一个"伦理本位"的社会（梁漱溟，2005，72）。所谓伦理本位是指，每一个人对于其四面八方的关系相互负有义务，而这种相互关系又是"此一人与彼一人之情谊关系"。费孝通的差序格局也意在说明成员群体中关系的重要地位。刘晓虹指出，中国传统群己观由"轴心时代"的群体原则，经程朱理学被引向整体原则（刘晓虹，2002），较之群体原则，整体原则强调整体的礼治秩序，抹杀个人的意义和价值。这种整体性对现代人们讲求个人服从集体等起了重要影响。从诸多学者的讨论中我们不难发现，群己之分中重要的因素在于"关系"，并且注重关系的群体价值。

从赊会成员之间的交往模式中，可以看到成员之间"都是亲朋好友"，CY05认为："要打赊，首先得大家之间关系好，就是说我们要在一起闲、一起娱乐，我们的关系就是要比其他人好。"ET01的表述更为直接："（不加入A赊会）是因为感觉和他们不是一伙人，在很多时候觉得和他们（A赊会成员）的相处很不自在……这群人里面很多人就只会耍嘴皮，不太实干。"因此，由亲密的熟人关系组成了强集团，个人身处强集团中，成员对集体具有较强的归属感和认同感，成员会对集体做出相应的贡献，以维护集体的团结和稳定。成员能够依靠彼此之间相互交织的关系网抵御外部力量冲击，个人的问题也更为深刻地通过与群体结构和群体关系联系起来加以解决。

2. 情境之分

所谓情境之分是指群体内部之间的规则会依照情境的变化而发生变化。中国社会中的群体是一个相对的概念，没有一个明确或者绝对的标准区别群体内外，一切的区分标准都是依照情境而定的。这与社会工作"人在情境中"的重要原则不谋而合。于打赊而言，这种相对性的情境体现在赊会存在的土壤是一个关系本位的乡土社会，而赊会的形式则是一个讲求个人需求和利益的团体。对于赊会成员自己而言，如何衡量自己在"赊会内"还是"赊会外"并没有一条绝对的界限，并且赊会内部成员之间的行为规范是讲人情还是谈利益也不能完全分开。

单纯从"赊会外"和"赊会内"两个情境来观察。"赊会外"就是一个差序格局的乡土社会，现实的社会阶层会影响到成员的活动。阶层有阶级有层次，意味着群体内有着既定的规范，个人是作为各种社会关系集合体存在，不同的社会关系有着不同的行为规范和模式。个人是庞大关系网络中的重要一环，强调集体规范和价值，追求集体最大的和谐以致可以接受自己与他人有差别的社会地位。"赊会内"追求的是个人需求和利益的最大化，规则相对简单，定期"上赊"，所有的行为方式都有既定的规则，成员之间的利益关系比较简单，规则对成员的约束也比较单一。成员之间地位是平等的，追求个体之间的无差别待遇。即便成员有"赊头 - 赊员"这样的区别，但是两者在风险与利益分担上是平等的，并非是一种阶级秩序。简要言之，在"赊会外"成员之间遵循的是道义，在"赊会内"成员之间追求的是利益。CY06谈及赊会的利益情境时说："每到上赊的时候，该付利息就付利息，该拿利息就拿利息，谁也不会说谁……上赊结束后，原来该怎么样还怎么样。"CT01说："涉及到钱，就是要亲兄弟明算账，账算清楚了后，你请顿饭我请送个礼那就是大家之间的人情往来了，不是打赊的事。"由此可见，成员能够准确把握经济利益的情境。什么时候该亲兄弟明算账，什么时候又是你来我往的人情互惠，都能较清楚地区分，正如图1：赊会成员关系模式所示，赊会内外会形成不同的处理彼此关系的原则。

打赊作为一个扎根于中国传统文化中的组织，其遵循的"义"与"利"体现了两种不同文化类型的区别，这种区别对其发挥福利功能产生了重要作用。

第五章　打赊：义利整合式合作的团结经济形式

阿马蒂亚·森认为，个人的异质性、环境的多样性、社会氛围的差异、人际关系的差异和家庭内部的分配造成了福利的多样性与异质性（阿马蒂亚·森，2012，61-62）。打赊作为一种团结经济实践形式，人们富有生活创造性地在其中实现了义利整合式合作——义与利互为目标和手段——促使打賝发挥了发展性福利功能。从福利资源来源上说，打賝是通过民间互济互助和经济合作实现的一种民间福利，义利整合式合作也深刻影响了它作为民间福利的特质。

一、打賝：团结经济中的合作与福利

1. 以义为利，以利为义："打賝"的合作逻辑

打賝，类似于一个以"义"的外衣满足"利"的需求的团结经济形式，然而义与利的中庸整合构成了打賝运转的核心机制，义与利都不能单独成为打賝的目标追求。有学者认为，这是一种中庸理性的体现——中庸行动者没有预设目标，而是说，任何目标都只是一种提示，作为行动的努力方向；在整个过程中，以节制的手段去达致节制的目标（张德胜、金耀基等，2001）。

作为一种团结经济形式，它的目的不是竞争，而是合作，追求一种共有价值，这就是它的以利为义。首先，"利"是来自"关系"。围绕共同价值观发展彼此的认同，是建立联系、建立团结经济体和开展运动的一个重要起点（伊桑·米勒，2012）。打賝的成员来自人们日常生活当中，他们之间的互相联结形成了一个原生的社会网络，在这个社会网络中，通过资金轮转的勾连，形成了资金的互助。打賝中的个体和组织都在强调"情归情，利归利"，这是他们共享的价值体系，然而很大程度上"利"的诉求并没有剥离开情义的关联，这种"利"的获取需要更多的情义支撑。其次，追求"利"的共识是打賝合作的粘合剂。正如前述，原有的关系网络承载了多元利益的满足，但是唯有"利"才能将多元诉求的人集合在一起进行资金轮转。资金富裕者与资金匮乏者之间形成有效的利益共同体，才能促使整个賝会资金的健康流转，有效控制賝会的风险，也才能保证彼此之间的合作和人情关系的长久性。总之，打賝是一种义利整合的团结经济形式，其福利功能的发挥正是通过义利整合实现的。

换而言之，打賝这种团结经济形式是通过义利整合式的合作实现了有机团结，促使经济问题和个人 - 社会问题的解决路径得以结

合——利用资金轮转互助形式解决彼此之间不同的资金需求，同时促进了彼此之间社会关系的深化，巩固了原有共同体中社会支持网络。首先，社群中的共同体情感是合作的基础，只有成员之间基于对于共同体情感的认同，才会达成资金互助合作的意向。其次，利益的满足是共同体长效维系的保证，成员之间在自利的基础上促使赊会发挥利他的功能，这种自利和利他能够有效地通过利息的贴补形成整合，促使成员之间的交往能够得以长期有效维持。最后，合作是团结的有效形式。情义中有利益，利益中有情义，这种义利整合式合作正是共同体有机团结的有效形式，它能够保证团结经济中人文关怀与经济关切得到有效的整合，使得处于合作中的人们在经济需求得以满足的情况下，更多地关照到社群的整合与彼此之间的关系。

2. 发展性民间福利："打赊"的社会意义

打赊是人们日常生活中的团结经济形式，它因为满足了人们的资金需要，进而呈现一种福利状态而存在。尚晓援指出，福利包含了作为状态的福利和作为制度的福利两层含义（尚晓援，2001）。作为状态的福利在英文中是 well-being，即一种好的存在状态。米奇利认为，社会福利（或社会福祉）状况应包括三个要素：第一，社会问题得到控制的程度；第二，需求得到满足的程度；第三，改善机会得到提供的程度（米奇利，2009，16）。打赊直面的社会问题是人们日常生活中的贫困风险问题。通过上述的分析可以发现，参与打赊人们都具有一定的经济能力，但是他们中的大多数仍然处于巨大的贫困风险中。贝克认为，风险可以看作是人为不确定因素中的控制与缺乏控制，而风险社会消弭了自然与文化之间的界限（芭芭拉·亚当等，2005，322-338）。面对来自自然与社会的风险，考验的是人们面对风险的能力和脆弱性。脆弱性不仅是贫困的一个重要维度而且是造成贫困和赤贫的原因（王小林、徐丽萍，2010）。脆弱性不仅仅来自自身能力的缺乏与外在风险的打击，更是来自于脆弱群体社会支持网络的单薄与脆弱。陈传波提出了农户"资产风险-收入风险-福利风险"的分析框架，福利风险就是健康、教育、社会排斥和能力剥夺等面临的风险（陈传波，2005）。单薄的社会支持网络促使人们按照传统的办法开展资金互助，帮助互相解决资金轮转问题，避免落入贫困状态。

打賝满足了不同的需求。然而，根据前文分析，参与打賝的成员可以分为：缺钱、攒钱和赚钱三种类型，他们参与打賝的需求侧重点各有不同，但都能够在賝会中得到满足，并且都直接指向提高抵抗贫困风险的能力。首先，打賝能够满足经济保障的需求。打賝有风险，但是通过内部的风险管控机制，打賝能够满足参与者经济保障的需要。对于缺钱者而言，满足资金需要，避免陷入贫困；对于攒钱者而言，将自己分散的经济能力集中起来，以期某一时间使用；对于赚钱者而言，这种追逐经济回报的行为就是寻求更高的经济保障。其次，明显的资产建设导向。收入只能填饱人们的肚子，资产则能改变人们的脑子（谢若登，2005，6）。谢若登指出资产有九个方面的福利功能：促进个人家庭的稳定、为个人创造了一种未来取向、促进个人人力资本和其他资产的发展、增强个人专门化和专业化的水平、给个人提供了承担风险的物质基础、增加个人效能、增加个人的社会资本和影响、增加个人对政治的参与和增加子女的福利（谢若登，2005，139）。打賝是对自己经济能力的预支或者存储，参与打賝的成员之间互相不是借贷关系，而是一种互相投资行为。对于个人而言，收入能被结余而积累为资产，形成未来消费的一个储存（谢若登，2005，118），更加形成了一个预支消费的信心与能力。再次，这种满足方式共享群体成员价值。群体成员之间都是相互熟悉的，他们共享一套群体文化，在人情世俗中能够通过打賝这种令大家都舒服、都认同的方式满足彼此的需求。相较于直接向个人借款、银行借贷等，打賝中充满的是人与人之间互动的"人情味"。总之，打賝作为一种团结经济行为，它满足了参与者对资金的各种需求。

打賝提供了成员改善自己经济处境的机会和途径。在薄弱的社会支持网络下，人们利用社会交往中的团结和合作组织互助经济形式，能够有效地解决资金困境，由此得到更多的发展机会。

3.民间福利的义与利层面：团结经济的不同侧面

打賝作为民间一种互济互助的合作形式，是社区、亲友共同体内之间提供的一种民间福利。賝会发挥的民间福利并不是遵循福利国家演进的顺序进行的，可以说这种民间福利是根植于中国传统文化社会中的，并非是政府失灵和市场失灵的产物，而是中国几千年社会中关于互助经验的资源沉淀。面对经济社会发展各方面的挑战，这种民间福利会以不变的价值认同、多元的外在形式继续存在和发展。然而这种民间福利并不是单一的，因为打醮的运作机制是义利整合，因此民间福利也具有义和利侧重的不同层面。

伊瓦斯认为，民间福利是由非正式部门和家庭提供的福利，其依照互惠、利他为中心价值，以个人责任作为行动协调原则，以尊敬和感激作为交换中介。但同时也面临成员之间较低的道德约束、个人自由选择和对外部成员的排斥等不足（彭华民、黄叶青，2006）。在打醮这种团结经济中，我们站在义和利的两个极端，有如下发现：

第一，熟人社会中的道德要求是打醮发挥福利功能的关键。首先，站在熟人社会中情义考量的角度来说，打醮成员之间彼此都有着有情有义的"关系"，这种关系被打醮深度刻画形成了更为紧密的利益共同体。其次，在熟人社会中，个人的道德、人品成为合作的重要标准。打醮成员的入会标准中存在着大量的道德评判，然而这种道德评判并非能够被"量表"量化的，它只能通过在日常交往中逐渐形成。正因为这种日常交往是多方之间相互交往，是共同体成员之间的相互建构，因此这种道德要求是彼此之间认同和共享的。最后，这种道德要求不仅仅是熟人社会中对"道义"的追求，也是醮会之间进行有效风险控制的土办法。即便是正规的系统信用借贷，也会对信用记录做考察，避免不必要的风险。然而在熟人社会中，对个人信用的考察来得更为全面和直接——对现实生活直接的考察。

第二，利益平等是打醮发挥福利功能的基础。所谓利益平等而非利益均等是指参与者各方都不追求对利益要平均分配，而是追求付出 - 回报的平等。首先，打醮是建立在熟人社会基础上的，熟人社会的文化类型是阶层主义文化，而醮会内部却追求合作和平等的平等主义文化。这种关系类似于一个鸡蛋——蛋黄是醮会，蛋清是熟人社会——被阶层主义文化包裹的平等主义文化。其次，追求平等就是追求自我利益最大化。打醮中的各位成员都是在追求自我利益最大化，赊头凭借自身社会地位、声望和影响力获得不出利息的特权，赊员之间对资金各有需求，按照各自需求的不同在赊会中找到适合自己的位置，从而在获得需求满足的同时也规避了过多的付出。赊会的所有参与者都是一个个"精于计算"的个体，凭借其生活智慧，做出最合适的选择。民间福利功能的原则不仅仅是互惠和利他，更重要的是在互惠之前能够做到"利我"。最后，自我利益最大化的实质结果导致了团结经济福利功能最大化。个人利益最大化是否会有损组织福利功能最大化？打赊的答案是否定的。打赊中的规则简单易懂，大家在规则之下做到利益最大化的同时且保证了赊会不形成烂赊，使得赊会能够健康运转。作为一个健康运转的赊会，一不危害社会二不危害个人，同时还使得参与者各方都心满意足，不仅满足了自己的需求还促成了更加深广的人际交往。因此，打赊的福利功能也就得以最大化发挥。

第三，成员对个人价值的追求是打赊发挥福利功能的主要特质。首先，对个人价值的肯定成为合作达成的重要条件。打赊具有的明显的资产累计倾向，能够形成资产积累的个体绝对不是无能的受助者，而是有生产能力的个体。这种社区声望上的肯定给了参与者达致合作的强烈驱动。其次，赊会内的人不必对彼此心怀感激，减轻了人情负担，促使彼此之间的合作关系变得简单明了，也促使打赊福利功能得以简单直接地发挥。

打赊作为中国本土社会中一种合作互助的形式，其发挥了积极的民间福利功能。但是这种民间福利较之西方学者强调的非正式福利更加强调了人情社会之中的个人的道德评价、要求利益的平等、重视个人价值等"义"与"利"的元素。

二、对社会工作实践的启示

1. 对发展性互助小组工作的启示

在社会工作语境下，小组是指社会工作直接实务方法中的小组工作，或称团体工作。其主要具有三个特征：一是目标明确；二是小组工作既是过程又是促进组员改变的方法和手段；三是小组具有互助性（刘梦，2013，6）。打赊作为资金互助的本土经验，目标直接指向解决成员之间资金流转问题，加之打赊本身就是一个社会交往过程，同时又是满足成员需求的方法和手段。因而可以将打赊视作本土的社会工作中的一种帮助在经济上有困难的村民的小组工作形式。这种小组是具有问题解决和发展功能的，因此打赊具有发展性小组的功能。这种内生的发展性小组如果加以引导，就能发挥出更多的助人能量。云南平寨的社会工作实践表明，妇女团结经济小组促进了妇女的经济赋权和性别赋权，促进了妇女对自己和村落的发展过程的控制力，实现了能力建设的目标（潘毅等，2014，168-197）。打赊这种本土生存智慧，为社会工作的发展提供了丰富的原材料。

这种本土的发展性小组有其自己的特征。首先，人情和利益是小组动力的主要来源，人情小组得以成立，利益诉求使得小组发挥互助功能。其次，小组有自洽的自我控制方式，小组成员之间有着内隐式的规则要求，组员依靠贡献的这一套规则要求在彼此之间互相选择，达致一个合作小组。最后，小组的动力来自于义利的整合，更是阶层主义文化和平等主义文化两种文化场域内人们互动的结果。社会工作实务的开展就是要去掌握这些本土互助合作中存在的知识和价值，而不是一味照搬西方的知识和技术。同时，要求社会工作者要具备高度的文化敏锐性，对地域性文化中蕴含的助人知识保持敏感。总之，打赊能够为农村发展性互助小组工作的开展提供一定的知识基础和指导。

2.对民间互助的启示

社会工作的专业追求在于"助人自助"，简而言之，助人就是要帮助其发展自我帮助的能力。打赊就是一个自助能力的互助小组，揭示打赊背后的助人逻辑，对于了解中国本土助人实践有着重要的意义。

打赊的核心逻辑就是"情归情，利归利"，正是这一合作逻辑促使打赊发挥了互助功能。"情归情，利归利"强调的是因"情"而起，因"利"而助。首先，"情"是熟人社会之间的伦理道德义务，做人做事都要讲人情。人情世故是人们开展互助的起点，但绝不是互助驱动力。其次，"利"是利益，互助是直面生计问题，让利益计算公开化、透明化符合正常的生存逻辑。人们每天面对的是日常生活中的生计问题，能够在生计之外抽出一笔钱参与打赏，实属不易。通过打赏这一中介，将自己的利益考虑公开化，彼此之间不同的需求诉求形成了完美的契合。再次，开展互助性实务需要进行"义利"衡量。社会工作实务中对服务对象社会支持网络资源的挖掘成为实务工作的主要内容，排除政府制度性的支持网络，社会支持网络往往指向亲属、社区、邻里、好友等。打赏揭示了互助动员中的两个关键要素"义"与"利"，社会工作虽然强调"人本"，但也不能忽略利益驱动的倾向，社会工作不能在价值上否认人的逐利倾向。

"情归情，利归利"的互助逻辑在社会工作实务中能够得到较多的运用。首先，当实务中出现互助需求时，就应该考虑到情感与利益在互助中的分量，由此可以制定切合实际的服务计划。其次，一般而言，对于弱势群体的非正式支持也是薄弱的，这就意味着情感的驱动是难以动员其身边的非正式支持资源的，需要更多利益的考量。

3. 对精准扶贫的启示

具有发展性功能的"打赏"，能够为社会工作在精准扶贫的理论和方法上提供较为丰富的实践资源和手段。

首先，本土互助资源是开展精准扶贫工作的重要突破口。精准扶贫工作能够充分利用本土的互助资源。米奇利主张，应该从社会发展和经济增长的互动关系的视角去观察社会福利的功能，要在强调经济政策和社会政策融合的基础上，制定将福利资源用于以投资为导向的社会计划，由此提高社会成员的经济参与能力，进而对社会发展做出贡献。他指出通过社会工作者可以教授穷人如何成为有效的经济运作者（米奇利，2009，131）。充满生活智慧的本土实践中，人们利用各种从本土土壤中生长的有效策略解决自己面临的资金需求，这种方式或许不是最好的方式，但是对于身处特定环境中的人们可能就是最合适的方式。充分挖掘这些资源能够充实、丰富社会工作的实务方法。例如在精准扶贫中利用既有赏会组建互助小组，就能够有效促进互助小组中小组动力的产生和发展，并且能够将赏会发挥的作用引导向更为深广的层面。

其次，打赏中需求的自动排序机制能够为社会工作介入精准扶贫实务提供启发。CT01 举例道："我先用钱，因为我是贩头……他们再抽签决定顺序，然后个人就看自己满不满意，他们再调整……我这里只认抽到的顺序，假设有两个人换了顺序，就要告诉大家……这种办法比较简单，急着用钱的人肯定会换到前面，不急着用钱的人就会换到后面。"面对各自不同的需求，贩会简单而巧妙地解决了如何排序的问题。按照公平原则，先抽签决定顺序；按照需求原则，后私下交换顺序，形成急需用钱者在前，资金富裕者在后的实际顺序。这种方法能够花费最小的成本形成大家接受的顺序。但是自动排序机制并不能做到细致地量化甄别比较，它只能是根据参与者各自的需求、目的做出类别化的排序，即缺钱者在前，赚钱者在后。但是在缺钱者中再甄别出紧急轻重就不是那么容易了。对于社会工作介入精准扶贫实务的启示主要在于，第一，从知识上能够为精准扶贫中的"贫困精准识别"提供启发。通过需求自动排序机制，缺钱的人排在了前面，攒钱的人排到了中间，赚钱的人排到后面，这一过程直接将缺钱者精准识别出来。第二根据贩会的这一需求自动排序机制，在开展资金互助小组实务过程中，从技术上可以借鉴这种"抽签＋私下交换顺序"的规则办法，能够有效解决参与者之间资金使用的顺序问题，也能够较为高效识别参与者之间对资金需求的紧急轻重。

总之，打贩作为一种扎根于农村的互助团结经济形式，它发挥了积极的福利功能，对社会工作的理论知识、实务技巧和价值理念带来了丰富的本土知识。

三、讨论和反思

本文研究的中心是要通过人们在贩会中实现资金互助过程中的思考与活动，呈现在中国乡土义利文化场域中的民间福利。那么本研究的不足和研究的价值伦理成为本章主要讨论的议题。

1. 研究不足

对贩会进行跟踪和观察时间相对较短。本研究的研究对象 A 贩会是一个正在健康运转的贩会，从贩会的生命周期来看还未到 A 贩会的解散阶段。这使得对 A 贩会的研究缺乏一个全程性的观察和分析。因而未能观察到当 A 赊会结束时人们的选择与行为，无法讨论原成员是否会继续合作（形成新的赊会）、新赊会是否会有新人员等问题。这就造成了本研究的最大限制——不能够从全程的角度展示打赊。然而缺乏全程的观察，不意味着对 A 赊会的研究存在"断章取义"之嫌。首先，A 赊会中很多人都有着几十年的打赊经验，充分了解赊会从组建到解散的过程，他们能够为本研究提供丰富、详实的资料。但是，作为赊会生命周期的最后一个阶段，赊会成员在赊会结束过程中的考虑和选择能够为本研究提供更多的材料和论据，缺乏这一部分的资料和论据成为本研究的遗憾。

2. 研究伦理

首先，双重关系。笔者在资料收集过程中是依靠赊会中的私人关系进入的，并且在进入之前对赊会中的成员都有或多或少的私人关系，因此在研究中一方面是局内人，一方面也是局外人。这种双重的身份为我研究收集资料提供了便利，但是也不可避免地减弱了笔者的文化敏感度。社会工作研究作为社会工作的重要实务手段，就回避不了价值观问题的讨论，笔者兼具局内人和局外人就意味着产生了双重关系。美国社会工作者协会伦理守则中社会工作者对社会工作专业的责任部分规定：社会工作者进行评估或研究时，应警惕或避免与参与者发生利益冲突或者双重关系。一旦真的发生利益冲突或者有可能发生利益冲突时，社会工作者应告知参与者，并应本着参与者利益至上的原则采取措施，解决问题（NASW，2008，502O）。

第一，社会工作认为专业关系是实现助人目标的重要前提。专业关系是指为达成特定目标而结成的关系，具有单一性和功能性的特点（许莉娅，2004，97）。专业关系直接指向专业目标，是达成助人目的的手段，而不是助人的目标。专业关系的建立要求社会工作者能够尊重、同理、真诚地对待案主，体现专业关系中人本主义的要求。第二，双重关系具有文化性。由于美国和中国的文化差异，在中国人情社会中双重关系难以避免。在中国文化处境下，张洪英认为专业社会工作关系是专业关系＋工作关系＋朋友关系（张洪英，2007）。面对双重关系，曾群认为应该秉持"有益无害"的标准（曾群，2009），赵芳认为应该保持良好的"伦理意识"（赵芳，2013）。最后，以案主为中心才是专业关系的本质。建立专业关系的目的就是更好地帮助案主，实现助人自助，关系于帮助而言只是术而非道。只要是能够更好地帮助案主解决问题，良性的私人关系不应该被一刀切地禁止。在研究中，正是由于这种双重关系让我看到了更为真切的打瞧，成员之间的互动也更为真实。但是由于彼此之间了解，成员对我的背景资料和研究主题也有了了解，难免会出现导向性叙述。因此笔者在研究过程中，一方面以局内人的姿态参与其中，另一方面也会保持局外人的反省和自觉，以减少双重关系对研究结果的影响。

其次，知情与同意。在研究过程中，告知被研究者研究内容和目的，征得被研究者同意，是社会工作研究的重要伦理。一般情况下需要与被研究者签订知情同意书，然而本研究中并没有与研究者签订知情同意书。原因有三：第一，在民间社会中签字画押往往带来巨大的心理压力，会使被研究者产生一种"责任负担"，即每说的一句话都要思考背后可能给研究对象带来的责任压力；第二，研究者作为一名局内人参与到打瞧活动中，大家之间本来都是熟人，都有既定的行为交流方式，如果贸然采取异于日常的行为方式，会引起交流和沟通上的障碍；第三，研究的整个过程对于被研究者而言都是开放的，被研究者知道研究者的研究内容，要收集的资料以及用途，并且保证这些资料的匿名性。因此本研究中与研究对象达成了口头上的知情与同意。

参考文献

鲍威尔·马丁主编，2011，理解福利混合经济，北京大学出版社

陈涛，2011，社会工作专业使命的探讨，《社会学研究》，第6期

多戈夫等，2005，社会工作伦理：实务工作指南（第七版），中国人民大学出版社

高峰，2004，社会发展导论，社会科学文献出版社

吉尔伯特著，2013，社会福利政策引论，华东理工大学出版社

彭华明等，2009，西方社会福利理论前沿：论国家、社会、体制与政策，中国社会出版社

森·阿马蒂亚，2001，贫困与饥荒，商务印书馆

王思斌，2010，社会工作概论（第二版），高等教育出版社

杨善华，谢立中，2006，西方社会学理论（上、下），北京大学出版社

杨善华、孙飞宇，2005，作为意义探究的深度访谈，《社会学研究》，第5期

杨西孟，1935，中国合会之研究，商务印书馆

Anderson, Siwan and Jean-Marie Baland,2002,The Economics of Roscas and Intrahousehold Resource Allocation, *The Quarterly Journal of Economics*,vol3

Geertz, Clifford,1962, The Rotating Credit Association: A "Middle Rung" in Development, *Economic Development and Cultural Change*,vol.3

"拔青苗"群体的口述史研究

刘华章　中国人民大学社会学系2014级
指导教师　郭星华

第一章　导论

一、引言

中华人民共和国成立伊始，科技事业百废待兴。全国专门从事科学研究的机构不足 40 个，从事科学研究工作的人员不超过 5 万人。新中国的科学技术需要在一片近乎"废墟"的基础上重建。[①]1956 年底，随着三大改造的完成，社会主义制度在中国基本确立。同年 1 月，中共中央在北京召开全国知识分子问题会议，会后，全国迅速掀起了"向科学进军"的热潮。

为了进一步加快工业化的进程，从 1957 年底开始，中国开始了声势浩大的"大跃进"运动，这场运动肇始于农业，扩展于工业，最终蔓延至国家社会的各个领域。一向严谨的科学界同样受到波及，涌现出许多"豪言壮语"，也提出了一系列高指标。1958 年 3 月的中央成都会议后，为响应会议精神，各地不管条件是否成熟，纷纷建立中国科学院分院及所属研究机构。仅 1958 年就先后成立了安徽、陕西、浙江、江西、武汉、吉林、江苏、兰州、云南、河北、广州、山东、四川、上海、内蒙古、辽宁、黑龙江等 16 个分院；1959 年又成

[①]　百废待兴——向科学进军 [J]. 中国科技奖励 ,2009,10:6-7.

立了青海、湖南、广西分院；截至1960年底，全国已有26个省、市、自治区成立了中国科学院分院及其下属机构，共有224个院属研究所（包括与地方双重领导的研究所），工作人员已达35318人，比1957年增长了200.32%[①]。为了填充各地新成立的科研机构，加快国家科学技术，尤其是尖端科研的发展，中国科学院领导经请示中央，由毛主席圈阅并由周总理、邓小平总书记批准从全国高校在学的高年级学生中抽调一批品学兼优的学生从事尖端科学研究，时人称之为"拔青苗"，这批尚未毕业的大学生们组成了中国最早的尖端科研队伍。

然而，由于忽视了当时的生产力发展水平，"大跃进"运动没能实现中国经济的跃进，相反地，在1959年到1961年间，中国的国民经济出现了严重的困难。由于大量青壮年劳动力离开了农业生产第一线，进入城镇大搞工业生产，导致农作物大面积歉收，粮食产量连年下降，国家面临严峻的粮食危机，浮肿病从农村蔓延到城市，一些困难地区甚至出现大量非正常死亡人口。

为了渡过难关，从1961年开始，中央政府采取了一系列措施来扭转国民经济的失衡局面，其中就包括精简大跃进时期急速增长的城镇人口和职工。从1961年到1963年，全国职工总数减少了1887万人，全国城镇人口减少了2600万人[②]。当年通过"拔青苗"被抽调出的这批人亦在精简之列，除了个别已经成为技术骨干的人得以留下，其余的"青苗们"只有返校完成学业、分配至其他单位和回乡从事农业生产三种选择。从1958年到1962年，"拔青苗"群体的命运随着共和国的发展发生了翻天覆地的变化，当年怀着为国家科研奉献一生的热情离开学校的青年们不得不面临四分五裂、黯然离开的选择，他们人生中最好的四年就这样随着"三面红旗"[③]的落下而逝去了。

然而，综观国内外学界的研究，"拔青苗"这一历史事件却好似从未发生一样无人问津，只在个别人物报道中一带而过。作为被国家政策的变化戏剧性地打断和改变个人生命历程的一批人，他们为中国

---

① 杨小林.1958年的中国科学院[J].科学对社会的影响,2007,02:18-22.

② 苏维民.杨尚昆与三年困难时期精减城市人口[J].百年潮,2008,10:10-15.

③ 1958年中共中央提出的施政口号，即"总路线、大跃进、人民公社"。

的尖端科学研究做了大量奠基性工作,"两弹一星"伟业的完成离不开他们的奉献。"虽然靠这支队伍在短期内做出好成绩是不可能的,但是他们为以后的科学研究提供了条件和环境,中国科学院从事新技术的阵容可以说是这个时期建立起来的。"① 虽然大部分人在1962年"大调整"时就远离了科研工作,但"拔青苗"这一历史事件却一直是存在着的事实,对国家和他们的一生都产生了无法磨灭的影响。

此外,当前学界对特殊历史时期相关问题的研究主要集中于宏观政策及重大历史人物方面,对身处其中的普通人群鲜有关注。作为重大历史事件的亲历者,"拔青苗"这一特殊群体在当时的生活状态和心路历程是怎样的?"拔青苗"这一事件对他们的一生产生了哪些影响?当年同一批提前毕业参加工作的群体产生了何种分流?在经历过多次变动后,他们的思想产生了哪些变化?在面对国家政策对个人命运产生巨大干预时,个人是如何应对的?个人与国家的关系在不同时期发生了哪些变化?本文将采用深度访谈和文本分析的方法,回顾"拔青苗"群体的整个生命历程,以期回答上述问题,并在总结与讨论中提出"命运体"这一概念,解释身处剧烈变迁历史时期,具备相似社会特征群体的命运浮沉,对当前学界的研究做出有益补充。

二、文献综述

1."拔青苗"群体研究

"拔青苗"发生于1958年,是"大跃进"时期科学界在当时政治环境下所做的一系列决策之一。虽然改革开放以来,国内外学者对"大跃进"运动已经有了近20年的研究,但无论是在国内还是国外,研究"大跃进"运动及其相关问题仍然受到诸多限制。原始资料的匮乏是最大的问题,目前,原始档案依然处于受控严格的状态。更加严格的是,有很多规定密级的档案,既使看到了也不便直接利用②。

原始资料的不足导致当前对"大跃进"运动及其相关运动的研究

---

① 杨小林.1958年的中国科学院[J].科学对社会的影响,2007,02:18-22.

② 张志辉."科学大跃进"初探(1958-1961)[D].中国科学技术大学.2007.

多为浮于表面的记叙，缺乏深入的剖析。并且多数研究只是对现有文献的重复式研究，缺乏创新性。在研究对象选择方面，现有的研究多集中于党的第八次代表大会、庐山会议、人民公社、大炼钢铁、三年困难时期及其人口变动等方面，关于"大跃进"期间科技界状况的研究非常稀少。本文的研究对象——"拔青苗"群体目前还未有人涉及。这既是本研究的创新之处所在，也对本文的撰写提出了巨大的挑战。

作为共和国历史上又一批个人命运受国家政策变化而发生巨大改变的群体，对他们的研究之所以没有像知青研究那般如火如荼，主要受以下两个因素影响：一是"拔青苗"事件发生的时代较为久远。当年经历"拔青苗"事件的人如今已年近八十，马上步入人生最后阶段的曾经的"青苗"们早已对世事看淡，除非特意问起，无人会主动提及；二是"拔青苗"群体人数较少。从受访者口中得知，全国性、大规模"拔青苗"事件仅发生在 1958 年。目前仅见的关于"拔青苗"人数的叙述出现在中国科学院声学研究所的历史沿革中："1958 年科学院领导经请示中央，由毛主席圈阅并由周总理、邓小平总书记批准从高校在学的高年级学生中'拔青苗'，先后抽调一百名品学兼优的学生从事声学研究，组建了中国最早的声学研究队伍。"根据钱临照、谷雨在《中国科学院》一书中的统计：截至 1960 年底，全国已有 26 个省、市、自治区成立了中国科学院分院及其下属机构，共有 224 个院属研究所，工作人员已达 35318 人，比 1957 年增长了 200.32%[①]。如此大幅度的人数增长只能归因为非常规的招聘手段，除去通过正常途径增加的工作人员，可以估算出当时全国的"拔青苗"人数应该超过了万人。相比于先后涉及上千万人的"上山下乡"运动，"拔青苗"群体的绝对人数就少得多了，但这并不能抹去这一群体的客观存在。正是这些人组成了中国最早的尖端科研队伍，奠定了中国的原子能、电子学、半导体、自动化、计算技术、航空和火箭技术等新兴科学技术的基础，并促进了一系列新兴工业部门的诞生和发展[②]，部分一

---

① 钱临照，谷羽主编 .1994. 中国科学院 (上、中、下)[M]. 北京 : 当代中国出版社

② 百废待兴——向科学进军 [J]. 中国科技奖励，2009，10:6-7.

直留在科学院的"青苗"们成长为了"两弹一星"功勋，是我国第一代"航天人"、"计算机人"。

因此，对"拔青苗"群体的研究将是对我国社会变迁领域的有益补充，更重要的是，通过对该群体在不同历史时期行为策略、思想意识的探究，可以对个人与社会关系这一社会学基本问题展开讨论。

2. 社会学中的"个人与社会"

自社会学诞生以来，各种流派的研究都或多或少地涉及到个人与社会的关系问题，有的是以个人与社会的关系为起点建构自己的理论体系，有的是在建构自己理论体系的过程中不可避免地涉及到个人与社会之间的关系。可以说，个人与社会的关系构成了社会学的基本问题[①]。对此，杨刘保、管云波[②]、董美[③]都曾撰文进行总结。杨刘保分别从以孔德、迪尔凯姆为代表的实证主义，以韦伯为代表的人本主义和马克思主义这三大社会学传统出发展开总结。管云波则认为，对社会本质认识上的不同，导致了社会学中个人与社会二元关系的对立，他从迪尔凯姆和韦伯在这一问题上的对立，到帕森斯用宏大的结构功能理论对两者进行综合，再到如今多元化的社会学理论试图超越二元对立，重建社会学。可见，自社会学诞生以来，西方社会学界关于个人与社会关系的争论从未停止。

我国社会学界同样重视对"个人 - 社会"关系的研究，特别是郑杭生和杨敏自 2003 年以来发表了一系列文章[④]，阐述了个人与社会关

① 杨刘保. 个人与社会的关系——社会学的基本问题 [J]. 长春市委党校学报，2009，03:19-21+18.

② 管云波. "个人—社会"二元关系的当代解读 [D]. 山西大学, 2010.

③ 董美. 个人与社会关系问题研究 [D]. 东北师范大学, 2007.

④ 在 2003 年初到 2004 年底，两人共发表五篇关于"个人与社会关系"的论文，先后分别为：《个人与社会的关系——从前现代到现代的社会学考察》《权益自主与权力规范——对现代社会中个人与社会关系的多视角分析》《论社会学元问题与社会学基本问题——个人与社会关系问题的逻辑结构要素和特定历史过》《社会学方法与社会学元理论——个人与社会关系问题的方法论意义》《社会学理论体系的构建与拓展——简析个人与社会的关系问题在社会学理论研究中的意义》，并基于这些研究，于 2010 年在《社会互构论：全貌概要和精义探微》一文中正式提出"社会互构论"的观点。以上这些文章所关注的基本话题均为个人与社会的关系问题。

系问题在社会学理论研究中的意义，个人与社会关系问题的方法论意义，个人与社会关系问题的逻辑结构要素和特定历史过程，并对这一问题展开了从前现代到现代的社会学考察。

在《论社会学元问题与社会学基本问题——个人与社会关系问题的逻辑结构要素和特定历史过程》中，他们提出：社会学的元问题，就是个人与社会的关系问题。而且，社会学对于个人与社会关系问题的设问是变化多样的，亚历山大讨论的是个人自由与社会秩序的关系问题[①]，福柯则侧重权益自主与权力规范的关系问题[②]，而吉登斯的意义与支配[③]，哈贝马斯的生活世界与系统[④]，布迪厄的惯习与场域[⑤]等都是个人与社会的关系问题的新的表现形式。总之，无论采取怎样的形式，这些设问都可以还原成个人与社会的关系问题。

综上所述，从社会唯名论与社会唯实论的针锋相对到消除二者对立的社会互构论，社会学自诞生以来就离不开对个人与社会关系问题的讨论。从历史的角度看，个人与社会的关系起初是混沌不分的，随着等级制结构社会的产生，个人被置于了等级式社会关系的层层束缚之下，个人服从于社会，"社会不平等成为了人类社会难以涤除的性状"。随着理性开始全面制导现代社会的成长和扩展，现代个人也变成了崇尚名利、追求成功和卓越，渴望拥有一切有价值的事物的"理性人"，现代个人因此也是烦神、操持和挂牵的人（科西克，1989）。虽然现代社会规范和秩序体系对个人的整合力是以往任何历史时代所无法比拟的，但社会共识从来没有像现在这样遥不可及[⑥]。具体到本文的研究对象，"拔青苗"群体所处的历史时期自有其特殊性，对于身处其中的人群行为策略、思想意识的分析需要结合时代背景。单位作

① 杰弗里·亚历山大. 社会学二十讲：二战以来的理论发展〔M〕. 北京：华夏出版社，2000.9.

② 米歇尔·福柯. 规训与惩罚 [M]. 北京：生活·读书·新知三联书店，1999.27、28.

③ 安东尼·吉登斯. 社会的构成 [M]. 北京::生活·读书·新知三联书店，1998.

④ 于尔根·哈贝马斯. 交往行动理论 [M]. 重庆：重庆出版社，1994•

⑤ Bourdieu.The Field of Cultural produetion, or the Eeonomic World Reversed [J]. Poetiecs 12(November); Homo Academics [M]. Cambridge: Polity Press; Standford: Srandford University Press.

⑥ 郑杭生，杨敏. 个人与社会的关系——从前现代到现代的社会学考察 [J]. 江苏社会科学，2003,01:1-9.

为国家对个人实现控制的手段，在 1958 年到 1962 年间对"拔青苗"群体的策略和决定产生了巨大影响，如果不对单位制有所了解，将难以理解他们的许多行为方式。

3. "单位制"研究

国内学术界普遍认为，对中国单位现象的研究始于魏昂德（孙立平等，1998；李孟等，2000），魏昂德在 1986 年出版的《共产党社会的新传统主义：中国工业中的工作环境和权力结构》一书中从权威结构的角度深入研究了中国的单位现象，提出了单位依附理论，中心问题是探讨中国国有企业内部的权威结构问题。他发现单位组织中存在着一种独特的上下间的"庇护依赖关系"，即在单位领导与积极分子之间形成了上下互惠的交易关系，并在此基础上形成了资源分配的"有原则的特殊主义"[①]。

目前，国内学者对"单位制"的探讨大致可分为以下几种：宏观结构背景下对单位制起源、功能等的研究，对单位制内部微观现象的研究，对单位制变迁及转型中问题的研究，以及对"单位人"的研究。

国内对单位宏观结构层面的研究最早见于路风，他指出：单位体制形成于社会主义国家，单位体制的基本内容是"个人归属于单位"，单位成为国家对社会进行直接行政管理的组织手段和基本环节[②]。刘建军认为单位制是一种社会调控体系，其依据级别、行业和职能的不同而形成一种自上而下平行林立的"伞状结构"，依靠着单位体制，凌乱分散的社会要素得以被聚合和组织起来，因此单位是中国资源的汇集和集中分配区，是个人与国家的中间媒介[③]。田毅鹏通过对东北老工业基地的"典型单位制"研究，对单位制的起源、发展和消解进行了梳理，进而提出单位制是一种"国家 - 单位 - 个人"的社会动员和统治体系这一观点，他认为单位具有极强的整合力，可以把几乎所

---

① 魏昂德.共产党社会的新传统主义：中国工业中的工作环境和权力结构[M].龚小夏译.牛津大学出版社,1996.

② 路风.单位：一种特殊的社会组织形式[J].中国社会科学,1989,01:71-88.

③ 刘建军.中国单位体制的构建与"革命后社会"的整合[J].云南行政学院学报,2000,05:24-30.

有的社会成员都囊括其中①。由上述研究可以看出，单位制这样一种制度是由国家建构的，它不仅仅是针对工作，而是涵盖了城市居民生活的方方面面，它既为个人提供资源和服务，即魏昂德所说的"庇护"，另一方面也将个人与外界一定程度上隔离起来，个体必须依附于单位这样一个集体才能获得身份。而田毅鹏也指出由于结构单一、封闭自足，单位制这样一种国家建构和控制的体系与市场是不能融合和匹配的，因此必然走上消解之路。

从单位制内部微观现象来看，单位内部存在着如资源分配、社会网络、分层现象等。李汉林讨论了单位内部如单位身份、社会地位、人际关系、差序格局等诸多现象，认为单位社会与中国传统的社会组成方式，即乡土宗族制度有着天然的联系，并通过建立分析模型提出单位成员对单位组织的依赖程度与其在单位中所获得的资源成正比②。李猛的关注点在于单位内部的权力关系，他指出权力是一个关系概念，这种关系不仅包括正式关系，更重要的是还包括个体互动时彼此的利益、情感、亲缘等各种复杂的交换关系，关系越多权力越大③。李汉林、李路路主要从资源和交换的角度分析中国单位组织中的依赖性结构。他们认为，中国的单位组织并不仅仅是一种纯粹的社会组织，更多地表现为一种"组织化"的统治形式和工具，是国家实现统治的一个重要的中介环节。他们还论证了单位成员在单位中所获得的资源与他们对单位的满意度的关系，即个人在单位中获得资源的多少将影响和制约着人们对单位的依赖性行为和对单位的满意度，而且人们对获取资源的满意度，也会影响和制约人们的依赖性行为④。

有关单位制变迁的研究与本文联系不大，因此不做过多赘述。现

① 田毅鹏、漆思著．"单位社会"的终结——东北老工业基地"典型单位制"背景下的社区建设 [M]．社会科学文献出版社，2005年版

② 李汉林著．中国单位社会：议论、思考和研究 [M]，上海人民出版社，2004年版

③ 李猛，周飞舟，李康．单位：制度化组织的内部机制 [J]．中国社会学季刊（香港），1996年秋季卷

④ 李汉林，李路路．资源与交换——中国单位组织中的依赖性结构 [J]．社会学研究，1999,04:46-65.

有关于单位人的研究同样始于魏昂德。他从依附关系的角度来界定单位人。他认为单位人对单位组织有极强的依附性，主要表现在：单位人对单位组织在社会和经济、政治和直接领导个人等方面的依附。一些学者则认为，只有将单位置于革命解放叙事中才能实现对单位人的真正理解，他们认为单位制的建立是打破封建传统的一个重大举措，它使"乡土中国"转型为"单位中国"，"解放"与"整合"是其精髓。此外，还有学者从制度论、关系论的视角出发对单位人开展批判，认为最终"单位人"将完成到"社会人"的单向演化[①]。

对本文的研究对象"拔青苗"群体来说，他们从学校离开后就加入了中国科学院四川分院电子所这一单位，通过对现有单位制研究的梳理，有助于我们理解这一群体在几次涉及个人命运时的行为、心态，特别是他们对国家政策表现出的高度服从性。通过单位，国家实现了对个人的绝对控制，个人与社会的关系达到了高度一致的状态。

三、研究方法

本文以1958年中国科学院四川分院电子所全体拔青苗群体为研究对象，主要采用两种研究方法：一是访谈法，二是文献法。

1. 样本情况

中国科学院四川分院电子所（今中国科学院成都分院）成立于1958年7月，"大跃进"期间四川分院共建立了24个研究所，有职工2700余人。1961年1月，根据"调整、巩固、充实、提高"的方针，四川分院将研究所缩减合并为15个，1962年进一步调整为10个，职工1000余人。五年时间内，职工人数经历了爆炸式增长和急速减少的过程，这种"过山车"式的人员变动源于国家政策的几次重大调整。

具体到本文的研究对象结构：共36人，男生27人，女生9人。除四人来自中等专业学校，其余人员均来自于当时四川省的四所高校——重庆大学、成都工学院（现已并入四川大学）、四川师范学院

---

① 田毅鹏，许唱."单位人"研究的反思与进路[J].天津社会科学,2015,05:64-70.

（今四川师范大学）和西南师范学院（现为西南大学）的理工类专业。所有人均未毕业，"拔青苗"事件发生时大学二年级的21人，大学三年级的15人。家庭出身方面，所有人均为"红五类"①，绝大部分为贫农。

之所以选取这一群体为研究对象，有以下几点考虑：（1）目前国内外学界鲜有对于"拔青苗"群体的研究，主流媒体中也未见相关报道，然而这一批特殊历史时期下产生的特殊人群为我国尖端科研事业做出过巨大的牺牲和贡献，他们的经历无论如何都不应该被无视；（2）作为具有相同经历的命运体，有效地控制了教育背景、家庭出身、所处的政治历史环境和国家政策等背景变量；（3）虽然样本在最初具有高度的同质性，但其后的发展具有多样性、随机性和偶然性，从这一群体的不断分流中更能发现问题并说明问题；（4）群体间有过多年同事经历，许多人甚至是一生的好友，因此在访谈中可以有效地矫正个人记忆偏差，相互印证还原最真实的情况，还可以补充未能访谈对象当年的情况；（5）所有研究对象都出自同一整群体，具备较强的可比性，且样本容量超过30个，可统计性和对比性较强。

此样本的不足之处在于仅来自中国科学院四川分院电子所，当年全国有26个省、自治区都成立了中国科学院分院及其下属机构，共有224个院属研究所，各地"拔青苗"群体的经历各不相同，此样本可能并不具备普遍意义上的代表性。

2. 访谈

本文使用深度访谈的方法收集"拔青苗"群体的口述历史资料。通过理解作为见证人的幸存者的回忆，可以扩展对时间的历史性的理解。在目前文献档案资料还较封闭的情况下，口述方法给"拔青苗"以及与"大跃进"运动相关的研究开拓了新领域、扩大了新视野、补充了新资料。

访谈范围和方式：共与24人（4女20男）取得直接联系，其中

---

① 通常意义上指出身为革命军人、革命干部、工人、贫农（雇农、佃农）、下中农的人。

深度访谈 18 人（3 女 15 男，其中 3 人在深圳，6 人在成都，通过电话和微信语音访谈，其余都是面谈），通过电话、邮件短暂结构化访谈 6 人（1 女 5 男）。访谈人数占总共 36 人的 66.7%，通过联系到的人基本补全了其余人员的家庭出身、工作去向和退休前情况。

访谈提纲按照个人生命历程的顺序设计，重点了解 1958 年"拔青苗"、1962 年大调整及期间的情况。

（1）基本人口学信息（年龄、工作）、被访者家庭出身（父母职位和成分）、学校情况和同学家庭组成背景；

（2）1958 年"拔青苗"时的情况。被访者年级、专业，是否党员、学生干部，收到"拔青苗"通知的方式和态度（量表选择：非常积极、比较积极、随大流、不太积极、抵制离校）、行为表现和其他同学的反应。

（3）到工作单位后的经历。从事何种工作，遇到了哪些困难，自己做了哪些努力，工作生活中是否与毕业分配来的人有差距，思想上产生了哪些变化。

（4）1962 年大调整时的情况。调整前的经历和心情，被访者的工作去向，其他人的工作去向，哪些因素导致了不同去向的产生。

（5）调整后的生活工作情况。家庭在这几次工作调整中扮演了何种角色。

（6）现在的生活情况。"拔青苗"这一身份在人生中产生了哪些影响，如何看待"拔青苗"这一政策。

3. 文献法

文本分析的主要内容是相关政策文件、相关领导讲话、重要媒体社论等史料。第一手史料包括《关于建国以来党的若干历史问题的决议》、《建国以来重要文献选编》第七册至第十七册、《建国以来毛泽东文稿》、《若干重大决策与事件的回顾》等当时中共中央部分领导的文集、选集、文稿、回忆录等。

由于本文涉及历史阶段的敏感性，众多原始档案还处于严格控制的状态，为获得更丰富的信息，保证政策资料结构的完整性，本文更多地依靠了权威著作和论文中提供的二手史料，如罗平汉的《大迁徙——1961-1963年的城镇人口精简》《当代历史问题札记》《1958-1962年的中国知识界》，萨特米尔所著的《科研与革命——中国科技政策与社会变迁》，武衡所著的《科技战线五十年》，李若建的《大跃进与困难时期人口迁移初步探讨》、《困难时期的精简职工与下放城镇居民》，陈理的《60年代初精减职工、动员城市人口下乡决策的研究》等。这些论文的史料、观点、数据等为本课题研究提供了十分宝贵的参考与借鉴。

第二章　提前毕业，看似双赢的决定

在共和国编年史上，有三个相互关联的特殊名词，分别是"大跃进"运动、"三年困难时期"和"国民经济调整时期"。正因为"大跃进"运动，导致国家进入"三年困难时期"，因此不得不进行国民经济的大调整。这三个时期不但影响了共和国发展的进程，也影响本文主人公"拔青苗"群体一生的命运。他们在"大跃进"运动中被"拔"出学校，提前工作，在困难时期产生分流，在国民经济调整时期做出了不同的选择，最终走上了迥异的人生道路。

本章主要着眼于这批"拔青苗"群体离校时的个人基本情况和心态，辅以对当时国家政策环境的介绍，特别是毕业分配政策，以期理解这次完全由国家主导、个人被动接受的变动是如何得到个体完全支持的，家庭在这批人做出离校决定时又扮演着怎样的角色。

一、大势所趋

1958年是"拔青苗"事件发生的年份，也是"大跃进"运动进入高潮的年份，"拔青苗"是"大跃进"期间众多用力过猛的政策之一，这一政策产生的背景就是伴随着"大跃进"产生的"全国大招工"。

"大跃进"之前，国家对于职工人数的控制还是比较严格的。1957年9月的八届三中全会上，周恩来在做《关于劳动工资和劳保福利问题》的报告时还强调，要控制城市人口的增加，各机关、企业和事业单位应该精简机构和人员[1]。但随着"大跃进"运动的发展，特别是"赶英超美"、"工厂遍城乡"等口号的提出，劳动力紧张的情况开始出现，全国性的大招工由此产生。据国家统计局1958年年底公布的数字，1958年底，全国职工人数比1957年底增加了40%，即990万，职工总人数达到了4400万人[2]。但其实国家统计局的这个数字是不准确的，真正增加的人数可能还要翻一番（罗平汉，2003，30）。

于是，在全国各行各业"大跃进"氛围的感染之下，教科文领域的"大跃进"很快也发动了起来。1958年初，中国科学院在北京举行的各研究所所长会议上，部署科学工作的大跃进。中国科学院院长郭沫若传达了毛泽东的指示，号召科学工作者"拿出吃奶的力气来"，促进科学大跃进。郭沫若说：现在不愁英雄无用武之地，只愁地无用武之英雄（罗平汉，2003，143）。

在这种形势下，国家对科学研究经费的财政投入大量增加，科研机构迅速膨胀，科学技术人员也急剧扩充[3]。但相比于财政投入和机构的设立，科学技术人才的补充才是最大的问题，当时国家最缺的就是人才。以1957年为例，全国普通高校共229所，招生数共10.6万人，研究生招生数仅为334人。就中国科学院来说，1956年全院工作人员共有13042人，平均每万人口拥有自然科学技术人员数仅为0.3[4]。现有的科研人才和应届毕业生不足以填充急速膨胀的科研机构。

因此，为了招集更多"用武之英雄"，尽快建立起工人阶级的知识分子队伍，国家只能从各个高校抽调未毕业的学生，也就是所谓的"拔青苗"。

1958年12月被抽调至中国科学院四川分院电子所的这批"青苗"们，从得到通知到离开学校只有一天准备的时间，非常突然，而且事

① 《建国以来重要文献选编》第十册[M].中央文献出版社1994年版，第577页.

② 今年职工增加了将近一千万人[J].《经济消息》，1958年第44期.

③ 张志辉."科学大跃进"初探（1958-1961）[D].中国科学技术大学.2007.

④ 国家统计局科技统计司编.1990.中国科学技术四十年:1949-1989[MI(统计资料).中国统计出版社,201.

前没有任何人询问过他们的意愿，是一次完全被动的提前毕业。

"我记得收到通知的时候是下午，我正在图书馆里自习，辅导员突然把我叫出去说：'国家现在需要一批从事尖端科研的人才，学校综合各方考虑决定推荐你去。如果你这边没有问题就赶快回去收拾东西，明天就出发去工作单位报到，相关手续学校已经帮你做好了。'"（30 章守诚[①]）

"通知下来的时候我还在上课，系里的辅导员把我从课堂上叫出去告诉我被选中提前毕业参加工作了。当时人的思想都很单纯，都是听党指挥，党和国家让你去哪就去哪，前一天通知，第二天背起包包就走了。"（17 刘尚清）

"我听到消息的时候还在工地上，当时不是在'大跃进'嘛，大炼钢铁，我学的是冶金专业，所以就被学校派到农村去指导老乡炼钢。之前也没有人跟我商量过这事，通知下来了我就赶快回到学校，当时同一批拔青苗的已经走了，我赶快把东西收拾好，第二天就去成都找他们汇合了。"（7 周腾峰）

虽然通知时并没有公布任何选拔的标准，但在与这批"拔青苗"群体的访谈中还是能总结出三点共同特征：家庭出身好，均为"红五类"；在校表现好，党员、团员、学生干部居多；学习成绩好，能钻研的。这三点特征之中，家庭出身是最统一的，学习成绩是最不重要的。

"我们家是比较穷的，父亲三兄弟都是采矿工人，叔父务农。家里有兄弟姐妹五个，家里小孩太多养不起，父亲外出采矿，我 10 岁就开始承担家里农活，13 岁去铁矿厂打工。我先后上了四次小学，因为家里穷交不起学费，等到有钱交学费了才能再去上。解放后国家照

---

① 按照学术惯例，文中所涉及的人名均为化名，人名前的数字是文末附表的编号，便于读者查询此人基本信息。

顾童工送我们去学习电工，53年考上了工农速成中学，57年毕业考上了重庆大学电机系电力专业，大学一年级就入了党，大二的时候"拔青苗"就把我拔出来了。"（25 王自力）

"小时候家里非常穷，家里四个男孩，我排行老三。我九岁的时候父亲就去世了，之后不到半年，家里又死了四个人，二哥小弟都死了，其实就是出天花，但那时候没钱看。直到解放后我都还在农田里干活，12岁才开始上学，全是凭借党的政策才能读得上书。1955年初中毕业就到了重庆机械工业中等专业学校，58年的时候系里领导通知我提前毕业到四川电子所工作，我就来了。"（29 张鹏）

"我当时是我们大二物理系的班长，我们班被选中的只有我一个，其实我的成绩并不是特别突出，班上比我学习好的人还有。但我出身比较好，家里是贫农。"（10 宋成）

这种更加看重政治出身而非专业成绩的选拔方式与当初的政治环境是契合的。在1957年"反右"运动后，国家在知识分子界又启动了"红专大辩论"，"大辩论"得出的结论是：不但"白专"道路走不通，就是"粉红色道路"和"中间道路"也必将走向死胡同（罗平汉，2008，3）。"红专大辩论"方兴未艾，"交心"运动又起波澜，之后"双反"运动再掀狂澜，大批"资产阶级知识分子"都成了批判的对象。

1958年的八大二次会议是"大跃进"的最后动员大会，刘少奇在会议的工作报告中就专门讲到了科学、文化事业如何飞速发展的问题：为了适应技术革命的需要，必须同时进行文化革命，发展为经济建设服务的文化教育卫生事业……培养新知识分子，改造旧知识分子，建立一支成千万人的工人阶级的知识分子队伍，其中包括技术干部的队伍（这是数量最大的），教授、教员、科学家、新闻记者、文学家、艺术家和马克思主义理论家的队伍[①]。1958年6月，中科院党组向中共中央提交了《关于自然科学研究十年赶上美国问题向中央的

---

① 《建国以来重要文献选编》第11册 [M]. 中央文献出版社 1994年版，第304-305页.

报告》。报告提出，在未来十年要做三件事情：一是掌握新技术，重点项目是卫星上天和原子能和平利用；二是促进国民经济科学化……三是培养和建立一支有四五十万人的又红又专的科技干部队伍（罗平汉，2003，144）。而从高校中选拔这些家庭出身良好的理工科学生，让他们提前毕业参加工作则是尽快建立起这批又红又专的科技干部队伍的一大措施，这种做法既符合国家当时发展的需要，也得到了"青苗"们自身的大力支持，但也为他们将来的分流埋下了伏笔。

二、离校心态种种

虽然提前毕业的通知来得十分突然，并且事先并没有征求过他们的意见，但这批拔青苗群体却没有一个人提出异议，所有人都服从组织安排，离开学校奔赴工作岗位。通过建立五级态度量表的方式来具体呈现这批人的离校心态，"非常积极"和"抵制离校"是态度的两级，其间有"比较积极""随大流""不太积极"三级态度。以此态度量表为标准，被访的 24 位"青苗"对自己的下乡心态做了选择和阐释。

如表 1 所示，没有一个人是抱着消极态度离开学校的，非常积极和比较积极的人群占了总人数的近九成，还有 12.5% 的人并没有明显的态度，抱着随大流的心态离开了学校。

表1　　　　　　　　离校态度分类统计

离校态度	人数	所占百分比
非常积极	15	62.5%
比较积极	6	25.0%
随大流	3	12.5%
不太积极	0	0.0%
抵制离校	0	0.0%
合计	24	100.0%

对正在经历着"反右"运动和"红专大辩论"的这批年轻人来说，能够被选拔出来从事尖端科学研究，成为国家重点培养的工人阶级知识分子是十分光荣的一件事情。中国科学院院长郭沫若在《讨论红与专——答青年同学们的一封公开信》中谈到"红"的标准：我的看法是应该以忠于社会主义事业、忠于祖国、忠于党为标志。我们每一个人都应该做一个好的公民，做一个毛主席的好学生，树立无产阶级的人生观，全心全意地在党的领导下献出一切，为社会主义建设服务，为人民服务。这可以算作红的标志[①]。

因此，本身就是"红五类"出身的这批人更是积累了深厚的革命热情，这也导致绝大多数人的离校态度是非常积极的，他们是怀着巨大的热忱和昂扬的革命斗志奔赴工作岗位的。

"当时收到通知的时候虽然意外，但更多的是激动。因为那个时候都讲奉献，每天看到的、听到的都是为国家做出贡献的先进典型，本来就想着自己以后也要为国家做贡献。而且那时候正是'大跃进'，各行各业每天都有新成果出来，心里还挺着急的，有种时不我待的感觉。刚好这个通知下来了，那绝对是立刻响应啊！"（5 孙可宜）

"因为我们是提前毕业的，像我只上到大二，就只学了基础课，专业课都没学过，所以我们这批人是先到成都的四川电子所集合，之后马上就去北京培训。听说要去北京都特别兴奋，大家都是穷孩子，成都都没去过几次，更别说北京了，那可是首都，是毛主席在的地方，所以毫不犹豫就同意了。"（27 唐彬元）

由于"拔青苗"的名额十分有限，而且限定的是理工类专业，通常一个班就选一个人出来，在当时属于稀缺资源，能够被选中的是凤毛麟角。这种情况会对被选中者产生"我是特别的一个"的心理暗示，对他们做出离校决定产生了促进作用，而同班同学们的羡慕也赋予了这一行为更大的荣耀感。

---

① 郭沫若.讨论红与专——答青年同学们的一封公开信[J],《中国青年报》,1958年2月10日.

"收到通知的时候挺高兴的，因为这是个很光荣的事情啊。我记得全校被选出来的一共也就10个人，都是在校表现比较积极活跃的，我们班上就我一个，所以这其实就像是一种奖励，是对你平时表现的认可。"（18 罗士盛）

"班上就我一个被选出来了，同学们都挺羡慕的，因为说是从事尖端科学研究，而且还要去北京培训。我记得当时班上还给我组织了一个欢送会，一块去照相馆照了张合影，还有人开玩笑说将来发达了别忘了老同学之类的。当时心里面是觉得挺光荣的。"（35 张金辰）

对于态度积极的"青苗"们来说，促成他们离校行为的原因既包含着革命理想等主观意识形态因素，还夹杂着对获得更好职业发展，实现自我价值和对更好生活的向往等现实考虑。

"通知里说每个月还有补助，15块钱吧，这个是对未毕业大学生的标准，等到两年后我该正常毕业的时候就按照大学毕业生标准对待了，每个月是有50多块钱的补助。那时候大家都穷，能提前工作去挣钱挺开心的，对以后的事情也没有想太多。"（12 吴达）

"通知里面说的是去从事尖端科学研究，虽然那个时候都还是挺平等的，所有职业都没有高低贵贱之分，大家都是为建设社会主义在出力。但做科学研究的，还是尖端科研的，总是更好听一些。而且当时国家在这些领域都还是空白的，你去了就相当于在做开创性工作，这对我来说诱惑力还是很大的，谁不想自己做的工作能够创造更大的价值。"（3 李宏才）

"我得到通知的时候是双手赞成的，为什么呢？因为我大学上的是西南师范学院，但其实我根本就不想上师范，但不得不上。这得说到我初中那会，我是少先队大队长，那时候的少先队大队长可不是想当就能当的，得学习又好表现又好。结果上初二那年师范学校没招够人，那时候招生人数都是有规定的，必须要完成任务。辅导员就让我带头报名，因为是少先队大队长嘛，但我一点都不想去师范，那时候师范学校国家是给全免的，连吃饭什么的都是国家给补助，而且师范的分数线比其他学校是要低一些的，所以总觉得是家里穷的、学习不好的才读师范学校。但是没办法，那时候的教育就是听党指挥，我还是少先队大队长，只能去上了中师，中师出来只能考师范类大学了，当时我还哭了好几场，也没用，该去还得去。所以通知我提前毕业去搞科研我特别开心，本来就不想上师范，这下终于可以走了。"（13 郑茹）

"我们学校是师范类院校，毕业出来一般都是分配到学校当老师，大学也有，中学也有。这个虽然要提前毕业，但去的是科研机构，将来是搞科学研究的，感觉比当老师有前途，所以接到通知就走了。"（33 廖阳）

促成离校行为的原因是多方面的，除了主观意识形态和个人现实考量外，当时的政治环境和相关政策也在客观上帮助这批青苗们下定了决心。

首先，当时国家对毕业生实行的是分配制度。这一制度始于1951年，根据当时的统计数字，1951全国高校毕业生只有17015人，在这种情况下，国家对大学毕业生只能采取"统筹分配"、"地区调剂"的计划方法，按照国家的重点建设以及中央和地方各部门业务上的需要，并照顾毕业学生人数过少的地区。从1951年到1961年，我国高校毕业生分配基本上遵循"集中使用，重点配备"的方针和"学用一致"的原则，毕业生分配的具体办法是由国家颁发总的分配计划，并拟定调配计划，高等学校根据计划进行按名调配工作与派遣工作[1]。在这种"统包统分"的制度下，所有毕业生都能保证有工作，但去向要根据国家的需要确定。因此，当本文的主人公们接到提前毕业、参加工作的通知时，并没有感到太多的意外，这一决定本身就是符合政策合法性的。

"我们那时候毕业都是包分配的，没有自主择业一说，毕业前会

---

[1] 李丽晖. 试论我国高校毕业生分配制度的改革 [J]. 高等教育研究,1988,04:58-61+64.

让你写一个志愿意向，学校会在政策范围内考虑，但基本上都是组织安排。比如我有两个同学，一个是成都的，一个是南充的，结果成都的被安排到了南充工作，南充的被安排到了成都，那也就只能服从分配了。"（6 陈显惠）

其次，由于当时频繁的政治运动和思想教育，深化了大学生的思想改造，使广大知识分子的思想和行动高度统一到党的意志和国家利益上，为实现国民经济"大跃进"和科学技术大发展的国家目标服务。对于没有太多想法、随大流的人来说，服从组织安排是理所当然的事情。

"那时候人们的思想都很单纯，对国家也很信任，当时的口号就是指到哪里打哪里，国家让你干啥你就干啥。个人也没有自己的想法，大家都是听国家的分配。而且系里领导说将来要是什么需要毕业证就回学校来开，到单位上是按照正常大学毕业生待遇对待。组织都已经安排好了，那我服从分配就行。"（12 吴达）

频繁的政治运动除了使这批大学生们的思想与党和国家的利益高度统一之外，也极大地影响了正常教学工作的开展，这也对他们做出离校决定起到了推动作用。

"我们上大学那会各种运动特别多，你们现在可能对'大跃进'、大炼钢铁这些比较熟悉，其实还有很多。像57年的'反右'，还有知识分子'上山下乡'，跟后来的知青差不多，但要早十年。还有什么'红专辩论'、'交心'运动等等。老师们没法好好上课，我们也没法好好学习，像我学的是数学专业，纯理论的，那个时候也得下工地，搞数学联系生产实践。所以在这样的情况下，即使继续留校学习可能也学不到什么，有这么个参加工作的机会，单位也不错就去了。"（13 郑茹）

最后，值得一提的是，在这批青苗们做出离校这一影响人生走向的重大决定时，对于大多数人来说，他们的家庭是完全缺位的。这种缺位是主客观两方面的原因造成的。

客观上来说，离校的通知来得十分突然，没有经过任何前期的询问，并且需要立刻做出决定，当时的通讯条件十分落后，短时间内无法与家人取得沟通。此外，由于大部分人的家庭出身都很贫穷，一些人的父辈早已不在，他们根本没有可以沟通的对象。另外，由于家庭条件很差，而且家庭中普遍都有很多兄弟姐妹，大多数家庭采取的子女抚养策略都是长大成人后便撒手不管，任其发展。这些离开农村到城里上大学的"青苗"们为了节省路费，通常只在过年期间回老家探亲，多采用书信的方式向家人通报自己的情况。

"我是到了北京才给家里写了封信，说明了一下情况。那个时候家里人对我们都是不管的，都已经考上大学了，今后的人生就全靠自己了，家里不想管也没办法管了。而且当时也来不及跟家里通知，学校那边票都已经买好了，接到通知第二天马上就走了。"（29 张鹏）

"我家里兄弟姐妹四个人，我排老二。因为家里穷，很小就出去干活给家里挣钱了，我上大学的钱都是自己挣的。父母都是农民没什么文化，很多事情跟他们说了也不理解，所以当时就是自己做的决定。"（25 王自力）

也有个别离家较近的人征询了父辈的意见，父母们虽然对"拔青苗"心存怀疑，却出于对党和国家的信任选择了支持。

"因为我就是成都人，学校离家比较近，有些衣服和生活用品放在家里，所以离开之前回了一趟家拿东西。当时跟我爸说了这件事之后，他就觉得这事有点不太合理，因为他也算读过书的人，以前也没听说过提前毕业去工作这么回事，有点担心未来我们这批人的分配问题。但他们对党和国家是相当拥护，所以只是说了两句也没有反对我走。"（16 沈一鸣）

综上所述，促使这批人做出离校决定的原因是多方面的。国家多年来在思想教育方面为他们积累了丰厚的革命意识形态力量，对个人未来发展的现实考量以及当时所处的政治环境都起到了促进的作用。加上家庭无力为他们提供庇护，"拔青苗"就成了国家主导，学校实施，学生响应的一次完美"合谋"。

第三章　工作岗位的考验

从各个高校抽调出的"青苗"们于中国科学院四川分院电子所第一次汇合，在这里，他们进行了为期一个星期的形势政策说明和思想教育。由于当时的四川分院只是搭起了机构的架子，这批"青苗"们也是提前毕业，不具备工作能力。为了使他们能够尽快从事工作，填充四川分院的人才空缺，一周后，他们就一起坐上北上的火车，来到中国科学院北京电子所（今中国科学院电子学研究所）接受岗前培训。这时的他们斗志昂扬，渴望在新环境中大展身手。但随之而来的各种困难和国家发展中的波折不断消磨着他们的热情，最终在1962年"大调整"来临时，大多数人不得不接受被淘汰的命运，各自走向不同的道路。

其实，在1958年底，中共中央对于"大跃进"运动中出现的"浮夸风"、"共产风"已经有所察觉，在1958年11月的第一次郑州会议上，毛泽东就批评了一些地方急于过渡到全民所有制，急于实现共产主义的做法。之后，中共中央又于11月至12月间在武昌举行了政治局扩大会议和八届六中全会，总结"大跃进"和人民公社化运动的经验教训，重新审订1959年的国民经济计划（罗平汉，2003，37）。这也可以解释为什么"拔青苗"仅仅发生于1958年底，因为在那之后国家就开始了纠"左"的进程，不但降低了国民经济的各项指标，而且制定出精简800万职工的计划。

但是，1959年七八月间的庐山会议，中断了这次纠"左"的进程，会后通过大规模的"反右倾"运动掀起了新一轮的"大跃进"，最终给我国经济发展带来了灾难性的后果。虽然历史不能假设，但如果没有这一由纠"左"到"反右倾"的庐山会议，也许就不会出现之后的"三年困难时期"和国民经济大调整，也许这批"拔青苗"群体的命运也会不同。

本章主要介绍"拔青苗"群体们1958年走上工作岗位到1962年重新"洗牌"间的经历，考察这一有着相似出身、背景、经历的命运体是如何分流的，并且希望探究他们做出不同选择的原因。

一、充满挑战的生活与工作

中国科学院北京电子所于1956年9月才开始筹备成立，在1958年7月搬到中关村办公，工作地点的很多基础设施还不完善，生活和工作条件都十分艰苦。

"我们是58年底到的北京，那时候北京电子所刚搬到中关村，办公楼都还没有建完。宿舍楼条件更是简陋，大冬天的没有暖气，前一晚上接的水，第二天早上就成冰块了，楼里面的厕所还没有通下水管道，上厕所都要去外面的公共厕所解决。"（27 唐彬元）

"当时全国各地都有'拔青苗'上来的人到北京电子所学习的人，我们这一批是从四川过来的，我记得还有从内蒙古、东北、西北那边过来的。再加上北京电子所本身的员工，宿舍是不太够用的，宿舍楼里的厕所都住了人。虽然条件很艰苦，但因为我们本来家里条件就不好，所以也没有什么抱怨，更多的还是激动，想要多学点东西。"(9 涂紫云)

在初到北京的新鲜感过去之后，"青苗"们逐渐感受到了工作中的各种困难。由于当初"拔青苗"时更多考虑的是家庭出身，很多人的专业和学力是不能满足工作要求的。基础知识不够牢固、相关专业知识不具备、大学里学的专业与工作内容不匹配，导致分配下来的任务无法完成。为此，北京电子所为他们提供了一些培训的机会，他们也清楚地知道自己的差距，因此格外努力。

"我们是被"拔青苗"出来的嘛，欠了好多课，很多基础的知识都不了解。其实就算是上完了大学再出来还是一样，因为我们研究的都是那时候学科最前沿的领域：原子能、电子学、半导体、自动化、计算技术，当时有个说法叫'五子登科'，我们上大学的时候都还没这些课程呢。所以北京电子所就自己搞培训，主讲人都是当时国内电子学领域的专家，我们这些"拔青苗"上来的跟北京电子所自己的人一块听课。这些专家水平当然是很高的，不过我们就有点跟不上，心里也清楚自己跟人家比底子差，心里也憋着股劲儿，不想被人看不起。我们就买书自己啃，白天干活，晚上学习。那时候住的是集体宿舍，晚上9点就熄灯了，我就自己在楼道看书，学到晚上12点。"（7周腾峰）

"北京电子所对我们这些人还是很照顾的，除了组织培训之外，还允许我们在不耽误工作的情况下去周边的各个高校听课。我当时就在清华大学、北京师范大学、北京邮电学院（今北京邮电大学）、北京工业学院（今北京理工大学）这些学校都旁听过相关的专业课，由电子所那边给开的证明和介绍信，叫做边工边读。"（25王自力）

"那时候工作之余我都在学习，除了自己看书以外，我还报名参加了那会儿刚兴起的电视大学，就是老师通过电视讲课，我在规定的时间看电视听课，有点像现在的线上教学。我学的是数学，大学里学得不够，好多基本的数学知识都没掌握。电视大学除了看电视授课，还会在星期天的时候，在某一个地方组织进行集中的辅导，布置作业。我们需要完成相关的作业，最后还有考试，考试通过之后会发个结业证书。因为确实是感觉到我们拔青苗上来的这些人跟别人的差距，所以都采取各种方式来提高。"（30章守诚）

生活条件的艰苦和工作中遇到的困难并没有打消"青苗"们的工作热情，他们很快就收到了工作分配的安排。当时北京电子所共有十个研究室，几乎覆盖当时无线电电子学的全部领域。就跟在学校收到离校通知的情况一样，这次的工作分配也并未征求过他们的意见，完全是组织上的安排。虽然集体的意志再一次凌驾于个人意愿之上，但当时的青苗们已经习惯于这种"一切听指挥"，"指哪打哪儿"的安排方式，并没有人对工作分配提出异议。

"分配到哪个科室都是组织安排的，我也不太清楚是根据什么标准来分配。上到大三的那些人可能考虑了一下他们所学专业，我们这些大二就被拔出来的，专业课都没上过。比如我在大学上的是物理系，但被拔出来的时候大二第一学期都没上完，刚刚把基础课上完，你问我物理学相关的知识我是说不上来的。"（31 易栋）

"当时我们这一批一共30多个人嘛，北京电子所这边有10个室，我们就按照比例，每个室分配了3到4个人。具体的标准我们都不知道，我觉得主要还是跟四川电子所的规划有关，我们在北京这边被安排到哪个科室，将来回到成都就相应的去哪个科室工作。我们虽然人到了北京电子所，但编制还是属于四川电子所，将来都是要回去的。那个时候全国各地都成立了科研机构，但基本上都是空壳子，也没有工作经验，所以我们来北京这边除了自己学习知识，更多的是来这边取经，好将来回了成都开展那边的工作。"（16 沈一鸣）

"分配工作的时候把我分到了四室，当时主要做的是稀土氧化方面的研究。说实话我是不太情愿的，因为这个领域的研究从1903年就开始搞了，等到我们那个时候就觉得已经没什么研究的价值了。但可能因为我大学上的是化学系，所以就把我分到了这里。"（33 廖阳）

这里我们可以发现单位对个人巨大的强制力，由于单位全面占有和控制单位成员发展的机会和他们在社会、政治、经济和文化生活中所必需的资源、利益和机会，因而形成对社会成员的支配关系[①]。根据李路路、李汉林的观点，在单位和单位成员的关系之上，是国家全

---

① 王伟、武中哲、成锡军.国内学术界关于"单位制"的研究综述 [J].发展论坛,2001,03:61-64.

面占有和控制各种社会资源、利益和机会，以此形成单位的绝对领导和支配关系。正是通过这种支配和被支配的关系，使得单位组织处在国家和个人的联结点上，一方面单位组织依赖于国家，另一方面国家通过单位组织来实现对广大社会成员的管理与控制。单位组织作为一种统治制度或结构，在一定意义上仅仅是国家实现统治的中介环节，或者是统治的组织化工具、手段，国家统治的真正对象是个人。单位组织通过将政权的性质和经济的性质结合在一起，将经济控制权力和国家行政权力结合在一起，从而像国家对单位组织的统治那样，实现对个人的统治（李路路、李汉林，2001，10）。因此，看似是个人对单位的服从，实际上还是个人对国家政策的支持，理解这种"国家 - 单位 - 个人"之间的关系，将有助于我们更好地理解"青苗"们的行为、心态和选择。

二、走向分流

身处不同科室的"青苗"们的境遇有极大的不同，因此，这次的工作分配为日后的分流埋下了伏笔。由于各个科室的具体工作安排和科研进度情况不同，有的科室已经有了比较成熟的体系，科研任务比较多，对这些新来的生力军比较重视，这些人就很快得到了"上任务"的机会，并成为科室里不可或缺的一员，他们直到1964年才返回四川，并最终留了下来；有的科室还处于刚刚成立的初创期，开展科研的条件还不够完善，无暇顾及这些只有"半吊子"水准的"青苗"们；有的则受到当时政治活动的影响，正常的工作受到了影响，这些人先后在1959-1962年之间回到了四川电子所，并在1962年大调整来临时走上了不同的道路。

除了单位强制性、不合理的分配和"青苗"们本身的学历水平不足，当时整个科学、文化领域的形势更加严峻。由于国家对知识分子认识的偏差，先后开展了反右派、红专大辩论、交心、拔白旗插红旗、搞臭资产阶级个人主义、批判资产阶级学术思想等运动，对知识分子不但要进行思想改造，而且还要进行身体改造，体力劳动也被当作知识分子改造的重要途径，明确提出了"知识分子劳动化"的口号，大批知识分子被下放参加农业生产锻炼。（罗平汉，2008，31）甚至有人在《人民日报》提出了"只有外行才能领导内行"的口号①，严重影响了正常学术科研工作的开展。

"我是 1962 年回的成都，但其实我在北京电子所这边一直也没有干过什么任务。不是我上进，而是我刚分到我们室，我们室的主任、副主任就都被派到农村体力劳动去了，这下工作就没法开展了。"（12 吴达）

由于四川分院电子所自身的发展需要以及建国十周年的国庆"献礼"活动，在 1962 年前分批从北京电子所调回了许多人。这些频繁的工作调动和大量的政治活动让本就"先天不足"的青苗们始终无法达到工作的要求，与此同时，他们还要与每年不断补充的应届毕业生、留苏学生展开竞争，他们开始了对自己前途的担忧。

"我跟唐彬元是 59 年最早一批回成都的，当时就我们两个人。回去之后主要是做一些建所的杂事，我还去给公社的养猪场盖过房子。那会四川电子所刚成立，马上又有国庆献礼的任务，所以特别缺人手。我们回去之后也是边工作边学习，不过那边可不比北京资源多，还能去清华那些学校听课，我们基本上是纯自学，学起来特别吃力。"（17 刘尚清）

"我在北京的时候是被分到了电波与天线室。我们室当时跟在上海的电真空研究所有合作，59 年的时候那边的项目缺人手，就把我派过去了，同行的还有一个天津大学大三的男生，他也是'拔青苗'出来的。过去之后是到了上海电离层散射实验的发射台，我大学里学的是数学，这边的工作都是技术类的，我也插不上手，只能做一些机器维护的活。后来成都那边的四川电子所要搞国庆献礼，人手不够，就又把我调回了成都。所以我一共也没在北京呆几个月就走了，那边

的培训也都没怎么参加。回到成都以后虽然四川电子所也办了培训班，培训我们这些大学没毕业的，但是效果不太好。本来大学没上完就耽搁了，出来以后又是到处跑，也没学到什么，空有其名。"（13 郑茹）

"我一开始分到了声学所，在那边呆了半年多，一直也没有什么任务。后来就调到了电子所这边做半导体，还没怎么学明白呢又被调回了成都，因为四川电子所这边需要人才开展工作。在北京的时候也想好好学些新东西，但一共就呆了那么几个月，工作需要的知识在学校都没学过，全都要从头学起，那么短的时间怎么够。回到成都之后，当时单位里又接收了一批大学毕业生，还有些留苏的，在跟他们一块工作的时候明显能感觉到差距。"（6 陈显惠）

此外，由于 1958 年以来的两度"大跃进"，导致国家产生了全国性的粮食大危机。为了实现"大跃进"期间制定的高指标，在当时的生产力水平和科学技术条件下，只能不断新建和扩建企业，并且加大现有企业的生产任务，因此必须大规模增加劳动力。但职工队伍的急剧膨胀，就相应减少了从事农业生产的劳动力。（罗平汉，2003，92）吃粮食的多了，种粮食的少了，此消彼长，1959-1961 年间，我国农业连年歉收，加上人民公社化以来的"共产风"、"公共食堂"，给农业生产带来了严重的危害。

由于粮食供应不足，城乡居民的体质普遍下降，直接影响了正常工作的开展，科学研究时间得不到保障。国家也意识到了存在的问题，对中国科学院开始了调查研究工作，选了三个研究所（物理所、化学所和电子所）进行了一次较为深入的调查，结果表明：从 1960 年 1 月至 10 月，每周平均每个研究人员用于研究试验工作的时间只有 3 天左右。[①]

"我们一开始到北京的时候，每个月有 15 块钱的补助，自己省着

---

① 中国科学院档案 [A]. 卷宗号：1961-1-19. 北京：中国科学院档案处

点还能寄回给家里一些。但是后来国家不是进入困难时期了嘛，补助就不太够了，单位的运行也比较困难，食堂虽然还有，但也只有清汤寡水。我记得那会还组织我们在宿舍附近自己种粮食、种菜，有些人因为吃不饱饭身上都浮肿了。整天躺在床上不想动，意志消沉，觉得前途渺茫。"（18 罗士盛）

"我那会已经回到成都了，成都的情况比在北京的差多了，北京好歹是首都，还是能有吃的。四川本身人就多，'大跃进'那几天又乱搞，到 61 年那会就完全没粮食了。我们就自己去挖野菜，吃观音土，没有盐身上都是浮肿的，一按一个坑。这种情况别说工作了，多走一会人都受不了。"（29 张鹏）

根据政策，每个人每年有半个月的探亲假，这些青苗们大都出身农村贫困家庭，他们的家乡成为了困难时期的重灾区。一些人回乡后目睹了家乡的惨状，在他们的心理上产生了巨大的冲击，动摇了他们一直以来对国家无条件服从的信心，产生了对国家和自身命运的思考和担忧。

"我 1960 年收到家里的信，信里面写到我的爸爸、妈妈和哥哥全都死了。本来那个时候我在北京电子所还有任务在搞，但这下我只能回家料理后事，回去之后了解到其实都是饿死的，我在北京都吃不饱饭，更别说他们在乡下的了。把家里的事情处理完之后我就没再去北京了，当时觉得挺灰心的，觉得国家怎么会成了这个样子。对'三面红旗'也产生了怀疑，过去对党和国家是无条件支持，但现在感情上也不太相信了。"（12 吴达）

"我家里在那段时间死了两个人，当时也没心情工作了，整个人泄了气一样，想着这么好的国家怎么还能饿死人呢？我们中间就有人反思是不是'大跃进'搞得太过火了，那我们这些当时'拔青苗'出来的人算什么？"（5 孙可宜）

初到北京的热情被工作中的困难消磨殆尽，得不到重用的青苗们对自己产生了怀疑。频繁的政治活动和工作调动让他们无暇安心工作，加上当时国家进入困难时期，亲眼目睹的惨况和小道消息催生了青苗们对自身和国家未来的不信任，他们看不到继续留在电子所的意义。因此，当1962年大调整来临时，绝大多数人的离开也显得顺理成章。

第四章　大调整，聚时容易别时难

"大跃进"以来，科研单位人浮于事的问题十分突出，中科院所属的研究机构中，研究人员1957年为5248人，1960年上半年为7388人，增长了40.8%；而行政和勤杂人员则由1957年的8578人增加到28883人，增长了236.75%。（罗平汉，2003，135）可以说，科学院绝大多数的都是行政和后勤人员，这些人不从事科学研究，还消耗着国家财政。而那些迟迟达不到工作要求的"青苗"们，很多从事的就是后勤和行政工作。

为了渡过难关，中央政府提出了"调整、巩固、充实、提高"的"八字方针"，采取一系列措施来扭转国民经济的失衡局面，"精简城镇人口"就是其中一项重要的举措。1962年西楼会议期间，中央书记处正式决定成立中央精简小组。根据2月22日中央精简小组提出的《关于各级国家机关、党派、人民团体精简的建议》：全国职工人数应当在1961年年末的4170万人的基础上，再减少1056万人至1072万人；全国城镇人口应当在1961年年末的1.2亿人的基础上，再减少2000万人 [①]。

在这种情况下，除了个别有重要任务在身的人留在北京电子所，剩下的人都已经先后回到了成都四川电子所，等待再一次的工作分配。虽然"拔青苗"时他们还未毕业，但在精简时，单位还是将他们

---

① 朱珏. 20世纪60年代初浙江省精简城镇人口问题研究 [D]. 浙江大学,2012.

视为高校毕业生处理。根据 1962 年 8 月中共中央、国务院做出的《关于在精简工作中处理高等学校毕业生问题的若干规定》：在精简中，所有高等学校的毕业生，除了因犯十分严重的错误应予以开除公职或丧失劳动能力者外，一律不得做退职处理。在原单位不需要或不适合的，应当调整到别的岗位上去（罗平汉，2003，205）。

根据这一规定，四川电子所给了那些从高校拔出来的青苗们三个选择：继续留在四川电子所、返回学校完成学业和分配到其他单位。但每个人都清楚，能留下的只有极少数人，大多数人只有后两种选择。而在这批"拔青苗"群体中，还有四名从中等专业学校拔出来的学生，相比于来自高等学校的学生，他们则只有一条出路——回到农村。

由此我们可以根据中国科学院四川分院电子所"拔青苗"群体在1962 年时的不同去向，将他们分为留守者、返校者、再分配者和回乡者四类，具体人数、比例参见如下表格：

表2 1962年"拔青苗"群体去向分布表

去向	人数	所占百分比
留守者	9	25%
返校者	7	19%
再分配者	16	45%
回乡者	4	11%
合计	36	100%

从表格中可以看出，再分配者的人数是最多的，占总人数的45%，再分配的去向多种多样，绝大多数的人都被分配到了位于成都的四机部各工厂；人数第二多的是继续留在四川电子所的，占总人数的四分之一，这些人都是当时的技术骨干，那些由于重要任务，1962年继续留在北京电子所工作的人最终都留了下来；返回学校完成学业是当时的第三选择，占总人数的19%；回乡的人最少，而且这四个人

全部是由于政策原因不得不回到农村，没有人在有其他选择的情况下主动选择回乡。

上文提到"拔青苗"群体在1959-1962年间，先后分批从北京返回了四川电子所，其中比较集中是在1959年和1962年，1959年是因为共和国十年国庆献礼，四川电子所需要人手，1962年则是国家统一大调整，1960年和1961年返回的人员，要么是因为四川电子所自身发展需要，要么是回乡料理在"三年困难时期"死去家人的后事，这些回去的人就留在了成都，没有再回北京。从表3可以看出，他们返回四川电子所的时间在一定程度上影响了未来的去向。

表3　　　　　　　返川时间和1962年去向关系表

返回四川电子所时间	留守者	再分配者	返校者	回乡者	合计
1959 年	4	1	3		8
1960 年		4			4
1961 年		2	1		3
1962 年		9	3	4	16
1964 年	5				5
合计	9	16	7	4	36

从上表可以看出，最终得以留在四川电子所的人返川时间只有1959年与1964年两个时间段；回乡者全部是1962年回到的四川电子所；再分配者集中在1962年返川。下面我将通过被访者的叙述了解"大调整"来临时每个人做出不同选择的原因。

一、留守者

1962年得以留在四川电子所的共有9个人，其中1959年就返回的有4人，1964年返回的有5人。在"大调整"来临之时，他们是最幸运的一批人，这种幸运既源于他们自身的努力，也受当时更加看重家庭出身的政治环境所影响。

1964 年才返回四川电子所的 5 个人在 1962 年时已经成为了北京电子所的技术骨干，当时正在从事重要的任务，无法脱身，因此没有随大部队返回。直到 1964 年，根据中央提出"建设三线"、专业分工、组织拳头、合理布局，加强重点学科发展的统一规划，北京电子所进行了一次科研结构调整，将声学、电线路、天线及电波、量子电子学、固体电子学等学科 902 名职工从电子所分出。这批留在北京电子所的人才回到成都，而他们也免于被"调整"的命运，最终留了下来。

"我最开始被分到的是天线及电波室，我们室主要是为了将来发射卫星、导弹在做基础性的工作。因为 57 年苏联不是发射了第一颗人造地球卫星吗？咱们国家觉得也不能落后，毛主席就提出'我们也要搞人造卫星'，所以我们室的工作非常多，那时候人少，我一去就上了任务。虽然我是'拔青苗'出来的，但我的水平还是可以的，在学校的时候一直都是我们班第一，后来北京电子所这边看我比较突出，还想把我送到清华去把大学文凭读出来。但那个时候我不是党员，最后就没去成。后来 62 年的时候其他人基本上都回成都了，但我这边任务还没有完成，室主任当时就不让我走。我们当时搞得叫 301 工程，属于波导通信工程，我负责的是中继方面的工作，我要是走了这边的工作就做不下去了。而且一直以来带我的老师都是提供想法，具体的实验啊什么的都是我来做，已经能撑起门面了。所以我一直到 64 年科学院内部机构调整的时候才放我回去。"（7 周腾峰）

"我跟唐彬元、刘尚清被分到了三室，也就是微波室。结果 59 年的时候他俩就被调回四川电子所了，那这边就剩我一个了，本来是三个人的工作就由我一个人干。那个时候压力还是很大的，大学的时候根本没学过微波，都是老师带着我从头学起。当时我们的室主任对我特别照顾，后来 64 年的时候我们也一块去了四川电子所。回去不久他就带着我一块在《电子学报》上发了论文，你现在上网查还能搜到。《电子学报》可是非常厉害的学术期刊，能发在那个上面还是很不容易的！虽然我连大学都没上完，但后来还是在老师的帮助下，还有自己努力赶上来了。"（30 章守诚）

"我一开始到室里的时候啥都不懂，也不会，跟人家那些正牌毕业的大学生还是有差距的。但我当时就想这不能丢人啊，好不容易有机会来北京得好好把握。所以有什么问题我都主动问，有别人不愿意干的事情我就说我来干。我们主任看我比较上进，也开始给我安排一些任务，我都尽力完成的很好。后来我们组的组长下乡劳动去了，主任就让我当了组长，那可是很光荣的，我们组还有清华、北大毕业的，还有留学回来的，最后让我这个'拔青苗'的当了组长。所以什么事情都要看你自己的决心，有没有那个意志力去克服困难。那后来我在这边工作干得不错，领导对我也比较赏识，就问我愿不愿意留在北京电子所，我说愿意。64年回去之后就又把我调了回来，之后就一直在北京电子所工作了。"（33 廖阳）

除了自身的努力和有"贵人"相助外，这几位留在北京的青苗们都有着很好的家庭出身。在当时的政治环境下，"红"是比"专"更加重要的考察因素。毛泽东在《工作方法六十条》一文中专门讲到了红与专、政治与业务的关系：红与专、政治与业务的关系，是两个对立物的统一。一定要批判不问政治的倾向。一方面要反对空头政治家，另一方面要反对迷失方向的实际家……不注意思想和政治，整天忙于事务，那会成为迷失方向的经济家和技术家，很危险。（罗平汉，2008，8）因此在专业水平差距不大的情况下，出身好的人就成为了重点培养的对象，更有机会获得重大任务的机会。

这点在1959年回去的那批人身上表现的更加明显，政治资本、工作资历等方面的原因使得他们最终得以留下。

"我是最早回来的，跟唐彬元一块。当时拔完青苗之后一股脑把我们送到了北京，59年这边收到上级通知说要为国庆'献礼'，成都这边的人手不够用，我们就回来做一些基础性的工作，算得上是四川电子所的元老了。那时候政治活动也多，我也比较积极，回来没过多久就入了党。当年入党的标准可严多了，除了你自己的表现还要看你的家庭出身，我们家属于城市贫民，出身不算太好，但我一直都很活跃，组织上就批准了。当上党员之后组织上就让我当了我们这批"拔青苗"的头，主要是负责给大家发每个月的补贴。等到62年调整的时候组织上问了一下我的意向，我就向组织表示在所里时间比较久了，跟大家感情很深，想留下。我也不清楚是根据什么标准留人，那会也不会跟你说这些，能询问一下你的意向已经很不错了。但我觉得可能跟我在所里时间比较久有关，而且还是党员，那个时候又是'反右'，又是'红专辩论'，组织上还是想要'又红又专'的工人阶级知识分子队伍。"（17 刘尚清）

"我回到成都的时间算比较早了，就是国庆献礼那一批。国庆献礼也没弄出什么名堂，'大跃进'嘛，大家都是凑个热闹。后来困难时期还是吃了不少苦头，好多人就放弃工作了，觉得在这待着没希望。我还是一直坚持学习，后来情况好一些的时候有了一些任务，那些没学习的人就干不了了。后来62年国家调整的时候他们就被调整出去了，留下来的这几个都是当时各方面比较出色的。"（10 宋成）

这些1959年就回到四川电子所的人，由于回来的时间比较长，对所里的贡献相对较多，与所领导的关系也比较密切。因此，他们与单位之间就形成了一种魏昂德所说的"庇护依赖关系"，即在单位领导与积极分子之间形成了上下互惠的交易关系，并在此基础上形成了资源分配的"有原则的特殊主义"[①]，在"大调整"发生时，单位会优先考虑将这些资历较老、较积极的职工留下来。

最终，这9位留守者，除了1位在改革开放后"下海"创业外，都将一辈子奉献给了国家的科学事业，他们中的大多数在1965年中国科学院机构调整时被划归到了中国空间技术研究院五院504研究所，专门从事航天科研，从"东方红一号"卫星到"神州"系列飞船，都有他们付出的心血。虽然在几次职位晋升和工资调整时，"拔青苗"的身份给他们带来了一些不便，"领导认为我们大学没毕业，所以就

---

① 魏昂德.共产党社会的新传统主义：中国工业中的工作环境和权力结构[M].龚小夏译.牛津大学出版社,1996.

会优先考虑那些正常毕业的人"。但在退休时，他们中7人被评为高级工程师，2人被评为研究员 ①。目前都在享受安稳的晚年生活。

二、返校者

能够留在四川电子所的机会相对稀少，对大多数人来说，只有返校和再分配两个选择的。如果想要回校继续完成学业，根据当时的政策规定，原则上只能回到"拔青苗"之前的学校，离开的时候几年级，回去之后就从几年级开始上。正是这一规定让绝大多数人放弃了返校的机会，这批"拔青苗"群体1958年离开学校时是大学二、三年级，1962年大调整时已经过去了四年。那时候的大学普遍是五年制，假定某人是大学二年级被"拔青苗"出来的，那么他回到学校后需要再读四年才能毕业。

此外，这批"拔青苗"群体的家庭条件普遍比较差，在经过了三年困难时期之后更加难以为继，如此巨大的时间成本让大多数人望而却步。在这种情况下，"青苗"们根据自己的具体情况做出了当时状况下的最佳选择。最终，只有7个人返回学校完成了学业，这些人大多是年龄比较小、家庭条件比较好的。

"当时回学校是因为觉得自己水平不够，在学校里和单位上都没学到什么，基本上都是去搞运动了，空有其名吧。加上我年纪比他们都要小，因为我中学少上了两年，所以也没有年龄上的顾虑。家里面也支持，所以就回学校了。"（13 郑茹）

"我当时选择了回重庆大学继续完成学业，不过没有学习原专业，换成了无线电专业。因为'拔青苗'出来以后搞得都是跟无线电相关的，自己也有了兴趣，原来的专业荒废了那么久也忘了。之所以回学校主要还是工作的时候明显感觉到自己跟人家毕业生的差距了，自己没毕业确实不行，还是想回学校扎扎实实学出来。当时确实也犹豫

---

① 根据我国工程类专业技术职称评定体系，研究员为最高级别，高级工程师为次高级别，相当于教授与副教授。

过，我们学校那时候本科是五年制的，我大二被拔出来回去还要上四年，到时候毕业出来跟人家前后就差了八年了。"（23 周小林）

"大调整那会有三个出路：留在所里、去工厂和回学校。我清楚自己应该是留不下来，因为那时候也不是骨干人员，所里也没有明确表示想要你。当时大部分人都去工厂了，因为我们虽然是'拔青苗'，但国家有政策，工资水平是跟正常大学毕业生一样的，一个月 53 块钱，那是相当多了，但你如果回学校上学可就没有工资了。但我年纪比较小，我是 17 岁上的大学，所以虽然耽误了四年，回到学校之后班上还有比我大的。而且我家里条件比较好，我父亲当时是成都市里的高级工程师，当初'拔青苗'的时候就有顾虑，觉得没毕业就出去感觉不是个事，那时候就坚决让我回学校把书念完。其实当时我不太想回原来的学校，因为 58 年出来之后就改行了，没有再接触过原来的专业。而且回到成都之后就在成都的电子科大这边工作，我就想能不能去电子科大念书。跟上级反映了这个情况，也找过人，结果根本无人理睬，好像人家根本没把我们这群人当回事，想赶快把我们处理了完事。当时也是人生中第一次觉得特别失望，最后还是回了原校原专业。"（16 沈一鸣）

除了年龄和家庭条件之外，"青苗"们个人的恋爱婚姻状况也对他们的选择产生了巨大的影响。可以看出，当国家和单位的强制力放松，给予个人一定的自主空间之后，个人在做选择时不再对国家无条件服从，而是更多出于自身的家庭、恋爱婚姻状况进行选择。

"我很早就回成都了，但是那几年其实没什么正经的任务，主要是'大跃进'的原因，觉得不能落后，总得干出点成果，都是政治性的。自己就觉得有点荒废了，因为我一直以来学习都挺好的，在班上也是因为成绩突出才被拔出来的，结果这么一折腾学业拉下了，工作也没干出什么成绩。所以就想回去再读读书，但当时我家里就只有一个人了，去上学就没工资了。还好刘尚清比较支持我，她在所里混的挺好的，组织上也同意她留下了，她就让我去读书，她工作挣钱。"

（27 唐彬元）

"62 年的时候我已经跟我爱人结婚了，他是大学毕业出来的，跟我说还是要踏踏实实把学上完。那个时候他已经有工作了，所以我不用担心没有工资的问题，所以就回学校读书了。"（13 郑茹）

个人恋爱婚姻状况使这些人做出了返校学习的决定，当他们完成大学学业后，这也成为了他们决定工作去向的最主要原因。

"后来 66 年毕业分配的时候其实有更好的去向，可以去二炮，当时军队是最好的去处，这种机会是可遇不可求的。但因为我跟刘尚清那时候已经结婚了，她已经跟着所搬到了西安了，那时候工作调动可太难了，怕以后还得两地分居我就申请回到了所里。"（27 唐彬元）

"我毕业之后本来所里面是有工作名额的，但那个时候他们已经搬到西安去了，我爱人和家人都在成都，那我就要求安排到成都工作。那个时候工作单位都是有用人指标的，不是你想去就能去的，我本来想跟我爱人一个厂子，但他们厂没有指标，就把我分到了附近的另一个厂子。"（23 周小林）

"我是 64 年毕业，当时没打算回所里，因为我爱人分到了西北工业大学当老师，我就要求去西安工作。后来就把我分到了西安市三十七中里当老师。"（13 郑茹）

另外，还有人由于出身好、政治资本过硬的原因获得了接受更好教育的机会。

"我的情况比较特殊，58 年从重庆大学电机系被拔出来之后就跟他们一块去了北京。到了北京电子所之后发现我们的基础比较差，就给我们组织了很多培训。除此之外，单位还给提供机会去北京的高校读书，不是旁听，是正常的跟班上学，但只有党员有资格。因为我中学上的是工农兵中学，所以那时候就入了党。当时好像就我一个党员，就把我送进了北京工业学院（今北京理工大学）学习雷达，相当于是单位派到学校定向培养。所以后来他们经历的那些事情我都没参与，62年大调整的时候我还在学校没毕业呢。毕业之后我就回到了四川电子所。"（25 王自力）

相比于留守者，甚至是再分配者，返校完成学业在1962年"大调整"时因为时间成本过大等问题并不是一个好的选择，但再次接受系统的教育却给了返校者们一个赶超的可能。当改革开放到来之后，不同于原先更加看重政治资本的人才选拔标准，专业能力成为了更加重要的因素。最终，返校者中有两人成为了国家"211"、"985"高校的教授，其中一人还成为了我国改革开放后第一批赴法交流的学者，在法国获得了博士学位。而上文提到的赴北京工业学院定向培养的那位，也在回到四川电子所后受到重用，当上了副所长。可见，在革命年代，"红"是决定个人发展最重要的要素，"专"只是辅助条件。但当革命年代过去之后，"红"又被"专"取代，成为决定社会分层的硬性标准。

三、再分配者

再分配者是当时人数最多、去向最复杂的一批。他们大多在分配前就已经明白自己留下无望，而返校的时间成本过大，因此只能选择另寻出路。再分配的16个人中，大部分都去了当时四机部①位于成都的"7字头厂"。

"我是62年才回到四川电子所的，在我回去之前就听到了风声，说之后就要大调整，所里面可能是留不下了。回去之后单位领导就找我谈了话，主要是说明了一下当前的形势政策，说国家有困难要进行结构调整，电子所不需要这么多人了。其实领导不用说我也清楚，家里面都饿死人了，那国家经济是得有多差啊，我们这些'吃皇粮'的科研单位肯定也办不下去了。我也清楚自己留不下来，虽然一直在北京电子所，但我们室领导对我们这些'拔青苗'上来的人不信任，从

---

① 中华人民共和国第四机械工业部的简称，主要负责电子工业。

来不会把重要的任务分给我们。我也不是党员，一直都挺边缘的。不过当时我还是表态希望留在所里，第二选择是去工厂。为什么不想回学校呢？当时已经从学校出来四年了，再回去念书一个是拉下的功课太多，害怕念不下去了；二是念完出来年纪就太大了，已经出来工作四年了，再回去念书又得四年，前前后后跟人家差出来有八年了。"（18 罗士盛）

虽然相比于留在所里，分配到工厂是次一等的选择，但从现实因素考虑，不失为一个很好的出路。隶属于四机部的这些"7字头厂"在当时主要负责电子工业方面的生产工作，这与"拔青苗"群体工作后的内容相匹配。而且四机部是由中央军委组建的，当时有消息说未来会实施军管，在当时军队的待遇是最好的，每个毕业生梦寐以求的出路就是参军。但参军的指标极其严格，对于普通人来说，能够进入军管的单位也是极好的选择。

虽然在"拔青苗"时，家庭并没能为这批"青苗"们提供任何有效的庇护，但在此次大调整时，家庭成了影响他们选择的最主要原因。

"选择去工厂主要还是因为家里的原因，我家里面条件比较差，当时的工资除了自己用一部分，还要寄给家里一些，但如果去上学的话就没有工资了。而且那个时候去工厂其实是不错的选择，因为除了工资，工厂自己还有奖金，比科研单位、学校这些吃死工资的待遇还要好一些。"（12 吴达）

"我本身还是挺想回学校读书的，但那个时候我的弟弟妹妹都要上大学了，光靠我爸挣的钱供不起。我爸就亲自到单位来找我了，说SH啊，你是家里的大姐，当初家里供你上大学也花了不少钱，这几年国家经济也不景气，你妈妈没工作，光靠我一个人的工资实在是不够用啊。而且你弟弟妹妹都要上大学了，你大学也算是读出来了，那也得让他们将来有个好出路嘛。我爸话都说到这个份上了，那我也只能继续工作挣钱了。而且当时人的观点是女孩子读那么多书没什么用，将来都是要嫁人的。目前四机部这几个厂子都不错，将来毕业出来说不定找的还不如现在的呢。所以在这种情况下，我就到了原来四机部的773厂。"（6 陈显惠）

除此之外，当时的政治环境也让一些人对做学术失去了信心，不再将返校作为个人的考虑项。

"那几年国家先是'反右'，又是'红专辩论'，我在北京时候的室主任当时就被划为了右派，下放到农村参加劳动生产去了。我家里的出身没有他们好，他们都是贫下中农，我父亲算是知识分子，成分不太好。那个时候学校里面的知识分子都要对党'交心'，被人盯着，稍微有点问题就有人说你是右派。所以当时就不太想回学校或者呆在科研机构了，总觉得搞学术不太安全，相对而言工厂的环境要好一些，过去之后算是工人，成份上也好很多。"（5 孙可宜）

虽然去向不同，选择的原因不同，大部分人都还是留在了成都，但也有些人由于个人的种种原因离开了成都。由于当时的通讯条件落后，这些人的联系方式并未留下，因此只能从比较了解当时情况的人口中得知他们的去向。

"我跟1李建业大学的时候是同一个学校同一个系的，'拔青苗'的时候他是大二，我是大三。62年的时候他没有留所，也没回学校，他直接就离开成都了，听说是去了湖北襄樊。我们这些人很多人家里都是农村的，困难时期那会农村是最遭荒的，他们家里的人在那个时候都死光了。这件事情对他打击还是比较大的，他那次回家之后就没再来北京了，后来调整的时候他也没想留下来。他有亲戚在湖北那边，他就向组织申请去湖北，之后就跟他断了联系了。"（7 周腾峰）

"我们那个时候不是从全国各地都有'拔青苗'的嘛，都到北京去进修了。彭燕那时候就跟一个东北来的男生好上了，后来好像两个人就结婚了，我那个时候已经回成都了，了解的不是很清楚，反正后来大调整的时候听说她就跟着那个男的回东北了。当时我们还都挺不理解的，那个时候东北还是北大荒呢，又穷又冷。她去了那么远的地方也就没联系了。"（17 刘尚清）

"王丰是挺可惜的，他本来是我们这批人的一个头头，因为他那个时候已经是积极分子了，单位里也准备推他做党员。结果他父亲被划成右派了，那这下就弄不成了。本来他算是重点关照的对象，结果这下别说党员了，之前让他负责的一些管理工作也交给别人做了。他当时就挺想不开的，去单位里跟领导闹，要个说法。结果后来就被开除了，之后去了哪里我就不太清楚了。"（33 廖阳）

这些再分配者大多去了国营工厂，工作内容从科研转向了实务，大多数人也就在工厂度过了自己的后半生。虽然在当时，国营工厂的社会地位、经济效益都还不错，但在改革开放后的国企改革浪潮中，这些老牌工厂纷纷遭遇了转型的阵痛，他们中有的人不得不"下岗"再就业，有的人即便留在工厂也没有了往日的荣光。提起当年的选择，也只能感叹世事变迁，谁能想到当时不被看好的返校者们，最终成为了出路最好的一批人。

四、回乡者

在当年的四个去向中，回乡者是最不幸的一群人，由于政策的规定，他们不得不离开已经学习、工作了 6 年的城市，回到农村。由于当年回乡的人没有留下联系方式，随着城乡两隔，时光飞逝，如今已经无法与他们获得联络，这可以算是本研究的一大遗憾。根据二手文献的记载，由于不能公开否定"总路线"、"大跃进"和"人民公社"这三面红旗，这项涉及几千万人的大精简，在当时没有做任何公开的宣传报道。（罗平汉，2003，6）这也导致我们翻阅当年的报刊文献时没有收集到任何相关的宣传报道。

但当年的情况其他联系到的拔青苗群体都有了解，我们只能从他人的口述中了解一下当年回乡者们的情况。

"我虽然没有留在所里，但好歹还是留在了城里工作，最惨的是那几个从中专'拔青苗'出来的人，他们必须回到农村去。那他们肯定是不愿意的，好不容易从农村考出来了，又在北京、成都工作了四年，一下子又把人家赶回去，不讲道理嘛。他们也找过所里面的领导，但也没什么用，那时候全国都在把人从城里往农村赶，所里面也是听从上面的安排，他们也做不了主。我们当时都觉得很难过的，大家在一起生活工作这么久了，从那之后就再也没有联系过了。"（23 周小林）

"当时的政策是大学里面出来的可以留在城里，中专出来的就要回去了。你说从能力上大学跟中专能差多少？他们能被拔出来说明当时都是非常优秀的，在工作中也不比别人差多少的。但当时的政策都是'一刀切'，划了这么一个标准，你被划到那边去了就只能回农村了。那个时候农村跟城市的差距可是相当大，虽然单位这边有保证说已经跟乡里协调好了，回去之后是从事技术工作，但总归是回乡下了，那时候户籍卡得很死，想再回城里太难了。"（31 易栋）

"我们也明白那个时候国家是有难处，但这么搞确实不太合理。话说回来，那个时候不合理的事情也不少，我们当时被'拔青苗'出来也不合理，时代是那样子，你遇上了，没法跟人去讲理。"（16 沈一鸣）

虽然没有直接的资料，但可以推测当年这四人的心中一定并不甘愿。特别是在计划经济时代，城乡差别甚至比现在还要巨大。城市职工有稳定的工作，固定的工资和粮食供应以及各种福利待遇，这是农民无法享受到的。而这些本就出身农村的"青苗"们，本来通过学习好不容易完成了阶层的向上流动，却又因为国家政策不得不接受返回农村的命运。

最终，经过调整和精简，到1963年时，中国科学院设在各省、市、自治区的分院基本予以撤销，中科院系统只保留了50个左右的研究单位，大批人员被精简，保留的编制为1.2万余人，仅为1960年

的 36.2%。（罗平汉，2003，254）

从 1961 到 1963 年，全国有两千多万城镇人口被精简下放到农村。对于这一次的精简工作，周恩来对此的评价为：拆这么多"庙"，精简这么多人，这件事情，在中国，没有哪个政权能够这样做，只有我们才有这样做的群众基础。[①] 而在大精简之后，国家的经济形势逐步好转，粮食危机得到缓解，严重失调的国民经济比例得到了调整。对于当年那些遵从国家政策回到农村的人们，毛泽东曾发出这样的感叹：我们的中国人民、我们的广大干部，好啊！

第五章　总结与讨论

本文以 1958 年"大跃进"运动期间，被"拔青苗"至中国科学院四川分院电子所的 36 人为样本，以深度访谈的方法收集了全队三分之二人的口述历史资料，了解这一特殊群体在特殊历史时期的命运走向，弄清"拔青苗"群体在关键时间节点的心理、策略和过程，以此透视剧烈社会变迁时期个人与社会关系的流变。

首先，本文着眼于"拔青苗"事件发生时这一群体的个人情况和他们离校时的心态。发现这群人除了品学兼优之外，大都是家境贫困、根正苗红的"红五类"。虽然在抽调前并未征求他们的意愿，但提前毕业这一完全被动之举却得到了所有人的积极响应，个人完全服从国家的调配。在"大跃进"的时代背景下，国家通过宣传和几次政治运动实现了对个人的全面控制，可以说这一时期的"青苗"们是"去私化"的。

其次，本文考察了这一群体走上科研工作岗位后的经历。这一时期，国家通过单位再次实现了对个人的全面控制，虽然满怀工作热忱，但分配工作时的不合理和"青苗"们本身基础知识的薄弱，让他

---

① 认清形势，掌握主动，《周恩来选集（下卷）》，人民出版社 1984 年版，第 407 页．

们在具体工作中遇到了巨大的困难。除了少数人获得了"上任务"的机会外，不够牢固的基础和全新的知识领域让大部分人始终无法达到工作的要求，同一批人产生了分流。随着国家经济形势的日益恶化，"青苗"们开始对自己的未来产生了担忧。当1962年国家"精兵简政"的大调整来临之时，绝大多数人的科研生涯也画上了句号。

最后，由于"三年困难时期"的粮食危机，国家不得不对国民经济进行大调整，其中就包括对城镇职工的精简，拔青苗群体所在的四川电子所也面临着精简的要求。于是，根据1962年大调整后"拔青苗"群体的去向，本文将他们分为了留守者、返校者、再分配者和回乡者四类。四个去向表明："拔青苗"之前的学历，决定了一些人只能接受回乡的命运，而技术骨干们由于国家的需要，全部得以留下。另外，那些出身较好，更具政治资本的人也留了下来。虽然留守是当时最好的出路，但那些返校完成学业的人由于接受了再教育，在改革开放后获得了赶超的可能。因此，"红"与"专"的地位，随着国家历史发展的进程完成了一次互换，而身在其中个人也随之受到巨大的影响。至于再分配到工厂的人，则从科学研究转向实务，随着国企改革的浪潮也经历了阵痛。

基于以上内容，文本提出如下的思考和讨论：

第一，在新中国历史上，抽调在校大学生提前进入工作岗位边工边读的事情并不鲜见。特别是改革开放之前，这种"全国一盘棋"，"集中人力攻坚克难"的模式使得我国能够在极短的时间内，迅速填补某一领域的空白，并为其后的发展奠定基础。刚刚在去年获得诺贝尔生理学或医学奖的屠呦呦能够成功发现青蒿素，就与当时国家举全国之力开展的"五二三项目"[1] 密不可分。

---

[1] 该项目始于1964年越南战争，由于疟原虫对一些常用抗疟药已产生抗药性，战争双方死于恶性疟的士兵，在数量上大大超过战争中的伤亡人数。为了援外、战备紧急任务的需要，国家科委、中国人民解放军总后勤部于1967年5月23日在北京饭店召开了"疟疾防治药物研究工作协作会议"（此后项目代号称523任务），组织国家部委、军队直属及10省、市、自治区和有关军区的医药科研、医疗、教学、生产等单位，针对热带地区抗药性恶性疟疾严重影响部队战斗力的问题，开展防治药物的研究。类似的项目在当时还有很多。

本文将这种临时抽调、举国协作、短期攻坚的模式称为"拔青苗模式",而发生在 1958 年的这次"拔青苗"事件是新中国历史上规模最大的一次。

"拔青苗模式"作为新中国历史上,特别是在文化科研领域普遍使用的一种特殊工作模式,其产生与当时特殊的历史时期和政治环境是分不开的,而这种模式自创立至今,本身也随着时代的发展经历了自我的改进和完善。从最初的只看重集体成果,缺乏对个人命运的制度安排,发展为更加以人为本,在集体出成果的基础上也要考虑个人的前途发展。

本文的研究对象——"拔青苗"群体所处的"大跃进"时期中的个体是淹没于集体大洋中的,国家为了尽快地填补尖端科研领域的空白,紧急地将他们这群尚未毕业的大学生抽调出来。他们本都是精挑细选而出的好苗子,成绩突出、根正苗红并且怀着巨大的革命热情,却由于缺乏对个人发展的相关制度安排和急功近利的政治氛围,导致这批本应成为中流砥柱的先进分子们中的大多数不得不面临被"淘汰"的命运。虽然在大调整时,国家给了他们自我选择的自由,但这种临时找补式的政策使得大多数人一辈子都与他们本可能到达的高度失之交臂,"拔青苗"这一政策也饱受诟病。

之后的"拔青苗模式"逐渐走上了小型化、专业化的道路,对"拔"出来的个人发展有了更加全面合理的制度安排。比如,对中国社会学发展产生巨大影响的"南开班"就是"拔青苗模式"的产物。

因被视为"资产阶级学科",在上世纪五十年代末,社会学专业曾被取消。1979 年,在邓小平提出社会学"也要赶快补课"后,为了尽快恢复中国的社会学,由费孝通牵头,在南开大学建立社会学专业,并批准南开大学从全国重点大学三年级学生中选拔学员举办社会学专业班,即"南开班"。南开班是从全国 18 所高等院校 77 届文科生中选拔了 43 名学生学习一年,授予社会学和原学科双学位,以应急需。除了正式生以外,还招收了 14 名旁听生。由于社会学在中国中断了二十多年,师资缺乏,当时主要是聘请外籍教授,由哥伦比亚大学教授彼得·布劳和著名的华裔美籍教授林南分别教授社会学理论和社会学方法两门主课。

这43名学生本身就是经过层层筛选的优秀人才，在经过国际知名教授授课后人才辈出，周雪光、边燕杰留学美国从事社会学研究，成为终身教授。留在国内的大都走上了社会学的教学、科研岗位，成为学科带头人，为我国恢复和重建社会学发挥了重要作用，特别是为各地高校建立社会学系发挥了骨干作用。当年全国八个重点大学（北京大学、南开大学、上海大学、复旦大学、南京大学、武汉大学、中山大学、厦门大学）社会学系的主任都出自南开班，一时传为佳话。至今他们中的大多数仍然活跃在社会学教学与科研领域。如江苏省社会科学院院长宋林飞、北京大学社会学系主任王思斌、清华大学社会学教授孙立平、中山大学教授蔡禾、上海大学副校长李友梅等。

南开班正是"拔青苗模式"在改革开放后的具体体现，相比于本文的主人公们，南开班的学员们由于更加完善的制度安排大多获得了更好的发展，他们也为我国社会学的恢复和重建发挥了不可磨灭的作用。因此，只有兼顾个人和国家，二者才能相互促进，共同发展。

第二，为了更好地对"拔青苗"群体进行总结，本文尝试提出"命运体"这一概念。"命运体"指那些受同一事件影响导致个人命运发生巨大转折的群体，此处的事件通常指发生于国家、社会层面的重大历史事件。

为了更好地理解命运体概念，我们可将他与同期群概念展开比较。"同期群"指的是大致具有同样出生时间和历史经历的一群人，从人口学上通过同一时间特征来观察这群人。这两个概念具有一定的相似性，但同期群立足于宏观的时间，命运体立足于影响个人的事件。只要在同一时期有过相似经历的人都可以称之为同期群，但命运体概念更强调事件的特殊性，是那些能使这一群人的人生命运发生巨大转折的事件。同期群是一个相对宏观的概念，命运体概念则更加具象化；同期群更偏重于统计方面的意义，命运体则有着更强的社会学意涵。一定程度上可以说，命运体是同期群的子集，命运体概念能够更加深入、细化地理解国家、社会对个人命运产生的影响。命运体概念在对象选择上更加具备特殊性，同一命运体中的人在一开始具有极高的相似性，但由于国家和社会的某一或某些重大事件，导致这些人的命运走向分流，这些分流的经历和背后的原因之间，有着巨大的社会学解释空间。

对本文的研究对象"拔青苗"群体来说，这一群体既是一个同期群，也是一个命运体。当我们用同期群概念去解释他们时，我们关注的是这一同期群在社会发展进程中与另一期人有着哪些不同，随着个人年龄的增长，这一同期群发生了哪些流动、分层。而当我们用命运体概念去解释他们时，我们除了关注以上这些问题，更加看重的是国家、社会等重大历史事件是如何形塑个人命运的，这一命运体在人生"拐点"发生时有着怎样的行为策略、心理活动，由此，我们可以从更加微观的层面透视个人与社会的关系。

命运体具有如下特征：当命运体形成之时，这一群体具备高度的同质性，具有相似的社会特征（年龄、学历、家庭出身等），但他们的命运发展并不相同，受社会、家庭、个人等因素走向分化，最终的结局是由个人选择和努力决定的。可以说，国家层面的重大事件决定了命运体的起点和大致走向，但命运体的结局是由个人选择影响的，是一种国家力量主导下的个人有限自由。

以本文的"拔青苗"群体为例，他们在"拔青苗"事件发生时具备相似的社会特征（年龄相近、学历相同、家庭出身相似等），之后他们共同经历了"拔青苗"这一特殊的历史事件，但因为国家形势的变化和个人际遇的不同，他们逐渐产生了分流，在国家给予个人选择自由之后，他们则根据个人的具体情况做出了不同的选择，最终走向了迥然不同的人生道路。因此，"拔青苗"事件使他们的人生起点和道路发生了巨大变化，但最终决定他们人生终点的还是个人的素质和努力。

除了"拔青苗"群体，"命运体"概念可以应用于那些受国家、社会影响巨大的特殊群体身上，知青、右派或者今天的新生代农民工都可以用这一概念解释，获得更多的社会学意涵。

第三，本文的主要篇幅都在描绘拔青苗群体1958年到1962年间的命运轨迹，通过对他们个人选择、心态的深描，期望从中透视个人与国家、社会的关系。在整个"拔青苗"事件中，个人与国家（社会）是两对主体。个人即"拔青苗"群体，国家和社会则具化为领袖的批示、党的号召、政府的政策等。此外，单位（学校）和家庭同样作为重要的角色参与到了这一事件中。带有理想主义气质的时代大环境与个人追求现实利益和向上流动的价值观相互冲撞，国家通过单位完成对"拔青苗"群体的严格控制，"拔青苗"群体在原生家庭无法为其提供庇护的情况下始终处于弱势的地位，但国家自身发展中的曲折为"拔青苗"群体提供了自我选择命运的机会，当个人拥有选择权之后，现实利益和个人发展则成了唯一的影响因素。"拔青苗"群体的最终分流既是国家重大决策失误的必然结果，也可视为个人与社会对新中国政治实验的回应。

当"拔青苗"事件发生时，国家与个人的关系处于极高的一致水平。国家急于发展科学研究事业，早日实现"赶英超美"，需要大批的人才为国奉献；个人也乐于投身于这一具有开拓性的事业，积极响应国家号召，牺牲自己，建设国家。国家通过宣传等政治手段完成了个人的"去私化"，实现这些手段的途径就是单位。但对"拔青苗"群体来说，"再教育"的革命理想与关注个人向上流动发展的价值观是并存于心的，服从的原因既出于火热的革命理想，也出于这份工作机会的优渥（尖端科研单位、赴京培训等），这也注定了他们日后的分流。

随着"拔青苗"事件的发展，问题开始展现。一方面，"拔青苗"群体由于学习时间短、专业不对口、基础薄弱、政治活动频繁等原因，即便付出了巨大的努力，绝大多数人依然无法达到工作的要求，在与留苏学生和正常毕业大学生的对比中，这种差距越发明显；另一方面，"大跃进"运动的恶果逐渐开始显现，国民经济一落千丈，国家陷入困难时期的泥淖，这既影响了正常科研工作的开展，也对拔青苗群体的心理上造成了巨大的冲击。此时国家依然通过国家政策和单位对"拔青苗"群体实施着强力的管控，但由于国家自身力量的减弱和个人开始对自身和国家命运产生怀疑，分流的苗头愈演愈烈。

1962以"调整、巩固、充实、提高"八字方针为指导开展的精简城镇人口运动，既是国家对自身发展过程中所犯错误的一次"拨乱反正"，也为"拔青苗"群体提供了自我选择命运的机会。虽然只有少数人得以留在科学院，而且几位从中专"拔青苗"出来的人不得不服从政策回到农村，但大多数人依然是从自身的实际情况出发，做出了最适合也最有利于个人发展的决定，要么返校完成学业，要么再分配到其他单位就业。可见，即使在20世纪中期的新中国，一旦国家对个人的控制力有所下降，个人就会采取各种手段与国家权力展开博弈。"个体的自主性使'秩序'成为问题"（亚历山大，2000），个人向往自由，国家和社会需要秩序；个人要求权益自主，国家社会诉诸权利规范。但个人一再理解到，他不可能独获解放、独享自由，他只能在自己的社会中找到或创建能够拥有的自由度；社会也发现，在它刻意型塑个人的过程中，却由个人型塑了自己，这就是社会互构论的题中应有之义。

总的来说，已有对改革开放以前个人与社会关系的研究主要强调了国家对个人的全面控制。但是，本研究发现，在影响个人命运的关键时间节点上，当国家提供给个人有限的自主选择空间后，存在个人选择与国家政策之间的博弈，个人不再是完全"去私化"的国家工具，会更多从个人家庭、婚姻等因素出发进行选择。这使我们在理解那个时代个人与社会关系时，不仅要关注国家的政策，还需要关注国家政策下的个人选择，以及个人选择所带来的影响。

本文尚有的不足之处在于：其一，虽然已经收获了充足的访谈资料，但访谈对象没能穷尽到整个1958年四川电子所的"拔青苗"群体，所以在几处数据统计上，为了勾勒出整体轮廓，只能依靠受访者的回忆补全没能访问到的"拔青苗"群体的信息。特别是回乡者的欠缺，让本文的论证力度有较大削弱，不能不说是最大的遗憾；其二，"拔青苗"时间不但对这些"青苗"们产生了重大的影响，也影响到了他们的家庭，但因为被尘封太久，如今已经无法采集到受访者父母辈的口述资料，不能不说是一个遗憾；其三，由于这一事件的原始档案仍处于严格保密控制状态，文中的历史背景和材料只能选择更大层面的历史事件（科学大跃进、精简城镇人口），没能直接使用与"拔青苗"政策相关的材料，在史料的收集上有待进一步丰富。

参考文献

一、学术论著

陈理，1996，60 年代初精减职工、动员城市人口下乡决策的研究，《当代中国史研究》，第 6 期

萨特米尔，1989，科研与革命——中国科技政策与社会变迁，国防科技大学出版社

路风，1989，单位：一种特殊的社会组织形式，《中国社会科学》，第 1 期

李汉林、李路路，1999，资源与交换——中国单位组织中的依赖性结构，《社会学研究》，第 4 期

刘建军，2000，中国单位体制的构建与"革命后社会"的整合，《云南行政学院学报》，第 5 期

李丽晖，1988，试论我国高校毕业生分配制度的改革，《高等教育研究》

李路路、李汉林，2001，中国的单位组织——资源权力与交换，浙江人民出版社

罗平汉，2003，大迁徙——1961-1963 年的城镇人口精简，广西人民出版社

罗平汉，2008，1958—1962 年的中国知识界，中共中央党校

罗平汉，2003，当代历史问题札记，广西师范大学出版社

李庆刚，2006，十年来"大跃进"研究若干问题综述，《当代中国史研究》，第 2 期

柳随年、吴群敢，1984，"大跃进"和调整时期的国民经济 (1958—1965)，黑龙江人民出版社

苏维民，2008，杨尚昆与三年困难时期精减城市人口，《百年潮》，第 10 期

田毅鹏、许唱，2015，"单位人"研究的反思与进路，《天津社会科学》，第 5 期

魏昂德，1996，共产党社会的新传统主义：中国工业中的工作环境和权力结构，牛津大学出版社

王伟、武中哲、成锡军，2001，国内学术界关于"单位制"的研究综述，《发展论坛》

杨刘保，2009，个人与社会的关系——社会学的基本问题，《长春市委党校学

报》，第 3 期

杨敏、郑杭生，2010，社会互构论：全貌概要和精义探微，《社会科学研究》，
　　第 4 期

杨小林，2007，1958 年的中国科学院，《科学对社会的影响》，第 2 期

周大鸣, 廖子怡，2015，变迁中的个人与社会关系——以辽宁鞍钢职工家庭
　　住房为例，《学习与探索》，第 7 期

郑杭生、杨敏，2003，权益自主与权力规范——对现代社会中个人与社会关
　　系的多视角分析，《华中师范大学学报 (人文社会科学版)》，第 3 期

郑杭生、杨敏，2003，个人与社会的关系——从前现代到现代的社会学考察，
　　《江苏社会科学》，第 1 期

郑杭生、杨敏，2003，社会学方法与社会学元理论——个人与社会关系问题
　　的方法论意义，《河北学刊》，第 6 期

郑杭生、杨敏，2003，论社会学元问题与社会学基本问题——个人与社会关
　　系问题的逻辑结构要素和特定历史过程，《华中科技大学学报 (社会科学
　　版)》，第 4 期

郑杭生、杨敏，2004，社会学理论体系的构建与拓展——简析个人与社会的
　　关系问题在社会学理论研究中的意义，《社会学研究》，第 2 期

朱珏，2012，20 世纪 60 年代初浙江省精简城镇人口问题研究

张志辉，2007，"科学大跃进"初探（1958-1961）

二、其他文献

百废待兴——向科学进军，《中国科技奖励》，2009 年第 10 期

薄一波，1991，若干重大决策与事件的回顾 (上、下)，中共中央党校出版社

国家统计局科技统计司编，1990，中国科学技术四十年 :1949-1989，中国统
　　计出版社

郭沫若，1958，讨论红与专——答青年同学们的一封公开信，《中国青年报》

今年职工增加了将近一千万人，《经济消息》，1958 年第 44 期

钱临照、谷羽主编，1994. 中国科学院 (上、中、下)，当代中国出版社

认清形势 , 掌握主动，《周恩来选集 (下卷)》，人民出版社 1984 年版

谈外行领导内行，《人民日报》，1958 年 7 月 2 日

中国共产党中央委员会关于建国以来党的若干历史问题的决议，人民出版
　　社，1981

中共中央文献研究室编，1992-1996，建国以来重要文献选编，中央文献出版

社，1993

中共中央文献研究室编，《建国以来毛泽东文稿》第七册至第十册，文献出版
社1992年以来各年版

附录 中国科学院四川分院电子所拔青苗群体基本情况表

	姓名	性别	出身/离校年级	1962年去向	退休前工作情况
1	李建业	男	贫农/三年级	湖北襄樊科委	不详
2	张文山	男	贫农/三年级	留在四川电子所	中国科学院成都分院科研处处长
3	李宏才	男	中农/二年级	留在四川电子所	中国科学院电子学研究所高级工程师
4	张海洋	男	贫农/二年级	回乡	不详
5	孙可宜	男	中农/二年级	成都原四机部784厂	留厂任技术人员
6	陈显惠	女	贫农/二年级	成都原四机部773厂	留厂任管理人员
7	周腾峰	男	贫农/二年级	留在四川电子所	私营公司老板
8	陈淑玉	女	不详/二年级	化工部某厂	不详
9	涂紫云	女	中农/三年级	留在四川电子所	航天部504所高级工程师
10	宋成	男	中农/三年级	留在四川电子所	航天部504所高级工程师
11	夏天天	女	工人/三年级	返校读完大学	不详
12	吴达	男	贫农/二年级	成都原四机部766厂	留厂任技术人员
13	郑茹	女	中农/三年级	返校读完大学	西北工业大学教授
14	杨富	男	贫农/三年级	回乡	不详
15	宋天应	女	贫农/三年级	回乡	不详
16	沈一鸣	男	城市平民/二年级	返校读完大学	四川大学教授
17	刘尚清	女	城市贫民/三年级	留在四川电子所	航天部504所高级工程师
18	罗士盛	男	贫农/二年级	成都无线电三厂	留厂任管理人员
19	廖莹	女	不详/二年级	返校读完大学	不详
20	黄静	男	贫农/三年级	回乡	不详
21	彭燕	女	贫农/二年级	随夫赴东北	不详
22	赵广鹏	男	城市平民/二年级	成都市计量局研究所	不详

续表

	姓名	性别	出身/离校年级	1962年去向	退休前工作情况
23	周小林	男	城市平民/二年级	返校读完大学	高级工程师
24	白斌	男	贫农/三年级	成都原四机部784厂	留厂任技术人员
25	王自力	男	贫农/二年级	派送至 北京理工大学	航天部504所副所长、 高级工程师
26	陈国辉	男	城市平民/二年级	四川科学院图书馆	不详
27	唐彬元	男	贫农/三年级	返校读完大学	航天部504所高级工程师
28	李永昌	男	贫农/三年级	成都原四机部715厂	留厂任技术人员
29	张鹏	男	贫农/二年级	成都原四机部719厂	留厂任技术人员
30	章守诚	男	贫农/二年级	留在四川电子所	航天部504所高级工程师
31	易栋	男	贫农/二年级	留在四川电子所	航天部504所研究员
32	王丰	男	贫农/三年级	被开除	不详
33	廖阳	男	贫农/三年级	北京电子所	中国科学院电子学研究所研究员
34	秦斯贤	男	贫农/二年级	成都原四机部784厂	留厂任技术人员
35	张金辰	男	贫农/二年级	成都原四机部715厂	留厂任技术人员
36	杨安	男	城市平民/二年级	成都无线电一厂	留厂任管理人员

分化、整合与区隔：
高科技外企中的职业性别逻辑

娄　琦　中国人民大学社会学系2016级
指导教师　郝大海

第一章　绪论

一、研究背景

当现代社会逐渐从工业化迈入信息时代，高科技产业俨然已成为新的核心朝阳产业，这是卡斯特笔下一个新的时代：以微电子为基础的信息系统作为一种新的技术范式，掀起了一股多层面的社会变迁之风（Castells,2000:693）。经济形态转向网络化和虚拟化，文化制度转向多元化、市场化，个体之为"人"的社会意义也重归视线。对于"人"的关注，对于市场中人力资本的投资与价值回报，是值得深刻思考的重要议题。

宏观层面，跨国公司的大规模活动超越了国境的限制，在全球的生产过程、资本充足和劳动力分配上环环相扣，愈来愈多的企业人员在全球范围内流动，开辟新的市场机会和经济增长点。随之而来的是文化意义上的世界地理版图也不断拼连起来，人际网络带动了文化传播。传统和既有价值观念的重要性随着地缘因素的消减而式弱，个人主义兴起并产生新的认同模式（吉登斯,2009:40）。全球化在建构新的经济链条的同时，也重塑了现代社会一系列的文化变迁。这些变迁对于新经济下的企业制度、职业结构以及劳动力行为都将产生深远的影响。

其中一个重要影响即体现在职业场域中的性别观念变化。现代工业的发展使得劳动场所和家庭场所相分离，公共领域和私人领域的区分开始出现。由于分工使然，男性主导公共领域的劳动参与，女性则更多地与家庭价值联系在一起。直到上世纪中叶，女性加入劳动力市场的人数开始持续上升，到现在男女在经济活动方面的比例差距也逐步缩小。吉登斯在论述全球化的影响时指出，"全球化正在以一种非常深刻的方式重构我们的生活方式。在世界的大部分地方，妇女正在要求比过去更大的独立性和自主性，而且大量的妇女正在加入劳动力大军之中"（Giddens,2004:39）。女性在职业场域中的可发展空间与角色定位，也不断受到来自经济形态与文化价值重构所带来的影响。对于女性的职业性别隔离从未消失，但在局部的产业领域和特定的劳动过程中也在悄然发生着转变。

这种转变是怎样的转变，它何以发生并且如何发生，它在多大程度上突破了原先的既定范畴，以及它最终将带我们走向何处，暂且不得而知。但可以肯定的是，基于全球化背景下的新经济，在传统由男性主导的高科技信息产业领域中，女性的人力资本和职业角色必定在接受着某种逻辑的重新洗牌。

二、问题的提出

对于高新信息产业的关注，一方面源于我们的日常生活正逐渐被尖端科技技术所覆盖和渗透，从物质层面到文化层面，从经济形态到权力结构，都在被技术的更新而不断重组。另一方面，曾偶读师姐一篇关于某本土科技企业 HW 公司的研究论文，经过详实而丰富的民族志田野调查，得以一窥以严苛的军事化管理而著称的 HW 公司，对于劳动去性别化和现代工厂政治的塑造过程，以及一种奋斗者文化和霸权专制政体的建构。众所周知，HW 公司是一种特殊意识形态下的独苗现象，根源于其创始人建立的一种强有力的文化 - 控制体系风格，这种风格尤其是去性别化的特点，对于科技场域内的作为少数群体的女性而言是不利和伤害的。然而随着全球经济一体化，如今国内的高科技产业市场是二分天下的局面：一边是本土企业的崛起和强大，另一边是以美国旧金山湾区为代表的跨国公司的外资进驻，这些外资企业在世界范围内都是前沿科技的领头羊。而他们的科技商业模式和文化风格，根植于西方的社会价值土壤，必然与本土的浓厚意识形态色彩化的作风有所不同。于是笔者将目光投向了这类高科技外资企业，希望能知道其在劳动过程和组织结构中，人力资本的运作逻辑尤其是女性在职业场域中的性别角色地位，是否能有新的发现，带来新的启示。

相对于已有的关于本土高科技企业性别劳资关系的研究而言，之所以会将目光投向外资高新企业，一个很重要的原因在于笔者2015年得到了一家美资IT企业V公司的暑期实习生资格。这家企业是典型的硅谷系高新软件类产业跨国公司，在虚拟化和云计算领域全球领先。实习期间，笔者意外地发现V公司格外重视女性员工的人力资本价值，包括许多针对女性工程师的职业培训课程、职业发展指导和人文生活关怀等项目。就V公司的职业结构来看，女性员工和女性管理者的比例也并不像想象中那样凤毛麟角，相反在与公司高管的交流中，笔者得知公司非常倾向于多招收女性工程师，提高女性性别比例。这样一种性别逻辑似乎相悖于我们以往所认知的模式。笔者想知道的是，在传统以男性为主导的高科技产业领域中，为什么雇主会一反对于性别的刻板印象而强调女性的人力资本价值，这背后的职业性别逻辑是什么，这样一种新逻辑是否真正从根本上影响与改变了女性的职业垂直路径走向。

三、研究意义

1. 理论意义

本研究属于女性研究、职业研究和高科技产业研究的交叉领域。尽管从女性的视角切入劳动过程的研究并不少见，或者将性别、年龄与社会文化纳入职业研究的分析维度也是近年来的一些新取向，但令人印象深刻的研究依然多集中于劳动产业链的中低端，如李静君（1995）、潘毅（2004）和何明洁（2009）等对打工妹和女性服务业的研究。但由于这些职业类别具有较高的同质性，都是传统性格隔离意义上的"女性职业"，而且在她们的研究中都是男性不在场的。但高科技产业则不同，一方面它在劳动产业链甚至全球的经济链中都处于高端位置，对于人的专业技能要求也不可同日而语，因而其劳动过程中的关系逻辑和机制也必然有着本质差异；另一方面，IT产业是传统意义上的"男性职业"，是男性占主导的领域，同时在这个场域中，女性作为一种少数的异质性群体，与男性从事相同的工作，有助于凸显性别角色间的比较。这一切都使得本研究具备一定的理论意义，既有对现有职业研究的补充，同时也是对于女性研究思路的拓展，亦是结合中国经验与西方理论进行对话的一种尝试。

2.现实意义

研究高科技产业中的职业性别角色，具有鲜明的时代特点和社会意义。一方面，当前的中国正是尖端科技繁殖与应用的土壤，既有广阔的经济市场，也有实际的使用需求。随着后工业社会的来临，知识成为社会的核心逻辑，现代性的时间维度和加速特征在高科技产业体现的最为明显。这种情况下探究性别差异是否会影响劳动者的市场地位、职业路径以及一种新的管理策略的可能，都是十分有意义的。此外，女性的就业问题向来都是社会学研究的热门议题，尤其前不久出台新的生育政策，女性在传统生育角色上的表现被提上了更多的可能与要求，因此同时也在劳动力市场上面临新的考验。本文中的研究发现，通过对于高薪高技能的职业领域进行性别分析，或许会对女性就业的问题提供新的契机与思考，成为一个新的关注点。

第二章　文献综述

一、性别隔离的相关研究

性别隔离是本文的研究主旨与核心概念，也是女性理论的一个重要维度。性别隔离一词最初始于20世纪30年代对居住空间的研究，后来被引入到种族、职业等方面。随后其研究范围不断扩大，进而扩展到包括教育、婚姻家庭、宗教在内的多个领域。

对于性别隔离的研究，最集中的首先是职业上的性别隔离，国内外学者对于职业的性别隔离的研究可见于诸多理论与实证研究当中。其次，对于教育领域的学科、专业的性别隔离，国内外的研究成果也较为丰富。而基于本文所探讨的高科技 IT 企业中两性职业角色分化之主题，在文献回顾部分笔者将着重介绍职业与教育两个部分的性别隔离相关研究成果。

1. 职业性别隔离

职业性别隔离 (Occupational Gender Segregation) 最早由爱德华·格罗斯 (Gross,1968) 提出，指劳动者在劳动力市场中因性别差异被分配到不同的职业领域，从事不同性质的工作。一般意义上的职业性别隔离是指根据适合"男性"与"女性"工作的普遍理解，男性和女性会分配于不同的职业，由此导致两性在不同职业中的集中状况（Giddens,2004；佟新，2005；蔡禾、吴小平，2002；赵瑞美，2004）。因此，广义的性别隔离其实包括对男性和女性两方的性别隔离。

但在实际的社会学研究中，学界更加强调对于女性的职业隔离，例如苏红（苏红，2004）在其著作中将职业性别隔离定义为"同一行业内女性居于低职位、男性居于较高职位的现象"。由此便涉及到职业性别隔离中的一对重要概念：水平隔离和垂直隔离。水平隔离是指男性和女性分别在不同的行业集中，女性难以进入某些被认为是"男性的工作"的领域，如体力劳动或强调专业与高社会声望的工作；而垂直隔离则是指在同一行业中，男性与女性分别聚集在不同的职业中，男性通常有着较高的职位与薪资，且较易升迁。因此，职业性别隔离的核心内涵是从歧视的角度去关注：为何那些职业声望、技术要求和收入水平普遍较高的职业中，总是男性较为集中，而女性却鲜有涉足？

国外学者对于性别隔离现象的研究从上世纪中期就已开始。早期对其原因的探究主要强调施加于女性职业选择的、外在变量的影响和限制，如文化、家庭起源和家庭生产等 (Oppenheimer,1970;

Ireson,1978; Moore and Sawhill,1978; Oppenheimer, and Valerie K.,1970)。但这些解释大多缺乏统一的理论溯源，难以形成系统性的理论范式。从 80 年代左右起，以前人的研究材料作为基础，学者们逐渐探索出几条解释性别隔离的主要理论路径，之后再不断地予以批判和发展。

（1）供应 - 需求说（Supply and Demand-side）

对于职业性别隔离的问题，一些研究认为可以用劳动力市场供应方与需求方的特性来解释（Bridges William P.,1982：1）。市场供应与需求两方的不平等，或者说特性的不匹配，产生了所谓的"市场权力"，掌握这个权力的就是雇主。在一个产业中，市场权力的程度与职业隔离的水平呈正相关，权力程度越高的行业越可能存在这种类似于歧视的行为（Shepherd, William G. and Sharon Levin.,1973）。这是从"需求说"的角度提供的一种解释逻辑。

而另一方面从"供应"的角度来看，有学者则倾向于模糊化以上因素 (Reskin，1993)。职业中的性别标签既影响了雇佣者们对于"合适的工作者"的观念，也影响了工作者们对于适于工作种类的认识，在面临选择行业的时候使其产生既定的偏好和刻板印象，于是特定行业中可供雇主选择的雇员备选人就已然呈现出显著的不均衡分布状况。

供应 - 需求说虽然从一定程度上解释了职业隔离水平与市场权力程度相关，但并没有证明雇主选择的合理性来源，也没有深入讨论雇主歧视观念的深层作用与背后的机制问题。

（2）新古典主义

在前人的基础上，新古典经济学家采用理性选择理论 (Rational Choice) 和"统计歧视"（Statistical Discrimination）对职业性别隔离进一步进行解释分析，这两种解释都是从人力资本的理论视角出发，即个体的人力资本包括教育水平、技能资格及工作经验等，决定了其收入与职位高低。

波拉切克 (Polachek,1979) 运用"理性选择"理论来解释职业性别隔离，认为女性之所以会集中在那些低收入的"女性化"职业中，是因为女性自己"理性地"选择了那些人力资本投资比较小且可以让她们兼顾家庭的职业。在家长制背景下，女性向来不被鼓励或要求负担重要责任（Becker,1985；Mincer and Polachek,1974），而是在家庭内部承担或再生产她们的服务性角色（Grusky,2002:607）。这种倡导促使女性基于自身角色考量选择那些与其家庭责任相一致的职业，这是被雇佣者的"理性选择"。

而"统计歧视"则是新古典主义者在理性选择理论基础上进一步修正的结果。菲尔普斯（Phelps,1972）提出，由于雇主无法精确地评估求职者的素质以及他们对工作的投入程度（commitment），他们在雇人或安排岗位的时候往往会遵循统计学（大多数）原则。从统计的角度来看，女性劳动者（同样是因为生育小孩或其他家庭责任的缘故）往往比男性更加容易退出工作，从而会增加雇佣及培训成本。因此，雇主会更加倾向于男性就业者或者将女性安排在一些对经验或技能的依赖程度相对较低的职位。值得注意的是，这种做法体现了雇主的"理性选择"原则，这种解释并不是真正意义上的性别歧视——虽然被称为"统计歧视"，而是雇主基于效益最大化和两性能力差异的判断，做出的"理性选择"，其出发点仍然是人力资本理论。

新古典经济学从人力资本和劳动力市场分割的角度，分析了雇主对于职业性别隔离的理性因素。但至于这种角色观念的来源及其所根植的结构制度化原因是什么，新古典者并未进一步给出解释。

（3）社会性别角色理论

上述两种理论对劳动力市场中的性别不平等给予了极有价值的说明，但是却没有考虑非经济因素对职业性别隔离的影响。女性主义关注的，则是既定的非劳动力市场因素。

有学者认为性别差异源于生物属性。弗洛伊德从精神分析的视角出发，认为性别气质产生于儿童时期的心理、思维方式和行为方式，男性气质在某种程度上优于女性气质。帕森斯从功能主义出发，认为性别的差异有利于社会的稳定与整合。"男人扮演工具性角色，负责养家糊口，而女性属于表达性角色，负责照料家庭。"（肖福群,2010）。而女性主义认为两性差别是文化的而非生物的，正是一整套社会习惯和法律限制，尤其是父权制的社会结构，造成了性别隔离和妇女的屈从地位。

赞同女性主义观点的学者认为是文化因素而非经济因素，阻碍了女性在职业领域的发展。他们较为注重社会制度、社会价值观念对于职业性别隔离的影响。研究发现（Bielby and Baron,1986）雇主统计歧视既不是理性的也不是高效的，而在同时雇佣男性与女性的职业中，决定其性别构成的关键因素在于"男人的工作"与"女人的工作"这种传统观念。

在心理学中，每个个体都利用刻板印象或认知图式作为捷径去简化自我的认知过程（Aschmore and Del Boca,1981）。社会心理学家采用性别角色社会化的解释，认为我们所处的社会在观念、规范、制度层对于男女的性别角色存在差异化的认知和定位，通过教化一代一代地维持、强化并传承下去，演变成一种认同。这种被形塑的性别差异在后天男性与女性的偏好与价值的形成中又逐渐显现，并使其从小就对自己将来的职业抱以不同的期望，形成了一种社会建构。关于性别角色的这种特定刻板印象，范围非常之广，这也是导致职业性别隔离的重要原因（Bielby and Baron,1986）。性别角色的概念包括两个层面：性别角色期待与性别角色表现。前者是指社会期待某类人的举动，后者是两性依据社会期待所表现出的行为（蒋清凤，2007）。类似的，在研究职业性别隔离的情境中可能会存在一种"自我实现的预言"（Grusky,2002），或是社会心理学家所称的"期待证实的结果"（Darley and Fazio,1980），即雇主基于性别角色的刻板印象，期待女性的某些职业行为，并将其安排至特定的岗位；而女性雇员的行为恰巧印证了雇主的预设，反之又进一步强化了这种印象。这也是从性别角色和社会心理学的角度补充论证了新古典主义者的假设。

（4）社会网络理论

这一分析方式主要是以格兰诺维特为代表的新经济社会学派的观点，其嵌入性理论 (Granovetter,1974)，认为个体行动者是嵌入 (embedded) 于社会网络之中的，这些社会网络会影响其信息获取、遵从的社会规范以及对某人或组织的忠诚度和责任感。边燕杰将这种社会结构称为"网络结构观"（边燕杰，1999）。史密斯·洛文和麦佛森

（Lovin and McPherson,1993）从该视角出发来解释职业性别隔离，认为由于文化所规定的性别角色定位不同，人们从小的社会交往就开始出现性别分化，表现为男性的社交网络多为男性，男性圈中分享的信息多为求职、晋升等；而女性的交往圈则多以女性为主，分享的信息也主要围绕情感家庭等。因此这种由性别分化导致的社会网络分化，进一步影响了男女对于职业期望和信息资源的差异。

我国学者的相关研究也发现"在求职者的社会网络具有性别同质化倾向，女性和男性更多地与同性亲朋交往；使用强关系成功求职的女性往往进入性别隔离的女性职业；使用弱关系成功求职的女性能摆脱职业性别隔离趋向，进入中性职业或男性职业"。（童梅，2010）

（5）制度主义

制度主义学派从组织社会学的视角对职业性别隔离给出了另外一种解释，认为现代组织利用科层制构建出一整套职业位置的性别结构，将两性组织进特定的职业场所。性别隔离的程度随着组织规模的扩大和扩张而不断提高（Charles,1992）。该理论指出，在现代社会组织的职位结构中，实际工作层面存在"男性同质社会性"的男性职业，即使女性拿到经理职位，也会出现社会学家坎特所描述的"玻璃封顶"现象（佟新，2005）。"玻璃封顶"又称"天花板效应"（glass ceiling effect），专用于比喻一种无形的、人为的困难。"天花板效应"即女性或少数群体无法上升至组织的高层或决策层，这并非由于他们能力或经验不够，而是一种组织中的隐形屏障在到达某个位置之后的阻隔，因此他们的职业垂直流动往往在上升到某一阶段后就会止步（Morrison,1987）。而造成这种"天花板效应"的原因，一是在于性别刻板印象，即女性被认为情感导向型人格，缺乏管理风格，难以胜任高层管理者的要求；二是归因于组织制度的设计，科层制是由男性建立并主导的组织，要求理性、客观的规则与气质，女性与这个世界是陌生而疏离的（Witz and Savage,1992）。因此，从制度主义的视角来看，整个职业场域内都是存在性别不平等的组织气候，使得女性在同一职业内的垂直流动也会面临着区隔。

我国对于职业性别隔离的研究基本上始于上世纪 90 年代，起步较晚，并且由于独特的政治、经济环境等历史因素，也具有很大的特殊性，需要单独提出来论述。

改革开放对于中国经济体制、政治体制的发展是一个分水岭，因此国内学者在研究职业性别隔离时大都以改革开放为界，或研究改革开放前后的职业性别分布差异，或讨论改革开放以来职业性别隔离的状况和波动。进而着重再分析在这样特定历史背景下性别隔离现象变化的状态和原因，尤其是讨论市场转型对中国的职业性别隔离的影响。

（1）改革开放以前

在新中国成立以后至改革开放时期（即毛泽东计划经济时代），由于典型的农业大国和计划经济体制下法律对妇女就业的保护作用，我国妇女的劳动参与率一直很高，所以这一时期，我国职业性别隔离并不十分的明显（赵瑞美，2004）。这个时代的男女也被称之为"去性别化"的一代（佟新，2007）。

（2）改革开放以来

关于改革开放以来中国职业性别隔离的走势，不同的学者由于采用不同的测量指标、数据和方法，得出的结果也存在差异。

一部分学者（易定红、廖步红，2005）采用《中国劳动统计年鉴》以及五普资料进行测量后发现，我国的职业性别隔离水平与其他国家相比很低，并且改革开放以来变化幅度很小。而另外一部分学者（倪志伟，2002；李春玲，2009）认为我国职业性别隔离的趋势是呈非线性变化的，主要表现为80年代时期隔离程度上升，90年代至今持续下降。其中下降的一个重要原因在于，女性不断向白领职业领域扩张，其中专业技术人员这一职业群体中，女性所占比例从80年代的38.1%上升到2005年的49.9%，但性别隔离依然存在。而蓝领、半蓝领职业的性别隔离则持续维持（李春玲，2009）。

还有一部分学者对性格隔离程度持增强的观点。一些研究表明（蔡禾、吴小平，2002），存在性别隔离的职业类别在随着社会变迁而不断增加，隔离女性的职业数目远多于隔离男性的职业数目，且职业性别隔离程度在白领、体制外单位和沿海地区尤为严重，这种不平等程度尤其在体制外单位要大于体制内单位。在此基础上，朱力（朱力，2003）在分析职业性别不平等问题时，从获得就业机会与职业升迁两大职业阶段进行进一步细分，同时也着眼于市场化部门与非市场化部门，发现在获得就业机会方面，男性和女性进入市场化部门（外资、港澳台资本、个体私营经济占主导的企业）遭遇性别隔离的可能性以及被隔离的程度都在增加，且在市场化部门中就业更不利于女性。而在职业升迁方面，女性升迁的距离总是不如男性。

就体制内外或市场化部门与非市场化部门的差别分析，学者武中哲也进一步提出（武中哲，2008）其研究观点。体制内组织一般指全民所有制的企事业单位，包括各级各类党和国家机关、事业单位和国有企业；体制外组织则被认为是国家行政序列之外的纯粹经济组织、民营组织、私营组织、外资企业和其他社会自组织等。他认为体制内单位的职业性别隔离相较于体制外而言会相对较低，因为受到国家提倡男女平等政策的强制影响。而体制外由于完全受市场的选择淘汰而生存，因此对于不同性别劳动者的职业安排则更受到雇主偏好与"统计歧视"的影响，在特定的行业类别中职业性别隔离现象也更加明显，如技术类产业。但不足的是，此类研究针对体制外单位的划分仅仅停留在了正规与非正规的层面，而没有继续深入地对不同行业不同资本性质的单位进行进一步更加具体研究。

2. 教育性别隔离

除了职业性别隔离，教育性别隔离也是性别隔离这一议题下的一个重要分支，也是与本研究息息相关的重要部分。消除职业隔离的一个重要做法，就是提高女性受教育水平。职业隔离很大程度上与就业者的受教育程度及技能是相关的，如果没有接受过较高的专业培训，很难从事相应的技术工作（姚先国，2006）。

教育性别隔离最主要体现在学科的隔离上，学科隔离主要指某一性别的学者或专业人士在某些学科和专业上的高度集中，形成了与另一性别学者或专业人士的专业隔离状态。现实中，高等教育里社会普遍认同的"男性学科"和"女性学科"（石彤，2013）早已形成。一般而言，"男性学科"指社会普遍认为适合男性和男性相对大量集中的学科领域。"女性学科"相反，其中主要包括两个方面的内容：一是高等教育接纳女性之处，专门为女性所设置的学科和专业；二是在高等教育的发展过程中，由于女性相对集中于某些学科与专业，从而形成了经验意义上的"女性学科"（刘伯红，李亚妮，2011）。

关于教育性别隔离的形成原因，包括以下几种解释：

从生物本质主义角度看，一些研究者指出男女在语言、空间思维与数理逻辑等方面存在一定差异，这主要归于大脑在不同年龄阶段的左右脑分工。鉴于这种"先天"的差异或不足，女性在进入高等教育后会"自动"放弃某些"硬性"学科的学习（王珺，2005）。

而女性主义者认为，学科分类实际上可以看作是社会性别分工的预演，学科上表现出来的性别倾向和价值分层就是社会性别制度在学科领域"隐而不显"的表现。学术中性别隔离和不平等的重要原因是在社会化过程中形成的女性性别图式（王俊，2011），因此性别隔离也只是基于两性在竞争力和能力上的差异而被合理筛选的结果。

可以看到，对于造成教育性别隔离原因的分析中主要存在的就是以上两种声音，一种是由于客观生理因素的视角，另一方面就是由于人为的社会分工社会不平等造成的性别隔离。而国外其他一些学者也在不断探讨这两种解释力的细节问题。他们（Ecklund, Lincoln & Gender,2012）对于学科性别隔离的"供需理论"（supply and demand side explanations）进行发展，一方面验证了生理的和社会性别两种视角的解释。同时，也反驳了以往的一些研究结果，比如人们广泛认为自然科学成就是基于供给因素而非需求因素 (Jaschik，2006; Mahlck，2001)。而实际结论是，在人们的认识中强调需求因素（如院系青睐男性）多于供给因素（如内在能力水平）。

劳动力市场的职业分层是高等教育学科专业性别隔离的反映（严甜甜,2014）。一方面由于女性不稳定的工作时间、有限的工作精力和较低的市场参与率，使得传统男性职业领域的企业更青睐男性劳动力。另一方面，出于对学科的要求和专业技能的需要，大部分女性也无法满足男性职业领域的中高层需要。因此，将传统的男性为主导行业的职业性别隔离，与教育性别隔离相结合分析，显得尤为必要。

3.现有研究的特点与不足

从总体上看,国内关于性别隔离的研究结论存在两个主要争论点,一方面在于中国改革开放以来职业性别隔离的趋势状况,另一方面则是体制内与体制外单位的职业性别隔离的比较。但归根到底其实质还是一个问题——市场化对中国的职业性别隔离是加重还是减缓了。

对于现有的性别隔离问题,笔者总结了以下几点值得改进的不足或局限。

一是没有对特定行业进行分类别研究。现有研究中,国内学者对于性别隔离程度的测量,在职业类别的划分上过于笼统,因而计算出来的隔离指数很难反映出真实水平。全球化背景下,中国的市场结构转型正在快速进行,产业链底端的密集型制造业正逐步被下移至其他发展中国家,取而代之的是新型高科技产业的外资进驻与本土崛起。随着产业结构的升级转型,职业结构的性别分布也必将有所改变。

二是没有研究教育性别隔离与职业性别隔离之间的关系。高等教育中的学科设置与社会的职业结构与就业分布高度关联,在需要专业高端技术的科技 IT 企业更是显而易见。尽管本质上都源于生理与社会两大影响因素,但职业隔离与教育隔离两者之间的相互作用、相互影响,是否也对劳动过程中的性别角色分工与整合产生一定影响,值得进一步探究。

二、信息社会与高科技产业的相关研究

当现代社会逐渐从工业社会迈入信息时代,高科技产业俨然已成为新的核心朝阳产业,社会学也对此进行了一系列有意义的研究。随着生活的信息化,我们身处的信息社会在拉兹洛看来,是一个比黄金、货币、土地更灵活的无形财富和权力基础正在形成的社会(拉兹洛,1997:6)。信息社会某种程度上等同于知识社会。贝尔认为,后工业社会中人与人的比拼不在于能力,而在于信息;主要人物是专业人员,他们通过教育和培训把自己装备起来提供各种后工业社会日益需要的技能(贝尔,1997:143)。

那么信息技术的发展,是否真的意味着一个全新社会的出现

呢？技术决定论者强调技术之于信息时代，犹如机械化之于工业革命。然而这一点遭到批判。韦伯斯特质疑：技术固然重要，但技术创新的动力在哪里？他认为，技术总带有社会价值的烙印，研究与开发决策，体现了社会价值的优先秩序，如此才能得到普遍推广（Webster,1995:10）。卡斯特则另辟蹊径，认为一个新时代的到来几乎是不证自明的，满世界的人都感受到了多层面的社会变迁之风（Castells,2000:693）。这个新时代的特征在于：它有一种新的技术范式，即以微电子为基础的信息 / 通信技术以及基因工程；它使得我们生活在新经济之中，即信息化、全球性和网络化的经济之中；它使得我们的沟通变为网络化、弹性化和短暂化的符号沟通；它更使得我们生活的时间和空间发生了改变，流动空间取代了地方空间，进一步诱发了无时间之时间（卡斯特 ,2001:120）。这是信息化的多重后果之一，随着信息社会的发展，信息处理和传播的媒介和方式的改变，知识也发生了根本转变。知识的生产和消费都是为了交换，且受制于市场机制（利奥塔 ,1979）。

在由工业社会向信息社会的物质转变下，一种看不见的经济学类型也在发生着。吉登斯（Giddens,2004:39）在论述全球化的影响时指出，"全球化正在以一种非常深刻的方式重构我们的生活方式。在世界的大部分地方，妇女正在要求比过去更大的独立性和自主性，而且大量的妇女正在加入劳动力大军之中"。艾斯勒则提出了一种"关怀经济学"（Caring Economics），强调从重视女性的关怀劳动来推动从竞争型经济向关怀型经济发展的转型（佟新，2015）。这种转型一方面随着技术工作对传统工作的替代，另一方面人们对于情感和关怀的需求也逐渐优先 (艾斯勒 ,2009:3)。虽然工作依然是社会的中心，人们可以通过工作获得身份和意义，但已不再是人们获得满足和意义的唯一途径。消费取代工作成为建构身份的场域，同时，人类的情感需求正日益变得迫切 ,满足人类的情感需求也具有重要的合法性。人类开始追求情感满足的需求，标志着工业社会向服务型社会的转型。女性也开始重新定义劳动和工作，倡导关怀伦理和关怀经济学。

这种经济理念所倡导的良性社会关系，存在于人类生活的方方面面，包括企业政策。越来越多的企业，特别是跨国公司，开始重视和回报关怀工作，认可关怀工作在提高效能、有效交流和成功协作等方面的作用。一些工作组织制定了"家庭友好型工作环境"(family-friendly workplace) 的制度，如弹性工作时间、弹性工资政策、家庭休假政策、远程互联网工作政策等（佟新，2015）。这种回报关怀性工作，既能帮助树立良好的企业品牌，有利于企业股票价格的提升，也会吸引和凝聚人才，带来更高的工作满意度。因为它直接作用于人们有关回馈的规则，公司的福利会使从业者更好地回报企业和产生对组织的归属感 (Lambert,2000)。

综上所述，围绕信息社会以及与之息息相关的新型经济理念，学界从多方面进行了一系列讨论。这些讨论对于我们进一步了解我们所身处的时代大有裨益。可以看到，一方面性别隔离的确还存在于现代社会的职业组织结构中，且在体制外组织内以及传统男性为主导的产业领域内的程度较高，同时也存在于高等教育场域内，表现在学科分化上。但另一方面，在向信息社会的转型过程中，人们对于追求精神满足和关怀的需求也在上升，对于女性的机会公平政策也在被提倡和呼吁。如果能够将此二者相结合，从更为微观的角度来考察信息社会中单个的人，考察其在特定的经济职业结构中的地位变化、角色演绎和资本运作，那将更有意义。

第三章　研究设计

一、研究对象的选择

由于想要深入了解高科技外资企业内的职业性别状况，笔者将某著名硅谷系企业 V 公司的中国研发中心作为本文的研究对象。V 公司成立于 1998 年，总部位于美国硅谷；主要从事各类计算机虚拟化软件的研发与销售，在虚拟化和云计算领域处于全球领先地位；它的年营业额达数十亿美元，市值在 400 亿美元左右，为世界第四大系统软件公司。

V公司在中国先后设立了北京、上海两大办事机构，公司的组织架构主要分为研发和销售两大板块。就研发部门而言，北京分公司约有400-500名员工，上海分公司约有100-200名员工。人数适中，机构设置清晰，层级分明。公司部门按照产品大类分为五大BU(Business Unit)板块，每一板块下又分开发部门和测试部门。人事架构上从高到低分为总裁、高级总监（Sr.Director）、总监（Director）、高级经理（Sr.Manager）、经理（Manager）、工程师（MTS）等，其中工程师级别由低到高又分为MTS1、MTS2和MTS3。

这里需要特别指出的是，作为以技术为依托的营利性企业，V公司的晋升通道分为两种：技术型与管理型。当员工的头衔做到MTS3时，下一步的向上流动就需要面临选择：你是选择继续钻研技术，走技术尖端路线；还是选择偏向管理，走职业经理人路线。当然，无论日后成为哪一种人才，晋升的前提都是必须技术过硬。

之所以在众多企业中选择V公司，主要有以下几点考量：

首先，V公司的核心业务技术是虚拟化产品，尽管这在整个IT业内属于一个比较小的领域，但这一领域的革新意义相较于以往的信息技术而言是颠覆性的，且V公司在该领域内是目前业界毫无争议的领头羊。而技术的特性往往会影响组织的制度风格和关系形态，也会影响到两性的性别角色差异。因此，它在高科技产业的前沿性与尖端性方面称得上研究的典型。

其次，V公司总部于1998年在硅谷成立，而中国研发中心作为其在世界众多研发中心之一，于2008年在北京成立。8年多的时间已经让一家外资科技企业逐渐适应了中国本土的科技商业环境，它的队伍逐渐扩大，经营也步入正轨。但鉴于技术的专攻，并没有膨胀到一个过度冗余而庞大的规模，保持着一定的稳定，因此作为一个中等规模的企业，相较于传统大型IT企业如IBM、甲骨文等，它的组织结构更加扁平而灵活，易于深入观察，更适合本文的研究。

V公司作为一个以高端科技研发为核心的企业，虽然也有财务、法务、行政等方面的部门设置，但都不在本文的研究之列。本文的调查对象是 V 公司的核心部门：研发类的员工，以女性为主，也包括男性，以作为比较的参考对象。级别划分上，为了了解整个职业金字塔的状况，笔者选取了三种层级的人员进行研究，分别是：研发层级的最低一级——项目小组的员工、中层管理级别——部门项目经理以及高层管理级别——高级总监或副总裁。另外，根据需要也调查了公司人力资源部门的人员，从侧面提供另外一种视角的分析与解读。

二、 研究方法

本文属于质化研究的类型，采用参与观察以及选择典型个案进行深度访谈等方法。为了获取充足的信息，笔者向 V 公司投递了实习生的职位简历，并通过了层层选拔和面试，最终获得了全勤实习的机会，成功地进入了田野案场。在实习四个月的田野过程中，确实发现了许多有悖于对高科技产业劳动过程既有认知的现象，最明显的就在于相较于以 HW 为代表的本土 IT 企业，V 公司的女性职业地位和雇主对女性人力资本的重视与我们一般的刻板印象产生了鲜明的反转对比。这一定程度上也印证了笔者一开始进行研究的思路初衷。

由于在 V 公司有四个月的实习经历作为田野过程，在较短时间内逐步建立起了与公司员工的信任关系，且外资企业的氛围比较开放自由，对于员工的控制管束较松，因此对于访谈对象的寻找相对而言不算困难。但局限在于，就整体而言女性工程师仍属于少数中的少数，尤其在某些部门更是凤毛麟角，因此只能尽可能地选取符合条件的访谈对象，确保不同部门、不同层级、不同性别都有所涉猎。参与观察的方法主要运用在笔者亲身参与的各项女性员工关怀与培训项目活动中，通过笔者的亲身参与，以一个女性员工的身份视角去审视这些项目的内容、效果与价值，以此更好地挖掘背后是否存在有价值的性别逻辑根源；通过观察其他女性员工的行为心理，来了解雇员对于雇主的职业性别分工操作逻辑的态度与想法，一定程度上也可以辅助验证这种逻辑是否真正有助于改善女性的职场境况。后文的三例个案所呈现的内容，即上述两种主要研究方法所获得的资料梳理结果。

横向维度上，访谈对象所在的部门或小组涉及了 V 公司四大不同的研发产品部门，其中包括开发与测试两种不同的研发工种。纵向维度上，从基础工程师到中层经理人到高层高管，三大不同层级也都包含在内。由于本文的研究逻辑主要按照职业金字塔的三种纵向层级来进行，不同层级中的被访者的年龄也基本按照职业晋升的一般周期规律所分布，因此年龄这个变量对于文本的分析可以忽略。这样的样本分布基本按照企业的组织结构比例进行呈现，能够帮助我们深探与剖析内部的劳动过程。笔者通过访谈和参与观察所获取的研究资料，也基本按照职业的三个层级分为了三类不同的性别资源整合策略，这三种策略体现在三类层级中的女性工程师在 IT 场域内各异的职业状态。因此正文部分的分析，笔者将选取最具代表性的三位女性员工的个案研究进行呈现，以梳理出一整条 IT 企业内部的性别逻辑内涵。

表一　　　　　　　　　　访谈对象基本情况表

访谈对象	性别	工作类别	职位头衔	工作年限(特指在 V 公司)
A	女	测试	工程师 MTS2	3 年
B	女	开发	工程师 MTS1	2 年
C	男	开发	工程师 MTS3	5 年
D	男	测试	工程师 MTS3	4 年
E	女	测试	经理（manager）	8 年
F	女	开发	经理（manager）	3 年
G	男	开发	经理（manager）	5 年
H	男	测试	经理（manager）	6 年
I	女	测试	高级经理（Sr.magager）	8 年
J	男	开发	高级经理（Sr.manager）	1 年
K	男	开发	总监（Director）	7 年
L	女	测试	高级总监（Sr.director）	8 年
M	女	开发	副总裁（VP）	10 年
N	女	HR	经理（manager）	3 年

三、概念界定

本文研究的是在高新技术的外资企业中，以美资企业为例，劳动过程中是否存在性别隔离现象、雇主如何组织人力资本以及背后的文化商业逻辑。在明确研究对象和主题之后，有必要对几个核心概念进行定义厘清，有助于我们更好地理解与展开对文本内容的分析。

性别隔离是指劳动者在劳动力市场中因性别差异被分配到不同的职业领域，从事不同性质的工作。在实际的社会学研究中，学界更加强调对于女性的职业隔离，包括水平隔离和垂直隔离。水平隔离是指男性和女性分别在不同的行业集中，女性难以进入某些被认为是"男性的工作"的领域，如体力劳动或强调专业与高社会声望的工作；而垂直隔离则是指在同一行业中，男性与女性分别聚集在不同的职业中，男性通常有着较高的职位与薪资，且较易升迁。

性别角色包括生理性别 (sex) 和社会性别 (gender) 两种概念，前者是一种生物属性，是天然形成的；后者是以一种社会性方式所建构出的身份与期待，是社会关系的产物。性别角色的概念即在生物特征的基础上，在某种特定的社会文化背景下，对于两性行为、态度和价值取向等方面的模式特征，现代社会普遍约定俗成的性别角色印象如男性的强壮、理性、社会交往性与女性的柔弱、感性和家庭承担者等。这种角色印象的形成进而会影响到两性的劳动性别分工，男性被认为适合从事公共领域事务或对于能力要求较高的工作，而女性则被认为更适合在家庭等私人领域内活动。

去性别化则是建立在上述性别角色分工基础上的一种反向实践，即试图消除男女在社会属性上的差别，这种差别主要来自于性别刻板印象，目的是为了消除因性别角色而存在的对于两性，尤其是女性的社会阻隔。

本文的理论框架即围绕性别隔离、性别角色分工和去性别化展开。就目前我们所看到的而言，V 公司的做法似乎是致力于打破性别隔离，而性别角色分工与去性别化作为一对相悖的策略，又同时见于其日常的两性资源整合实践中。因此下文中笔者将具体剖析与剥离这三者在整体的职业性别逻辑中的关系。

四、研究过程

笔者在 V 公司经历了四个月的实习，由于带着问题进入案场，在田野过程中参与或观察到的现象事件不断地引发笔者对于研究问题的反思与对研究框架的梳理。

在这种高新 IT 产业中，男多女少是公认的现象，男性技术强过女性似乎也是默认的事实。由于高等教育专业选择的差异而凸显的职业性别隔离在其中尤为明显，就我们一开始所了解的本土 IT 企业职业状况，以 HW 等公司为例，行业的潜规则是"女人当男人使，男人当畜生使"。由于市场竞争压力大，行业更迭速度快，对于技术人才的能力要求之高和工作强度之大都是我们认为理所应当的。因此在 V 公司，笔者也一度以为雇主更倾向于招聘男性工程师，而不太愿意鼓励支持女性员工的发展。

但后来一系列的活动项目改变了笔者原本的看法。2015 年 8 月份，公司推出了一个名为 WIT（Women in Technology）的女性 IT 工程师论坛，邀请包括本公司及业内的众多女性技术人才或高层管理者，分享女性在高新技术产业内的职业发展经历。活动范围涉及与 V 公司同类型的其他诸多 IT 企业，目的旨在推动技术在女性中的传播与推动。10 月份，公司又推出了一个面向全球的科技女性专业社团 Women Who Code 项目。WWC 女性工程师联盟最初成立于旧金山湾区，原先也是由一批硅谷系 IT 企业带动发起，今年发展到国内，并被 V 公司首先引入并将其做大，致力于为女性工程师提供各种相关的免费培训，支持成员间的资源交流与互动，帮助女工程师的职业发展，更重要的是搭建起属于女性的技术社交网络，并且改变大家对这一群体的刻板印象与既有偏见。

经历了这一系列的针对女性的职业发展项目后，笔者开始好奇公司文化中对于性别角色分化的态度。在笔者的印象里，这样的高新企业本应该更倾向于对男性员工的培养与发展，为什么对女性的优待政策却更加突出呢？在笔者亲身参与的 VWCW 女性导师计划项目中，笔者也曾多次与公司 HR 交流，HR 告诉笔者其实他们在每年的招聘中都更希望多招收优秀的女性，而不是如外界所想的那样只招优秀的男工程师。如果在同等的技术条件下，女性的录取几率高于男性，这是他们默认的原则与共识。

有学者（武中哲，2008）曾经指出，体制内单位的职业性别隔离相较于体制外而言会相对较低，因为受到国家提倡男女平等等政策的强制影响。而体制外由于完全受市场的选择淘汰而生存，因此雇主对于雇员的性别态度则更受到"统计歧视"的影响，在特定的行业类别中职业性别隔离现象也更加明显，如技术类产业。但实际笔者所看到的现象与之并不符合，外资 IT 企业无论在招聘还是员工发展上，都与传统的所谓男女性别隔离理念呈现出矛盾的倾向。

因此，这段田野促使笔者想研究，这背后蕴含了怎样的人力资本与职业性别的分工整合逻辑。本文的研究框架是基于职业金字塔的基本结构，将科层体系分为底层、中层和顶层，分别对应职业权力中的基础技术、服务型权力和决策型权力。通过对底层、中层、顶层三个层级的女性技术人员的典型职业经历进行分析，探究在不同阶段雇主对于女性的职业性别角色采取何种组织策略，最后以自下而上的纵向视角梳理出整体的职业逻辑。

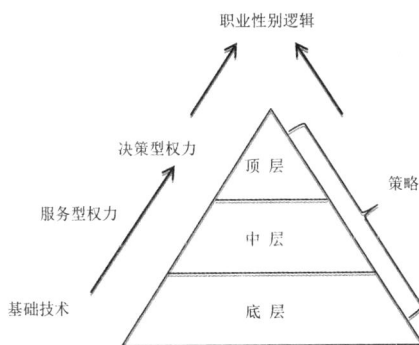

图1 研究框架

第四章 进入：关于性别的双重视角

一、个案（一）：诗瑶的职业初体验

诗瑶算是 V 公司最年轻的一批研发人员了，2013 年夏天硕士毕业的她，现在已经工作两年多，即将进入第三个年头。大学专业虽然是通信工程，但诗瑶却早早想好了要走计算机这条路，也一直勤勉充电。毕业季拿到 V 家的 offer 时，虽然也收到了其他知名 IT 企业的邀请，但诗瑶还是选择了这里。因为 V 家是虚拟化产品的龙头企业，又是知名外企，而她也正是对虚拟化充满兴趣，因此她想也没想就来了这里。对于一个专业不算完全对口的女孩子来说，冲突重重、竞争与考核走到最后，实属不易。

诗瑶这样的女孩子在公司里，想要不引起别人的注意都难。因为她面容年轻俊俏，身材瘦长高挑，留着一头乌黑的长发，总是安静地做着自己的事并不多话，偶尔从身边经过时对你微微点头莞尔一笑，仿佛不经意间如沐春风。在放眼望去乌泱泱一片男生的 IT 环境里，诗瑶的存在简直被大家当作宝。

进入 V 公司后的第一件事就是分配岗位。诗瑶投递的研发工程师，被分到 CPD 这个大部门下的 Platform 平台的开发组。做开发感觉很对口，也是她所希望的结果。进入部门报到后诗瑶才发现，Platform 开发组里总共只有她这么一个女生，也就是说在她之前整个组里全部都是男生；而整个 CPD 大部门的开发人员算上她只有两位女生。和诗瑶同时进入公司的另外许多女生都被分配到了测试部门。原来传说中的开发部门男女比例果然会高达 10：1。而在测试部门男女比例的情况要好很多，可以达到 1：2 甚至 1：1。

干这行的，被分配到开发还是测试部门，完全是看机遇和运气。只要可以，绝大多数人都是希望做开发。因为开发是冲在技术的最前线，为公司做出创新性或前瞻性的产品出来，几年下来之后学到一身本事，就算跳槽身价也高。而测试则更多的是对已有的产品进行调试，相对来说有一个比较固定的程序和套路，俗话说就是看有没有bug，而开发部门的人员再拿回去修改 bug。用诗瑶的话来说"做开发的人以后还可以转去做测试，但是做测试的以后想转去做开发就难了"。

在 V 家的工作，诗瑶一直没有感觉到太大的压力，包括身体和心理。两年多，她几乎很少会有加班，早上 9 点多到 10 点之间来上班都行，没人要求打卡没人要求不许迟到；上午一次免费的水果加酸奶供应，下午一次免费的水果，每两周的周五下午公司还会有免费的 Happy Hour 时间，大家一起在茶水间吃吃喝喝聊天游戏；有时晚上五六点下了班，她还会参加公司的 Social Club 活动，有吉他社、健身社、台球社、瑜伽社等等，工作了一天娱乐或运动一个小时回家，身心舒畅；如果遇到突然有急事，比如自己或家人身体不舒服，但手上还有工作要做也不想请假，就可以向老板申请"在家办公"（work from home），保证生活和工作的弹性平衡。这些都让诗瑶感觉到了人性化的关怀。

在部门内部的工作中，诗瑶也总是被当做宝一样对待。男同事们爱一边工作一边和她说笑，没事打个岔；开会的时候，就算没有她份内的工作，也喜欢把她叫上一起参加头脑风暴。而诗瑶也觉得在组里和大家一起做开发比单纯跑测试要开心得多，虽然在开发部门多少有些压力，毕竟面对一线的产品需求，对于知识存储与更新的要求也很高，但诗瑶并没有觉得心累。她承认，开发组里的男生确实在一些技术问题上能力更强，对于程序的理解也更厉害，诗瑶遇到问题的时候也会去向他们请教，大家一起相互讨论碰撞思维火花，成为一种良性的动力，而非恶性的竞争与压力。除此之外，诗瑶经常会帮老板分担一些组内行政事务上的工作，比如每个季度团建活动的组织安排、一些额外活动的帮忙等。她觉得这样的工作无论是在她们组还是在别的组，几乎都是交给女生做，可能是因为老板们都觉得女生比较细心，擅长安排这些事务吧。总的来说，虽然看起来轻松自在没有太大的野心抱负，但诗瑶因为工作表现一直不错，第二年就从 MTS1 升到了 MTS2。

诗瑶的老板虽然是男性，但不止一次地说过，开发组几年了才好不容易招进来一个人岗匹配的女生，他觉得组里的性别比例太悬殊了不是一件好事。问他为什么这么想招女生进来，男生不是写代码的能力更强吗？这点连诗瑶自己都承认。老板却笑笑说，虽然女生在技术方面似乎不如男生，但两性还是不一样啊。在很多事情的思考上他们可能会有不同的视角和思路，到具体做事的时候，男生和女生的性格特质也会产生互补。而且有研究表明，如果一家企业的男女比例均衡，它提供的产品或服务也会更多元更优秀，它的业绩也会更高，说白了就是那句话"男女搭配，干活不累"，所以最后赚到的还是我们。

虽然别人都觉得诗瑶在组里甚至在整个部门里都很特别，但诗瑶对此却从来不以为意。学了这么多年工科，她早已经习惯了这种男多女少的环境了；甚至在开发这样一个男女比例更是失衡的工种，她也没有觉得这是一件多么恐怖或高压的事情。对她来说，做技术让她觉得踏实，做开发让她觉得开心有成就感。相反，过于强调男女之间的差别，或者给予她过多的女生的照顾，反而让她觉得不自在，甚至认为这是从反面承认女性的弱势。对于像她这样初入行的年轻人来说，现在的目标就是做好技术，改 bug 就是改 bug，在这种情况下女生和男生其实没什么差别，甚至女生有时候完全可以做得比男生更好。所以她不明白，为什么大家总是要强调女性和男性的分工差异，或者就算女性做得好了也更强调性格气质的因素而不是纯技术能力的因素呢？

二、分工的逻辑

透过诗瑶的故事，我们其实可以看到在 V 公司也同样存在着整个 IT 业的普遍现象：男多女少，以及做测试的女生多做开发的女生少。这个行业有个不成文的默认共识，就是一个组里的女生比例越高，从业界的眼光来看说明它所需的技术水平越低，因为总的看来，在 IT 业里顶尖的技术人才仍然是男性偏多。这到底是由一种认知变成了现象，还是由现象变成了大家的认知，谁也不知道。而这种共识其实不是广度上的映射，是一种深浅上的映射。顶尖的女技术人员不在少数，诗瑶也算得上其中一位。但如果将她放到女性的比例中去，和将一个顶尖的男技术人员放在男性的比例中去比较，女性的比例会小得多，也就是说女性的金字塔塔顶会更尖。因此，当一个新人女性进入公司面临岗位分配时，也许她的能力并不差，但是会被分去做开发还是做测试，也许就是老板一念之间的决定，却可能会影响她日后整个的职业生涯。

这种性别分工的逻辑，是理性主义与性别刻板印象共同作用的结果。在职业隔离的过程中存在一种"统计歧视"（Phelps,1972），当雇主无法精准地评估求职者的素质或能力时，往往在安排岗位的时候会遵循统计学的大多数原则，倾向于将女性安排在一些对经验或技能的依赖程度相对较低的职位。尤其雇主对哪些是男人的工作和哪些是女人的工作会有一定的共识，对于传统的"男性职业"，女性的进入会存在一定程度的阻碍或不确定因素。这是雇主从基于效益最大化和两性社会角色差异的判断而做出的"理性选择"。而这样的判断更深一步，则是来源于一种非经济因素：性别刻板印象（Bielby and Baron,1986）。性别角色的认同产生于男女的生物属性差异，比如两性在脑部的发育上存在先天差异，男性可能在数理、图形方面更强，而女性在语言、感知方面更强（王珺，2005）。差异的认知在后天的社会化过程中进一步扩大，表现为女性需要承担更多的家庭责任，于是在职业期望上也逐渐分化。

对于这样的性别刻板印象，身处"男性职业"场域中的女性似乎一直在试图消减这种差异的表现，主动要求呼吁一种"去性别化"的对待。因为IT作为一个职业性别异质性非常突出的劳动场所，在她们看来过于夸大性别的标签对她们是不利的，尤其是对于还在金字塔底端的技术员群体。想要在职业上有所发展，就必然需要在技术上狠下工夫。因为外企的劳动强度和压力都比较人性化，没有太多与家庭或个人生活相冲突的部分，因此在这个场域中的大多数女性较少需要因为家庭角色的顾虑退而求其次，选择那种量少技术简单的工作。相比而言，在以HW为代表的高压式本土IT产业里，一个著名的口号是"把女人当男人用，把男人当畜生用"。同样是一种去性别化的意识形态表达，不同的是，HW这样的去性别化更多的是女性需要消解或抵抗来自雇主最大化整合劳动力价值的压力，它的根源是一种基于"男女不同"的性别印象，用马克思的概念来说，是一种"自觉"的结果。而在V公司，去性别化的努力，则是基于女性员工"男女相同"的一种性别意识，并不是以雇主的剩余资本压榨为需要，而是一种"自发"的主动的结果。

一边是底层女性员工要求撕去性别标签，另一边雇主对此似乎并没有完全买账。招聘上，雇主一直呼吁希望多增加女性候选人和女性入职员工的人数，甚至有最低的比例要求不得少于30%；待遇上，女性在部门里也受到各种关怀政策的照顾；职业发展上，公司还专门为女性打造和举办多种多样的活动与培训，帮助她们提升专业技能与人力资本价值。总而言之，方方面面，在提倡多元化（diversity）的环境下，女性在这里的性别地位似乎不降反升，甚至于诸多男性员工反而感觉受到了歧视与冷落。

三、性别资源的初次分化与整合

讲到这里似乎呈现出了一组悖论：一方面，V公司对于新进员工在开发/测试的岗位安排，依旧遵循着一般的职业性别隔离规律；另一方面，在劳动过程中的其他环节，雇主对女性员工的关怀和投资又远远超过了男性，并未有任何歧视。那么公司在不同的性别资源与人力资本上的操作逻辑到底是怎样的呢？

对于开发与测试这组IT业界永恒的工种命题而言，无论V公司多么提倡女性的职业地位，它都无法靠一己之力去改变这样的生存规律，而且也没有必要去逆流而行。因为这是整个产业结构与教育结构共同决定的事实，职业隔离的产生并不仅仅来源于职业的束缚本身，也和教育的学科隔离有很大的关系。教育性别隔离最主要体现在学科的隔离上，现实中会形成一部分"男性学科"和另一部分"女性学科"（石彤，2013）。这种学科的分类实际上是社会性别分工的预演，它所表现出来的性别倾向与价值分层是社会性别体系在教育领域"隐而不显"的体现，而劳动力市场的职业隔离若向前一步追溯，则是高等教育学科专业隔离的结果和反映。以 IT 计算机为例，高校里选择这类专业的女生本就不多，而在从学校迈入职场的环节中，又有一部分人会被筛除，最终能进入这个领域的女性候选人就更少了。在开发与测试的岗位分配过程，其实是雇主理性选择的一种表现。到这里，我们都没有办法完全看到企业在职业性别角色上的真正态度。

但是一旦进入具体的工作岗位，一切开始正常运转之后，雇主在人力资本应用上的做法就开始初露端倪。V 公司所提倡的"多元化"，作为企业的核心价值，其背后的逻辑不是在劳动过程中因女性的劣势将其"去性别化"，而是立足于女性的优势将这种性别资源先分化而后整合。看似没有立竿见影之效果的一系列针对女性员工的政策项目，最终还是为了企业的商业利益所服务，原因有以下几点：

首先，以 V 公司为代表的硅谷系 IT 企业，深受美国特有的平等、自由与多元的文化价值影响，造就了同样的企业文化。由于 IT 本身是要求创新、前沿的独特行业，从科学的角度来看，多元化的员工组成和素质背景更有利于思维的碰撞。

其次，V 公司作为典型的跨国企业，在全球经济产业链条中处于顶端位置，在这样的商业背景下，它所面对的客户是多元的，客户所需要的产品也是多元，从利益需求的角度出发，只有拥有多元化的人才队伍和结构，才能满足企业的生存要求。

第三，从一般的科学劳动规律来看，"男女搭配，干活不累"是永恒的真理。在一个性别比例较为均衡的环境中，男性与女性无论是在专业技能还是性格特质方面的互补，确实有利于产品业绩的提升。

因此，立足长远的 IT 企业，一反对女性劳动力的强制剥削，改以一种关怀政策鼓励其人力资本价值的增长与发挥。在职业结构的安排与实际操作中，不刻意抹去两性的资本差异，而是将其安插在每一个合适的位置，在与其他劳动力的互动中，将这种人力资本最大化地组合与整合，为其商业利益服务。就开发与测试这对工种的对立而言，如果说霸权体制下的一些本土 IT 企业在进行劳动性别分工时，其出发点是在于一些高强度、高难度、有挑战性的工作不适合女性胜任，简言之就是为了告诉我们"女性不能做什么"；那像 V 家这样的企业则更多地从女性的综合能力角度出发，通过其天赋性的特质气质传达出"女性能够做什么"这样一种话语信息。在劳动场域的"进入"阶段，女性的职业角色和个人的资本价值遵循着这样的逻辑而运作。

第五章　选择：分化的路径与角色

一、个案（二）：慧波的多重挑战

慧波作为 G11N 这个大部门下的测试组经理，在 V 公司已经工作八九年的时间了。刚毕业的时候，慧波的第一份工作在甲骨文公司，干了三四年之后她所在的项目由于公司策略的问题，变得越来越没有前景。刚好那时候赶上 V 公司在中国成立研发中心，慧波认为这是一个好机会，因为在一个组织刚刚建立的时候进入，往往能成为核心成员，得到更多的资源和机会。而甲骨文因为人数多规模大，职业上的发展通道很窄很缓慢。她觉得这里的工作更适合她的长期职业发展计划，于是递交辞职来到了 V 家。

到了 V 家之后，慧波的职业道路也并不是完全顺利。刚进来的时候她的级别是 QE2，也就是测试这个工种的第二级，之后到了第四年的时候才升到了经理（manager）。其实按照她的技术能力和管理能力，本可以走得更快一些。慧波说一个人的升职与否一方面与你的业务能力有关，但另一方面也和你的老板是不是赏识你关系更大。她在一开始所在的部门里也很努力，也带团队和项目，但当时的老板似乎并没有看到她的成绩，也没有给予她的团队非常大的肯定和看好。慧波感觉到了，她问自己，是要继续这样相安无事地混下去，还是为了长远目标早做打算，想想自己当初跳槽来这里的初心，慧波提出了申请换部门的要求。没想到老板竟然也批准了。是金子总会发光，慧波在新部门的工作终于受到了老板的肯定，连续得到了升迁。虽然是女性，但你的技术好，你是这方面的专家，那别人就都服气，特别是在 IT 这样的领域。

在 IT 这样的职业金字塔结构中，无论是开发还是测试，纯技术人员的工种级别最高到达 3 级，3 级之后再向上，你就要面临职业生涯分水岭的选择了：继续走技术路线还是改走管理路线。走技术路线就成为 staff，走管理路线就成为 manager。慧波选择了走管理路线，因为她的目标是成为一名优秀的职业经理人。但是她也很清楚，这是即将突破舒适区的一道坎，她要做好迎接多重挑战的准备了。

第一个挑战令她没有想到的是，刚生完孩子半年回来，她就被升职到了经理。慧波自己也承认，女性生孩子前后在工作的投入上会有很大的不同，毕竟作为母亲要对小孩投入更多精力，尤其是第一年。一方面是家庭的角色，一方面是管理者的角色，她感到有些心力交瘁。这种不可避免的情况是许多雇主在招聘时都会考虑的，也常常是女性遭遇隔离或歧视的原因。但当慧波自己坐上了招聘的位置之后，反而不这么想了。站在女性的立场上，她自己为了生育已付出了很多代价，而如果因为这件事让她再付出额外的代价，她觉得更不公平。所以她才会更努力地避免这种不公平的事发生在其他女人身上。

第二个挑战就是从纯写代码转变成管理几十个人的大团队这样的角色转变。如果说之前搞技术更多的是身体比较辛苦的话，那做经理之后就是心更累了，用慧波自己的话说"最大的不同就在于考验情商的时候到了"。一些男码农性格比较木讷或耿直，不太懂得人情世故与职场之道，工作的时候会变得情绪化，这时候就是考验你作为一个女性能不能压住一些事情，能不能处理好高压的局面了。刚开始的时候，慧波确实遇到过几件棘手的事，也走了些弯路。好在曾经有过带小团队的经验，一年之后就渐渐上手了。某一天慧波突然明白，那些曾经在她看来是劣势的东西，后来证明反而是优势。因为女性虽然不一定有男性那么强势，但在沟通、关怀和人际亲和方面具有天生的特质，职业经理人的角色转换其实是一个从量变到质变的过程，当你迈过那个坎之后，很多女性特有的韧性和沟通上的优势就会很明显地体现出来了。慧波发现，这两年公司中层部门经理的队伍中，女性的比例在不断上升。

第三个挑战是慧波目前除了自己部门的工作，还接手了以 V 公司牵头、联合其他外资 IT 企业的"Women Who Code（WWC）"女性职业技术论坛的主持管理工作。这份额外工作的接手其实一半是主动一半是被动。一方面，在经理职位上做得比较稳定成熟之后，上层想把这个锻炼的机会给慧波；另外一方面，慧波也想通过这个让自己多认识一些人，开阔视野，为自己的职业发展加加分。慧波她们先是建立了一个线上交流群，通过网络传播这样一个社群的存在，从身边的同事，到同事的同学，到其他同行，范围像涟漪一样一波波地扩大，从 V 家到微软到 IBM 等。社群的群众基础建立起来之后，慧波开始动用自己的资源组织技术讲座活动，邀请了一位资深专家为大家介绍最新最前沿的"Docker 镜像技术"。当然，她的野心不仅仅局限于企业之间，而是把更长远的目光投向了校园。就像前文我们所说的那样，V 家一直希望多引进优秀的女性员工，提高企业的多元化水平，但职业结构的前因是教育结构所导致的，慧波作为一个女性深谙这一点。这不，3 月 9 号在北京大学即将举办第一场"走进校园"系列活动。而高校在她的计划里只是前站，她们还将进入高中进行宣传活动。虽然慧波每天都很忙，但她觉得现在正是事业走上坡路的时候，忙并快乐着，对当前的状态充满着一种认同与成就感。

二、作为一种资本的性别

从慧波的经历中，我们似乎看到像她这样的技术女性在 V 公司的流动晋升路径是另一番的呈现。按笔者先前的预设，在高科技 IT 企业这种劳动场域内，女性能够进入已属不易，更何况从底层晋升至中层。然而实际情况却是，在中层部门经理人员中的女性比例反而高于在底层普通工程师人员中的女性比例。尽管前文的慧波是测试团队的经理，测试部门的女性基数相对较多；但笔者在调查过程中也发现了不少开发团队的女性经理，她们中的很多就像诗瑶一样，在部门里是一根独苗，却也坐上了中层权力等级的位置。这背后的职业性别逻辑是怎样的呢？

在 V 家，女性员工的存在常常不是一种劣势，而是一种资本，一种性别资本。而性别资本成立的一个重要前提，是对自我角色分工的认同感，尤其是测试岗位的女性。在一般的 IT 企业里，容易对女性员工形成区隔的因素不是待遇或晋升，而是劳动强度和职业声望，最典型的表现就是开发岗与测试岗的差异。一种"测试很低端"的行业默认，无论它是事实还是偏见都不重要，重要的是它是否会被女性所运用来塑造自己的职业认知。在 HW，测试部门的女性总是会产生一种被"污名化"的错觉，觉得测试工作比较低端，很难像开发部门的女性产生同样的价值感与存在感。但是在 V 公司，测试部门的女性却不会被冠以"污名"的刻板印象，而是将其作为性别角色分工或性别资源合理配置的一种自然结果而接受，因为某种程度上，一般女性的细心耐性等特点，确实更适合测试的岗位需要。造成这种认知差异的原因在于两种企业的组织关系模式不同。艾斯勒在《国家的财富》一书中指出了人类社会的两种关系模式，一种是统治关系，一种是伙伴关系（艾斯勒，2009）。前者是一种威权的等级结构模式，权力是自上而下控制的；后者则是一种相互尊重关系，权力的集中程度下降，组织趋于网络化扁平化。而企业作为经济组织，类似于一个微型国家，它的组织关系模式既是文化形态的表现，又会影响到经济的产出与效益。伙伴关系的形态下，个体的价值得到肯定与尊重。

在对女性角色的自我认知采取了认同的立场之后，性别便成为了一种资本。我们一直将这样的高科技企业看做是一种"场域"来研究，布迪厄认为，场域实质上就是不同类型和数量的资本不平等分布的一个社会空间。他在论述资本概念时谈道：社会世界是具有累积性的历史世界，资本就是具有累积效应（Bourdieu,1997）。性别资本就是人们在社会互动中利用性别身份或角色来获得利益，也是一种累积效应的结果。

只不过这里我们所讨论的性别资本，不是一般意义上男性占主导优势而获取利益的现象，而是女性作为少数群体在男性职业中将自身劣势转化成资本优势的过程。在 V 公司这样一个倡导多元化的组织中，女性因为稀有的特质，被赋予了更多的机会与关注。同等条件下，雇主会选择优先录用或提拔女性。即使在得到晋升之前，相对于男性而言女性工作思考的习惯与风格，也帮助她们获得更多的机会，来辅助老板处理一些行政管理上的事务，从而使她们更接近中层管理者的位置，获得更快的向上流动的渠道，这是对于她们自身的职业发展而言所带来的益处。另外在更广阔的层面上，以"Women Who Code"为例的社群活动，将女性员工从零散的个体聚合为一个整体，把原先个体的性别优势放大到群体的单位，为这样的一个"少数群体"搭建了有利的社交平台，使得女工程师得以被"嵌入"一个更完善的社会网络之中，为她们开拓职业资源、帮助信息获取和提升自身价值都增加了砝码，是另一种意义上的"正名"。这样看来，职业领域中的"性别不平等"歧视是一个相对的概念和动态的过程。

三、性别资源的扩大化整合

如果说对于基层的新进女性员工而言，她们是被雇主初步进行分化与整合的劳动力资源；那么到了中层管理者的位置之后，性别资源就从更高的意义上被进行了再一次的扩大化整合，这个整合除了刚刚上文提到的两个维度：作为经理人的女性个体和作为社群网络的女性联盟，还涉及到第三种维度：企业本身。诸如"Women Who Code"的做法，确实看起来是雇员直接受益，那么作为雇主，根本目标仍然是要了利用劳动力的价值去为获益而服务，从商业利益的角度考量活动的成本与回报，似乎并没有从中直接受益，为何还要花大力气去做这些事情呢？

笔者亲身参与了一次 WIT（Women In Technology）论坛（也是 V 公司诸多女性职业发展项目中的一个），论坛主办者邀请了多位 IT 业内的女性工程师进行专业与管理方面的演讲和分享，她们分别就职于不同的外资 IT 企业。参加论坛的除了主讲人之外，听众中的绝大多数都是目前在职的女性软件技术人员。但是在会场的角落和边缘区域，笔者注意到了这样一群人，他们与到会的一些听众都很熟悉，看得出是同一家公司就职的同事；但是他们对于台上讲解的技术内容却不甚熟悉。经过打听和了解之后才知道，原来这些人都是各家 IT 公司的人力资源经理，还有一些是猎头公司的猎头。他们在活动开始之后就会拿到一份参会人员的信息名单，在互动过程中他们也在随时关注着可挖掘的候选人。对他们来说，这样的场合几乎将最优秀的IT技术人才"一网打尽"，是"捕获猎物"的最佳时机。

讲到这里大概能明白企业的收益点在何处了。知识经济时代最有价值的是人力资本，借助类似的活动不仅对于个体自身的资本积累有所裨益，对于企业而言，也是一次重组资源的契机。如今早已不是终身雇佣的年代，契约精神将其取代，体制外的自由市场里，脱离了单位制度的束缚，雇员对于雇佣关系的认知从个体依附集体，转变为个体立足于自我的契约关系，更加强调自主与人性的关怀追求。对于员工而言，可以有自由选择的权利；而企业作为组织，其技能就像人体一样，需要血液的流动与再生，需要新陈代谢使其保持活力与进步。流动是必然的，也是必须的。以IT女性为契机，打造平台与网络进行这种价值与效用的推广，不但是将女性放到了一个更广阔的位置，也是将企业本身放到了一个更广阔的位置。除此之外，平台的建立使其成为了价值传播的载体，"多元化"作为企业的品牌名片和文化标签，以社交网络关系为工具，让更多的女性了解到并关注，也是企业间接自我营销的方式。因此，无论是从哪一点来看，以中间经理层级为核心的社群管理行为，既是个体发挥性别优势的机会，也更是组织二次扩大整合人力资源，重新洗牌社会资本的有效途径。

第六章　仰望：决策顶层的结构设计

一、个案（三）：你是传奇女强人

育新现在作为V家EUC板块的高级总监，在头衔上几乎相当于中国研发中心的二把手了，也是中国地区高层中唯一一位女性，经常会在公司大型活动的场合能看到她作为高层代表出席露面。除此之外，平日里从其他同事口中听过的关于她的信息也一点不少，最常听到的就是："最近在忙什么呢""在帮育新同时办着好几个商务签证呢，印度的美国的台湾的新加坡的……她接下来几个月的工作都排得满满的了""哎育新真的太拼了！"。育新在公司里，对于诸多女性员工而言，意义已经不仅是一个上司，更多的是一种象征与符号。别看育新站在金字塔的塔尖，一人之下万人之上，但她在平时的工作里看起来与旁人并没有什么两样，穿着普通品牌的衣服和鞋子，背着普通品牌的包。有时候白天来得比一些工程师还要早，一到公司就钻进办公室里工作。和育新说话的时候她也总是和风细雨、面带微笑，尽管是老板，但仿佛是伙伴，所以她手下的人工作得也相当愉快有干劲。她在 V 家这么多年，深谙这种美国企业的价值与要求，当然也已经把自己渗透进这样一个文化控制系统中了。

其实育新现在虽然已然是一个典型的外企高管，但她也是从体制内跳出来的，硕士毕业后的第一份工作她选择了中科院研究所。因为二十多年前，中国才刚刚经历开放转型没多久，进驻的外资企业很少。而单位制在当时的社会职业结构体系中依旧根深蒂固，铁饭碗的稳定也在人们心中被认为是"最好的工作"。更重要也更现实的一点是，体制内的工作能够解决北京户口。在学校读书的时候，育新就是标准的"学霸"，虽然在计算机专业男生占了绝大多数，但她的成绩总是名列前茅，做实验做创新也不输男同学，深受导师喜爱。扎实的教育背景和优秀的专业能力，为她日后的职业道路打下了良好的基础。

工作到第三年，有一天恰逢一家大型 IT 外资企业的技术人员来到中科院为他们进行培训，育新也去参加了，她或许没想到这场培训将是改变她职业生涯的一个转折点。在培训过程中，原本是冲着学习一些前沿技术去的育新，却被他们的气场和魅力所吸引了。这种气场并不是来源于衣着的光鲜或外表的不同，而是在于培训者所表现出的专业化水平，不仅是知识技能，还包括他们的工作状态、谈吐与待人接物，非常职业，非常有激情。这不仅仅是某一个个人的气质，是他们整体的一致状态。与平淡、传统而略显沉闷的科研机构相比，初入职场的年轻人育新被这种从未有过的崭新面貌所吸引，萌生了想要进入外企的念头，希望也像他们一样成为精英中的精英，获得更高的薪酬。她抓住了一次宝贵的面试机会，离开了中科院，加入了IBM。

终于进入了梦寐以求的大公司，育新开始快速适应这种新型的企业文化风格，转换自身的角色。她从一个小技术员，慢慢地坐到了中层经理的位置。在她个人职业角色转变的这15年里，中国的社会经济环境也经历了一个较大的转型，全球化一体化的趋势日渐明显，资本、技术与文化的跨国流动越来越频繁，北京、上海等城市的外资企业进驻如雨后春笋般增加。与经济随之而变的是文化，终身雇佣的退休制度逐渐被淡化，市场经济下的契约精神得到加强。在这样的大背景下，育新突然觉得自己在IBM待的时间是不是有点久了，传说中的职业天花板似乎已经悬在了她的头上。育新好不容易走到了中上层的位置，再向上她已经开始感觉到有些吃力了。她想要给自己换一个环境，重新创造一些机会，她跳到了V公司。

由于V家是在IT界专攻云计算与虚拟机领域，且当时在中国的研发中心刚刚成立5年左右，整个公司保持在一个中等的组织规模，层级相对较少且结构灵活，个人在其中的发展空间也更加弹性与通畅，是一个典型的工程师文化的单位。育新来了之后发现，这里的员工有的可以一年升一级升得很快，只要他证明自己能够做到一定级别上的事情，老板就会给他升职；加薪的幅度也是如此，虽然整体上公司有一套薪酬计算体系，但如果某个员工表现非常突出，老板们也会不拘一格。但缺点就是，许多规矩和制度还不够完善，有时候需要一边做一边摸索，没有现成的可以套用。育新刚好从IBM过来，在大企业里十余年的经验，让她熟悉如何建立与维持一套成熟的机制。她花了一两年的工夫，将V家逐渐带上了正轨。公司的壮大，育新功不可没。因此她又把自己送上了职业的一个新高度。

在公司里，一直流传着一段关于育新的轶事，就是在她曾经连轴转最忙的时候，秘书帮她安排会议时间，她对秘书说"晚上8点到9点这段时间帮我空出来，我要回家给我的两个孩子洗澡"。每每提起这件事，男同事们总是忍不住感叹，觉得难以想象这样一位他们眼中的"女强人"老板在家里给孩子洗澡是怎样一种画面；而女同事们则感叹，到了这个位置上还能做到事业与家庭兼顾，真是不容易。但育新私下里对笔者说"没人知道我有多辛苦"，尤其当上了高管之后，觉得"高处不胜寒"。以往做经理的时候，身边还有不少部门的经理也是女性，大家无论在事业上还是家庭生活，都更能彼此理解和照顾。现在放眼望去，整个中国区只有她一名女高管，虽然能力和品质毋庸置疑，但在一些做事风格包括换位思考方面，总是觉得比从前差了点什么，她又想起了自己五年前在 IBM 的处境。二十多年了，从体制内到体制外，从大组织到小组织，育新虽然一直在不断寻求进步和自我超越，也在旁人眼里成为了那个传奇般的人物，走到了别人可望而不可及的高度，但只有她自己明白，无论个人多么努力，似乎永远有一道无形的屏障横在她面前。

二、角色的调试：像男人一样

在 V 公司像育新这样的女性并不多见，毕竟能坐上她这位置的女性几乎也没有别人了。被标榜为"女强人"，育新从心里并不喜欢被这样定义，因为她觉得自己在工作状态中的表现和男人并没有什么差别，何必突出性别差异呢？然而这也是育新困惑的地方，在金字塔顶尖的生存，迫使她必须像男人一样工作，才能不掉队不落单。而回到家中她又必须立刻转变角色，做好孩子的母亲、丈夫的妻子，像个双面人一样。其实这不是个案，也不是强迫的结果，而是女性在职业发展中必须经历的角色冲突。角色是人们对处于特定位置上的人的行为期望，当一个人同时承担多种角色，其中的两种或多种对承担者的期待发生矛盾或难以协调，从而使角色扮演者左右为难，就是角色冲突（王思斌，2002）。工业社会的一大趋势就是以组织为基础的角色越来越制度化，私人领域被裹挟卷入公共领域，个人为了满足需要必须进入组织承担起组织的角色。受经济全球化及竞争压力等因素的推动，关于稳定工作和事业的传统假设不断被阶段性变化所打断、废弃，取而代之的是以阶段性稳定为标识的不稳定的工作与事业。个体常常处于成为什么样角色的状态中，在各种角色及其所附属的认同与关系之间流动。这种趋势不但改变了传统的角色与自我、与社会的关系，而且也容易加剧它们之间的紧张（Ashforth,2000:1-3）。

于是女性在职场中不可避免地要经历角色的断裂，而且往往位置越高，这种断裂越明显。一方面被社会期望具备温柔、关怀、细腻的女性性别气质，另外一方面对于职业女性又期待强势、果断、决策等男性气质。社会对于女性的期待是希望她们能够很好地担当起妻子与母亲的性别化角色，而资本对于女性劳动力的使用却是以一种去性别化的方式。这就是像育新这样"女强人"的日常角色扮演，"前台"是职场，"后台"是家庭。她没有因为前台的要求而牺牲或妥协自己在后台的角色，但也维持得很辛苦，只能说尽力去做到二者的平衡。角色理论指出，当某种行为模式被认为是有益和有效的时候，它就会被人们固定下来，成为指导人与人之间关系的规则。这些规范产生于现实生活，又是有益和有效的，所以它具有了社会所期望的特征。育新在公司作为高管的工作状态，也是将这种职场的惯例或社会准则内化为一种共同理解，嵌入了自己的日常话语和行动模式。这不是资本对于个体的逼迫，也不是完全意义上的个体主观意愿，而是一种引力般的规律作用，使你一旦进入这个轨道，就不得不按照它的速度和方向运转。而角色间的调适是最大的挑战，那段在公司内部被大家口耳相传的"开会间隙回家给孩子洗澡"的轶事，大概已经是这类高管女性所能做到的调适与平衡的终极程度了。

三、性别资源的最终区隔

在前两章的讨论中，我们在 V 公司看到的劳动过程并没有刻意抹去女性的性别特征，无论是在进入的节点还是在向中层经理位置提拔的节点，都与去性别化的状态相悖，在分工的过程中将女性的性别优势进行资源整合。然而在到达金字塔塔尖之后，为什么仿佛又回到了去性别化这样的一个循环当中呢。

在育新的案例中，去性别化只是一种表象，深层的核心在于"玻璃天花板"效应。"玻璃天花板"是对女性的一种隐蔽排斥，是无形屏障。它的形成主要有两个因素：一是性别刻板印象，二是组织制度设计。性别上，女性向来被视为缺少管理所必备的能力与性格，难以胜任高层的管理职务，女性的气质多与温柔、感性等关键词相联系，多会被界定为情感性的角色承担者。而从组织制度设计的角度来看，科层制组织是由男性所建立的，本质上是客观的工具理性型组织，整个组织好比一个男性世界，在这个由男性制度规则和程序的世界里，女性与之是疏远而陌生的（Witz and Savage,1999）。由此可见，只要在科层组织中就会存在性别不平等的土壤气候，这种无意识偏见（unconscious bias）加诸于女性身上，造成了职业金字塔中玻璃天花板的出现。尽管很多公司更加努力地帮助女性爬得更高，如 V 公司，在职业垂直流动的各个阶段都尽可能地帮助女性提高与整合自身性别资源优势，然而一旦到达顶端，女性依旧力不从心。育新算是一个幸运儿，但她破除这种天花板阻碍的方式，不是去改变这样的制度设计和组织困境，而是将不利于自己的性格属性暂时隐藏，去适应男性占优势的职场环境，去改变自己从前的女性化管理风格，变得像个男人一样。并非只有完全的去性别化才能在这样的体系中生存，而是在个体无法抗拒组织力量的情况下，跟随大流去改变自己是最保险的做法。

　　加之于育新身上的角色压力是双重的，一方面来自于科层制组织制度的男性化特征，另一方面则来自于身处高科技 IT 这样一个传统男性占主导的产业领域。在这种领域内部的职业向上流动，早期需要克服技术能力上的差异与竞争。当我们谈论"女性与 IT"时，多数会将概念偷换成"女性与 IQ"，这里会产生对于女性的第一重区隔；当女性证明了自己在 IT 或者是 IQ 上没有问题之后，后期就要面临管理能力上的差异与竞争。管理场域中，权力的占有与个体所拥有的各类资本的分布有关，在中层管理位置时，女性特有的某些气质特征可以作为一种性别资本，于是我们会看到这一位置的女性比例有所提高；而当到达高层管理位置时，女性的性别资源相对而言会显劣势，男性的性别资本再次突出上升，于是在这一位置女性的比例重又下降，性别资源在经历分化、整合之后，最终回归到根本性的区隔。

第七章 总结与讨论：后工业性与职业性别逻辑

一、两种维度下的性别逻辑

1.技术维度

讲到这里，我们可以基本看到外资高新企业中女性不同的劳动过程。三位典型女性的职业故事，呈现出一种差异化的路径；但如果将三种职业地位以及相应的角色演绎结合起来，其实已然梳理出了一条连贯而整体的自下而上的路径体系与性别逻辑。与一般科层组织不同的是，联系到高新产业自身独特的科技属性，在这个场域里研究女性的流动除了权力维度职位，还需要考虑技术维度的重要性。技术维度与权力维度可以看做是女性在外资高新产业场域中，容易遭遇水平隔离和垂直隔离的两大操作层面的表现，也是相对应的职业金字塔等级自下而上的不同位置。

首先，技术是进入这一劳动领域的第一前提。IT行业是男性占支配地位的领域，女性只有在技术过关的情况下，才有踏入的机会。在这个过程中，外资企业与本土企业的区别在于，本土对于女性候选人的态度更加遵循"统计歧视"的理性主义，以最小化劳动成本和最大化经济效益的角度出发，尽可能扩大男性在技术上的传统优势，而减少女性的低价值低回报对企业的影响。外资企业从"多元化"的需求出发，根植于自由平等的文化土壤，在同等条件下给予女性更多的机会，力求打破在水平层面造成的性别隔离。尽管表面上看似是一种文化现象，但实质上仍是为了商业目的而服务，只不过这种文化包装下的商业是站在全球化经济产业链的基础上，需要一种更加多元开放的人力资本运作方式与模式。

其次，在进入到这个场域之后，女性的立足点在于去性别化的对待，而雇主的分工逻辑则更多基于性别的差异化。分工的结果依旧是普遍的"开发女生少、测试女生多"的现象，但在运用各自的人力资本的过程中，雇主则尽可能地将两性不同的资源优势重新整合以发挥最大作用，女性在男性居多的工作环境中可以起到调节作用，在一成不变的思维模式上可以提供不一样的视角，在技术工作之外繁杂的行政事务上也可以提供帮助。在这一行里，技术是根本性决定性的因素，是一切向上流动的凭据，是职业金字塔的地基。无论是女性员工还是雇主都深谙这一点。于是这样一种对于性别资源进行初步整合的做法，应用得当对于二者而言是双赢。一方面，女性需要借以组织提供的助力在劳动过程中增加存在感与成就感，而不能被性别比例的压倒性结构所淹没，同时还需要抓住机会在通向管理的进阶之路上充分体现出自我价值。另一方面，雇主的人力资源结构策略，不仅体现在技术员工的性别比例均衡化，也需要在管理人员中适当调整男性与女性的分布结构。因此，一般本土 IT 企业的人力资本分工模式对于女性是不利和伤害的，但以 V 公司为例的外资企业，将正式的结构弹性化，力求制造一种平等的话语体系，以多元化的文化机制来消解这种不利的影响。

2.权力维度

当女性迈过了第一层技术关的考验之后，组织会提供通向管理的中间位置，职业地位从被支配角色转变为支配角色，劳动过程进入了权力维度。在权力场域，所占的空间地位与个体所拥有的资本类型与数量的分布相关更甚。但这里，我们还是需要将其分为两个渐进的层次：第一个层次是中间管理阶层，管理者所掌握的是"服务型权力"；第二个层次是高级管理阶层，管理者所掌握的是"决策型权力"。尽管都是权力体系，但二者之间有着根本差别。

在服务型权力地位上，女性所占总人数的比例是三种地位中最高的层级。因为中层部门经理的工作已经从底层的纯技术内容偏向于行政、沟通与综合管理的内容。从性别差异分工来看，女性先天的特质诸如亲和、细腻、关怀、感性等因素，成为了其现阶段最大的优势，甚至可以被看做是一种性别资本。在这样的位置安插一定的女性比例，有助于这种弹性化、人性化、自由化组织朝着健康、平衡、活力的方向去发展。这是雇主在结构内部，对于性别资源进行的个人层面的一种整合策略。在组织层面，以众多女性工程师论坛项目活动为载体，雇主借由关系网络的影响，为女性自身的人力资本价值提升搭建出一个更广的平台，创造更好的机会，使得女性在高压的产业领域内能够不被既定的组织所绑架，在看似松散的契约中，加深对于集体的忠诚与信任。而与此同时，雇主也是这种关系网的受益者，灵活的关系结构模式是一种双向循环，个体之于组织是自由的，而组织之于个体也是自由的。组织好比和人一样，需要新鲜的造血来维持机能的健康。就这层意义而言，服务型权力等级下的女性相对集中，是企业对于性别资源的第二次扩大化整合。

到这里为止，本文一开始所提出的问题似乎已经得到了解答，即为什么美资高新技术企业作为一种体制外的组织，会倾向于招聘更多的女性员工，并且在女性的人力资本价值上付出成本与努力。这一做法来源于美资企业的文化土壤，即硅谷系从诞生到壮大所浸润于其中的自由主义精神，创造出一种开放、包容、多元的话语习惯，并影响改变了其行为模式。而剥去文化的外衣，这种逻辑背后的本质，依旧是一种商业模式，与普通模式的相同之处在于，它也承认两性在后天社会分工上的差异。不同的是，美企模式的操作逻辑是将这种差异在分化的基础上进行整合，将劣势转化成优势，达到个体与集体的双赢；而普通商业模式则是基于差异进行去性别化的劳动控制，将男性的人力资本优势进一步放大，隐去女性的痕迹。因此，在底层和中层我们所看到的，是这种美企模式作为一种润滑剂对于女性不利影响的消解。

需要指出的是，我们还没有走完整个金字塔，现在下结论定义这就是完整的职业结构逻辑还为时过早。从服务型权力的位置再向上走，就是离塔尖不远的决策型权力空间，然而这段路却是绝大多数女性最艰难的爬坡路，少有人能够走到这里。因为作为文化润滑剂的这种"关怀型"劳动模式，无法抵抗作为科层组织根深蒂固的职业天花板的阻力，到这里就不再继续起到作用，女性在这个位置上的占比是三种层级中比例最小的。从女性主义社会学家的角度来看，科层职业生涯实际上是一种男性的职业生涯，女性所扮演的只是一种关键性的辅助作用。自由主义者认为，问题是权力，而非性别。女性之所以处于劣势，并非由于她们是女性，而是因为她们在组织中没有掌握充分的权力。如果越来越多的女性开始承担有权力的角色，这种不平衡就会打破（Kanter,1977:55）。笔者认为，自由主义者的观点其实是一种死循环，因为并没有从根本上回答如何在不同阶段减少对于女性的区隔，从而增加进入核心权力领域的女性人数。而激进主义者却认为，即使把更多的女性提升到有权力的职位上，也并不能解决组织中的性别不平衡，因为现代组织在骨子里就被打上了男性价值观和支配方式的印记（Ferguson,1984:68）。激进主义的观点或许能更好地证明"玻璃天花板"的存在。即使进入了决策权力层，女性也需要重新回到"去性别化"的角色轨道上，适应男性的环境与风格，在遇到某些情况时，将男性的行为模式作为参照对象进行模仿。这种逻辑提供给我们的思路是一种生存法则，也并非解决之道。

到这里，我们才走完了一个完整的职业结构阶梯。所谓的"分化、整合与区隔"是一种贯穿于职业升迁垂直路径中的性别逻辑策略，是一种平衡的动态关系。随着女性员工进入不同的层级，作用于她的性别策略也在发生着变化，这种变化既是有利于女性，也是有利于雇主的。本文理论框架中的三个核心概念：性别隔离、性别角色分工与去性别化，在整个职业结构层级中的关系也被清晰剥离出来，即分工与去性别化只是不同层级空间中对于女性员工不同的人力资本处理策略，目的是为了消除性别隔离。但女性是高科技产业领域中的少数群体，而在组织空间里受支配的资本逻辑，其核心仍然是一种文化与控制并行的系统。文化系统主导的是对于性别资源的分化与重组，控制系统则是作用于最终的性别区隔。

二、后工业性的影响

1.后工业与跨国企业组织

吉登斯曾说，我们对于自身的迷惘，主要源于这样一种感受：我们中的大多数人都被大量我们还无法完全理解的事件纠缠着，这些事件基本上都还处在我们的控制之外（吉登斯，2000）。要消除这种迷惘，就需要我们跳出情境，以更宏观的视角来看问题。V公司作为美资信息通信技术产业在中国的领头羊之一，要对其进行分析，就离不开一个重要的社会环境：全球化与后工业。

信息社会的成型离不开全球化的经济背景，绝大多数企业都开始被嵌入国际经济框架中进行运作。有学者指出，跨国企业中的前六百强就占据了世界经济工农业生产总值的五分之一，其中最大的 70 家企业在全球销售总额中更是占据了半壁江山（Dickens,1992）。2000 年的世界前两百强公司中，美国企业主导了排行榜，占据 82 席，约占总数的 41%。到目前为止，中国、香港、韩国、新加坡等亚洲新兴工业经济体是企业投资增长率最快的地区。

与经济实体的建立相伴随的，必然是文化理念的输出与植入。珀尔马特将跨国企业分成三种类型：民族中心式（ethnocentric transnationals）、多中心式（polycentric transnationals）和地理中心式（geocentric transnationals）。民族中心式的公司政策是尽可能从位于源发国的总部制定并操作，世界各地的工厂或公司只是母公司的文化延伸，在全球都推行标准化的做法。这种类型多见于日本企业。多中心式的海外分部都是由各自国家的本地公司负责经营，母公司只是确立大致方针和框架。地理中心式的管理结构则是国际性的，管理体系在全球基础上进行整合。后两种类型多见于美资企业。在信息社会的背景下，尤其以高新前沿科技为主营业务的 IT 企业，作为连结世界一体化的先驱者，自身也发生着某些深刻的转型，从单一的个体组织发展出一套企业网络。这个网络不仅包括其在世界各地的子公司单元，也包括与其他同类同源 IT 企业的非正式连结关系。这套网络的出现，是帮助其从内部与外部共同进行资源整合的载体与工具。而对于这种高科技企业而言，最重要的资源不是技术，而是人。于是性别资本的分化与整合逻辑便成为其最重要的组织逻辑之一。

2.后工业对V公司性别逻辑的塑造

社会形态的转变影响着经济的转型。后工业社会正面临着向关怀经济学转型，一方面是技术对传统工作的替代，另一方面是人们对关怀和情感的需求日益具有了优先性（佟新，2015）。而经济形态的转变之于企业而言，首要体现在组织制度的重塑上。伯恩斯和斯托克提出一个问题：科层制的程序是否能够有效应用于所有类型的工作上？他们认为科层制在带来处理工作的逻辑感的同时，对于强调灵活多变、追求前沿的领域中作用有限（Burns and Stalker,1996）。他们区分了两种类型的组织：机械型与有机型。机械型组织是带有等级制命令链的科层体系，信息的传达与沟通有明确的垂直渠道；而有机型则是一种松散的结构，信息沟通沿循众多轨道，这种类型的组织更适合应对电信、计算机软件等创新性市场不断变化的需求。因此，许多组织正在摆脱严格的纵向结构，转为横向的协作模式，以增强灵活性，帮助前沿产业的革新。

以 V 公司为例的高科技企业日常生活图景中，员工的穿着打扮都很随意休闲，上班时间自由不卡点，来了之后先是在开放式的茶水间内喝咖啡或吃早餐，同时在这样一个内部空间也进行着许多松散而无序的人际互动。在开放式的办公环境里，你无法一眼看出每个人在等级头衔或权力上的差别，因为姓名牌上并不会写你的职位，所有人都直呼名字不加称谓，大家都各自在各自的电脑前写程序命令。甚至有些座位上只有机器运转而没有人，因为他们选择"在家办公"（work from home）。会议室里通常都是小规模团队在开会讨论，节奏紧密但气氛轻快，有时会伴以玩乐的方式，但时间绝不拖沓。总而言之，它所呈现的是一种高效与松散、自主与制约、工作与娱乐同时并存的画面，员工们的状态是一种可见的非正式感、牢固的存在感与参与感以及享受式的工作状态。这样的工作行为表现与组织生活形态与传统意义上本土的利润导向型企业相比有着很大的不同，企业内部一系列相关的利益资本的整合法则也必然不同。昆达将这种组织文化形态形容成高科技企业的"强文化（strong culture）"，作为一种解释性概念来描述企业、个体与资本（Kunda,1992）。

这种高科技企业文化的核心在于：一切正式的结构在这里都是不起作用的。这里的个体都是独立而有想法的，每个人都有发言权。权力的游戏在这里行不通，管理者无法控制员工迫使其去做什么，而是要让他们自己想要去做什么。因此管理的工作必须通过文化去完成。而运行这种文化的一个重要做法就是，如何去建构和解构"信息"，一种包含文化机制的信息。这些信息要能够激发起员工的热情、存在感和成就感，让他们形成一种持续固定的观念模式。这种企业文化的熏染不仅只是高层的事，而是渗透在公司内部各个层级和活动之中。

那么"高科技强文化"的内涵是什么？首先，从最广泛的层面来讲，这是一种日常工作的生活话语，一种建构员工与公司的关系规则。一方面，它是对特定职业环境下工作行为的社会性特点的描述，如非正式、网格化、结构松散化、努力付出、自下而上决策型。但更深层次的，这种文化还包含一种连续一致的感观模式，如技术成就感、归属感、强烈的忠诚感、对公司目标的认同感，以及"乐趣"。因此，企业文化是包含了实践、行动和观念等一系列在内的一整套机制，这种机制形塑了每个人的职业角色。

而在以 IT 产业为典型的男性占统治地位的产业领域中，职业角色的主要面向便是性别角色。松散的有机型组织环境下，对于女性的宽容与开放也应运而生，成为一种"关怀"的文化策略。经济模式中不包括关怀，是完全不适合后工业经济的，经济体系本质上是一种人际关系的形态，其核心不是相关联的商品，而是人，且关怀型企业取向比非关怀型企业的利润收获更高（艾斯勒，2009：4-21）。对于 V 公司而言，反"去性别化"的性别文化造就了其将性别资源有效利用与整合的策略，女性在工作空间中得以最大化地发挥出自身的性别优势，同时加深对于企业的归属与认同，有机地维系着劳资关系。艾斯勒指出，全球化与向后工业时代的转变，正带来巨大的经济和社会之脱节，这种脱节是许多人恐惧的根源，但它也为新颖且更好的思维生活方式提供了空前机遇（艾斯勒，2009：13）。这样看来，对于传统刻板的 IT 女性角色认知，V 公司的策略与制度就像它的产品一样，进行了一次颠覆性的革新。

文化是植根于内化的情感连结以及一种可操作的企业价值，用来磨合传统的正式结构体系，但它作为一种润滑剂并不能完全取代或推翻科层制度的设计。无论是文化还是制度，说到底都是一种控制的机制，各自通过显性或隐性的实践方式来表达。如果说文化是一种经验与符号性的交换，那么制度则是一种经济上的交换。而企业的本质仍然是为了商业利润而运转，理性经济人的假设永远成立。哪怕是高科技产业的松散扁平化结构，也不可能完全摆脱科层的制度设计。这就是为什么，当 V 公司的女性员工从技术层级上升到服务型权力层级时，依然可以感受到开放包容的性别文化政策；而一旦再上升至决策型权力的高度时，就复归至传统的性别隔离空间规律——玻璃天花板并没有消失，只是在更高的地方等着你。

三、结语

马克思对劳动过程问题的核心关注是：劳动者是如何被组织起来，以转化为实际可用的劳动力。本文立足于此，从性别的维度考察了 V 公司作为美资跨国高新企业，在塑造职业性别角色分工和整合两性人力资本方面，是怎样的文化话语背景与理性商业逻辑。组织文化是建立在后工业与全球化的语境下，而商业模式依旧是受到科层制度的设计影响。文化作为商业模式的一种变体，本质上是被嵌入这一整个控制系统之中的。具体关系如图：

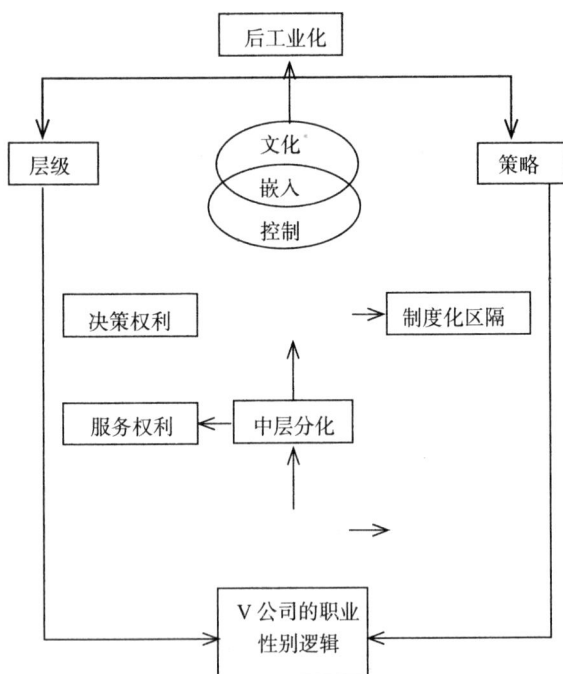

概括来讲，后工业化对于以 V 公司为代表的美资高科技产业带来深刻影响。以全球化为背景，这种影响最明显表现在进入中国社会经济环境中的劳动市场。就其内部的职业逻辑而言，本质上是一种文化与商业并行共存的控制体系。企业的组织模式从传统的科层制转向新型的网格化，关系形态从等级型转向伙伴型，以适应高科技产业创新多变的商业要求，和国际性跨国企业多元自由的文化气候。就底层和中层的层级空间而言，相对应的职业要求是基础技术与服务型权力，雇主在这两个阶段所采取的策略分别是对性别角色的分工、运用以及扩大化整合的过程中给予女性员工相同甚至更多的机会与资源，在提升女性自身人力资本价值的同时，将整合的性别资源借以社会网络的平台进行扩张与重组。就顶层的空间而言，企业自身组织形态所能发挥的能动性在科层体系的控制下遇到了阻碍，职业的垂直隔离重新出现，女性的向上流动在这里遭遇阻隔。传统严格意义上的科层制度对于女性在"男性职业"的场域中是不利的，多元化的文化价值作为一种润滑剂消解了部分伤害，加强了女性对于企业的归属与认同。但最终在科层的控制下，资本还是最大的赢家。

四、不足与展望

本文最大的不足在于，没有展现出性别在职业场域中被分化或整合的微观过程，而是主要从个体经验的角度来呈现"她们眼中"的世界，以及这些经验对于她们的职业影响。毕竟在一个成熟的组织体制内，影响建构的因素是多种多样的。这主要由于研究方法的局限性造成。其次，本文以一家外资高新企业为田野案例，虽然在研究的过程中种种调查表明，这是一类企业而非一家企业的特点，但是在更广泛层面的意义上，还是缺乏更多的探究，将其归纳至更普遍的现象规律。最后，尽管研究之后我们看到，女性在享受一系列机会公平政策和性别资源优化的同时，最终还是会在职业金字塔顶端遭遇区隔，但本文并未能就这些阻隔在不同层面上的来源与构成做出更进一步的分析与解释。这些都将留给后来者继续探索。

参考文献

艾斯勒，2009，国家的真正财富：创建关怀经济学，社会科学文献出版社

边燕杰，2006，结构壁垒、体制转型与地位资源含量，《中国社会科学》第 5 期

蔡禾、吴小平，2002，社会变迁与职业的性别不平等，《管理世界》第 9 期

陈龙，2008，作为"隐性资本"的性别资本，《管理视窗》第 2 期

吉登斯，2004，社会学，北京大学出版社

吉登斯，2000，现代性的后果，译林出版社

蒋清凤，2007，女性主义视野下的社会性别角色，《衡阳师范学院学报》第 4 期

敬少丽，2009，高等教育的选择问题分析与探究：女性主义视角探析，《教育理论与实践》第 11 期

蓝李焰，2004，女性就业的边缘化——中国目前的职业性别隔离状况及其原因，《中共福建省党委学报》第 9 期

李春玲，2009，中国职业性别隔离的现状及变化趋势，《江苏社会科学》第 3 期

李亚娟，2009，高等教育性别隔离与教育平等权，《理论前沿》第 19 期

刘德中、牛变秀,2000,中国的职业性别隔离与女性就业,《妇女研究论丛》第 4 期

陆根书、刘珊、钟宇平，2009，高等教育需求及专业选择中的性别差异及其影响因素分析，《高等教育研究》第 10 期

倪志伟，2002，《一个市场社会的崛起：中国社会分层机制的变化》，载于边燕杰主编《市场转型与社会分层》，三联书店

聂江，2007，关于中国教育性别隔离的分析，《南方人口》第 1 期

石彤,2013,专业性别隔离的产生过程及其影响因素,《中华女子学院学报》第 4 期

苏红 编，2004，多重视角下的社会性别观，上海大学出版社

谭琳、李军峰，2003，我国非正规就业的性别特征分析，《人口研究》第 5 期

童梅，2012，社会网络与女性职业性别隔离，《社会学研究》第 4 期

童梅、王宏波，2013，市场转型与职业性别垂直隔离，《社会》第 6 期

佟新，2005，社会性别研究导论：两性不平等的社会机制分析，北京大学出版社

佟新，2015，关怀经济学与投资女性，《社会发展研究》第 2 期

王珺，2005，论高等教育中学科专业的性别隔离，《妇女研究论丛》第 2 期

王俊，2011，学术共同体的性别隔离——对一所研究型大学女教师叙说的分析，《妇女研究论丛》第 2 期

王俊，2005，论高等教育中学科专业的性别隔离，《高等教育研究》第 7 期

王思斌，2003，社会学教程（第二版），北京大学出版社

吴愈晓、吴晓刚,2008,1982-2000 我国非农职业的性别隔离研究，《社会》第 5 期

武中哲，2008，职业地位的性别差异与形成机制——体制内与体制外的比较，《上海行政学院学报》第 4 期

颜士梅，2008，企业人力资源开发中性别歧视维度及程度的实证分析，《浙江大学学报》第 6 期

严甜甜，2014，美国高等教育学科专业与劳动力市场职业的性别隔离现象分析，《高等理科教育》第 6 期

姚先国，2006，职业隔离的经济效应，《浙江大学学报》第 3 期

姚先国，2003，关于社会资本与人力资本的理论思考，《经济学动态》第 4 期

易少红、廖定宏，2005，中国产业职业性别隔离的检验与分析，《中国人口科学》第 4 期

赵瑞美,2004,改革开放以来我国职业性别隔离研究状况,《甘肃社会科学》第 4 期

张营，2009，试析中国女性职业发展中的"玻璃天花板效应"，《女性与社会发展研究》第 85 期

郑磊，2015，中国教育性别差异的经济学研究述评，《妇女研究论丛》第 2 期

朱力，2003，就业机会中的性别不平等：市场转型与不平等关系的另一面，《南京社会科学》第 3 期

朱伟珏，2007，文化资本与人力资本：布迪厄文化资本理论的经济学意义，《天津社会科学》第 3 期

Ashforth, Blake E. Role Transitions in Organizational Life: An Identity-Based Perspective [M]. Mahwah: Lawrence Erlbaum Associates. Inc, 2000:1-3

Baron, James N. & William T.Bielby. 1984. "Organizational Barriers to Gender Equality: Sex Segregation of Jobs and Opportunities." Edited by Alice S. Rossi. New York: Aldine

Becker, Gary S.1985. "Human Capital, Effort, and the Sexual Division of

Labor." Journal of Labor Economics 3.

Bielby, William T. & James N. Baron 1986. "Men and Women at Work: Sex Segregation and Statistical Discrimination." American Journal of Sociology 91.

Bielby, Willian T., James N.Baron,1986 "Men and Women at Work: Sex Segregation and Statistical Discrimination". American Journal of Sociology, Vol. 91, No. 4 (Jan., 1986), pp. 759-799

Bielby, Willian T., James N.Baron, 1986 "Sex Segregation Within Occupations". American Economic Review, Vol. 76, No. 2, Papers and Proceedings of the Ninety- Eighth Annual Meeting of the American Economic Association (May, 1986), pp. 43-47

Bridges, William P.,1982 "The Sexual Segregation of Occupations: Theories of Labor Stratification in Industry" American Journal of Sociology, Vol. 88, No. 2 (Sep., 1982), pp. 270-295

Burns, T. and G.M.Stalker. 1966. The Management of Innovation. London: Tavistock

Charles, Maria and David B. Grusky. 2004 "Occupational Ghettos: The Worldwide Segregation of Women and Men". Canadian Journal of Sociology

Ecklund, Elaine Howard, Anne E. Lincoln and Cassandra Tansey. 2012 "Gender Segregation in Elite Academic Science". Gender & Society published online 1 August.

Ferguson, K.E. 1984. The Feminist Case against Bureaucracy. Philadelphia: Temple University Press.

Granovetter, Mark. 1974. Getting a Job: A Study of Contacts and Careers(2nd Edition). Cambridge, MA: Harvard University Press.

Gross, Edward. "Plus? a Change···? The Sexual Structure of Occupations over Time" .Social Problems 16:198-208.1968.

Gross, Edward. 1968. " The Sexual Structure of Occupations over Time." Social Problems 16 (Fall): 198-208.

Ireson, Carol.1978. "Girls' Socialization for Work." Pp.176-200 in Women Working, edited by Ann Stromberg and Shirley Harkess. Palo Alto

Jacobs, Jerry A,1989 "Revolving doors: Sex segregation and women's careers".

Kanter, R.M. 1977. Men and Women of the Corporation . New York: Basic Books

Lambert, Susan J.2000, "Added Benefits: The link between work-life benefits and organizational citizenship behavior." Academy of Management Journal 43(5).

Kunda, Gideon.1992. "Engineering Culture: Control and Commitment in a High-Tech Corporation" From Engineering Culture: Control and Commitment in a High-Tech Corporation. Philadelphia : Temple University

Moore, Kristin, and Isabel Sawhill. 1978." The Implications of Occupational Segregation." Pp.201-55 in Women Working, edited by Ann H.

Morrison, Ann M., Randall P. White and Ellen Van Velsor.1987. "Breaking the Glass Ceiling: Can Women Reach the Top of America's Largest Corporation."Addison-Welsey Pub.Co.1987:409-410

Oppenheimer, Valerie K. 1970. The Female Labor Force in the United States. Berkeley: University of California, Institute for International Studies. Polachek, Solomon,1979 "Occupational Segregation among Women: Theory, Evidence, and a Prognosis" Women in the Labor Market. New York: Columbia University Press.

Reskin, Barbara.1993 "Sex Segregation in the workplace" . Annual Review of Sociology 1993 v19: 241-269. Pp. 248-265.

Shepherd, William G. and Sharon Levin. 1973."Managerial Discrimination in Large Firms." Review of Economics and Statistics 55 (November): 412-22.

Smith-Lovin, Lynn & J.Miller McPherson 1993. "You are Who You Know: A Network Approach to Gender." In Paula England(ed.),Theory on Gender/ Feminism on Theory. NY:Aldine.

弱者抗争与符号生产

——以广州市环卫工停工维权为例

倘凌越　清华大学社会学系2013级

指导教师　沈　原

第一章　弱者胜利何以可能

一、引子：弱者的胜利

2012年12月17日，广州市天河区 YH[1] 社区200名环卫工人因待遇过低，补贴、加班费没有补齐，年终红包仅10元等原因愤而罢工。工人们要求补足加班费以及合同终止补偿金。整个停工事件持续三日。由此伊始，短短三个月内，广州市天河、荔湾、越秀、番禺四大城区接连爆发7起环卫工人集体停工事件，参与者包括内街（清扫社区卫生）和外街（清扫街道卫生）工人，总人数逾千人。环卫工人大罢工的浪潮震动了广州市，甚至整个中国，境内外多家媒体对之进行了广泛的报道。

2013年1月23日，广州市市长在市人大十四届三次会议市长记者招待会上作出回应称："将针对存在问题予以改进，包括考虑在招投中对环卫工权益作出约定。"[2]2月27日，广州市副市长XXD在"广州市新型城市化发展进程中的平安建设"新闻发布会上表示：广州市

---

① 依照学术惯例，本文中社区名称、公司名称、访谈对象姓名均以英文字母代替。

② 《广州市长回应环卫工人罢工：针对问题予以改进》，中国新闻网，2013年1月23日

环卫工的实际收入将增加 20%，具体方案将在 4 月提交。[1]4 月 22 日，广州市政府常务会议审议通过《广州市人民政府办公厅关于规范广州市环卫行业用工的意见》，27 日该《意见》正式发布，据此，调整之后的单个环卫工人实际月平均收入将达 3033 元，增加 858 元，涨幅近 40%，[2]工人们要求补足加班费等多项要求基本得到满足。至此，连环罢工浪潮告一段落。

2014 年 8 月 21 日，位于广州市番禺区大学城的 220 名环卫工人因物管公司变更，去向无回应罢工抗议，9 月 13 日，全体工人与新公司达成协议并于同日复工。至此，持续一个月的抗争、罢工抗议长达半月的环卫工集体维权宣告成功。

二、问题：弱者胜利何以可能？

广州市环卫工人的抗争在社会和学界均引起了相当大的震动。在人们的印象中，环卫工毫无例外地总是被视为弱者。如果说，农民工在整体上都是"弱势群体"，那环卫工就是"弱者中的弱者"。他们和所有的农民工一样，都是"外乡人"，来到城市里"讨生活"，难以受到当地网络的保护，也难以动员当地资源。较之工厂工人，他们没有年龄优势，教育程度低且没有技术专长，工作具有高度可替代性，团结和抗争的过程中也难以像工厂年轻人一样利用新媒体技术组织、宣传。据时任广州市市长介绍，在整个广州市 2013 年现有的 33800 名环卫工人中，有 70% 为非本市户籍人口，80% 的环卫工年龄为 40 岁或以上，90% 的环卫工为初中或以下学历。[3]与传统稳定、长期的标准化劳动关系相比，环卫工人长期从事非标准化劳动，低工资、无社保更是加剧了其弱势地位。

除上述结构弱点之外，环卫工人同样面临着组织性的弱势局面。通常而言，个体地位的弱势可以借助组织获得弥补和改善，然而广州

---

① 《广州市环卫工人将涨薪 20%》，第一财经日报，2013 年 2 月 28 日

② 《广州市人民政府办公厅关于规范广州市环卫行业用工的意见》，广州市人民政府网，2013 年 4 月 28 日

③ 《广州市长回应环卫工人罢工：针对问题予以改进》，中国新闻网，2013 年 1 月 23 日

市"环卫工行业工会联合会"、各区环卫工会及各保洁公司工会在两个抗争案例中均处于隐身状态，未对工人给予任何指导和帮助。环卫工人本身工作场所和居住地点都极为分散，地缘关系虽然一定程度上加强了工人之间的联系，却也加剧了"地缘小圈子"的分化，工人整体想要组织起来更是难上加难。

然而身为名副其实的弱者，接连两次的环卫工集体维权行动都取得了较为成功的结果。在2012—2013年连环罢工案例中，环卫工人争取到的工资涨幅之大甚至远超当地产业工人抗争的结果。[①] 由此引发的问题是：广州市环卫工，一个集诸多弱点于一身的群体，是如何组织集体抗争，又是依靠什么最终取得胜利的呢？其团结持续性的条件和限制又是什么呢？对这些问题的回答有助于讨论中国劳工抗争政治的新思路，探索工人运动和社会力量结合的可能性。

三、两个传统：抗争政治与劳工政治

1.抗争政治思路

抗争政治和劳工政治两条思路对弱者抗争问题都有颇多论述。斯科特的《弱者的武器》是抗争政治思路无法绕开的经典。在斯科特看来，公开的有组织的政治行动对从属阶级而言过于奢侈。在马来西亚农村做田野工作时，他把视线更多地投向了农民反抗的"日常形式"，也即农民和试图从他们身上榨取劳动、食物、税收、租金和利益的那些人之间平淡无奇却持续不断的斗争。这种弱势群体的日常武器通常有：偷懒、装糊涂、开小差、假装顺从、偷盗、装傻卖呆、诽谤、纵火、暗中破坏等等。（斯科特，1985）这种低姿态的反抗技术与农民及其所处的社会结构极为契合，农民分散在村庄里，缺乏正式的组织，很适合大范围的游击式的自卫性消耗战，就像"成百上千万的珊

[①] 产业工人诉求相对多元，涉及追讨社保、住房公积金、经济补偿金、欠薪以及建立工会等等。在诉求内容涉及增加工资的产业工人案例中，2013年9月广东省中山市凯尔金电器有限公司工人抗争结果：公司补缴社保费、退还克扣的工资、补发高温补贴、增发300元伙食津贴；同样是服务行业，2014年2月11日停工的广州市白云区押运员，最终争取到了每月600元的加薪，然而无论是增幅还是增额都比不上2013年停工抗争的环卫工人。

瑚虫形成的珊瑚礁一样"，最终可能导致国家航船的搁浅。

在农民工研究中，"弱者武器"的概念同样适用。潘毅曾在《中国女工》一书中颇费笔墨地描写了女工们通过身体疼痛、自我分裂、梦魇和尖叫进行反抗的故事，显现了农民工研究中研究者对日常反抗形式的关注。（潘毅，2008）

对于环卫工人而言，斯科特意义上的日常反抗形式以在树荫下休息、工作时间捡拾饮料瓶、纸箱为主。然而随着公司对劳动纪律的强化及对工作场所监管的加强，环卫工人的休息时间有了严格的规定，路段的清洁状况也有了相应的标准，偷懒、开小差等日常消极反抗的成本越来越高。以越秀区为例，HK 物业清洁公司员工手册明文规定了共计 62 条违纪行为，从一般违纪行为到较严重违纪行为再到严重违纪行为，违纪工人将受到批评、罚款、通报批评、降级、辞退等五类处罚。其中第 7 条明确规定："工作时间躺卧休息、擅离岗位、怠慢工作、戏闹、串岗、看报刊杂志、聚堆聊天等做其他与工作无关的事情的"属于一般违纪行为，将受到批评和罚款处理 。有工人戏称："我们这里经常罚款，就是扫得不干净……一条街从头扫到尾，哪里能保证街头没有纸头……如果城管局拍到了罚款 50，如果公司拍到了罚款 10 块的也有，4 块 6 块的也有，如果被媒体拍到了就回家上吊去吧！"（GYX13022501）[1]另据《越秀区城市管理局市容环卫管理细则》规定，工人必须在早上 7 点之前完成首次普扫，与此同时，保洁公司为了降低成本，大量裁员，留下来的环卫工人必须同时分担被裁人员的工作，许多工人不得不凌晨四点起床开始一天的清扫工作，工作量的急剧增大也压制了日常反抗的可能。

在国内关于抗争政治的研究中，李连江和欧博文在对 90 年代中国农村社会冲突现象进行研究的基础上提出了"依法抗争"的概念。在他们的研究中，农民们会援引相关政策和法律条文维护自己的合法权益，有组织地向上级政府甚至中央政府施压，以抵制地方政府的土政策和农村干部的腐败行为。（李连江，欧博文，1997）于建嵘在此

---

[1] 访谈资料编号，下同

基础上提出了"以法抗争"的解释框架，并划分了农民抗争的时间段。他认为在1992年之前农民的反抗多数可归为"日常抗争"的形式，1992年到1998年可以归结为"依法抗争"，1998年之后则进入"以法抗争"的阶段，是一种"旨在宣示和确立农民这一社会群体抽象的合法权益或公民权利的政治性抗争"。（于建嵘，2004）应星则从草根动员的角度拓展了对"依法抗争"概念的理解。（应星，2007）

而以陈峰为代表的研究者认为中国的底层抗争具有"道义经济型抵抗"（moral economic resistance）的特征（Chen，2000）。在陈峰看来，改革开放前，国家和工人之间存在着一个心照不宣的社会契约，随着市场经济的改革发展，国企工人权益日益被侵蚀，他们认为这种不公正威胁到了自己的基本权益，从而开启了道义经济型的抵抗。在抗争中，工人们倾向于使用"打倒新生资产阶级""要社会主义不要资本主义"等传统话语进行反抗。与之类似的，许多关于国企工人抗争的研究认为其是基于道义或社会主义传统。（佟新，2006；吴清军，2010；程秀英，2012）在对道义力量运用方面，也有研究者通过对都市运动或农民反抗的研究强调了道德资源的作用。（董海军，2008；陈映芳，2010；朱建刚，2011）

虽然法律和道义经济型话语在广州市环卫工人的案例中均有所体现，但道德因素的作用不容小觑。从环卫工人自身而言，恶劣的工作和生活环境，微薄的工资使得身为弱势群体的他们对于政府有一层道德期待。在中国的传统语境中，环卫工人有着相对崇高的地位，其历史身份的特殊性使其对政府有另一份基于"社会契约"的道德期待。双重的道德期待使得环卫工人抗争中不断强化自己的"弱者"身份，以期博得社会的理解和同情。同样，面对作为弱势群体的环卫工人，社会各界的同情促使公众把矛头指向政府和公司，也即"强"的一方。然而在以往的文献中，道德资源运用的机制缺乏深入的讨论。

2. 劳工政治思路

劳工政治的解释思路则侧重从工人本身出发，除对抗争策略本身的讨论之外有更多层面的思考。米尔科曼在关于洛杉矶工人抗争案例的研究中强调了"不可能被组织起来"（unorganizable）的移民工人的组织机制。来自中南美洲的移民工人初到洛杉矶，被本地工人视为威胁，被当地工会视为懒惰、没文化的匆匆过客，只关注眼前的收入，并不愿冒加入工会的风险，因此移民工人被视为是不可能被组织的群体。然而，米尔科曼指出这些移民有着更为紧密的社会网络，其他资源的匮乏使其比本地工人更依赖社会网络。其次，外来移民拥有的过往政治经历和世界观以及共同的污名化体验也促进了其团结和组织。（Milkman，2006）

同样，在对农民工组织化的研究中，地缘和血缘关系被普遍认为是影响工人团结的重要因素。在历史上，籍贯认同也是中国境内移民组织起来的重要方式。（Cole，1996；Honig,1992；Perry，1993）来自不同地方的移民往往会汇集于不同的行业，如韩起澜在研究上海苏北人时发现当时上海的黄包车车夫和码头上的苦力主要来自苏北，而扬州人通常从事理发行业。（Honig，1992）与地缘关系相关的亲属关系也使工人之间的联系愈发紧密。除此之外，也有学者认为工厂宿舍的聚居方式为工人的集体抗议行动提供了必要的空间和社会基础。（任焰、潘毅，2006）近年来，随着互联网在工人群体中的普及，有越来越多的研究开始关注互联网在工人组织团结中的作用。（汪建华、孟泉，2013）

广州市的环卫工人绝大多数来自四川、湖南、广西三地。地缘与血缘网络的存在无疑在一定程度上加强了工人之间的联系，但不同籍贯工人之间沟通桥梁的缺乏同时削弱了工人整体抗争的力量。连环罢工案例中，番禺区参与抗争的工人均来自湖南，仅有两名工人来自四川，在被问及为何不联合其他片区工人一起抗争的时候，工人们表示"那边都是贵州人""贵州人都打好几份工，他们不在乎这点钱，联系也没用"。（GPY13022301）由此看来，地缘血缘网络并不足以成为环卫工团结的基础，而新媒体等组织手段对环卫工人而言更为奢侈。对工厂工人而言，行动前的组织是重要却不一定是必要的，共同的工作场所和生活场所使得行动的每一步更容易为工友周知。而环卫工人工作场所和生活场所都极为分散，一个班组往往要负责很大一块区域的清洁，即使一条马路上发生抗争活动，隔壁马路工作的环卫工人可能毫不知情。要想形成集体行动，环卫工人必须克服组织性的弱势，建立有效的组织方式。

克服了组织弱点的环卫工人仍然面临着巨大的结构弱点，该群体本身资源的匮乏促使本研究寻求更多力量介入的可能性。塞德曼对巴西和南非工人运动的研究让笔者看到了工人斗争与城市社区力量的结合。塞德曼用"新工联主义"（New Unionism）的概念表述了这一联合过程。所谓新工联主义诞生于1970年代晚期，到了80年代中期，巴西南非两地的劳工运动在诉求目标、诉求内容和关注领域上都发生了转变，转变过程中所获得的社区支持正是弱者取得胜利的关键所在。塞德曼提出并回答了"为什么社区心甘情愿响应劳工请求"的问题。在她看来，这一问题的答案在于活动家们重新解释了车间和社区利害关系之间的联系，而外部政府的政策恰好提供了这种机制，推动了产业工人和社区活动者的联合。（Gay Seidman，1994）

劳工与社会力量的结合似乎可作为弱者克服自身局限的突破点。在广州市环卫工的两个案例中，社会各方力量的介入发挥了重大作用。然而在塞德曼的解释中，社区与车间有着或多或少的共同利益，一如巴西和南非案例中，社区与车间都面临着公共交通与住房问题，而工人家庭与社区的紧密联系更好地解释了社区和工人"为什么"结合的问题。在广州市环卫工人案例中，帮助环卫工人的是媒体、大学生、劳工NGO等多个群体，与环卫工人诉求本身并无利益一致性。环卫工人罢工带来的垃圾遍地甚至严重影响了当地市民的出行与日常生活，然而利益的冲突并未使市民把矛头指向工人，公众反而给予了工人以尽可能的帮助和同情，这显然无法通过塞德曼的理论得出合理的解释。与之类似的，在具海根的《韩国工人》案例中我们可以看到20世纪七八十年代韩国知识界卷入劳工运动的极大热情。（具海根，2004）相较于内陆及其他沿海地区而言，广州的公民社会发展相对突出，当地较为开明的政治环境为公民社会的发展提供了一定的政治空间，广州市也确实形成了一个涉及劳工、女权、环保、旧城保护等多项议题的公民社会网络。因此，在环卫工人的案例中，社会力量与工人运动"如何"结合也将是本研究的重点。

在上述研究思路中，"弱者"作为抗争主体，其弱势地位都是结构性的，天然存在，天然被认知。而珍妮弗·陈的研究则指出"弱者"的弱可能是象征性的、被建构的。她在比较美国和韩国的校工运动之后提出了"公共戏剧"（public drama）的概念，并认为"象征性力量"（symbolic leverage）在推动运动中起到了重要作用。（Jennifer. Chun, 2005）西尔弗在对 20 世纪 80 年代美国 Justice for Janitors 运动的研究中也肯定了象征性力量的作用。她认为，在运动中工人们运用了大量过去社会运动的标语和口号，并提出了很多关于性别、种族、国籍和阶级压迫的问题，从而获得了各种社会运动组织的支援，取得了成功。（B. Silver, 2003）

如果我们把"象征性力量"的概念移易到中国，用来观照广州市环卫工人的抗争运动，我们也可以惊讶地发现某种契合性。当"弱者"已然弱到没有其他资源可以利用，"象征性力量"无疑给予了他们一线希望。由此，本研究尝试以"示弱"和"造弱"为框架，分析环卫工抗争中结构性弱势的呈现与象征性弱势的建构。

四、"示弱"与"造弱"：一个可能的分析框架

环卫工人的"弱者"形象实质上包含了"结构性弱势"和"象征性弱势"两个部分。基于朴素的生存智慧和多年积累的抗争经验，环卫工人掌握了一整套"示弱"的技术，来呈现自己的年纪大、教育程度低、外乡人等"结构性弱势"。"示弱"既包括对结构性话语、历史性话语、比较性话语的运用，也包括对身体和疼痛的展示。通过"示弱"过程，环卫工人使自身从隐形的、边缘的群体转变为可见的、被认知的对象。完成了对"弱者"形象的初步建构，既达成了自我团结，也动员起了社会广泛的关注和同情，吸引了更多社会力量的介入。

而"造弱"实质上是对"结构性弱势"的扩大再生产过程，主体多元，动机、方式各异，但都放大了环卫工人"示弱"的声音，并最终在结构性弱势的基础上共同建构了"象征性的弱势"。其中，大众媒体、大学生、劳工 NGO 通过自己对环卫工人"示弱"的不同理解，

共同参与了"造弱"过程，给环卫工人的弱者形象赋予了多重的内涵，共同完成了环卫工人"弱者"的符号建构，赋予了环卫工道义上的强大符号力量。环卫工人通过"示弱"和"造弱"的链条，利用符号力量在这个事件中完成了"弱"与"强"的转换。符号力量与环卫工底层精英的内部组织、环卫行业的结构优势等现实条件相结合，最终推动环卫工人取得了"弱者的胜利"。

笔者尝试以此为解释框架，具体分析将在下文进一步展开。

五、田野调查与资料收集

2012年底广州市环卫工人罢工潮爆发，以此为契机，笔者选择了广州市作为本研究的田野地点。虽然在起初的田野选择上具有一定的偶然性，然而随着田野调查的深入，笔者意识到，广州作为率先开展环卫行业市场化改革，也同样率先设立"环卫工人节"的城市，[①]是研究环卫工人群体的极佳田野地点。

本研究调研分三轮，正是在多轮的田野中，笔者逐步反思修正了研究的分析框架。第一轮调研时间为2013年2月至3月，虽然罢工潮已经接近尾声，笔者仍有幸亲历了越秀区FR公司环卫工人的两次停工抗争，对抗争进行了参与式观察。在田野调研初期，笔者以随机街访环卫工人为主，并利用工人休息时间在休息点、工具房等地对环卫工人进行访谈，对环卫工人工作和生活状况有了大致的了解，然而获得的信息较为单一重复，难以突破。在越秀区某次偶然的街访中，笔者通过一名环卫工大姐结识了被越秀区FR公司无理解雇的工人代表YWC，对其进行了深入的访谈，并以此为契机，结识了环卫工人连环罢工潮背后的底层精英群体，为之后的深入调研打下了基础。

第二轮调研时间为2013年7月至8月，在对第一轮调研收集到的资料和相关问题进行了反复思考之后，笔者前往广州和佛山两地，

---

① 广州市于2001年开始进行环卫行业市场化改革，于1988年10月26日设立了广州市首届"环卫工人节"。

对环卫工人境况进行了进一步调研，并和当地劳工 NGO、关心环卫工人的大学生建立了较为密切的联系，参与了后文将提及的"为环卫工人送清凉""请环卫工人吃月饼"等系列活动。

第三轮调研时间为 2014 年 7 月至 8 月，本轮调研的原意是加强与工人代表、当地关心环卫工人的大学生及劳工 NGO 的联系，同时试图增强三者之间的沟通交流，建立在地工人、学生、NGO 的网络。然而在调研后期，恰逢广州市大学城环卫工人集体维权事件爆发，为笔者的研究提供了更为丰富的资料，社会各界力量的共同参与努力也令笔者在研究之余振奋不已。

本研究使用的资料主要是田野期间收集到的文字资料、观察和访谈记录、网络聊天记录、新闻媒体报道和政府报告及相关统计数据。由于田野资料侧重程度不同，本研究将以 2013 年连环罢工案例为主要分析对象，以 2014 年大学城环卫工停工维权案例作为补充。

第二章　"弱与苦的人都是相似的"
——结构性弱势的呈现

一、客观存在的"弱者"

1. 一个环卫工人的生活史

YZC 是四川德阳人，48 岁，1997 年在老乡的介绍下来到广州开始从事环卫行业，一干就是近 20 年。从普通员工做到班长，2009 年升任质检，从隶属于环卫局到 2007 年开始经历市场化改革，"（市场化改革之后）七个年头换了三个公司。"YZC 亲眼见证了环卫从一份好工作变成坏工作的全过程。在他的回忆中，承包之前，环卫工作是老乡们争先介绍的好工作，没有"关系"还很难进来。YZC 的爱人、哥哥、弟弟和弟媳一家五口都曾在越秀区从事环卫工作。"以前夏天有高温费，冬天有御寒费，平时还有各种补贴，年底了能多发一个月工资。承包之后就没有年终奖了，红包也没有了。"承包之后，公司为了节约成本，大量裁员"承包过后人一年比一年少，一个公司下来大概就要少20%"，留下来的工人要完成所有的工作量，然而拉长费^①却永远发不到手中。

每天凌晨四点半起床，五点到岗开始第一轮清扫，七点之前必须完成普扫，简单吃个早餐，就要开始重点地段的第二轮清扫。清扫完成之后开始保洁，上午十点，早班下班。下了早班来不及休息，YZC就要前往兼职的餐馆送外卖，"每天两个小时送快餐，有的工友中午晚上都送，我现在身体不太行，肩膀和腰都痛，就只送中午的。"下午两点到五点，是四个钟的下午班时间，周而复始，每周休息一天。"就怕罚款，岗位上20分钟不见人，扣分，地上垃圾20分钟没扫，扣分，上厕所超时，扣分，一分三块钱。"班长、质检、城管局都有权力扣分，越往上要求越严，"本来一分的事城管局要扣两分"。

在2013年连环罢工之前，YZC是越秀区HK公司的质检，相比普通员工，日子稍微好过一点。然而他因为想为工友出头，参加了连环罢工中的组织工作，是本研究中的底层工人代表之一。随后被秋后算账，2013年底合同终止不予续约。"13年的时候上了黑名单了，越秀区找不到工作"，考虑到自己的哥哥和弟弟两家人都在越秀做环卫工，自己和爱人两个人又住在一间工具房里，YZC选择了放弃抗争。"现在房租太贵了，工具房里虽然和扫把一起睡觉，但至少能省个房租，我怕我再一闹，啥都没有了"。

在朋友的介绍下，YZC来到天河区以普通环卫工人的身份"工龄清零，重新开始"。生活有什么变化？"没什么变化，还是五年回一次老家，变化就是天河区的罚款是一分扣50块钱"。

YZC的生活史只是广州市近四万名环卫工人的一个缩影，在本研究的访谈中，类似的案例数不胜数。番禺区的环卫工人ZXR，湖南人，来广州工作13年，一直从事环卫工作，初中文化，月薪1100，扣除社保到手800。（GPY13022302）越秀区的环卫工人YQZ，四川人，工资到手1300，每个月房租就要花五百，"承包之后过年发了20

---

① 公司裁员后，环卫工人工作量增加，公司承诺给工人"拉长费"作为补偿。

块钱红包，还有一瓶油，大家都要靠双份工挣钱"。（GYX13022504）

从环卫工人的生活史和工作史，我们可以窥见其工作的大致样貌。清扫街道的工人普遍采用轮班制（5:00~10:00, 10:00~14:00, 14:00~17:00, 17:00~21:00），每人每天两个班次计 8 小时，每周休息一天。为了在早上 7 点之前按规定完成第一轮普扫，早班的环卫工人不得不更早起床开始工作。虽然广州市环卫行业机械化水平逐年提高，其道路保洁面积和生活垃圾清运量也在不断提高，环卫工人的工作压力实质上并未得到减轻。

2. 当"弱者"面临生计危机

（1）生计危机

在诸多关于环卫工人生存状况的报告、研究、报道中，广州市环卫工人几乎是"天然的弱者"。从抗争的角度而言，结构上，他们年纪大、教育程度低、没有技术专长。组织架构上，他们没有真正的工会组织，地缘关系在拓展了团结的同时也增强了"小圈子"的边界。从生活史和工作史的角度，我们还能看到他们正面临着严峻的生计危机。

以工资为例，环卫工人的工资由基本工资、环卫津贴和加班费构成，每年 6 月至 10 月有高温补贴 150 元。其中，环卫工的基本工资多年和广州市最低工资持平，环卫津贴自 1994 年制定以来一直是每天 4 元。由此可以计算，2012 年环卫工人基本工资也即广州市最低工资为 1330 元，环卫津贴每天 4 元，以每月工作 26 天计即为 104 元，高温月份加上高温补贴每月 150 元，在 2013 年环卫工人抗争之前，其高温月份工资（不含加班工资）为 1584 元。而与之对应的，同年广州市城镇非私营单位从业人员年平均工资为 62598 元，也即月平均工资为 5216.5 元。[①] 环卫工人每月收入仅为城镇非私营单位从业人员月平均收入的三分之一。事实上，计算出来的工资还要扣掉约两百元左右的社保费用，才是环卫工人真正到手的工资数目。

[①] 数据来源：广州市统计年鉴 2013 表 3-7 "主要年份城镇非私营单位从业人员数及工资"，参见广州统计信息网：http://data.gzstats.gov.cn/gzStat1/chaxun/njsj.jsp

（2）雪上加霜的市场化改革

早在 90 年代末，广州市即响应了国家环卫行业市场化改革的探索浪潮。2001 年广州市颁布了《广州市市容环境卫生管理体制改革方案》（以下简称方案），方案为环卫行业市场化提出了"企业化经营"、"社会化服务"、"产业化发展"的三个改革方向。广州的十个行政区都将开展环卫行业市场化改革。改革的内容包括实现行政和企业、管理和作业的分离；把街道环卫站并入市容环卫监督管理所；推行环卫行业招标制度等，并规定了机械作业、公厕、水上打捞等一系列项目的经营模式。[①]2008 年左右，广州市各马路街道基本完成市场化改革，2013 年环卫工人连环罢工时，社区环卫工作市场化改革尚在试点推行当中。

市场化改革之后，尽管依照方案行政和企业、管理和作业分离，但政府仍然掌握了过多的资源。竞标过程中对低价的偏向使得中标公司大量裁员，以缩减人力资本，"马路上扫不出钱来"，公司"吃人头"的行为也早已成为行业内公开的秘密。

被催熟的市场化改革无疑给本就面临生计危机的环卫工人带来了新的压力。工作量加重，"拉长费"却未到位。环卫所时期的福利也已然丧失，好工作变成了坏工作，环卫工人的"弱者"地位名副其实。

然而，"弱者"的形象虽然存在，并不一定天然被认知。要想从结构上的"弱者"转变为公共视野里的"弱者"，从"最熟悉的透明人"转变为"可见的人"，环卫工人需要使用"示弱"的技术。

二、"示弱"：结构性弱势的呈现

郭于华在对骥村农民的研究中提出了"受苦人"的概念。这里的"受苦人"是农民对自己的称谓和定义，包含了当地农民世世代代生活的体验，而此处的"'苦'既是身体的感受，也是精神的体

---

① 参见广州市政府网，《广州市市容环境卫生管理体制改革方案》穗府函 [2001]33 号，http://www.guangzhou.gov.cn/node_2310/node_2384/2005/06/15/111877663253068.shtml

验；是对客观事物的评判，更是自我认同和群体认同的表达。"（郭于华，2008）在广州市环卫工人的案例中，环卫工人通过"示弱"的技术，展示了自己的结构性弱势、强化了工人的内部网络，同时动员了外界力量。这套技术大致可分为两类，即基于话语的"弱者"地位的讲述以及基于身体的"弱者"形象的展示。接下来笔者将进行逐一分析。

1. "弱者"地位的讲述

在最初进入田野，展开对环卫工人的访谈时，笔者即被这个群体的"弱势"打动。然而随着调研的深入，从初次听闻环卫工人艰辛生活的动容，到记不清第几次站在街角，和亲切的、害羞的或是义愤填膺的环卫工大姐拉家常的"麻木"，笔者发现访谈收集的笔记开始逐渐趋同，如果仅从田野笔记来看，这是一个同质性极强的群体：来自相似的地区（湖南、四川、广西），有着相似的年龄和学历，更为相似的是，所有的工人都拥有相似的诉苦话语。

（1）"起得比鸡早，干得比牛多"——结构性话语

番禺区的环卫工人 ZLF 和爱人在相邻的两条街做环卫工人，每天凌晨四点就要起床，"起得比鸡早，干得比牛多"是她对自己做环卫工作的总结。这句话本是网络上流传的段子，来源已不可考，社会各行各业都曾有人拿此自嘲，然而用在环卫工人身上显得分外契合。

在对环卫工人弱势地位的讨论中，年纪大、外乡人、低学历、没有技术专长均被视为环卫工人的结构性弱点。访谈过程中，"外地人""啥也不会""啥也不懂"都是被不断强调的重点。辛苦的工作、微薄的工资和房租、物价的对比更是被反复提及。在媒体关于环卫工人的报道中，同样的叙述也屡见报端。在《南方都市报》的一期报道中，记者引用了环卫工人 ZXJ 的叙述："130 元以前灌 2 瓶煤气，现在灌 1 瓶；房租 60 元涨到 650 元；30 斤大米以前 40 元，现在 130 元。猪肉、牛肉都涨了！"[①]类似的，《新快报》的报道中，环卫工人

---

① 南方都市报，2013 年 1 月 18 日，《环卫工吁求：基本工资上涨 10% 增住房补贴或发公积金》

WXB 表示"三更半夜睡得正香，一接到电话也得马上去到现场（清理垃圾）。一场活干下来，十个有九个都会得感冒的……"[①]

值得注意的是，在问及环卫工人收入的时候，大家都心照不宣地自动忽略了其各种兼职的收入。在本章开头 YZC 的案例中，在笔者的追问下得知，每天两个小时的送餐兼职，在 2012 年可以为他带来每个月 900 元的收入，到了 2015 年则涨到了每个月 1500 元。在番禺区的访谈中，一名湖南籍的工人告诉笔者："北边我们湖南人比较多，再往那边都是贵州人，贵州人都打好几份工，他们有钱，不在乎。"（GPY13022305）当接下来的访谈遇到贵州籍工人时，工人们都表示："没那回事，没得多少钱。"（GPY13022307）与之对应的，在涉及工作时间与工作压力时，兼职送餐或是其他工作的每天几个小时又会被计算在内。笔者无意过度揣测这种微妙的区别，可能是"打零工"不被视为正式工作，收入被视为"零钱"；也可能是环卫工人群体的有意识策略运用。然而无论如何，在环卫工人的反复诉说中，我们可以总结出一套完整的关于辛苦工作、收入微薄的结构性话语。

（2）"现在什么都没有了"——历史性话语

市场化改革（工人称之为"外包"）之前，环卫工人分属各环卫所管理，在环卫工人的叙述中，那是一段有福利有补贴的"辉煌过去"。外包之后待遇的悬殊落差让工人倾向于使用历史性话语突出现在的"弱势"。

"以前还有年终奖，能拿到 2000 多块钱，过年过节还有礼品，领导还会请我们吃顿饭，我们还有计划生育奖、交通补贴，现在什么都没有了。"在越秀区的访谈中，一名工人告诉笔者，外包前，他直属于城管局环卫处，分包之后由一个皮包公司管理了一年，又在 HK 公司呆了两年，2009 年之后 FR 公司中了标，和这片片区的环卫工人签了四年的工作合同。"去年（2012 年）年底的红包是 20 块钱。"（GYX13022503）

在罢工期间，媒体对于环卫工人的报道中也常常可以看到工人们

---

① 新快报，2012 年 10 月 21 日，《上一秒刚清洁完，可能下一秒就有人扔垃圾》

对外包前福利待遇的留恋叙述。"在保洁所里干活的，虽然基本工资跟他们差不多，但是福利要好得多。比如有宿舍住，一个月只用交几十块钱房租，一到过节还会有两三百过节费，甚至有 1200 元的年终奖。"（荔湾区环卫工人 ZXY（化名））[①] "以前发一些油啊米啊的，现在都没有了，以前每年发的年终奖，之后也没发过，也不知道会不会补发，夏天的时候就发两箱子凉茶。"甚至连"公司发的毛巾扫帚抹布都没有以前经用了。"[②]

（3）"为什么他们有，我们没有？"——比较性话语

除了讲述现在生存状况的结构性话语和描述过去荣光的历史性话语，环卫工人同样会使用比较性话语，通过和其他群体的比较来突显自己的弱势地位。

这里的其他群体可能是其他行业的工人："现在保安的收入都有 2000 多块，可这么多年了，给我们环卫工加个工资怎么就这么难呢？""亚运期间，公务员都发了补贴，为什么环卫工就没有补贴？"（GTH13022701）；也可能是其他城市的环卫工人："新疆、武汉等多个城市免费为早班环卫工人送热乎乎的早餐，而我们要免费得多干半个小时，真是冷暖两重天啊。""我们的环卫津贴 20 年了一直是 4 块钱一天，从来没涨过，听说北京上海的环卫工人都是 15 块钱一天。"（GLW13022602）甚至仅仅是其他区、其他公司的环卫工人："天河区环卫工罢工三天，结果得到了亚运会和创文创卫的奖金共 1000 元，为什么我们就没有？""HK、AYX 公司员工逢节假日上班又逢双休日的情况，公司只给 3 倍节假日加班费，2 倍双休日加班工资就不计算，为什么和 FR、WJM 公司不一样？"[③]

（4）小结

在环卫工人的文字叙述中，同样可以看出对上述三类话语的有意或无意运用。2013 年 1 月，在天河区和荔湾区相继爆发罢工事件之后，

---

① 第一财经日报，2013 年 1 月 17 日，《广州环卫工"薪声"》

② 南方日报，2013 年 1 月 19 日，《广州环卫工坐下休息会被罚款，10 年来集体停工 5 次》

③ 田野一手资料：越秀区环卫工人传单 A。HK、AYX、FR、WJM 是越秀区环卫行业市场化改革之后承包越秀区环卫工作的四家公司

越秀区环卫工人也开始谋划进行停工抗争。与此同时，两张由工人精英书写的传单开始在越秀区环卫工人群体中悄悄流传。其中一份传单写道：

　　环卫工人兄弟姐妹们：

　　当前，物价飞涨，我们的生活已经举步维艰了，可政府及承包公司还是肆意地想方设法地克扣、压制我们应得的本已少得（的）可怜的工资、福利待遇，现在，天河环卫、荔湾环卫都已行动起来了，我们也要用实际行动来声援他们，来表达我们的诉求。

　　一、住房公积金是国家制定的政策（包含有我们外来工在内），要求政府执行（从政策发布执行起补齐到现在）。

　　二、补发国家法定节假日克扣我们的双休加班费。

　　三、创卫创文及迎亚运的奖金。

　　四、环卫津贴要求提高（二十年没提高过）。

　　五、我们路段上的人员的大量缩减，增加的工程量怎么算。

　　六、我们生活工作在中心城区承受着巨大的房租、物价压力，请求给予补贴。

　　七、要求提高我们的最低工资标准。

　　兄弟姐妹们，我们的要求是合理的、合法的，我们只有团结起来才能维护自身的合法权益，事实证明：靠其他途径的申诉得到的只是官场空话、废话。请大家在2013年1月20日早上7点到人民公园集中。

　　请复印，请转发，请相互告知。

　　在这份传单中，可以明显看出结构性话语和历史性话语的运用。值得注意的是，在这份传单中，环卫工人运用了简单的政策和法律话语，另一张传单里则包含了更为细致和有依据的法律话语并计算了应得的工资："例如：国庆假日，1、2、3号算3倍工资，4、5、6、7号计算两倍工资或安排补休4天。我们一直以来只拿到前3天3倍的工资，后四天什么都没有给。"然而书写这两份份传单的环卫工人都属于环卫工群体中的精英分子，有相对较高的文化水平（高中文化）。

在普通环卫工人的诉说中，基于生活体验的话语仍然占据主要部分。

2. "弱者"形象的展示

除了基于话语的讲述，基于"身体"的弱者形象展示是"示弱"技术的另一个重点。身体社会学理论把"身体"视为社会学的研究对象，"身体"不仅仅是躯干肉身，更可能是一种象征、一种隐喻和一种载体。（文军，2008）应星在关于乡村政治的研究案例中也发现了一些在政治与日常生活碰撞中村民们用身体和难以以理性解释的策略行动。（应星，2003）

（1）"双手"的无声控诉

2013 年的连环罢工潮中，一张照片登上了广州市各大媒体的头条。照片里，一双粗糙干裂，贴满胶布的手捧着一张工资条，工资条显示这名叫李运妹的环卫工人该月的工资为 1061.08 元。这张照片最早的来源是 2012 年 1 月 6 日一条关于广州增城环卫工人抗争的新闻，然而双手和工资条对比的视觉冲突力如此之大，以至于这张照片或与之类似的照片反复出现在一年后关于连环罢工事件报道的标题之下 ①。在《人民日报》的一则报道中，有这样一段话："记者看到，虽然只有四十六七岁的年纪，但胡立华和李月英都显得比较老，特别是李月英，两鬓的白发数量已经明显多过了黑发，皮肤因风吹日晒而变得又黑又粗，额上还出现了细密的皱纹。她摘下白纱手套，呈现出来的双手布满老茧，指尖上还有很多开裂的小口子，指甲缝都是黑的，看了不禁心头一酸。"② 有市民看到这张照片之后给《南方都市报》评论道："粗糙、缠有胶布沾满灰尘的手，捧着一张列明细目的工资清单，图像浸透着不平和屈辱"③，并表示之前看到环卫工人分拣垃圾时被垃圾中的金属、玻璃划伤手指的新闻。

在笔者的访谈之中，也经历过数次环卫工人主动拿出工资条捧

---

① 羊城晚报，2013 年 1 月 14 日，《几年后，他们走了，我们靠谁？》；南方都市报，2013年 1 月 18 日，《环卫工吁求：基本工资上涨 10% 增住房补贴或发公积金》；东方卫视，2013 年 1月 24 日，《广州越秀区：环卫工要求涨薪街道无人清扫》1 分 31 秒等。

② 人民日报，2013 年 1 月 17 日，《一线环卫工生活调查：挣的少、住的差、保障低》

③ 南方都市报：2013 年 1 月 19 日，《街谈：请善待扮靓广州的环卫工（评论）》

在手上让笔者拍照的情况，环卫工人朴素地认为，拍了照可以"放到网上"，就会有人来"关心我们"。很难把这种"双手"的展示拔高成表演的策略，但至少可以说明，环卫工人在"示弱"的过程中，对于"双手"的符号力量有自己的意识和理解。

（2）"疼痛"的展示

环卫工人的粗糙双手与工资收入的巨大对比彰显了其"弱者"的形象，唤起了社会各界的同情。除此之外，环卫工人的"疼痛"同样是弱者形象展示的重点。在访谈过程中，多位环卫工人向笔者表达过自己身体的疼痛。"扫把很大很重，扫完下来我这个手啊你看都在抖。"（GYX13081302）"一个班50个人，30个都中过暑，大家都有风湿啊或者类风湿。"（GTH13080601）

环卫工人关于身体疼痛的表述也常常成为新闻报道的关注点。"这些年的工作让她得了风湿病，一到下雨天，腿和手关节都疼。"[1]"好多工友都有关节病。一冻一热，经常容易感冒咳嗽，公司不给病假，生病了一样要干活。"[2]

在这里，环卫工人的"双手"和"疼痛"已经远远超出了其原先的意味。"双手"的粗糙和干裂隐喻着工作的劳累艰辛，"手捧工资条"的强烈对比暗含着不公平和不正义。整体画面如罗立中的《父亲》一般让观者产生强烈的震撼和思考。在视觉时代，"粗糙双手"的沉默控诉是对"弱者"形象的绝佳阐释。而"疼痛"的表述除诉说工作艰辛生活不易，还暗喻着保障的匮乏，由此引发了诸多关于休息站是否足够，工伤保障是否欠缺的思考。

三、"示弱"的功用

1. "示弱"作为一种动员机制

所谓"示弱"，也即环卫工人通过话语讲述和身体展示，把自己的"结构性弱势"呈现在大众视野中的过程。"弱而苦"的形象动员

---

① 南方日报：2013.2.12，《四川籍环卫工郭瑞芝：年年为广州保洁，16年在岗过春节》

② 人民日报，2013年1月17日，《一线环卫工生活调查：挣的少、住的差、保障低》

引起了社会的广泛的关注和同情。每一个环卫工人都深谙这一整套技术，并有意或者无意地加以运用。无论是面对笔者、广州市的大学生、新闻记者、劳工NGO、政府官员，或是任何愿意倾听了解他们的普通市民，环卫工人的"示弱"都可以完整上演。这套技术并非生就如此，而是在环卫工人们数年来的生活智慧和抗争经验的基础上不断被打磨完善。每天清扫街道的环卫工人和社会生活息息相关，然而在大多数时间内，对于城市居民而言，他们都属于"最熟悉的陌生人"（intimate strangers），"示"正是从"隐形的"（invisible）变成"可见的"（visible）的过程，环卫工人由此从一个边缘的隐形的群体转变为可见的、被公众所认知的对象，而"示弱"则是环卫工人"弱者"形象的初步建构。

2. "示弱"作为一种团结机制

值得注意的是，环卫工人的"示弱"不仅是动员机制，也是一种团结机制。界线理论认为，界线是指"我们用来分类物品、人群、实践，甚至时间与空间等的概念性划分"。（Michele Lamont，1992:9）人们通过日常生活中的实践来连结制度上的社会分化分类与人们自身的认知过程，被称为"划界工作"。蓝佩嘉在台湾东南亚帮佣的研究中分析了移民工人与雇主在跨国交会中衍生的性别、阶级、族群/国籍和家/家庭界线的复杂缔连。（蓝佩嘉，2008）

环卫工人的"示弱"技术也同样是一种划界的方式。通过不断地诉说和展示，强化了"我们环卫工人"和"弱者"的连结，这种对于"我们环卫工"的认同并非基于职业，而是基于示弱过程中建构的"弱与苦"形象。当然，这个"我们"中仍然存在比较和攀比，如比较性话语运用中和其他片区其他公司环卫工人的比较，但是一旦涉及到和其他群体的对比，"我们最弱最苦"便成了所有工人的共识。由此，环卫工人通过"示弱"不断建立了与其他群体的区隔，达成了内部日益紧密的团结。而界线的另一边，并不特指是公司或是政府，而是所有"没有我们苦"的人群，可以是公务员、白领，也可以是保安、工厂工人或是服务员。

然而，和具海根对于韩国工人研究中提出的工人们以"恨"深化团结不同，韩国工人是一种"抵抗认同"，有强烈的对抗性，导致了他们激烈的反抗。（具海根，2004）环卫工人以"弱"团结并不能直接导致反抗，也不必然带来胜利，只是其掀起抗争的前提之一。"示弱"动员了广大的社会力量，环卫工人和社会力量共同参与的"造弱"过程，才是2013年以来广州市环卫工人抗争浩大声势的关键所在。

第三章　"被侮辱与被损害的"
——象征性弱势的符号建构

在"示弱"阶段，环卫工人呈现的是其结构性的弱势，如年纪大、外地人、没文化、没组织，做最苦的工作，拿最低的工资。在经过大众媒体、社会力量和地方政府的联合"造弱"之后，一种"象征性"的力量随着"关注关爱环卫工人"氛围的形成逐渐形成，环卫工人被建构为一种社会"弱者"的符号。具体而言，在大众媒体的视野中，"城市美容师"的道德光环与挣扎在生存悬崖边的底层群体构成了巨大的反差；在大学生的视野中，环卫工人的弱势与社会良心和公民社会的秩序联系在一起，而且"关怀环卫工人，就是关怀我们自己"；在劳工NGO视野中，环卫工人在"结构性弱势"之上被加诸了"被'强者'损害"的弱势，其各项合法权益均被不同程度地侵害；地方政府的参与和积极回应，为环卫工人的弱者符号提供了必要的结构性环境。"造弱"在对环卫工人"弱者"形象进行符号建构之余，把环卫工的"弱"与更广范围的群体联系在一起：公司、政府、市民、大学生和社会组织，最终激起了广泛的社会讨论。

一、大众媒体的报道

在罢工潮持续的三个月（2012年12月至2013年2月）里，环卫工人的罢工事件成为地方大众媒体乃至中央媒体集中报道的热点议题。从笔者采集到的数据（表 3.1）来看，《羊城晚报》和《南方都市报》的报道均有 30 篇，《南方日报》和《新快报》也有近 20 篇报道。除此之外，广州本地卫视、全国各地卫视均在新闻中报道并持续关注本次事件。大众媒体报道的高密度使得环卫工人成为持续性的社会热点问题，始终吸引着公众的关注。

值得注意的是，《人民日报》在 2013 年 1 月共计发表了 5 篇报道讨论广州市环卫工抗争问题。在荔湾区环卫工人停工抗争时，《人民日报》更是连发 3 篇系列报道讨论本次事件及其背后的问题^①。

从内容来看，这些报道主要有三种形式：事件过程的描述和跟踪报道，深入访谈和调查报道，以及评论文章。在 2013 年荔湾区和越秀区环卫工人罢工事件中，各个地方纸媒每天都有事件发展和进度的跟踪报道。通过对事件本身的过程描述和多方访谈，罢工事件以"中性报道"的方式传播开来，进入公众视野。

表3.1　　纸媒对环卫工人抗争案例报道数量（2012.12–2013.4）

	2012.12	2013.1	2013.2	2013.3	2013.4	小计
羊城晚报	2	13	12	2	1	30
南方都市报	2	16	10	1	1	30
南方日报		13	5		2	20
广州日报		1	4		2	7
新快报		4	11		1	16
第一财经日报		3	1		1	5
信息时报		5	1			6
人民日报		5				5
小计	4	60	44	3	8	119

---

① 2013-1-14《广州市环卫工停工求加薪调查：外包后收入过低》、2013-1-17《一线环卫工生活调查：挣的少、住的差、保障低》、2013-1-18《薪水过低，赖外包吗？》

在以深入访谈和田野调查为特征的深度报道中，环卫工人的生计危机被作为重点凸显出来。罢工期间，大众媒体开始通过讲故事的方式深入挖掘环卫工人的生活和工作，伴随着讲故事的往往是"煽情"的评论内容和有视觉冲击力的图片。

《羊城晚报》2013年1月14日发表的《几年后，他们走了，我们靠谁？》是一个较为完整的例子。在这篇报道中，记者以早班中班夜班的形式，讲述了三名环卫工人的故事。在午班故事中，环卫工人的讲述是"这几年物价飞涨，1300元的基本工资不够用，当环卫工只剩下'辛苦'。"在夜班故事中，记者详细描写了环卫工夫妇李荣花与胡华的晚餐："红色的塑料饭盒里，主要是白饭，白菜炒星点肉末，和着一大坨辣椒酱。饭菜当然早就凉透了，如果天气实在太冷，她会去找旁边的小店要一点热水。"而他们俩喜欢上晚班的原因是"晚上没人在家不用开灯，省电。"为了使报道更有说服力，记者还亲身体验了环卫工人的工作，计算了环卫工曾姐一家的工资收入和支出，并评论道："我们早已习惯了洁净的广州和每天自动消失的垃圾，而让这一切成为可能的'他们'是谁，我们无暇顾及。环卫工，成了我们生活中最熟悉的陌生人。然而，微薄的收入、高企的生活成本、日渐衰老的身躯……曾经吸引他们的大都市，正把他们越推越远，他们大多在勉强支撑，盼望着早日回乡。之后，年轻一代有几人愿意接班？之后，我们怎么办？"这篇报道配了三张图片，分别是天还没亮的清晨环卫工曾姐拖着巨大垃圾箱的瘦小背影、曾姐和老公居住的简陋出租屋以及曾姐被磨出老茧的双手。在各个报道中，环卫工人的饮食、居住条件和工资水平等细节性描写频频被展示出来，一种苦难和悲惨的形象跃然纸上。

除了上述两种方式，新闻报道中的评论和独立的评论员文章也表达了对环卫工人的同情和理解。有评论提到，"今天之能想起他们，还是出于'他们走了城市咋办'的担忧，不是良心发现，而是因为想到自己才不得不想起对方。那么，他们要苟活下去，恐怕就必须让城市有所痛感，感受到他们存在的必要。除了集体停工，他们还能怎样抱团取暖呢？"①

　　还有一些访谈和评论集中探讨环卫事业改革问题。如《人民日报》发文提问"薪水过低，赖外包吗？"，在陈述环卫工人工作现状及环卫市场化改革的大致过程之后，该报道指出环卫项目竞标"价低者得"的原则使得中标公司为了节约成本裁减人员，克扣"拉长费"、加班费。它呼吁"外包之后，不能变相卸包袱"，认为环卫工人停工抗争直指市场化改革。在《羊城晚报》的访问中，市总工会前常务副主席提出，通过环卫外包，"政府真的能省到钱吗？政府的钱有没有监督，真的用到实处了吗？承包公司削减环卫工人数之后，工作质量如何？最后，即使'减负增效'两个目的都达成了，还要评估一下，这种机制是否造成了新的不稳定？"②

　　《南方都市报》将网友的评论整理出来，有网友提到，"环卫工人的活最累最脏，应得到社会的尊重并提高工薪。一座城市少200个官可以，少了200个环卫工人就成了垃圾场。"还有网友认为，环卫工人"是在拿最少的钱做最累最污糟的工作。别跟我说政府无钱，不用讲三公消费，别搞来搞去整条臭涌，你自己想想可以省多少？"③

　　通过上述三种形式的报道，大众媒体在社会公众面前完整呈现并放大了环卫工人的"弱者"形象。几乎所有媒体都表达了对环卫工人的理解和同情。在"城市美容师"的称号与环卫工人生存现状的巨大反差中，环卫工人原本的"弱与苦"被强烈凸显出来。

　　关注环卫工人的一系列报道既出于媒体对热点的追随，也与部分媒体人的社会责任感和社会关怀息息相关。近三个月的连环罢工加之后期学生的各类活动，为大众媒体贡献了持续不断的热点，而媒体的报道反过来也为推动环卫工人的社会关注度不断加温，二者相辅相成，共同受益。

　　在2013年的连环罢工案例中，大众媒体的介入成为环卫工最终

---

　　① 羊城晚报，2013年1月15日，《大城小议：他们如走了，城市靠谁？》

　　② 人民日报，2013年1月18日，《薪水过低，赖外包吗？》；羊城晚报，2013年1月19日，《"分包"到了重新评估的时候》

　　③ 南方都市报，2013年1月12日，《谁分掉了环卫工的薪水？（评论）》

取得胜利的重要因素。然而在 2014 年大学城环卫工人抗争案例中，环卫工人在停工之后陷入了相当长时段的与公司胶着对峙的阶段，公司的通稿回应也使得停工抗争似乎进入"正在协商解决"的状态，没有热点可追的大众媒体仅仅对停工事件的开始和结果进行了报道。此时，大学生群体的介入为"造弱"过程增添了新的机制。

二、大学生的关注

对于环卫工人而言，大学生年轻、热心而又学历高，有着天生的正义感和热情，是工人们愿意也容易倾诉和求助的对象。在笔者进入田野之前，曾担心自己的学生身份与环卫工人的隔阂。在初步开始调研时，为了避免不必要的麻烦，还善意地假称自己是中山大学做社会实践的学生。然而实际开展调研之后才发现，广州市的环卫工人们相当熟悉与学生的交流，笔者的顾虑完全没有必要。在与田野中接触到的当地大学生的交流中，笔者发现，这群大学生并不局限于学校或专业，而是有着可谓"学生公益人"的身份，他们对于社会问题的关注远远超出笔者的想象，其关注范围也不仅限于环卫工领域，环境问题、性别不平等、广州老城区改造等等都是他们关注的重点。

在 2012 年底连环罢工爆发之前，一群大学生就对环卫工人群体给予了关注。早在 2012 年 10 月 16 日，学生们就开通了 @关爱环卫工人的微博账号。他们最开始只是简单地分享和环卫工人相关的新闻。环卫工人抗争事件爆发之后，学生们组织了大量的活动声援环卫工人。即使在停工浪潮平息，环卫工人取得阶段性胜利之后，学生们仍然没有停止对环卫工人的关注，在 2013 年夏天组织了"情义广州环卫工调研""给环卫工人送清凉"等活动，这种关注陆陆续续，到 2014 年大学城案例爆发，学生们的关注和介入达到顶峰。

如果说在环卫工人"示弱"和大众媒体初步介入的阶段，与"弱者"相关的只是急于甩包袱的政府、克扣补贴的公司、受影响的居民，整个罢工事件还只是工人、政府和公司三者间的博弈，那么在学生介入之后，环卫工人的"弱势"形象已经成为检验社会"良心"的标尺。

具体而言，大学生对环卫工人的关注主要有四种方式：调研和报告、申请政府信息公开、上演公共戏剧以及帮工人发声。这些方式常常综合使用，并在后续的行动中不断创新。

1. 调研和报告

调研是大学生介入环卫工人停工维权事件的基本方式，通过做访谈、发问卷的方式收集第一手的调研资料，在切身的体验和近距离接触的情况下撰写报告，这些知识领域的行动符合大学生的知识特点，也是大学生相对擅长的领域。通过参与到调研过程中，很多大学生对环卫工人生存状态有了更全面细致的了解，也由此坚定了帮助环卫工人的信念。

2013年1月25日，番禺区SQ街道七个社区的50名环卫工人罢工要求补缴社保，来自中山大学等高校的多位大学生成立了一个小组，于1月27日前往SQ街道进行了调研。事后，两名大学生分别完成了调研报告。华南师范大学的大学生HTT的报告发表在大众媒体上，她在报告中计算了SQ街道环卫工人的收入和支出：SQ街道环卫工人基本工资每月1100元，扣除社保238元，人均房租40元，如果不请假不被罚款每月实发工资为822元，而补贴包含修车费高温费等，每月约为55.8元，加班费约为每月56.25元。随后她计算了包括扫帚、水电费、清洁费等在内的每月固定支出，最终计算得出环卫工人每月最终能余下的钱为361.55元。在调研报告的结尾，她写道："昨天在SQ的马路边询问一个环卫工人阿姨时，看到了她的脚，龟裂。对不起，没有勇气拍下来，她穿着脏兮兮的李宁牌跑步鞋，挺好的，可是她的袜子是个塑料袋，你就知道那鞋也是捡来的。回到宿舍，我模仿了一遍，拿塑料袋做了一双袜子，穿上，走几步，怪怪的……我想一座城市就像一双脚，你要漂亮的鞋也要一双配得起这双鞋的袜了，对吧？"[1]另一位中山大学的大学生AK的报告发布在个人微博上，她以更为冷静的态度记录了包括环卫工人罢工现状，工资、工作时间等基本工作概况。

---

① HTT个人微博

在笔者的田野调研中发现，这次行动是大学生第一次以群组的规模接近环卫工人，给予关注。大学生们以积极主动的态度了解环卫工人生存状态，尽自己的力量宣传扩散消息，寻求更多关注。在这些行动中，环卫工人的弱者形象在大学生的心目中建构起来，也随着他们的信息传播而发布出去。大学生非常理性地把环卫工人的"弱势"地位和社会、市民联系在了一起，并使用了"公民""公民社会"等话语，认为在"民主法治写在脑海"的地方，罢工是公民意识的扩张，而在"民主法治写在纸上"的地方，罢工只是经验的利益收获。AK在调研纪实中写道："他们与我们融为一体，都是探索公民权利与义务漫漫长路上的爬行者。而我们不应该让某个群体独行。他们的发声渠道太少，而我们能用文字、照片，与相关部门的沟通为他们搭建中间桥梁……别以为环卫工人们无关紧要，每个群体都是公民社会中的部件。"① 面对环卫工人的"示弱"技术，大学生们也清醒地意识到环卫工人的"弱"可能是一种建构，但仍然表示"即使并非完全信息对称或真实，但求让更多人了解内里的酸楚与无奈，从这里，去唤醒一个公民的良知。"

在大学城环卫工人集体维权事件中，大学生也进行了大量的调研活动。他们通过深度访谈的方式挖掘工人的生命故事，力图将环卫工人的形象更为立体和全面地展示在公众面前；他们也通过问卷调查的方式详细了解环卫工人的工资、劳动条件、生活等基本信息。这些调研的报告以直观的方式展示了环卫工人的"弱者"形象。

此时，大学生们的介入已经初步把环卫工人的"弱"上升到了社会层面。改变环卫工人的弱势地位成为建设更美好的公民社会的必经之路，也是每一个有良知的"公民"应该关注的问题。

2. 申请政府信息公开

申请政府信息公开是大学生积极行动的一种方式，他们通过这种方式将环卫工人的弱者形象与地方政府的责任联系起来，以获得更大程度的社会关注和政府干预。

---

① AK 个人微博

2013 年 1 月 30 日，中山大学大三学生 XZ 给城管委寄信，申请政府信息公开环卫财政投入。随申请表寄出的还有一封《致市城管委的一封公民问询建议函》，建议函回顾了连环罢工时间表，介绍了自己了解的越秀区和番禺区环卫工人工资收入和诉求状况，并提出了问询和建议。

XZ 来自汕尾农村，曾经"卧底"深圳富士康体验农民工生活。在环卫工人事件之前，XZ 就曾在 2012 年 10 月 10 日向广州市建委申请公开广州市农民工博物馆建设工作规划及广州市农民工博物馆征集到的展品信息，希望唤起市民对农民工博物馆和农民工的关注。此次申请环卫财政公开得到了当地多家报纸的关注和报道，报道均配以 XZ 站在邮筒边，手持"让我们的城市美容师过上体面、受尊重生活"标语的照片。报道发表后，XZ 被冠以"寄信哥"的称号，有特邀评论员在《羊城晚报》"大城小议"版块称赞 XZ 用实际行动诠释了什么是"公民精神"。

2013 年 2 月 20 日，广州市城管委对 XZ 的问询建议函给出了回复。XZ 认为，虽然城管委给出的回复相对及时，但并没有针对申请的问题给出明确的答复。对于 XZ 而言，其申请信息公开并通过媒体报道的过程就已经部分达到了目的，城管委的回复是什么其实并不重要。

在 2014 年大学城环卫工人集体维权事件中，几个大学生再次使用申请政府信息公开的方式向社会和政府传达公民意见。

3. 上演公共戏剧

通过公共戏剧的展示，将环卫工人的弱势和大学生对这种弱势的理解与关怀表达出来，如请环卫工人吃年夜饭、为罢工的环卫工人送水、鼓舞打气、教唱歌等。

在 2013 年环卫工人罢工维权事件之后，广东外语外贸大学学生 ZT 和中山大学学生 AK 在微博上发起了"邀请人大代表与环卫工人吃年饭"的活动。他们表示，发起这次活动的目的"并不是想一个群体去悲悯一个群体，而是想每个群体间有机会彼此去看见和听见。让工人们在聆听和倾听中试图让更广泛的公众了解他们，也让公众在关注中理解他们的处境，摘除偏见与标签。"这次活动时间采用了众筹的方式，通过"淘宝购买"接受捐款，淘宝每次购买为 50 元，捐款用于环卫工人餐费，其他参与者自费，预计参与的环卫工人为 30 名，预计费用为 2000 元。这次活动获得了广泛关注，《羊城晚报》、《南方都市报》的记者在看到微博后也刊出了相关报道。自 2 月 2 日 14:36 公布募捐地址至 2 月 3 日 8:27，在 16 个小时内就筹集了 2500 元的年夜饭资金，共有 19 位市民捐助了 50 元至 800 元不等的捐款。

在大学城环卫工人集体维权事件中，大学生们采用了更多的活动方式。如以联名信的方式呼吁大学生和社会大众关注环卫工人的生计危机和抗争行动，截至 8 月 31 日合同到期最后一天当晚，联名信共收到 859 个签名，来自国内外 132 所高校及机构，截至 9 月 1 日凌晨，签名数已经超过 1000。有大学生在微博和微信平台上发起了"一人一句话撑大学城环卫工维权"活动，该活动以大学生手写支持环卫工的话并拍照为主要方式，同时只要在发微博时加上"# 一人一句话撑大学城环卫工维权 #"，所发微博内容即被计入这个"话题"，可以点击统一查看。大学生积极参与"一人一瓶水""一人一信致信大学城管委会"呼吁大学城城管委关注支持环卫工以及"一人一电话，急 call 街道办"等行动，支持环卫工人依法维权。有大学生准备了表达意愿的小纸条分发给工人并四处张贴：工服上、脸上、包括公司来到现场的汽车玻璃上，纸条上写着"GD 物业，停止作孽""还我工龄""她九年血汗，你用完就扔"等等。还有大学生到工人停工现场教工人唱歌，《团结就是力量》，改编版《没有共产党就没有新中国》和《小苹果》等。还有学生制作了三份海报张贴，其中一张海报的背景是环卫工人停工手举横幅的照片，用大字标题写道："公道自在人心""此刻你为我们呐喊，他朝你不失伙伴。"另一张更是触目惊心地以工人诉求书上的指印为背景。三份海报制作精美，极为震撼，停工期间在微博微信上广为流传。

4. 帮工人发声

在大学城环卫工人停工案例中，大众媒体发声较少，大学生成为帮助环卫工人发声的主要力量之一。微信、微博等社交媒体成为大学生帮助环卫工人发声的主要工具。

在大学城的案例中，环卫工人在 8 月初得知物管公司变更，工作无从安排，前往街道办、劳监等地反映情况无果之后，开始筹划集体抗争。在此期间，虽然有两个自媒体的微信公众账号报道了环卫工境况，却未产生足够的影响力（两篇报道的阅读量分别为 150 多和 200 多）。最终环卫工人选择在 8 月 21 日中山大学的开学日停工维权，并打出横幅"日晒雨淋九年合同终止，不承认工龄，请政府帮帮我们"。此次停工迅速引起了来往学生的关注，很多学生来到停工现场了解情况，环卫工人则表示"希望（通过停工）引起学生的关注，帮我们发发微博，让社会听听我们的声音。"（GDXC14082101）

同日，几个学生媒体和学生公益人的微信公众号都发布了"大学城环卫工人罢工维权"的消息，其中，中山大学某大四学生发布的题为《开学日，大学城环卫工罢工维权！》的文章在 24 小时内获得大学城多家学生媒体和公共账号的转发，至少有 15 万人转发或者阅读，引起了大量关注。在随后的停工时间内，大学生们的自媒体账号成为信息传递、观点表达的重要平台。在等待公司答复的期间，学生协助环卫工人注册了微博账号"@ 大学城环卫工人"，随时更新大学城环卫工人维权状况。

在停工维权的 24 天内，微信公众号和微博充当了信息传播的主力。微博的优势在于内容精炼，要点突出，受众范围较广，且发送数目不受限制。大学城环卫工停工期间只要关注"@ 大学城环卫工人"，就可以及时掌握大学城环卫工抗争进展。"@ 大学城环卫工人"的第一条微博发于 2014 年 8 月 24 日，内容是转发了 XZ 个人微博发送的长微博《开学日，大学城环卫工罢工维权》，表示"请大家支持我们"。停工前后，短短一个月内微博数量 204 条，粉丝 563 人。微博记录了停工方方面面的细节，其中，原创微博展现了公司从推诿搪塞到妥协谈判的全过程，非原创微博转发了社会各界人士对大学城环卫工人维权的看法。除此之外，许多大学生的个人微博也成为扩散消息的重要渠道，在一些关键节点上甚至起到了扭转形势的作用。在停工期间，工人与公司一度陷入僵局。8 月 29 日，中山大学学生 ZXQ 搜索到了一份重要文件：《广州市番禺区人民政府办公室关于印发番禺

区落实 [广州市人民政府办公厅关于规范广州市环卫行业用工的意见] 实施方案的通知（番府办〔2013〕46 号）》，其附件《番禺区市政道路保洁成本测算表》表明，小谷围街道核定环卫工人人数应为 426 人，而大学城环卫工人实际人数不到 220 人，这份文件证明了 GD 物业长期 "吃人头" 的行为。30 日，该消息被大学生 @KMPlayers 在微博爆出："广州番禺区政府网显示近年大学城所在地小谷围街道的环卫成本测算表，2004 年成立小谷围街道办环卫工核定 426 人，成本工资每人每月 3826 元，环卫工到手工资是 2000 多点相差巨大。环卫工说只有 200 多个工人干活，剩下 200 多个空头名额的工资、按照十年计算高达近亿元的财政拨款去向成谜。" 该条微博被转发 300 余次，引发了诸多关注和声讨，GD 物业陷入被动局势。

与微博不同，微信公众号成分较为复杂，既包括大学学生媒体官方公众号如 YX、GXZX 等，也包括学生个人公众号如 XZ 骑在骆驼上、AN 工作室等等。一些关注劳工群体的公众号如 XSD 也对大学城停工事件保持了长期关注和信息更新。据统计，停工期间，YX 每日资讯共发布相关文章 13 篇，包括从 8 月 21 日的《记者手记 | 环卫工人在中大 "迎新生"？》到 9 月 12 日的《环卫工人胜利啦！明天全员复工》。GXZX 则发布了 23 篇文章，几乎每天都更新一篇或多篇环卫工人相关信息；XZ 骑在骆驼上更新了 16 篇文章，AN 工作室 5 篇，XSD16 篇。

微信公众号信息的获取方式以 "订阅获取更新" 和 "朋友圈转发" 为主。订阅高校媒体公众号的大部分是高校大学生，而订阅个人公众号的人员背景比较复杂，XZ 作为广州市小有名气的学生公益人，其公众账号也吸引了相当多的公益圈人士和劳工界人士的关注。遗憾的是，XZ 的公众账号 "XZ 骑在骆驼上" 已被完全封禁，现在已经无法查看后台订阅数据。在广州大学城环卫工停工期间，XZ 因及时更新环卫工人停工信息，获得了新一批的关注。而 "朋友圈转发" 则相对随性，且常常会出现 "小圈子刷屏" 的状况，理论上来说并不是传播信息的好方式。但在本次事件中，大学城地处孤岛，环卫工人的服务对象主要是大学生，需要被动员起来的也是大学生，微信是大学生们经常使用的社交媒体，其针对特定的人群的信息传递方式反而起到了很好的动员宣传效果。

与微博相比，微信公众号的优势在于可以发长篇图文文章，且直接推送给订阅者，不足之处在于受微信系统限制，订阅号每天只能发送一次消息，且每次消息最多包含6篇图文内容，时效性上显然不如微博，但其深度和质量更具优势。同样在上述例证中，微博爆出GD物业"吃人头"的行为，GXZX也迅速在公众号上跟进了这一消息，发布了题为《重磅！大学城环卫工罢工事件最新进展》的文章，计算了相关成本数据，并号召网友来参与分析。

微信另一重要功能"群组"也在信息传递、经验交流和活动讨论中发挥了重要作用。大学生们可以随意新建或撤销群组，群组也可以通过"人拉人"的方式扩充人员。笔者在短短几天内被拉进了"环卫工维权交流群""大学生关注环卫工""现场直击大学城环卫工""一线工人高校学术互动群"等多个群组，每个群组人员有一定的重复度，又各有主题分工，由大学生中比较有经验、热情的学生进行管理，2013年环卫工连环罢工案例中积极关注环卫工人的大学生也都是2014年微信群组中的重要成员。

5. 小结

在广州市两次环卫工人维权案例中，大学生们用自己独特的方式参与了"造弱"的过程。环卫工人的"弱"成为检验社会"良心"的标准，"关爱环卫工人"成为公民行动的一部分，原本的劳资纠纷转变为对社会普遍价值观念的违背。众筹、一人一句话、一人一封信、一人一瓶水等活动都是为了吸引社会更多的关注和更多人的参与。而大学城环卫工案例中的"公共戏剧"活动则更具象征意味，掀起了大学生群体共同对抗GD物业的舆论浪潮，并吸引了更多大学生参占行动。后期，甚至有学生主动前往同属GD物业管理的广州市国家档案馆调查那里的保洁工人是否也有大学城环卫工人类似的遭遇。

在大学城环卫工人案例中，大学生是"公共戏剧"发起的主体，其活动并非仅仅为调动关于不公平的情感，而是更进一步，把活动作为公民社会实践的尝试。这些学生并没有一个确切的组织，所有的活动和交流都通过微信群完成。起初几名学生公益人是发起主力，随后更多的热心大学生参与了活动策划，谁有想法就在微信群中提出，然后大家一起头脑风暴补充细节并推动其最终实现。

2013 年连环罢工案例中，大学生们层出不穷的花样为后期乏力的大众媒体提供了新的热点和素材，而在 2014 年大学城环卫工人案例中，大学生们的社交媒体直接充当了大众媒体的职能。除此之外，学生实习记者也成为大学生和大众媒体连接的纽带，在经过多次合作之后，环卫工人、大学生群体和记者都建立了相应的联系。环卫工人收集记者名片，向记者爆料之余也同样会联系学生。大学生发起活动时也会联系相熟的媒体，三方形成了良好的互动关系，在环卫工人停工事件中成为"示弱"、"造弱"链条中的重要环节。

三、劳工NGO的协助——以番禺区SQ街道为例

2013 年 1 月 25 日，连环罢工案例中，继天河、荔湾区环卫工人停工抗争之后，番禺区 SQ 街道的 50 名环卫工人停工要求追缴社保。

早在 2012 年 3 月，番禺区 SQ 街道 7 个社区①的 63 名环卫工人就曾向街道办事处递交了《环卫工人请求书》，表示自己"十多年来，一直拿着按最低工资标准规定的工资，起早贪黑，不定期的检查卫生日、法定节假日和周日都加班加点，且全年无休地为社区的整洁干着最脏最累的保洁工作。"如今部分环卫工人到了法定退休年龄，但是用工单位从 2011 年开始才给他们买社保，无法为其提供退休生活医疗等基本保障。为此，环卫工人们要求补缴自入职以来至 2011 年 5 月的社会保险，并补发创文创卫补贴、带薪年假薪资、加班费，以及提出了将基本工资调整为 1500 元的要求。

该请求没有收到回复。随后，工人们又将要求书投递给多个政府部门，同样毫无回应。2012 年 4 月 25 日，环卫工人向广东省总工会、广州市总工会、广州市番禺区总工会提交了请求书。5 月 20 日，除YL 社区的六个社区得到承诺答应补缴 2008 年元月至 2012 年每月 150

---

① 其中 YL 社区于 2007 年转包给私营公司，其余六个公司未完成市场化改革

元的社会保险。在六个社区的环卫工人缴纳了个人承担部分的社保费用后，居委会却迟迟未完成补缴手续。

2012年11月1日，七个社区的环卫工人再度提出诉求，要求补缴社保之外，还提出了签订无固定期限劳动合同的诉求。

如果仔细看这份诉求书，我们会发现很多在前述环卫工人"示弱"过程中从未出现的陌生话语。诉求书中表述道："社会虽然给与我们'马路天使'、'城市美容师'的光环和荣誉称号，但是我们却发现我们即将落入老无所养、病无所医的尴尬境地。""根据《劳动合同法》第十四条规定，劳动者在该用人单位连续工作满十年的；连续订立二次固定期限劳动合同，且劳动者没有本法第三十九条和第四十条第一项、第二项规定的情形，续订劳动合同的，用人单位应当与劳动者签订无固定合同。我们都是长期在本社区从事环卫工作，我们要求单位与工人共同商议签订无固定期限劳动合同。"工人们熟练地运用了法律话语，并强调了自己"城市美容师"的身份，其诉求书论述逻辑之清晰也颇让人讶异。

事实上，劳工NGO在这个过程中扮演了重要角色。2012年2月，SQ街道的63名环卫工人联系到了地处番禺区的劳工NGO——DGZ服务部（以下简称服务部）。服务部工作人员向其介绍了之前追缴社保的案例，帮助环卫工人们撰写了第一封请求书，并一路跟进工人维权活动：帮助工人选取了工人代表，给工人提供了向街道办、总工会等部门提交诉求的建议。而劳工NGO对于环卫工人的影响并不是简单的"法律灌输"以及"全权代劳"，环卫工人在劳工NGO的影响下学习使用更为清晰的法律话语和思路表述自己的弱势困境。这个转变的过程是长期的、潜移默化的。在笔者前往番禺进行调查之时，几名工人代表ZLF、XJX等已经可以逻辑清晰地表达自己的诉求。其诉求从简单的"追缴社保"到"签订无固定期限劳动合同"也已发生了质的转变。

2013年2月23日，服务部召集番禺区环卫工人总结年前抗争的成果和不足。此时，离1月25日停工抗争已经过去了一个月，笔者参加了这次总结会。会上工人代表之一ZXR总结了抗争的收获："自

2011年前社保全部追了回来，最早到98年7月份。开始我们节假日也没有休息，现在带薪年假也追回来了，有五天休息，1月25日我们罢工了一次，停工了三天，以前创文创汇的钱还没有给我们，28日发给我们300元慰问金。还有过年的加班费，以前一分都没有，现在有120块钱一天。"工人代表ZLF则表述了未来的计划："我们要补缴YL社区工人的社保，还要享受带薪年假、高温费和创文创卫补贴。"此时环卫工人的思路还局限在社保和补贴上，接下来服务部的工作人员邀请了一名律师向大家介绍了住房公积金和无固定期限劳动合同等相关法律法规，并通俗易懂地解释道："（住房公积金）说直接一点，就是你存了10块钱，能拿20块钱回来。"随即又回答了环卫工人的几个疑惑，如"单位已经给我们房子住了，我们还能拿钱吗？""我们都快退休了为啥还要交公积金呢？"在了解到追讨公积金合理合法且不局限于买房使用之后，环卫工人们把追讨住房公积金加入了新的诉求。

"无固定期限劳动合同"这个词对环卫工人来说拗口又陌生，服务部同样用浅显的话对环卫工人做了解释："环卫工友在这里做了好几年上十年，但是现在我们的合同都是几年一签，今天和这个签明天和那个签。其实我们早就达到了签无固定期限劳动合同的标准，企业各处签的方法是违法的，无固定期限劳动合同一旦签订，企业就不敢随便解雇我们，因为一旦解雇就需要给我们补偿金。"在了解无固定期限劳动合同的好处之后，环卫工人也当即把签订无固定期限劳动合同作为诉求之一。笔者注意到，几名工人代表记录并默念了几遍"无固定期限劳动合同"的名词，准备回去告知其他工友。

在服务部介入番禺区SQ街道环卫工人抗争的案例中，我们可以看到劳工NGO在"造弱"机制中起到的作用。在NGO的帮助下，环卫工人虽然不一定掌握了法律知识，但是掌握了"法律话语"，为其"示弱"的过程增添了法律依据。其叙述逻辑的简明清晰也增强了"示弱"的表达效果。

同时，在番禺区SQ街道环卫工人追缴社保案例中，劳工NGO及其联系的相关维权律师、法律援助机构清晰地分析了环卫工人权益受损的状态。指出追缴社保可以依照《社会保险法》《社会保险费征缴暂行条例》《实施〈中华人民共和国社会保险法〉若干规定》《国务院关于工人退休、退职的暂行办法》《劳动保障监察条例》《广东省职工社会养老保险暂行规定》等法律，明确指出用人单位存在违法行为，至此，环卫工人的"弱"不再是结构性的、客观存在的，而是被"强者"所侵害的，公司和政府在造就环卫工人弱势局面上有着不可推卸的责任。

四、地方政府的参与

在环卫工人的抗争行动中，地方政府的积极回应构成了环卫工人抗争的政治机会。

广州市自1988年将10月26日定为"环卫工人节"，此后每年都会举办评选"优秀城市美容师"的活动。"环卫工人节"当天，被评为"优美师"的环卫工人将佩戴绶带受到市政府领导的接见。不同区的城管局还会举办环卫工人先进事迹分享、"环卫模范夫妻评选"等宣传活动，甚至还会为评选优秀的环卫工人落户广州。

2012年10月26日是广州市第25个环卫工人节，广州市成立了环卫工人困难救助基金会，用于救助遭受重大疾病、自然灾害或事故的环卫工人或其家庭成员。当天，时任广州市委书记WQL发表讲话称："实践证明，广州的环卫工人是一支特别能奉献、特别能战斗、特别能吃苦的队伍。在广州人民心里，广大环卫工人无愧于'城市美容师'的光荣称号，是广州最可敬的人。广大环卫工人体现出来的'以广州为家、以城市美容为任务'的奉献精神，值得我们认真学习，总结宣传，激励我们为建设低碳经济、智慧城市、幸福生活的美好家园而努力奋斗。"[①] 与此同时，广州市还开展了"羊城市容环境杯"和"优秀城市美容师"双竞赛活动，除了个人有机会荣获"优美师"称号，各单位也将竞逐"羊城市容环卫杯"优胜单位。

看似一片烈火烹油鲜花着锦，环卫工人似乎在广州有着极高的

---

① 广州日报，2012年10月27日，《关心支持理解尊重环卫工人，共建共享幸福广州美好家园》

地位，然而在实际访谈中，却有很多环卫工人表示环卫工人节和他们没有什么关系，既不会有补贴也不会放假，"那些选上优美师的都是有关系的人，我们从来都没得选上的。"（GYX13022503）在政府对环卫工人推崇、赞美的氛围之下，公众对环卫工人的实际状况并不了解，加之近年经常出现的大学生争当环卫工的新闻，许多公众误以为环卫是份高待遇的行业。当2013年环卫工人停工事件爆发，环卫工、大众媒体、学生和劳工NGO把环卫工人的"弱"推向公众时，市民们才意识到往昔的口号和尴尬现实的巨大差距。2013年1月18日的《南方都市报》还以"环卫工涨薪，一直在风中"为题总结了往年政府对环卫工待遇的回应：2011年1月29日，时任广州市常务副市长SZQ指示街道提高环卫工待遇；2011年10月24日，时任广州市市长WQL表示"天地良心，就算物价不涨，这工资都是偏低的"。2012年10月26日，在第25个环卫工人节上，时任副市长XXD嘱咐市城管委做好调研并表示"环卫工工资标准低了……一步不能到位的就逐步来，起码政府要给出这个重视态度和动作。"[1]

然而这样的"重视态度和动作"做了多年，环卫工人的待遇依然不见改善，政府对环卫工人的有意抬高与赞美反而与环卫工人实际弱势地位形成了强烈对比，加强了公众对于政府"不作为"的认知，在另一个层面成为环卫工"弱者"符号建构中的一环。

五、"造弱"：象征性弱势的符号生产

2013年4月27日，广州市人民政府办公厅发布《关于规范广州市环卫行业用工的意见》。该意见规定所有环卫企业必须按《劳动合同法》要求与环卫工人签订劳动合同，并办理相关社会保险手续。要求环卫企业严格实行环卫工人每日工作不超过8小时、每周工作不超过40小时的工时制度，保证环卫工人每周至少休息1天。在工资方面，《意见》规定合同制环卫工人的月基础工资不得低于当地最低工资标准的110%，环卫岗位津贴则按照岗位工种、工作环境和劳动强

---

[1] 南方都市报，2013年1月18日《环卫工提案：工资上涨10%增住房补贴或发公积金》

度的差异被分为 13 元、10 元、8 元三个等次。高温补贴和加班费标准没有变化，而春节和环卫工人节环卫工人每人可以拿到 200 元慰问金。除此之外，《意见》对住房公积金、带薪年休假、社保标准都进行了规定。根据《意见》计算，环卫工人月均工资最高可达 3033 元。

除此之外，广州市还下发了《广州市环卫保洁项目招标文件范本》《广州市环卫保洁项目合同范本》和《广州市环卫保洁市场化运作监督管理规定》三份文件以规范环卫行业用工。环卫工人的工资有了很大的提升。涨薪后，笔者对部分环卫工人进行了电话回访，工人们表示工资虽然不一定达到 3033 元，确实有了提高，毕竟广州市最低工资标准本身即从 2012 年的 1300 元涨到了 2013 年的 1550 元，工人觉得最满意的是带薪年假制度，"可以有机会回家了"。（GYZC160302）

在"示弱"过程中，环卫工人是主体，呈现的是自己"结构性的弱势"。"结构性的弱势"虽然客观存在，但并不是天然被认知的。环卫工人通过"示弱"技术把自己从隐形的、边缘化的状态转变为可见的、被认知的状态，从而动员了随后介入的一系列社会力量，并最终获得了市民的支持和理解，这同时成为环卫工人群体内部一种划界和团结的方式。

而"造弱"实质上是对"结构性弱势"的扩大再生产过程，主体多元，动机、方式各异，但都放大了环卫工人"示弱"的声音，并最终在结构性弱势的基础上共同建构了"象征性的弱势"，环卫工人在年纪大、学历低、外地人等弱者形象之外被赋予了更多象征性内涵。

大众媒体的介入一方面将环卫工人的讲述和展示更清晰更具冲击力地展现在社会公众面前。另一方面用环卫工人生活之"苦"、地位之"弱"与传统话语中的"城市美容师""马路天使"等进行了对比。环卫工人成为光环下被谎言欺骗和掩盖的弱者形象，从而唤起了市民对于道义公平的认知。

而大学生的介入则从另一个角度丰富了环卫工人的"弱者"形象。在 2013 年环卫工人连环罢工案例中，学生们的相关活动把环卫工人的"弱"与广州市的发展、公民社会的建设联系在了一起。环卫工人的"弱"成为检验社会良心、城市文明程度的标准，环卫工停工事件从劳资纠纷转变为对违背社会普遍价值的讨论，关爱环卫工人则成为公民意识的实践。原本把环卫工停工事件视为劳资问题的市民都不得不重新审视环卫工群体，因为此时环卫工已经和自己同处一个"共同体"，由此他们的"弱"博取了更多的关注和反思。而2014年大学城的案例中，由于缺乏热点，大众媒体的"造弱"相对乏力，学生的社交媒体在很大程度上充当了大众媒体信息传播、展现弱者形象的作用，与此同时，学生们还发展出更多公共戏剧的新花样。

劳工 NGO 则从法律权益的角度把环卫工人打造成了"权益被强者侵害"的弱者形象。如果说大众媒体和学生尚有"道德绑架"之嫌，那么此时的环卫工人已经从"弱者"变成了"受害者"，直接和公司、政府站在了对立面上。环卫工人停工之前四处投递诉求书得不到回复的状况一经媒体曝出，也成为公众指责政府，同情环卫工人的缘由之一。

政府对环卫工人的关注和赞美并没有起到预想的效果，反而被视为"戴高帽"，高高在上的"优美师"荣誉和实际待遇的贴地飞行，巨大的反差使得政府的有意赞美起到了反作用，反而使其成为"造弱"环节的一部分。

在"造弱"的过程中，环卫工人、大众媒体、大学生、劳工NGO 环环相扣，各有互动和联系。环卫工人收集记者名片，记下大学生的联系方式，有事找记者，有事找学生；大学生把关注环卫工人视为公民实践的一部分，学生实习记者以及微博等新媒体使得学生和记者之间也有了顺畅的沟通和联系，大学生们层出不穷的新奇行动也成为媒体争相报道的焦点；在几次停工事件的交流、学生的调研之后，劳工 NGO 和大学生、环卫工人、媒体记者也形成了良好的互动，四者基于自己对环卫工人弱势地位的不同理解，给环卫工人弱者形象赋予了不同的内涵，加之政府的无意参与，共同完成了环卫工人"弱者"的符号建构，也即"造弱"过程。

值得一提的是，"造弱"并非单线链条式的过程，更多的是一种"滚雪球"的状态。大众媒体、大学生、劳工 NGO 的介入并没有固定的顺序,很多时候是同时进行,且相互推动和促进。在2013年连环罢工案例中,由于停工事件迭起,劳工NGO的介入相对较晚,大众媒体与大学生在"造弱"过程中发挥了主要作用。而在2014年大学城案例中,NGO服务部在看到大学生8月21日发布的环卫工人抗争消息后于8月23日即正式介入,大众媒体反而反应较为冷淡。

第四章　符号建构与实现条件

环卫工人、大众媒体、大学生、劳工NGO等通过"示弱"和"造弱"过程,完成了对"弱者"的符号建构。环卫工人的"弱势"被赋予了多重象征性意涵,最终动员起了社会的广泛同情和关注,这种"弱"违背了人们心中的道义标准,调动了人们对不公平不正义的情感,也同时将市民和"公民"联系在了一起。强大的舆论增强了环卫工人在道德方面的力量,给政府和公司带来了巨大压力,推动了事件的尽快解决。然而符号建构仍然需要现实条件作为支撑,环卫工人必须走出第一步才能开启"示弱""造弱"的链条。以下笔者将进行更细致的分析。

一、符号建构与结构条件:底层精英的作用

1. 秘密存在的小圈子

2013年2月25日一早,笔者的同伴接到了一名陌生环卫工人的电话,该名环卫工人自称姓H,声称在越秀区大德路FR公司环卫工人因1月停工事件中,公司给的承诺未能兑现在FR公司门口停工维权,并未透露史多消息随即挂断了电话。笔者和同伴在匆匆赶往环卫工人停工地点的路上,对这名H姓环卫工人的身份进行了讨论和猜测。我们在2月23日刚刚从北京抵达广州,对环卫工人的调研还处在相当初步的阶段。虽然拜访了一个劳工NGO,在部分路段随机街访了一些环卫工人了解情况,从未接触过这样一名H姓工人,他是如

何得知笔者和同伴的联系方式更是让人惊讶。我们渐渐意识到，在环卫工人看似松散的表象背后可能存在意料之外的组织网络。抵达现场后，我们试图联系这名 H 姓工人，但他十分谨慎小心表示不方便露面，甚至表示自己根本不在停工现场。我们猜测他可能是这场停工的发起者和组织者，可能成为田野调查取得突破的关键人物。然而在随后的几次联系中，他一直用各种方式拒绝见面，直至第一次田野调查结束，除了他姓 H 我们对他一无所知。

好在 2 月 25 日在停工现场，笔者意外结识了一名工人 YWC，他因为学历较高，在公司和工人产生分歧的时候主动进入公司，写下了 1 月越秀区集体停工事件时 FR 公司老板给工人做出的五条承诺并签下了自己的名字。事件在当天得到了圆满的解决，工人们领取了公司承诺的 6000 元钱。然而 3 月 1 日上午，笔者在越秀区街访一名环卫工人大姐时，一名路过的环卫工人停下来参与了我们的对话，并告诉我们 YWC 被公司以"连续三天无故旷工"为由解雇了。在联系了 YWC 之后，我们对他进行了简单的访谈，发现他已经把自己被解雇的过程和辩白完完整整地写了下来，并解释了所谓 25 日至 27 日连续三天无故旷工的上班情况，具体到上班时间几点几分临时有事，打电话找同事代了半个小时班，几点几分回到工作岗位，当时有哪些工友可以作证等。并表示"因 2013 年 2 月 25 日我在公司领取补偿费时，代表员工向劳监部门反映了一份 L 总（FR 公司老板）在 1 月 20 日晚员工和公司管理人员代表会上承诺给员工各项补偿费用的笔录，这张笔录才是公司与我终止合同决定的秘密。"随后，YWC 还打印了更为简明版本的诉求书，表明自己打抱不平、引火烧身，被打击报复。我们把 YWC 介绍给了劳工 NGO 服务部，第二天，YWC 再次联系了我们，表示他所在班组成员要再组织一次停工，为解雇他的事讨个说法。3 月 3 日，YWC 所在班组 50 余名工人再度停工，为其证明公司所谓"旷工"是打击报复，并要求公司给 YWC 复工。公司答允暂缓处理此事。3 月 6 日，媒体介入采访。7 日下午，公司召开员工代表大会讨论此事。至 3 月 8 日，YWC 正式复工。

经此一事，我们和 YWC 熟悉了起来，田野调查也好似遇到了属于我们的"斗鸡事件"①得以顺利展开。在YWC的介绍下，我们发现原来环卫工人群体中存在着一个底层精英的秘密小圈子。

2014年8月，笔者和同伴第三次前往广州继续田野调查。3日下午，在YWC的引荐下，我们终于见到了H姓工人HY，以及另一名工人YZC。此时的YZC已经经历过秋后算账，为了同在环卫行业的家人和一间充当住所的工具房，被迫离开越秀，前往天河区做环卫工人。而HY仍然扮演着潜伏的角色，并心酸地表示，之前这个小圈子有大概十几号人，大家在QQ群里交换消息，但是"已经牺牲掉很多个了，有一个揪一个，我是隐藏的相当深，所以才没有被揪出来。"（GYX14080301）随后我们得知，2013年1月越秀区的300名环卫工罢工之前，工人们传阅的两份传单正是出自YWC和YZC之手。至此，这个底层精英的秘密小圈子才终于浮现出轮廓。

2. 底层精英在内部组织中的作用

环卫工人每人扫不同的街道，工作地点相对分散，也没有统一的宿舍作为组织萌芽的场所，工人们年纪偏大，对新媒体相当陌生，很难像新生代农民工一样通过新媒体组织起来。要想形成集体行动，必须克服组织性的弱势，寻找属于自己的组织方式。在笔者结识的环卫工秘密小圈子里，底层精英大多来自越秀区，在此，笔者以2013年连环罢工事件中的越秀区为案例分析环卫工人的内部组织形态。

越秀区是广州市中心城区，2013年环卫工人罢工时，越秀区下属22个街道，市场化改革后分属四家保洁公司管理。越秀区环卫工人的组织过程可分为"核心工人形成""核心工人向外围工人扩散""外围工人互相联系"三个阶段，形成了一张立体的"层级式网络"，在短短3天时间内组织起了300余名环卫工参与到集体行动中来。

（1）两张传单——核心工人形成

在天河区、荔湾区相继罢工并取得胜利后，越秀区的环卫工人也想借着罢工潮"闹一下"。在本次事件时，前文提到的几名底层精英

---

① 人类学家格尔兹在《深层的游戏：关于巴厘岛斗鸡的记述》一文中讲述了自己初进入田野时因难以与当地人沟通而一筹莫展。在某次当地的斗鸡游戏被警察冲散之后，格尔兹与当地人一起经历了被警察驱赶的混乱恐慌，由此"斗鸡事件"成为其融入巴厘岛社会的契机。

中 HY 分别和 YZC、YWC 认识，YZC 和 YWC 两人并不相熟，却都看准了罢工潮的时机，并根据以往的抗争经验采用了写传单的方式表达诉求。其中一张传单简要表明了诉求，并写明了时间地点："请大家在 2013 年 1 月 20 日早上 7 点到人民公园集中。请复印，请转发，请相互告知。"另一份传单则更为细致地写明了环卫工人要求增加休息时间、补足加班费、拉长费等诉求。

虽然两份传单均为匿名，但撰写传单的两位工人还是辗转联系到了彼此。越秀区环卫工人停工最终依照第一份传单的时间地点、第二份传单的诉求展开。

（2）工具房——核心工人与外围工人的连接点

虽然环卫工人工作、生活场所分散，难以建立联系，但工具房却是环卫工人每日必去的地方。保洁公司在工具房的墙面上贴满了规章制度和罚款细则，但同时，底层精英们也想到了利用工具房团结所有工人，这些遍布各街道的扫帚间无意间成为了核心工人与外围工人的连接点。

几名工人代表写完传单后开始在每个工具房投放，这种近乎原始的宣传方式对于环卫工人而言却相当有效，既保证了几乎能宣传到每一名环卫工人，其隐秘性和匿名性又使得工人代表相对安全，同时也不易被保洁公司发现。

（3）地缘血缘网络——外围工人的互相联系

地缘和血缘一向被视为工人团结的途径，然而有时候也因地缘的边界造成两个省份工人之间的隔膜，但是在传播信息上，地缘血缘网络有着天然的优势。

在罢工现场，有不少环卫工人表示自己是"看到传单来的"，也有人表示是"老乡打电话叫来的"。在看到传单后，环卫工人们通过自己的地缘、血缘和工友网络把消息迅速扩散了出去，"大家都要去，谁不去骂死谁"。当然，不能否认的是，这次组织的如此高效和天河区、荔湾区的案例不无关系，两场罢工的成功在很大程度上鼓舞了越秀区的环卫工人们，使得他们迅速响应核心工人的组织号召，于 1 月 20 日上午开了正式抗争。

3. 小结

"弱者"的符号建构离不开结构条件，环卫工人必须形成组织，迈出第一步才能走进公众视野，开启"示弱"与"造弱"的链条。底层精英的存在在环卫工人的内部组织中发挥了重要作用。与普通环卫工人相比，底层精英相对学历较高、阅历比较丰富，且均担任或担任过班组长或质检之类的职务。其话语也在很大程度上影响了普通环卫工人的表达。在环卫工人的"示弱"过程中，YWC和YZC的传单就成为其他环卫工人表达自身诉求的依据。

然而在公司的管制之下，底层精英群体人数急剧减少，愿意站出来说话的也越来越少。YWC的案例中，由于FR公司是在其代表工人写诉求之后的第三天就以明显站不住脚的理由解雇了他，借着上次停工的热度，YWC同班组的成员得以再次组织起来抗争，保护工人代表。而YZC所在的HK公司则等到2013年年底YZC合同到期，没有和他续签合同。1997年起即在越秀区做环卫工人的YZC不得不离开越秀，前往天河工作。据YZC介绍，当初建立的"秘密小圈子"QQ群，成员有十多个人，但是因为年龄所限，会用新媒体自媒体的人不多，会用手机的人甚至都不超过一半。在QQ群里，很多人也不愿意发言，害怕引火烧身。在HY看来，要想成为工人代表，有热情还不够，还要有胆量、有口才、讲话举例贴近现实。

幸运的是，随着社会力量的介入，大众媒体、学生、劳工NGO给予了工人代表许多帮助。在大学城环卫工人抗争案例中，YWC曾作为越秀区环卫工人代表应邀去给工人介绍抗争经验。2014年底，YWC的合同也面临到期，城管局给其发了合同期满不续约的通知。据称YWC所在的环卫站曾找过他签订"续约保证书"，要求他不得发微博、不再维权，被其拒绝。YWC选择在原岗位上不带薪工作，以反抗城管局的不合理解雇。2015年2月，得知此事的大学生XZ为YWC发起了"众筹工资"的活动，在短短6个小时内为其筹得了1月份工资3033.79元①。这件事也得到了媒体题为《大学生网络众筹年

① 即2013年4月颁布的《广州市关于规范环卫行业用工意见》中的环卫工工资指导价。

夜饭，为未续约环卫工筹薪水》的报道。随后，XZ 和另一名大学生致信广州市城管委和越秀区城管局，邀请城管局领导和 YWC 一起吃顿年饭，期间有约 50 位大学生在微博上发自拍照进行呼吁，最终被城管局拒绝。2 月 11 日，相关媒体开始跟进关于 YWC 的报道。2015 年 3 月 16 日，YWC 收到众筹给他的 2 月份工资。2015 年 4 月 21 日，被解雇第 111 天，街道办终于妥协和 YWC 续签下了两年的合同。可以想见，这次事件中，如果没有大学生群体和媒体的介入，没有众筹方式的吸引关注，YWC 只能像 YZC 一样成为另一个被"打掉"的工人代表。

二、符号建构与利益条件：垃圾围城

1. 环卫行业的结构优势

欧林赖特曾区分工人的组织性和结构性力量，并把结构性力量细分为"市场谈判的力量"和"工作场所谈判的力量"。其中所谓"工作场所谈判的力量"也即工人群体在特定工作部门具有战略性的地位，从而赋予了工人工作场所的谈判力量。（Olin Wright, 2000: 962）

环卫工作为公共服务业工人，与社会公众联系较为密切。环卫行业的特殊性在于，环卫工人在马路上工作，只要放下扫帚就是"上街"，只要聚集就是一场引人注目的集体行动。与环卫工人相比，工厂工人的抗争往往被禁锢在厂区之内，社会关注度不足，想要介入也十分困难。也正是因为环卫行业的独特结构优势，"马路"成为环卫工人"示弱"的舞台，给社会力量的介入、开启"造弱"过程提供了契机。

环卫工人的停工更是具有工作场所谈判的力量：垃圾无人清理，污水横流。在 2013 年 1 月越秀区环卫工停工期间，部分路段垃圾已有两米高，广州的冬季并不冷，蚊子、苍蝇、老鼠在垃圾堆里乱窜。垃圾围城严重影响了居民生活。街道办不得不组织工作人员清扫垃圾，然而停工工人人数太多，一时也难以清理干净。

2. 垃圾围城作为符号建构的利益条件

垃圾围城的迫切压力虽然增强了符号力量的运用，但只是符号力量实现的条件之一，并不是环卫工人此次取得如此大胜利的原因。虽然停工人数众多，政府依然可以在其他地区调集环卫工人在短期内替代工作。事实上，在2013年之前，大约每隔几年都会爆发类似的罢工事件①。关于这些案例的报道往往以"城管局表示将加大督查力度"为结尾，工人抗争结果如何不得而知，相关的媒体报道也很少。广州市前工会主席CWG先生在接受笔者访谈时表示，他认为之前的罢工都很快平息，也没有造成太大的社会影响，原因在于"没有铺天盖地的报道，也没有网上的各种热烈讨论。"（GCWG130221）

从2005年到2013年，同样是垃圾围城，最终发挥的效果却完全不同。事实上，这段时间是底层精英在抗争和被打击报复的循环中积累经验的过程，也是广州市公民社会氛围逐渐形成的过程。垃圾围城并不必然带来环卫工人的胜利，调动其他区工人清洁顿时可以"突围"，但是环卫工人与社会各方建构的"弱者"符号力量动员起了整个社会，市民们面对垃圾围城带来的困扰，却对环卫工人们表示了最大的理解和同情，把黑心的公司和不作为的政府作为自己抗议的对象。从而给政府和公司造成了巨大的舆论压力，推动了事件的解决。

第五章　反思与讨论

一、"弱者"的符号生产

1、"结构性弱势"与"象征性弱势"

在本研究中，笔者发现环卫工人的"弱者"形象包含了"结构性弱势"和"象征性弱势"两个部分。他们年纪大、教育程度低、没有

---

① 2005年7月14日，海珠区环卫工人因为安置补偿问题停工抗议；2006年6月9日，海珠区约两百名环卫工人停工追讨工资；2008年1月19日，越秀区两百名环卫工人停工抗议新公司不承认工龄；2008年11月，白云区环卫工人不满高温费、吸尘费等补贴停工抗议；2010年1月19日，越秀区三百余名环卫工人因不满8年未涨薪且克扣加加班费、住房补贴等停工抗议；2011年9月8日，七十多名海珠区环卫工人为索要拖欠近一年的薪酬聚集停工。

技术专长、都是外地人，且缺少组织的保护。如果从生活史和工作史的角度，我们还可以看到他们正面临着严峻的生存危机。然而此时的"弱"仍然是结构性的弱势，虽然客观存在，并不天然被认知。

基于朴素的生存智慧和多年积累的抗争经验，环卫工人们掌握了一整套"示弱"的技术，既包括对结构性话语、历史性话语、比较性话语的运用，也包括对身体和疼痛的展示。通过话语讲述和身体展示，环卫工人把自己的结构性弱势呈现在公众视野中，把环卫工人自身从隐形的、边缘的群体转变为可见的、被认知的对象。完成了对"弱者"形象的初步建构。这种"示弱"不仅是团结机制也是动员机制。在"示弱"过程中，环卫工人强化了"我们环卫工"和"弱者"的连结，以此划界，不断建立了与其他群体的区隔，达成了日益紧密的团结。同时，通过"示弱"建构起来的"弱与苦"的形象动员起了社会广泛的关注和同情，也吸引了更多社会力量的介入。

而"造弱"实质上是对"结构性弱势"的扩大再生产过程，主体多元，动机、方式各异，但都放大了环卫工人"示弱"的声音，并最终在结构性弱势的基础上共同建构了"象征性的弱势"。在这里，结构性弱势是建构象征性弱势的基础，象征性弱势的建构既彰显了环卫工人的结构性弱势，又把环卫工人的"弱"与多重意涵划上了等号，从而完成了"弱者"的符号生产。

其中，大众媒体的介入放大了弱者的声音，在报道中对于"城市美容师"、"马路天使"等称号的强调使得光环与现实产生了强烈的对比，建构了环卫工人被光环欺骗和掩盖的弱者形象，唤起了市民对道义公平的认知。大学生的介入则把环卫工人的"弱"上升为检验城市文明程度、社会道德良知的工具，环卫工停工事件从劳资纠纷转变为公民社会中矛盾，关爱环卫工人被视为公民行动的实践。由此，所有的市民都被"牵扯"进环卫工人事件中，开始反思正视环卫工人的境况与自己的关系。劳工NGO则从法律权益的角度把环卫工人从"弱者"转变成了权益被强者侵害的"受害者"形象，"吃人头"和"踢皮球"的现象一经曝出，公众的矛头直指公司和政府。而广州市政府对环卫工人的赞美和追捧，反而无意间加剧了荣誉和实际待遇的悬殊差距，引发了公众对政府"不作为"的愤慨。在这个过程中，社会力量之间形成了良好的互动，给环卫工人的弱者形象赋予了多重的内涵，共同完成了环卫工人"弱者"的符号建构，赋予了环卫工人道义上的强大符号力量。

2、符号生产与现实条件的关系

讨论"示弱"和"造弱"带来的符号力量并不能忽视现实条件。环卫工人内部存在着底层精英的小圈子，底层精英的话语在很大程度上影响了普通环卫工人的表达。在内部组织方面，环卫工人缺乏有效的正式组织渠道，正是底层精英通过"精英——工具房——普通工人"的连接，原始而有效地组织起了环卫工人，迈出了"示弱"的第一步，开启了建构"弱者"符号的链条。

而环卫行业的结构优势使得环卫工人的工作与社会公众联系密切。马路成为环卫工人"示弱"的舞台，给社会力量的介入、开启"造弱"过程提供了契机。同时，环卫工人的停工会带来"垃圾围城"的公共危机，严重影响了当地居民的日常生活和出行，在一定程度上给政府和公司造成了压力。

虽然垃圾围城的迫切压力增强了环卫工人符号力量的运用，但也只是符号力量实现的条件之一，并不是环卫工人此次取得如此大胜利的原因。通过与2013年之前广州市环卫工人抗争案例的比较可以看出，垃圾围城并不必然带来弱者的胜利，政府只要调动其他区工人清洁顿时可以"突围"，最终耗不起的只有工人。但是在2013年之后的案例中，环卫工人与社会各方建构的"弱者"符号力量却动员起了整个社会。市民们面对垃圾围城带来的困扰，对环卫工人们表示了最大的理解和同情，把黑心的公司和不作为的政府作为自己抗议的对象。从而给政府和公司造成了巨大的舆论压力，推动了事件的解决。

3、反思：强与弱的边界

在广州市环卫工人抗争的案例中，环卫工人作为"弱者"同时具有结构性弱势和象征性弱势。然而从"弱者"的符号生产过程来看，环卫工人通过"弱者"的符号建构，拥有了强大的道德力量，最终取得了胜利。在这里"强"与"弱"本身即具有相对性，并没有明确的边界。

值得注意的是，在环卫工人多年抗争过程中，底层精英如 YZC 被秋后算账被迫离开，还有部分工人代表被打击报复解雇之后不得不离开环卫行业。但随着社会力量的介入，工人代表 YWC 则"幸运"地抗争成功，回到工作岗位上。环卫工人抗争的这些年也同时是广州市公民社会发育的时间。较为宽松的政治氛围为工人抗争提供了政治空间，也给公民社会与环卫工人的结合提供了机会。在社会力量的共同努力之下，环卫工人才完成了由弱到强的转换。

需要进一步讨论的是，对于环卫工人或者其他弱势群体而言，"弱者"符号力量的来源在哪里？其使用边界又在哪里？对这一问题的回答还有待对国家道德话语的梳理和不同地区抗争案例的比较，也是本研究有待完善之处。

二、弱者真的胜利了吗？

2013 年 4 月 2 日，荔湾区约 50 名环卫工人因公司解除劳动关系未发放经济补偿金停工抗议；同年 12 月，越秀区一百多名环卫工因不满 AYX 公司的住房公积金和加班费安排再次停工。类似的事件仍然在继续发生。如开篇所言，2013 年 4 月 22 日，广州市政府常务会议审议通过《广州市关于规范环卫行业用工的意见》（以下简称意见），根据该意见，调整之后单个环卫工人实际月平均收入将达 3033 元，增加 858 元，涨幅近 40%。然而本次 40% 的工资上涨幅度有多少借了广州市最低工资调高的东风仍然有待商榷。即便如此，还是有学生对官方数字提出了质疑，中大学生 XZ 于 2013 年 5 月初再次致函市委、市政府和市城管委，追问此次环卫工涨工资过程是否有工人参与协商，并自己动手参照《意见》对环卫工人的到手收入进行了一番测算。据其测算，环卫工人工资扣除"五险一金"后，若满额加班最终可得的平均收入 2513 元，无加班则最终只得 1643 元的实际月收入，增加收入很大一部分是加班工资。对于环卫工人而言，这次工资的上涨并没有根本上解决环卫工的问题。环卫工人的抗争终究是不稳定、难以持续的。从这个角度来看，即使眼前取得再多胜利，他们也都是最终的失败者。

在 2013 年环卫工停工期间，工人、媒体乃至政府都把市场化视为导致环卫工人生存危机的根本原因。2014 年开始，越秀区取消了市场化外包制度，把全区按照"1+18"模式分别管理。[①] 然而该模式施行后，作业中心和街道管理的环卫工人在待遇和管理模式上都出现了明显的差距，作业中心的工人待遇要优于街道工人，由于绩效奖金的不同，不同街道工人月工资差距甚至可达 800 元。作业中心的工人们表示自己享受到了十几年来最好的福利，而有的街道福利待遇甚至不如以前。19 个区域有了 19 种管理模式和福利发放方式。1+18 模式的施行反而分化了环卫工人的团结。

事实上，是政府还是公司管理，并不是检验市场化与否的唯一标准，公司追求利润，政府也追求节约成本，其对环卫工人的管理并没有根本改变。在工资议价过程中，无论是政府指导价抑或市场定价，政府不能依靠社会压力之下的拍脑门拍胸脯，更需要的是一个长期的用工和工资协商机制以保障工人的合理工资调整，政府、公司、环卫工人必须开启三方集体协商过程，环卫工人必须能代表自己的声音，才有可能取得真正的"弱者胜利"并最终摆脱"弱者"身份。

值得注意的是，广州省政府逐渐认识到了工资协商机制形成的重要性。2013 年 10 月 11 日广东省人大网发布了《广东省企业集体协商和集体合同条例（修订草案征求意见稿）》（以下简称《意见稿》）向社会征求意见。《意见稿》就集体协商内容（包括劳动报酬、工作时间、补充福利等）进行了详细规定，并着重说明了工资集体协商形式。然而《意见稿》也在第三十一条明确规定：集体协商期间，职工不得有停工怠工或者煽动组织其他职工停工怠工等行为，如果存在类似情形，企业可以按照《劳动合同法》规定解除其劳动合同。[②] 对于如环卫工人一般的"弱者"而言，很难说《意见稿》是武器还是阻碍

---

① 1 是指越秀区的主干道和重点区域，归越秀区城管局清洁作业中心负责，18 则是指 18 条街道，分管各街道环卫工作。

② 广州市人大网《<广东省企业集体协商和集体合同条例（修订草案稿）>向社会各界人士征求意见》

权益争取的屏障。因为一旦企业发现工人有停工苗头或者陷入突发性的工人集体停工困境的时候，企业可以主动提出要求集体协商，此时职工一方同样负有必须进行集体协商的义务。而一旦进入了集体协商程序，工人就不能继续停工、怠工，而是应当立即复工。企业不会遭受损失，到最后耗不起的只能是工人，而且如果遇到协商不成，就只能调解调停，但对此状况的出现《意见稿》并未有明确规定。

三、小结

在本研究中，笔者访谈了大量的环卫工人、大学生和劳工 NGO 工作人员，却遗憾未能接触到政府和公司工作人员，所选取的视角难免有失偏颇，对于公共服务行业市场化改革也未能进行深挖，将有待进一步研究深入。

值得欣喜的是，虽然环卫工人的"弱者"身份和取得的"胜利"都要打上问号，但环卫工人和公民社会力量的结合让笔者看到了强弱转换和突破困局的希望。

现如今，工人代表 YZC 在天河区继续做着一线环卫工人，YWC 留在越秀俨然成了环卫工界的"红人"，其微博上经常可以看到他对环卫行业的思考和关注，HY 依然神龙见首不见尾，继续潜伏在普通工人之间等待着时机。大学生中，XZ 和 ZT、AK 等在大学里成立了专门的"关爱环卫工人小组"，吸引了更多大学生的加入，2013 年暑期他们发布了对广州五区环卫工生存状况的调研，组织了"给环卫工人送清凉"、中秋节"给环卫工人送月饼"等一系列活动，越秀区 1+18 模式施行之后，他们又及时跟进发布了调研报告。陆陆续续又有新的劳工 NGO 联系到了环卫工人，如有做工伤维权的 NGO 开始向环卫工人们普及工伤职业病的知识，也有 NGO 找到越秀区环卫工人了解更多关于 1+18 模式的情况。媒体里的几个记者如 LYT、LK 都是 2013 年抗争潮中跟进环卫工新闻的主力，如今依然和环卫工人、大学生保持着良好的联系。无论是工人、媒体、大学生还是劳工 NGO 都仍然在做着微小的努力，他们相信，这些微小的努力最终将转换为强大的力量，正如大学城环卫工人停工期间，学生们经常引用的一句话："岂能因为声音渺小而不呐喊？"

参考文献

陈映芳，2010，行动者的道德资源动员与中国社会兴起的逻辑，《社会学研究》，第4期

程秀英，2012，从政治呼号到法律逻辑：对中国工人抗争政治的话语分析，《开放时代》，第11期

董海军，2008，"作为武器的弱者身份"：农民维权抗争的底层政治，《社会》，第4期

郭于华，2008，作为历史见证的"受苦人"的讲述，《社会学研究》，第1期

韩起澜，2004，苏北人在上海：1850—1980，上海古籍出版社

具海根，2004，韩国工人：阶级形成的文化与政治，社会科学文献出版，

蓝佩嘉，2008，跨国灰姑娘：当东南亚帮佣遇上台湾新富家庭，行人出版社

李连江，欧博文，1997，当代中国农民的依法抗争 // 吴国光主编，九七效应. 香港：太平洋世纪研究

潘毅，2008，中国女工：新兴打工阶级的呼唤，明报出版社有限公司

裴宜理，2012，上海罢工：中国工人政治研究，江苏人民出版社

任焰，潘毅，2006，宿舍劳动体制：劳动控制与抗争的另类空间，《开放时代》，第3期

——2006，跨国劳动过程的空间政治：全球化时代的宿舍劳动体制，《社会学研究》，第4期

斯科特，2011，弱者的武器：农民反抗的日常形式，译林出版社

佟新，2006，延续的社会主义文化传统：一起国有企业工人集体行动的个案分析，《社会学研究》，第1期

文军，2008，身体意识的觉醒：西方身体社会学理论的发展及其反思，《华东师范大学学报（哲学社会科学版）》，第4期

汪建华，2013，实用主义团结：基于珠三角新工人集体行动案例的分析，《社会学研究》，第1期

汪建华，孟泉，2013，新生代农民工的集体抗争模式. 从生产政治到生活政治，《开放时代》，第1期

吴清军，2006，西方工人阶级形成理论述评：立足中国转型时期的思考，《社会学研究》，第 2 期

——2012，集体协商与"国家主导"下的劳动关系治理：指标管理的策略与实践，《社会学研究》，第 3 期

西尔弗，2012，劳工的力量：1870 年以来的工人运动与全球化，社会科学文献出版社

应星，2007，草根动员与农民群体利益的表达机制：四个个案的比较研究，《社会学研究》，第 2 期

——2003，身体与乡村日常生活中的权力运作，黄宗智主编，中国乡村研究，商务印书馆

于建嵘．2004，当前农民维权活动的一个解释框架，《社会学研究》，第 2 期

朱建刚，2011，以理抗争：都市集体行动的策略：以广州南园的业主维权为例，《社会》，第 3 期

Chen, F. 2000. Subsistence Crisis, Managerial Corruption, and Labor Protest in China. The China Journal, 41-63

——. 2003. Industrial restructuring and workers' resistance in China. Modern China, 29(2), 237-262.

Chun, Jennifer Jihye. 2005.Public Dramas and the Politics of Justice: Comparison of Janitors' Union Struggles in South Korea and the United States. Work and Occupations, Vol. 32 No. 4, 486-503

——. 2009. Organizing at the Margins: The Symbolic Politics of Labor in South Korea and the United States. Ithaca, NY: Cornell University Press.

Lamont, Michele, 1992, Money, Morals and Manners: The culture and the French and the American Upper-Middle Class. Chicago: University of Chicago Press.

Lee, Ching Kwan. 2003. Pathways of Labor Insurgency. In Chinese Society: Change, Conflict and Resistance, Elizabeth Perry and Mark Selden (eds.) 2nd Edition, 73–95. London: Routledge.

——. 2007. Against the Law: Labor Protests in China's Rustbelt and Sunbelt. Berkeley and Los Angeles: University of California Press.

Milkman, Ruth. 2006, LA Story: Immigrant workers and the future of the U.S. labor movement. Russell Sage Foundation. New York.

O'Brien, K. J., & Li, L. 2006. Rightful resistance in rural China. Cambridge University Press.

Seidman, Gay W. Manufacturing Militance: Workers' Movements in Brazil and South Africa, 1970-1985, Berkeley: University of California Press, 1994.

Wright, Erik. O. 2000. Working-Class Power, Capitalist-Class Interest, and Class Compromise. American Journal of Sociology, 105(4), January, 957-1002

Waldinger, R. D., Erickson, C., Milkman, R., Mitchell, D., Valenzuela, A., Wong, K., & Zeitlan, M. 1996. Helots no more: A case study of the Justice for Janitors campaign in Los Angeles. In K. Bronfenbrenner, S, Friedman. R. W. Hurd, R. A. Hurd, R.A. Oswald, & R. L. Seeber, Organizing to win: New research on union strategies(pp.102-119). London: ILR Press

城市消费空间中的消费者自我区隔及其机制分析
——基于H市购物中心的研究

许　瑞　中国人民大学社会学系2014级

指导老师　储卉娟

第一章　导论

一、问题的提出

在现今兴盛繁荣的城市商业领域内，形式多样的购物空间层出不穷，购物中心以其鲜明的特点吸引了越来越多的消费人群，成为人们购物[①]（shopping）的主要去所之一。高耸的楼宇，独立自在的空间，楼层间依次相邻的门店用它们透明的橱窗、敞开的大门、热情洋溢的导购，向流连其中的人群发出永不停止的邀请，标榜着自己的无所不包和开放自由，期许着人们关于丰盛和富足的消费之梦。而这一切却只是故事的一个侧面，对于身处其中的某些人来说，他们感受到的是

[①]　英文的 shopping 一词在中文中一般被译为"购物"，但 shopping 的英文内涵不仅包括以买东西为直接目的的购物还包括以无明确购买意愿的逛街，所以 shopping 的完整中文翻译取"购物逛街"更为恰当。但笔者在本研究中将使用"购物"一词来指代"shopping"，原因有三：a. 有学者将 shopping 的逛街意涵直接翻译成"购物"，由此看来，将 shopping 翻译为"购物"有一定的合理性（爱德华兹，2003）。b. 购物一词比逛街购物在使用上更为简洁、方便。c. 导论部分会对 shopping 内涵进行深入解析，帮助读者把握 shopping 一词的确切概念。鉴于本文将 shopping 翻译为"购物"，所以相对应的，在后文中将逛街购物的人（shopper）翻译为"购物者"。

陌生的距离、难以言说的困顿和尴尬或者无以名状的拒斥感，而他们的选择只能是止步于门外。为何在自由开放的购物中心内会产生如此不自由的购物过程？这一消费回避^①现象背后又蕴含着怎样的社会性意义？这些问题都引起了笔者的研究兴趣。

购物是人们日常生活的必备内容之一，正因为它如同呼吸一般的自然平常，使得其丰富多义的内涵被人们误读，更令人遗憾的是，它所具有的理论研究意义与价值也长期被研究者忽视。

长期以来，人们通常将购物和买东西等同起来，认为购物仅是去买东西，所以购物研究长期被市场营销学科所主导，他们研究购物的目的就是围绕如何将商品卖出去（Falk & Campbell，1997）。但Bloch、Ridgway 和 Sherell（1989）指出，购物的内涵具有复杂性，他们厘清购物这一概念的其他内涵，认为 shopping 是购买物品、获取信息和休闲的综合性行动过程，而后两种没有明确购买目的的行动则被称为浏览（browsing）。由此看来，购物的概念的确不是一个"买"字就足以概括的。如若我们仔细翻检购物经历，一个个生动丰富的购物场景便会浮现于脑中，购物可以是发生在百货公司和购物中心内的一种社交活动，人们在其中畅叙心事、分享快乐，它是打发时间、闲逛走看、没有明确的购买目的休闲活动；与此同时，购物又是存在于街头巷尾的超市和小店铺之中用以采购日常用品的活动，它累人而繁琐，人们在其中讲求效率、目的明确，将其视为一项维持生存的例工作，前一类场景中的购物被视为休闲取向的购物（go shopping），后一类场景中的购物则被称为工具性取向的购物（do shopping）（转引自李玉瑛，2006），相对应的，前者可以理解为我们平时所说的"逛街"，后者可以理解为"买东西"。事实上，当今关于购物的研究兴趣已不再集中于对其经济方面的探查上，而是将其视为后现代社会中的一种文化现象来加以研究，因为购物已然是后现代社会中集社会行

---

① 消费回避在罗子明的《消费者心理学》（罗子明，2007）一书中指的是消费者主动约束自己的需求与动机，拒绝、回避、不购买或消费特定商品与服务的现象。由于消费者将自己主动隔绝于门店之外的行为也潜在地包含不购买、拒绝特定商品和服务的可能，所以，从消费心理学的角度来看，这是一种消费回避现象。

动、社会互动和社会经历于一身的领域，并日益建构着城市人群的日常生活实践（Falk & Campbell，1997），而购物所具有的社会文化内涵主要体现在其休闲性取向的意涵中，即"逛街"的过程中。因此，从购物的视角切入去研究当代社会的消费现象有助于我们更敏锐地捕捉到其社会文化面向的特质和内涵。

借由购物的视角来探究消费现象的意义还在于它可以解决消费文化研究在研究视角上出现的问题。长久以来，关于消费的社会文化研究也没有将购物作为一个独立的研究主题来进行考察，购物实践被更为概括的概念——消费（consumption）所吸收（Miller，Jackson，Thrift，Holbrook，Rowland,1998）。究其原因，主要是因为消费研究采用的是一种综合且宏观的视角，在 Falk 和 Campbell（1997）看来，这种视角是试图从消费的角度来对后现代性加以理论性的推演，经常使用"消费社会"一类的术语来进行理论性的论述，强调从生产社会到消费社会的转变，并预设了许多关于或产生于现代社会的假定，诸如"工业到后工业""早期现代到晚期现代""消费者""丰裕""超现实"这些术语。这些术语以及围绕它们展开的讨论的确提供了许多富有深刻见地的关于当代社会的解释和概念化，但是问题在于它们都有一个太过频繁的倾向性，那就是将这些概念和特征当作无需置疑的假设，并因此被用作解读其他"后现代社会"现象的理论工具，这些现象中就包括购物，购物本身变成了完全可以用这些宏观消费理论来解释的后现代社会中的例证性现象，但这一视角本身存在两个问题：第一，它本身是一种循环性的论证，因为它用赖以建立的现象去阐明它的推断；第二，它忽视了消费者的主体性，仅仅将他们视为去实践某些后现代社会中身份建构原则的行动者，在这样的论述下，消费者的自我反思性被忽略了（Falk & Campbell，1997）。因为在人们购物的过程中，他们不仅会参考某些身份建构的原则去规划自己的购物内容，他们同时会结合自己与物品的身体接触以及自己对物品的想象来调整购买的方向和意图。例如他们会在心底里默问："它适合我吗？""我是这样的吗？""我可以成为这样的吗？"（Falk & Campbell，1997）。在自我对话和自我想象的过程中，人们在自我建构中的能动性和反思性得以被凸显，而这恰恰是前述的对现代社会进行宏观视角性研究所无法达到的。所以将购物从消费研究中作为独立的研究主题剥离出来，可以更为细致深入地探查人们是如何在消费文化的语境下进行自我反思和自我建构的。

除却试图透过购物的视角去探究当今社会消费现象的考量，本研究还拟从否定性提问的角度去研究购物过程中发生的消费现象，即以购物过程中消费者不去某家或某些店的方式来研究人们的消费活动。在既有的对购物实践和消费活动所进行的经验性研究中，研究者多采用肯定性的角度去考察消费过程中所存在的社会文化内涵，即以诸如"人们在购物过程中消费什么？""人们去哪里购物？""人们在购物过程中感受到什么？"之类的肯定性问题去解读购物或消费过程中的所遇、所感、所想（Falk & Campbell，1997；Miller et al.，1998）。肯定性的提问方式所提供的信息往往是人们乐于让研究者知晓的，而否定性的提问方式更有利于触及到人们思维和感受中的敏感区，由于出现在这一区域里事物和观念都是人们习以为常和被认为理所应当的，所以很少能够得到反思。利用否定性的提问方式即是力图使长期潜伏于人们习惯性思维中的社会观念浮出水面，以此发现普遍性社会事实中的深层社会原因。

本研究的最终目标是透过购物的视角来探究城市消费空间内存在的消费区隔和认同现象，并力图从中总结出消费区隔和认同的机制，以期能对现今中国城市消费领域内发生的区隔、认同现象及其运作机制做出反思。之所以可以通过消费过程来探究区隔和认同的问题，是因为在当今社会，消费愈益与人们的身份认同和建构过程发生紧密联系，正如人类学家弗里德曼所说的，"在世界体系的边界内的消费总是一种认同消费"（弗里德曼，2003，156)。王宁（2001）认为，消费既构成塑造认同的"原材料"，人们通过消费来对个体身份进行创造、维护和管理；同时，它又构成人们用以显示认同的符号、象征和社会交流的工具，人们通过特定的消费方式来确认彼此的身份和认同，并以此来选择特定的沟通对象，达成共识。因此，消费物品就是在表达认同，消费与认同是相互映射和反映的过程，对消费的观察和分析可以探明人们在观念层次的认同状态。从空间的视角来看，本研究所采取的否定性研究角度，即以消费者在购物过程中不去某店消费为研究对象所呈现的空间状态就是门店和消费者之间在空间上的里外相隔，即进入门店为"里"（inside），止步于店门为"外"（outside）。由于空间的秩序是依照特定的社会关系建立的（Goss，1993），消费者与门店之间的空间关系同样体现了特定社会关系的存在与运作，亦即消费者与门店里外之分（inside-outside）的空间关系与社会关系中的包含与驱逐之分（inclusion-exclusion）相互对应的原则①。由此看来，消费者止步于门店之外的行动包含着社会关系意义上的区隔内涵。

综上所述，本次研究试图探明的问题有：①人们为什么会在购物的过程中发生自我区隔行为？②这种自我区隔行为是在怎样的机制下实现的？③影响这一机制运行的社会性因素有哪些？④从自我区隔的机制中可以看出现今中国城市消费领域内怎样的区隔和认同过程及特点？

由于本研究的主要目标是探究购物过程中所蕴含的社会文化内涵，而在城市中，包含这一内涵的购物过程，即逛街过程主要发生在购物中心之内（转引自李玉瑛，2006），所以笔者将研究问题中的购物过程定位于购物中心之内。此外，Falk 和 Campbell（1997）认为，在对购物进行研究时，按照购物逛街的内容来进行分类研究是十分必要的，而在购物的分类中，尤以购物的内容是否为日常生活用品为划分标准的分类最为常见，因为针对其他类型购物内容的购物过程比日常生活用品的购物过程在社会文化上具有更丰富的内涵，而其他类型的购物活动主要指的是服装购物，所以，笔者所要具体研究的是服装购物过程中发生的自我区隔现象。

---

① John Goss 在《The "Magic of the Mall"：An Analysis of Form, Function, and Meaning in the Contemporary Retail Built Environment》（Goss，1992）中以法国哲学家 Bachelard 的"'里 - 外辩证法'（the dialectic of inside-outside）实现了'包含 - 驱逐'（inclusion-exclusion）原则"的观点作为社会关系与物体在几何学关系上具有对应关系的例证。

二、 文献综述

1. 社会学中有关消费与区隔、分层之关系的研究

经典社会学家关于消费与区隔的论述是从马克思关于生活方式与阶级关系的论述开始的。在马克思看来，划分阶级的主要标准除了生产方式外，生活方式对于划分阶级也有不可忽视的重要性，这种重要性可以体现在其对法国农民阶级的分析中："数百万家庭的经济生活条件使他们的生活方式、利益和教育程度与其他阶级的生活方式、利益和教育程度各不相同并互相敌对，就这一点而言，他们是一个阶级。"（马克思，2009,566-567）由此看出，马克思认为由经济条件所决定的生活方式也是阶级之间的重要表现和指标，生活方式是阶级差异和区隔的标志。这种对生活方式的理解思路被韦伯和凡勃伦发展成为专门的研究，使生活方式开始成为社会学的研究范畴（高丙中，1998）。

韦伯关于生活方式与群体区隔关系的论述体现在其社会分层思想中，更具体地，体现在其对等级地位与生活方式之关系的论述中。与马克思强调经济条件对于生活方式的决定作用不同，韦伯强调非经济因素即等级地位对生活方式的影响，并且认为两者之间呈现相互作用的关系。首先，等级地位体现在生活方式之中："等级地位应该是指一种在社会评价中典型有效地要求的特权化，或受特权损害，它建立在下述事实之上：a) 生活方式；——因此也建立在 b) 正式的教育方式；即：1）经验的训练；或者 2）合理的教育，并且具有相应的社会形式；c) 出身威望或职业威望"（韦伯，1997a，337-338）。其次，等级地位可能由生活方式产生："等级地位可能由下述情况产生：a) 主要是由于固有的等级的生活方式，其中尤其是由于职业的性质（生活方式的等级以及职业的等级）"（韦伯，1997a，338-339）。再次，"任何等级的社会都是靠惯例即生活方式的规则维持其制度的"（韦伯，1997a，339），亦即等级需要通过生活方式的规定来维持。韦伯（1997b）还在《经济与社会》的卜卷中更明确地提出消费和等级、生活方式的关系："'等级'则是根据其货物消费的原则来划分的，表现

为'生活方式'的特殊形式"（韦伯，1997b，260），由此看来，消费方式既是地位群体的划分标准和标志，又是维护地位群体不断再生产的手段。韦伯与马克思在生活方式论述上的不同点在于，前者并不强调经济因素对生活方式的决定作用，而是在某种程度上将生活方式的差异和尊卑理解为等级高低的来源，而且前者更明确地指出了生活方式和消费方式的关系，这为日后生活方式研究向消费方式研究进行转化的趋势奠定了基础（高丙中，1998）。

凡勃伦在生活方式与社会地位之间关系上的理论突破点体现在他将生活方式的概念具体化为代理有闲和炫耀式消费，并具体分析了这两种方式是如何发挥标志社会地位的功能的。人们在社会地位上的竞争源自于人类的三项本能之一的歧视性对比需要，而社会地位的高低表现在人们在荣誉的获取能力上。在私有制社会中，对金钱财富的保有量上的多寡决定了人们所能获得荣誉的多少，由于歧视性对比的作用，人们也开始在金钱保有量上进行竞争。歧视性对比和荣誉感在私有制的社会表现为在金钱的拥有量上要超过他人。然而，光是在财富的保有量上胜过他人还不能满足在金钱上有所成就的人的需求，他们进一步的要求是使这种金钱优势得到明显的、可以被轻易观察出来或是被惯常推断出来的证明。因此，有闲阶级利用代理有闲的方式来展示自己的财富实力，即让有闲阶级中的主妇和仆从从事非生产性的活动，由于这些代理有闲的执行者不但不创造财富还会大量消费财富，这足以证明他们的主人的财富拥有量之巨。这样代理有闲的生活方式得以充分展示有闲阶级的显赫地位和崇高的地位尊容感。但代理有闲的不足之处在于它只适合在人际交往范围不是很大、熟人交往相对较多的社会中显示社会地位，随着社会交往范围的扩大，陌生人交往的增多，有闲阶级很难再通过熟人之间的口口相传来完成对其财富能力的彰显，于是以炫耀性消费来凸显社会地位的方式便应运而生。因为金钱财富的多寡还直接影响到人们的支付能力，所以越是能够展示强大的支付能力，就越能够展现金钱的拥有量，进而能够提升金钱主人的荣誉感，提升其社会地位，而支付能力的表现属消费行为最为适合，进一步地，明显夸张的炫耀性消费也就得以最大限度展示金钱主人的财富拥有量，因此，炫耀性消费的消费方式和社会地位的凸显发生关联，消费方式再一次发挥了其进行社会地位区隔的功能。

和凡勃伦一样，齐美尔也将生活方式的概念具体化，而与前者有所不同的是，他将生活方式具体化为时尚消费。时尚从广义上来说可以泛指一个时代或一段时期中人们崇尚和追求的东西（郑也夫，2006），它有四种具体的表现：物质时尚、行为时尚、观念时尚、人物时尚（指以某些特殊人物，特别是明星、名人为崇拜、模仿和追随对象而形成的时尚）（周晓虹，1995）。时尚作为一种文化现象，它与消费的紧密结合更使消费具有了不同于普通消费模式的诸多特点（汪新建、吕小康，2005）。那么是什么使时尚消费经久不衰、成为现代社会的独特消费方式呢？齐美尔提出是人类的两重性，即对普遍性和特殊性的同时追求，导致了追求时尚的倾向（郑也夫，2006）。这种对普遍性和特殊性的双重追求是和阶层分野联系在一起的，普遍性是与自己所认同的阶层保持一致，特殊性是力图与其他阶层保持距离，时尚的变化是上层阶级保持优势阶级地位、下层阶级提升自己的阶级层级的表现，时尚始终是阶级分野的产物（孙沛东，2007）。

经典社会学家们关于消费和社会区隔的论述呈现出如下共性：一是消费方式所指向的区隔对象是以阶级为基础的，亦即这种区隔呈现出群体性区隔的特征；二是这些群体性区隔的过程也是群体认同的表现，即人们通过消费来表达对群体的认同；三是消费作为社会区隔和分层的手段多是由上流社会的人所运用，而且上流社会运用消费方式进行阶级区隔和身份建构的可能性必须被纳入政治身份的框架内，很难任意突破（姚建平，2006）。

随着工业社会的发展，特别是大众消费时代的来临，可供人们消费的商品种类和可被触及的消费机会也越来越多，消费选择多样性的显著提升给社会上层人士之外的阶层带来了更多的利用消费进行身份建构的可能。但消费具有的区隔作用并没有消失，而是变换了新的形式，这一新的形式主要表现为：①消费方式的阶级区隔作用减弱，而借由品味所形成的消费区隔却日趋显著，品味区隔是阶级区隔的转化形式。②阶级区隔和品味区隔都属于群体性的区隔，即以对某一社会群体的认同或疏离来完成区隔，但除了群体性区隔，当代消费的区隔作用还表现为个体间的区隔，即通过消费来凸显个体间的差异（姚建平，2006）。在以上两个变化领域内对消费区隔进行重要且突出论述的两位社会学家是布迪厄和布希亚。

布迪厄关于品味区隔的思想主要体现在《区分——判断力的社会批判》一书中。在书中，品味区隔主要体现在对文化商品的消费中，文化商品是作为文化资本的第二种形式出现的，即"客观的状态，以文化商品的形式（图片、书籍、词典、工具、机器等等），这些商品是理论留下的痕迹或理论的具体显现，或是对这些理论、问题的批判，等等"（包亚明，1997，193）。文化产品的消费是一种"破译密码的过程"（布尔迪厄，2015），这一过程可以分为两类：纯粹的凝视和大众审美观。纯粹的凝视强调艺术品的形式高于内容、和日常生活的种种必要性保持一定的距离，而大众的审美观对文化产品内容的重视度优先于对其形式的看重程度。对艺术品形式的解读就是一种复杂的、需要大量文化资本的积累才能达到的，需要有大量的不被日常生活的必需性实务所占用的时间的支持，同时也需要足够多的学校教育和家庭教育的熏陶，这一切的达成都必须有经济资本的支撑和转化。由此看来，品味的形成最终取决于人们的社会经济地位，而这种经济地位又是特定社会结构的产物，品味的区分最终指向社会结构的分化和差异，人们对特定文化产品的消费过程也是区分彼此的过程，因为特定文化产品周围聚集的都是相近阶级的人群，对文化产品的选择过程也是走向各自阶级位置的过程。

在大众消费的时代，多样性的商品消费方式形塑了不同于以往的群体认同的身份认同形式，那就是个体认同。布西亚关于消费区隔的讨论就是基于个体认同的前提之上的。个体认同强调个体与他人的差异，而不是通过个体对群体的认同来获得对自身的认同。在这种认同方式下，消费的突出意义在于强调消费者个人与他人的差异，消费的示异性成为商品最大的价值，而这一价值就是物品的符号价值，因此，物品的符号价值被用来体现个体之间的差异性。而在布西亚看来，物品所具有的符号价值来源于物品之间所形成的具有文化意义的自组织领域，即物体系，物体系的运作逻辑遵循符号体系的运作规律。由此看来，对物体系内物品之差异价值的分析就要转化到对符号体系的分析上。从符号学的角度来看，符号体系的基本构成要素是符号，符号又分为能指与所指，当符号能指脱离与所指的固定关系而形成能指之间的独立体系时，不同能指之间就可以进行差异性的替换（仰海峰，2003），符号之间的差异性也在这个过程中被体现出来。物的体系恰好类似于一个的独立符号体系，而其遵循的也是这样的替换逻辑，及此，物品间的差异性被生产出来，人们就可以通过消费物品而获得某种异于他人的"个性"。但这种个性只是相对的，因为物品始终处在基于某个共同基础的体系中，这个基础的共同性可以生产无数的系列产品，但这也决定了这些系列产品并没有本质性的区别，这也是人们不断在物品中追求差异但也总是无法被真正满足的原因。

从经典社会学家与后现代社会学家关于消费与区隔之关系的论述中可以发现，区隔在消费中的被考察维度经历了从阶级、阶层到个体的变化过程，当然这种变化的过程并不意味着研究者对于从阶级、阶层视角来考察消费区隔与分层的放弃[1]，只是说明个体的考察角度在消费社会的区隔分析中成为一种新的趋势。而另一方面，后现代社会学家关于消费区隔的研究所带给笔者的另一启发是，针对消费现象及其区隔的研究越来越将集中于日常生活的具体消费内容上，通过对具体消费品和日常消费过程的研究可以总结出宏观消费社会的运行逻辑。

2. 消费文化研究领域内的购物研究

Miller 等人（1998）认为，由于购物在消费研究中未受到足够的重视，致使以其为主题的研究在现代消费研究的三个阶段[2]中都非常罕见，评论者关于消费的论述也极少提到购物。但即使在购物研究被

---

① 详细论述参见李春玲在《社会分层研究与理论的新趋势》一文中关于社会分层后果的综述性分析。（http://www.aisixiang.com/data/6348-9.html）

② Miller 等人在《Shopping, Place and Identity》一书中按时间顺序将现代消费研究分为三个阶段：① 1960 年代到 1970 年代；② 1970 年代末期到 1990 年代初期；③ 1990 年代初期至作者写作该书时为止。

如此忽视的情况下，在以往的消费研究中还是有关于购物的零散论述。这些内容大体可以被分为六个方面：①"商品泛滥"式，由于商品化的原因，购物被视为西方文明陷落的标志。此种论述的代表者有鲍德里亚和鲍曼，他们将购物视为一种由商品演算（commodity calculus）所制造的诱惑、为空虚的人准备的空虚游戏、将波德莱尔式的游荡者（flaneur）[①]变成购物者的方式；②购物在这类文献中也是关于商业领域和商业资本主义的，但是和前一种论述不同，它致力于呈现资本主义的多样性；③此类文献将购物视为重新聚焦于商品和后传统性（post-traditional）[②]认同之关系的一部分，这种重新聚焦被涵盖于"生活方式"的概念之中。消费者们聚集在能够定义他们身份的物品周围，这些物品也变成了特定社交性过程的核心部分；④现代购物是对一种新兴的、更民主的遗产定义（definition of heritage）的反映，同时还是不断扩展的历史文化的进一步证据。这一现象有三种表现形式：将购物过程置于某种过去生活的场景中，将商品改造成过去时代中物品的样子和风格，将购物场所打造成历史上所出现过的某种风格；⑤这一类文献主要从社会性别和性存在（sexuality）的角度去考察购物；⑥这类文献从商店工作人员的角度去论述购物（Miller et al.，1998）。

自 Miller 等人所描述的消费研究的第三个阶段以来，国外学者关于购物的社会学、人类学、心理学、历史学、人文地理学的研究数量逐渐增多，这些研究从性别关系、身份认同、社区发展、人际关系、种族阶级等角度为 shopping 研究梳理出研究路径（李玉瑛，2006）。下面笔者将概述这些主题下的研究方法和主要发现。

从性别角色的角度来看，研究者的研究重点主要集中于现代商业购物空间对女性在公共领域和私人领域内活动的影响以及两性在购物活动中表现出的差异。在对前者的研究中，既有研究者认为现

[①] "游荡者"是瓦尔特·本雅明在阐释现代性时所着力论述的形象，详细论述可参见《发达资本主义时代的抒情诗人》（本雅明，2012）中的《游荡者》一文。

[②] 吉登斯提出"后传统社会"的概念，关于这一概念的详细论述见于《生活在后传统社会中》（吉登斯，2001）一文。

代百货公司的兴起为女性提供了更多的置身于公共领域的机会，对购物活动的主导权提升女性对家庭经济财产的支配能力的，也有研究者觉得百货公司文化强调女性气质和其作为母亲的角色，而这加重了女性的传统性别气质（Laermans，1993）。在关于两性的购物活动差异的研究中，研究者发现，虽然男性也参与购物活动之中，但购物活动一般还是被归为女性活动，当然这种差异主要体现在购物活动中的逛街层面，因为事实上男性并不少买（Campbell，1997；李玉瑛，2006）。

从人际关系的角度来看，研究者发现，购物活动特别是日常生活品的购买过程看上去是在购买物品，但其实在这一过程中他们表达自己对家人的爱，传递着感情，特别是对于女性来说，购物是一种奉献和牺牲的仪式（转引自爱德华兹，2003）。购物不仅有助于增进人际之间的关系和感情，也提供了购物者认识自我的过程，购物的结果既能给他们带来关于自我能力的确认，也可能带来关于自我掌控力的挫败感（Prus & Dawson，1991）。

从社区发展和身份认同的角度来看，Miller 等人（1998）通过对北伦敦的两家购物中心及其周围居民的研究，发现了购物中心对于居民身份认同有着不可忽视的影响。

以上主题下的研究在研究方法上和传统的消费文化研究不同，多采用民族志、深度访谈、问卷调查的经验研究方法（Miller et al.，1998；Prus & Dawson，1991）。

国内文献中以探究逛街购物的社会文化内涵为主题的社会学研究十分罕见，而以百货公司、购物、购物中心为主题词的文献多是从经济贸易、商业营销、企业管理、人文地理、建筑设计的角度来研究消费者的购买行为、购物满意度以及提供相应的商业经营策略（邹海涛、王博睿，2012；李宏宇，2006；庄贵军、周南、李福安、曾仕龙，2001；陈零极、柴彦威，2006）。唯独例外的是台湾学者李玉瑛（2006）对西方的购物逛街理论进行的综述性梳理，她的梳理主要涉及三个方面：购物的定义及其中文翻译、购物的性别差异以及购物与社会关系的维系。从购物的内涵来看，它兼有购买（do shopping）和闲逛（go shopping）的意思，前者主要是一种工具性的购物方式，强调购物的目的性，讲求效率，多发生在超市、菜市场中；后者主要是一种休闲性的购物方式，重点常在购物的过程性，没有明确的购买目的，主要是为了休闲、社交和享乐，多发生于购物中心和百货公司内（转引自李玉瑛，2006）。但这两种类型的购物常常会有重合的可能。从购物的过程来看，它包括买（buying）和浏览（browsing）的内涵。由于李玉瑛关于购物的性别差异和其与社会关系的联系已包括在前文对逛街购物研究的主题梳理中，在此不再赘述。

本文亦是从购物的具体消费过程切入来研究消费现象，但与前述购物的经验研究不同，本文所要研究的主题是购物过程中所体现的消费区隔问题，是新兴的购物研究视角和传统的区隔主题的结合，而这也是前述购物研究文献中所鲜有涉及的主题。

三、 研究方法

1. 研究类型及资料收集方法

本文的研究类型属于定性研究，并采用深度访谈和扎根理论分别作为资料收集和分析的方法。

在以往关于购物活动之社会文化内涵的研究中，研究者们大多采用定性研究的方法（Miller et al.，1998；Campbell，1997；Prus & Dowson,1991），因为他们的研究目标主要是探究购物对于具体消费者的特殊内涵和意义，而定性研究的特点恰好也是深入、全面地理解社会现象，"整体地"理解和解释某一社会现象所发生的自然情景，侧重于对事物和行为的含义、特征、隐喻和象征进行描述和理解（风笑天，2009），所以定性研究是从过程和意义来理解购物活动的最佳切入点。由于本研究的主要目标亦在于深入理解购物者对于自我区隔内涵的理解和感受，属于购物活动对于消费者的特殊意义的探究，所以，笔者选择定性的研究方法。

扎根理论是由经验资料建立的理论，它是未经假设而直接从实际观察入手，由观察资料中归纳出经验概括，再由经验概括上升到理论（袁方，2011），扎根理论的方法对于探索式研究来说是一个不错的选择（潘绥铭、黄盈盈、王东，2011）。由于购物过程具有多义性（李玉瑛，2006），笔者在未进入田野之前无法预知购物者对于购物过程的理解和诠释，继而也无法预设影响购物者拒绝进店的具体过程和相关的影响因素，所以笔者在初进田野时只能以"你在购物中心里有哪些服装店是不会去逛的？你为什么不会去逛这些店"这种不带任何研究假设的问题去开展研究，并且在收集资料的过程中同时进行资料分析的过程，在这种于经验资料的整理和访谈过程的推进之过程的相互比照中，笔者得以总结出若干拒绝进店的类型。

深度访谈是一种半结构式的访谈（袁方，2011）。Wengraf（2001）提出了半结构式深度访谈的一个重要特征，即"它的问题是事先部分准备的 (半结构)"（Wengraf,2001，3），访谈员为访谈所准备的问题必须具有开放性（杨善华、孙飞宇，2005），这种开放性是为了"从人们的话语中了解人们在情境中的问题领域，并试着用他们自己的术语来了解事情（Arksey & Knight,1999，18）"，即试图用被访者对特定研究现象的定义和看法来深入研究问题内部，真正理解被访者关于研究现象的具体内涵和意义的认识。由于本次研究的目标是把握被访者对于购物过程的具体感受以及这些感受对于他们的意义，探查购物过程中所发生的自我区隔现象，力图从这些过程中挖掘自我区隔现象的机制及其影响因素，所以深度访谈对意义理解的深入性以及开放性恰好能够满足笔者的研究需要。因此，笔者选择深度访谈作为资料收集的方法。

2.访谈对象的选取标准及过程

本次研究对访谈对象的选定过程是和访谈标准的确立同步进行的，即首先确定第一条访谈对象的选择标准，并以此标准寻找访谈对象，在对第一位和第二位访谈者的访谈内容进行整理对比后，如若发现第二位访谈对象的访谈内容在自我区隔过程及其影响因素上与第一位有大致相似的倾向，则再确立第二条访谈对象选择标准，以此类推，不断寻找新的访谈对象以及确定新的访谈对象选择标准，直至找到不同于我们通常理解的新的拒绝进店的原因和机制为止。具体的访谈对象选取标准有以下三条：①访谈对象为女性，因为在购物中心内进行服装消费的多为女性，并且她们的消费目的多以具有丰富社会文化内涵的休闲性购物活动为主（李玉瑛，2006），这有利于笔者去发现不同于只关注购买（buying）价格的新的区隔过程；②访谈对象是经常逛街的女性。基于人们对新事物发生概率的理解和考虑，笔者所要探究的购物者进行自我区隔的新机制的发生概率依赖于购物行为所发生的频度，亦即在购物中心内发生购物行为频度越高的女性，其遭遇新的区隔机制的可能性亦愈大；③访谈对象是喜欢逛街的女性。依据生活经验，人们愈是乐于做某件事，他们对于此事的感触和理解也会愈深、愈丰富，所能掌握的信息也可能愈多，所以笔者认为越喜欢逛街的女性对逛街过程中所发生的现象愈有感触，愈能观察和感悟到更多、更新的区隔过程。依据以上三条访谈对象的选取标准，即女性、经常逛街、喜欢逛街，笔者一共访谈了 7 位女性，其中有 6 位女性的访谈记录被用于后续的研究分析过程。需要指出的是，在后文对被访者进行访谈分析时如需提及被访者，均以大写英文字母指代。

第二章　门店影响下的自我区隔过程

一、进店前的条件筛选

购物中心区别于以往商业空间的最明显特征就在于其无与伦比的广阔空间和独立成店的品牌空间设置，店店相邻，而又彼此独立。在如此宽广的空间内，人们走在大理石铺就的走廊上，漫不经心地闲逛着，透过门店前明亮通透的大块玻璃，灯光投射下的店内物品总是能迅速映入人们的眼帘，让人们忍不住探索的欲望，想一探究竟。然而区隔的陷阱可能也埋伏在这里，因为并不是每个人都可以不假思索地进入店内。

1.进店的内涵辨析----"买衣服"和"看衣服"

对于被访者 S 来说，进店的情况分为两种，"去买衣服"和"去看衣服"。

请看下面这段对话：

笔者：但是进店不一定是为了买啊？为什么也不去逛呢？

S：我一般还是需要买东西才会出去逛，还是不会漫无目的地逛。

笔者：为什么呢？

S：漫无目的的逛还是去看看风景吧。

对于 S 来说，进店的一种可能是"去买衣服"，能以"去买衣服"为直接目的而进的店是店内衣服的平均价位在她日常消费范围之内的，这里的日常消费范围具体指的是，每次当她需要买衣服的时候，她会固定地去那几家她以前消费过的店进行挑选，而这几家店的衣服的平均价位就是她所指的日常消费范围。如果进店的直接目的不是为了买衣服的话，也就是她买不起的话，那 S 就只会进让她喜欢的店。根据 S 的定义，让她喜欢的店是能够给她带来安全感的店，而这种安全感是一种令她感到熟悉的感觉，当她对这家店感到不熟悉时，她就不会进这样的店去看了。那么为什么对某家店不熟悉就不能进去看看衣服呢？

笔者：为什么不了解就不能进去看看呢？

S：就是说人都喜欢待在令自己舒适、安全的区域里面，跟以前一样的，自己了解、熟悉、好掌控的。

笔者：好掌控的。

S：对，你去一个陌生的、尝试一个新的。我这个人并不特别喜欢去尝试一个新的东西，即使去尝试，我一般都是看，看我身边有我熟悉的人去做了，它的结果是这样的，整个脉络有了一个了解，我才会去。就和个人性格有关系吧，我觉得有很大的关系。

笔者：你不了解就没有掌控感，你觉得是要掌控什么呢？就是买一个东西或者进到一个店的时候你要掌控什么？

S：它的价位，风格，还有服务员的服务。

由这段话可以看出，当进店的内涵不再是"买衣服"而是"看衣服"时，S 必须能够掌控价位、风格和服务员的服务她才有可能进去，如果进店只是为了去"看衣服"的话，就必须要满足某些条件，这些条件包括衣服的价位和风格、服务员的服务方式和态度。

从以上的描述和分析可以看出，对于 S 来说，进店的内涵包括两种："买衣服"和"看衣服"。如果进店的内涵是"买衣服"的话，那这家店内衣服的平均价位是在她的日常消费范围内的，是她买得起的。如果进店的内涵不是为了"买衣服"，那就是"看衣服"，但"看衣服"是有条件限定的，这些条件包括衣服的价位和风格、导购的服务态度和方式。如果这些条件是她一无所知的，她就不会进这家店了。同时，在这里我们看到了区分，这些"看衣服"的条件就是一种区分，S 就是在这些条件下望店却步的。

长期以来，研究者在对消费者的研究中一直把购物（shopping）和购买（buying）相对等。但 Bloch 等人（1989）的研究澄清了购物的概念，他们指出，Downs 将消费者从购物过程中得到的三种结果概括为：商品，信息和休闲（转引自 Bloch，1989）。而关于购物决策和品牌评估的研究却大多将重点放在第一种结果上，对后两种结果比较看重的消费者被称作浏览者（browser），而他们的购物活动被称为浏览（browsing），即出于获取信息或是休闲（或是两者皆有）的目的，人们在店内对商品进行查看但又没有立即购买的目的。浏览的定义表明，它可以是一种日常的活动，而并不一定要有明确的购买目的。由此看来，S 的只看不买的"看衣服"过程就是浏览的过程。但是，这种只看不买的过程对于 S 来说是无法实现的，因为它有关于衣服的价位、风格和服务员的服务方式及态度方面的现在设定。Lehtonen 和 Maenpaa（1997）对芬兰购物中心的研究显示，逛街购物的乐趣和金钱没有十分必要的关系。Fiske（2000）更是将这种只看不买的逛街过程视为消费主义的反抗，是人们展示观看权力的过程。这两项研究都和 S 的经历相反，S 的"只看不买"经历显然是受到种种条件的限制的。

那么对于这些条件的不了解是如何让 S 做出不进店的决定的呢？

无法掌控这些条件对于 S 意味着什么呢？接下来，由 S 对这些条件的解释，笔者将分析这些条件让 S 做出不进店决定的过程。

2. "看衣服"条件及其发生区隔作用的过程

对于 S 来说，不了解店内衣服的平均价位就意味着这家的店的品牌没有听朋友讨论过、自己也没有消费过，而朋友一般讨论的衣服都是在他们的日常消费范围内的衣服，又因为自己和朋友的消费水平是差不多的，而且自己平时消费的都是自己买得起的，所以这家店的衣服很可能不在自己的消费范围内，是自己买不起的。如果 S 进到这种很可能高于她的消费能力的店的话，导购很可能会从她的衣着判断出她的消费能力，并且会因此对她相对低下的消费能力（和店内的消费水平相比）表示出不友善的态度，具体的表现有：不招呼 S，只是冷冷地站在一旁盯着 S 看，这些举动会让她感到不舒服。

不了解店内衣服的风格就不能进的原因，S 担心自己之前既然没有消费过这家店的衣服，那就意味着这家店衣服的风格很可能是她驾驭不了的，而如果导购也觉得她的衣着风格是和店内的衣服风格不相符的话，就会对她做出负面的评价，这种负面评价也会让 S 觉得不舒服。详细过程请见下面这段对话。

笔者：那风格掌控不了为什么就没有安全感呢？

S：就是自己驾驭不了嘛，就是比方说那种很长的牌子、很酷的牌子，看我穿这个卡哇伊进去，小孩子一样进去，那些人会觉得你是不是走错店了？

笔者：你觉得她会对你有这样子的想法？

S：对。

对于导购的服务态度和方式一无所知就不能进店的原因是 S 认为有些导购会对购物者的消费能力和着装风格有所评论：

笔者：所以你觉得说你进到一个店里面，那个服务员会首先帮你定位，就是把你定位成某种 Style，是吗？

S：对，甚至会对你的消费能力进行一个估计。

由于自己的消费能力和着装风格在自己不了解的店里很可能会被视为相对低下且与店内衣服风格不相符，而一旦导购对购物者有了如此的判断后，就会采取冷漠的态度，具体表现就是上面所描述过的盯着购物者看且不搭理他们。由S对自己不进店的具体原因描述来看，她对自己在消费水平、服装风格驾驭力上的预期是比较低的，这种较低的预期也同时导致她对导购对其服务态度的负面预期，而导购的负面预期会给S造成心理上的压力和不舒适感，所以为了避免这些潜在的负面评价、降低自己在店内可能遭受冷漠待遇的风险，她决定以不进店的方式来规避这些可能的伤害。

从S的经历可以看出，不光进店"买衣服"是有条件的，进店"看衣服"也需要条件，这些条件同样指向购物者的消费能力，而且附加上购物者的服装风格驾驭力，而这两者的结合可以被看作门店对于合格消费者的要求。不仅有"看衣服"的条件来区隔不合格的门店消费者，还有导购对购物者之"看衣服"资格的审查，如果审查不通过，导购的态度又会成为另一个阻止购物者再次进店的环节。由此可以看出，先有"看衣服"条件的初筛再有导购对购物者资格的审查，二者的结合形成了人们进行被动性自我阻隔的一种机制。

二、 进店后由店家主导的店内体验

前述的消费者自我区隔机制发生于进店之前，是否只要通过了进店前的"看衣服"资格审查，购物者就可以自由畅快地享受购买和看衣服的过程了呢？从被访者的过往体验来看，答案是否定的，即使通过前述的资格审查，店内的区隔依然存在，而为了躲避这种区隔带来的不悦之感，被访者们也只能选择不再进店。为了更清楚地说明和分析购物者在店内的活动和感受，笔者将引入店内体验的概念，店内体验在本文中指的是购物者在店内所发生的活动及其对所发生活动的感受和预期，在这里，笔者主要关注店内体验的目的和结构，店内体验的目的指的是购物者想通过店内的体验获得什么。店内体验结构的定义既参照蒂姆·爱德华兹 (2003) 在《狂喜还是折磨——购物的当代性质》一文中对购物体验结构的解释，包括如何购物，又根据被访者的店内体验包括与导购的互动情况，所以购物者的店内体验结构包括如何购物和与导购的互动情况。下面笔者将从店内体验目的、店内体验结构来描述被访者在店内的体验过程和感受，并着力从这个过程中总结出导致他们进行自我区隔的机制。

1. 店内体验目的

店内体验目的，指的是人们进入门店后根据自身的需要，预先设想的店内行为目标和结果，也就是人们关于想通过店内体验得到什么的描述。对于被访者 X 来说，进店的目的只是为了感受热闹的气氛，而并非是为了买衣服，按照她自己的话来说就是"也许我只是想一个人静静地看一下衣服，静静地逛一下，进来不一定是要买衣服、看衣服，有可能只是感受一下这种热闹的感觉"。但是，这种单纯的感受热闹气氛的目的往往会被导购的推荐所打断，而且这种打断还会给 X 增加额外的心理负担——不自在。

X：我非常不喜欢人家给我推荐这些。

笔者：为什么？

X：不自在吧。

笔者：这种不自在，为什么不自在呢？

X：被人关注着，因为每个人性格吧，我不喜欢被人关注，我希望低调一点，自己做自己的，我需要的时候我会叫你的。但有的人就喜欢那种被人关注、被人服侍的感觉，我不喜欢。

为了避免这种不自在之感的再次出现，也因为明晓了自己无法从店内的体验中获得所预期的热闹感受，X 决定一个人逛街的时候不进店，因为"一个人逛街如果不进店的话就相当于路人，这样可能不会受到店里面人的注意，但是如果你一进店就会成为一个潜在的消费者，她可能就会过来给你推荐"。

由以上的对话和分析可以看出，X 进店前对于自己可以在店内获得怎样的体验是有明确期待的，但是导购的推荐却打断了 X 实现自己的体验期待的过程，不仅如此，导购还会引入门店为 X 设定的新的目的，即看衣服，以为潜在的消费做准备。由于 X 并不认同导购为其重设的店内体验目标，并且推荐行为本身也给 X 带来了不自在的感受，所以 X 为了避免自己的店内体验目标与导购希望她所能体验的目标再次发生冲突，也为了避免不自在的感受，她决定不再进入这样的店。

门店给 X 带来的失望之感是发生于购物中心内无法解决的矛盾，因为"购物中心似乎总是和它想要表现的样子相反。它将自己标榜为公共性场所，但它的购物环境设计却是处处为牟利服务，它将自己打造成交流休闲的场所但重点还是在盈利，它借用其他时代和地方的符号来获取自己在现代资本主义中的根基，购物中心向消费者售卖着充满矛盾的体验"（Goss,1993，40）。

2.店内体验结构

如何购物

如何购物在服装店里的具体表现就是购物者对于挑选什么衣服、如何挑选衣服的安排和倾向。导购在门店里最主要的任务是为顾客介绍店内的产品以及为顾客尽可能提供他们所需要的服务，但导购完成这些任务的方式却不尽相同，有的是在顾客进店后对其进行问候便直到顾客需要她时再应声而来，而有的则是在顾客进入门店的那一刻起就紧随其后，虽然这种寸步不离的跟随被美其名曰为"无微不至"的周到关怀，但对某些顾客来说，被导购跟着是一种非常不友好的体验。W 就有这样的感受。

笔者：那会有服务员方面的问题让你不进去吗？

W：刚刚说的吵闹其实也是一方面嘛，它的店里面那么吵，和服务员有关系。当然这个前提是你进去过，第二次你就不会再去了，因为你第一次有过不友好的购物经历，以后也不会去的。

笔者：那比如什么样的经历是不友好的经历？

W：比如她老是跟着你后面啊，而且一直在讲"欸，我们这个，你买吗？"，或者我要试，她会说"这个你买吗？你要买你就试，你不买你就不试。"在太平鸟就是这样的，尤其是步行街，老是跟在你屁股后面，"欸，这个什么什么，"，一直在推荐一直在推荐，我不会喜欢这样的，那种感觉购物气氛很压抑。但是，在国购这边的太平鸟它就不是这样，它就很随和，不会老是这样逼着你，我感觉就是逼迫，她老是跟着你，老是在讲，这样就很那个。

导购的跟随服务给 W 最深的感受就是压抑，跟随的过程还伴有不停的追问，这让 W 觉得是在被逼迫购买，在这样的过程中，W 体会到一种自我掌控感的丧失。同时，由对话中 W 无力反驳的状态可以看出，导购在这段互动过程中占有绝对的优势地位。所以为了避免这种情况和体验的再次发生，W 决定再也不进这样的店。

和导购的互动

导购在现代服装店里一直扮演着重要的角色，按照门店的宣传，她们可以帮助消费者在品类繁多的衣服中挑选出最适合自己的那一款，给予消费者最贴心的服务和最热情的笑容。但当现实照进宣传词里，似乎又是另一番景象。

导购和消费者之间既是陌生人，又是潜在的交易双方，陌生人之间有最基本的交往礼仪，商业交易也有特定的逻辑和规则，但有时导购的推荐方式却打破了陌生人交往和交易方式的边界，使得购物者无所适从，尴尬为难。

笔者：所以你的意思是说，如果你一个人去的话，你潜在还是觉得你需要搭理她，但是你又不想搭理她。你是这个感觉吗？

W：对啊，毕竟人家在跟你说，你要是老是不说话，不尊重人嘛。所以我与其那样，我还不如不去呢。

笔者：但是你为什么一个人又不想搭理她呢？

W：一方面我觉得我不搭理她我不尊重她，另一方面，我觉得我搭理她了我也不尊重我自己，因为我不想搭理她。

笔者：那你为什么不想搭理她？

W：就是因为我不想买啊，归根结底就是我不想买。所以我不想搭理她。我为什么要搭理她，就是因为这是人与人之间最平等的尊重。

从这段话可以看出，导购的推荐在 W 看来既是一种交易的行为，也是一种陌生人之间的社交过程，出于陌生人之间最基本的互相尊重原则，W 觉得她需要回应导购，但在自己的交易条件无法满足的时候（比如款式、价格等要素不符合她的要求），她又不能回应导购，因为回应就是对进一步交易的默许，所以当陌生人社交过程和交易过程无法同时进行时，W 选择了不再让这种双重过程同时发生的方式，即不再进这样的店。

导购的推荐不仅集中在对店内衣服的夸赞上，有时还会伴有对消费者的褒赞，但当这种称赞超过了某种限度时，会让称赞的价值降低，反而会让人觉得这是导购为了售卖而使用的赤裸裸手段。L 的经历就证明了这点。

L：我妈喷个香水啊，导购就会说"啊，这个香水特别好闻"，或者是怎么样，她都会夸你。我妈觉得，可能有些人会比较受用这些话吧，但是正常人都觉得自己对自己有一个很清晰的认知，觉得自己并没有她说的那样，所以你觉得导购说的话都是很违心的，她说这些话的目的就是希望你能去买他们家的衣服。所以，你就会觉得心里很不舒服。因为你整个一个购物过程当中，就觉得自己很窘迫。

笔者：为什么呢？她其实是把你往好的地方说啊？

L：很尴尬。因为你就觉得自己并不是那样子的，你就觉得自己听了特别不舒服，就觉得她说这个话特别违心。如果我真的是这样子的话，她夸了我，很那个。我觉得自己并没有达到那样的，但别人还那样夸你，你很明显地听出她说这话的用意是怎样的，然后你要是不买的话，其实如果你不买的话，她对你的态度也没有什么改变，但是就是你跟她对话的过程让人不想第二次再有这样的体验。因为你如果第二次再去的话，她还是一顿从头夸，或者换一种方法夸你，你觉得好难受，不舒服，还是因为不舒服。

导购的夸赞超出了 L 母亲对自身既有的认知范围，这种越界反而让 L 和母亲对夸赞的真实性产生怀疑，因为给出夸赞的导购除了是和她们母女进行互动的陌生人外，她更主要的身份是门店的直接售卖者，她在门店内最主要的任务是售卖衣服，所以在结合导购在门店中最主要的身份后，L 和母亲非常肯定地认为这种言过其实的夸赞最终指向的是成功的商品交易。导购的夸赞触犯了 L 母亲自我认知的边界，也越过了陌生人交往之间示好行为的界限，这让 L 母亲十分尴尬和窘迫，所以为了避免这种尴尬的再次出现，L 和母亲决定不再进入此店。

三、 小结：被动性自我区隔

区隔可以被分解为区分和隔开这两个步骤，即先有区分再有隔开，区分出现的地方才有可能出现隔开。设置区分的一方如果发现有不能满足区分条件的人或事物出现时，就有可能采取隔开的行动，即让自己远离对方或者让对方远离自己，但当一方无法明确提出让对方远离自己的要求时，只能采用迂回、隐蔽的方式给对方施加压力，迫使对方知难而退而选择主动远离。在 S 不进店的决策过程中，区分发生在进店之前，这种区分具体表现为购物者进店"看衣服"的条件，这些条件包括购物者的消费水平和其服装风格与店内服装风格的匹配度，一旦购物者无法满足这些条件，担任店内条件审查人的导购就会对购物者的"看衣服"过程给予冷漠态度，给购物者一种无形的压力，也就是在这里，导购所代表的门店已经以一种隐蔽的方式表达了他们对不符合"看衣服"要求的购物者的排斥态度，隔开已经发生，门店要隔开的就是不符合"看衣服"条件的人。如果购物者承受不了这样的压力，只能选择不再进店，以逃离这让人压抑的环境，这就是我们所看到的消费者的自我区隔，但由于这种区隔是对门店既已存在的区隔的规避，所以这是一种被动的自我区隔。

从购物者的店内体验目的和店内体验结构可以看出，使她们选择不再进店的过程均发生在她们与导购的互动之间，虽然具体导致店内体验不佳的原因略有不同，但她们在互动中都处于相对的弱势地位，而代表门店的导购却始终占据互动的主导权，她们以推荐店内衣服的名义重构购物者的店内体验目的，以跟随、频繁推荐、过度夸赞等方式越过陌生人交往的界限，执意将自己的售卖目的推向购物者。而购物者面对这种自己的互动弱势也无力反抗，只能以不再进店的方式躲避这种令人不悦的互动模式，这种不进店的自我区隔也是一种被迫的区隔。由此看来，店家将自己在店内的主导权转化为其在与顾客互动和重塑顾客店内体验上的强势地位，迫使购物者在不调整店内体验目的和店内体验结构的情况下不想再进店，这就是另一种促使购物者进行被动性自我区隔的机制。

第三章　服装风格影响下的自我区隔过程

对于某些幸运的购物者来说，他们既能通过店家预设的对于"看衣服"之资格的审查，又能适应由店家主导的店内体验结构和目的，那么此时，他们终于可以拥有自主决定购物的自由了。但事实上，他们中间的某些人还是会选择不再踏足符合前两项条件的店，因为对于他们来说，此时选择的主动权掌握在他们的手中，他们终于可以按照自己的需求去对门店进行挑选和隔开的权利了，而让他们进行自我区隔的直接因素就是门店所卖的衣服风格。下面，笔者将从被访者所提到的几种使她们不进店的社会属性来分述被访者因为衣服风格而选择不进店的具体过程，并从中总结出他们进行自我区隔的机制。

一、服装风格与认同

服装风格越来越成为影响女性挑选服装时的重要乃至是首要标准。服装的风格变化万千，长短、松紧、束身或者阔腰、明亮或是昏暗，在这看似纷繁的风格变幻中，却藏纳着一个不变的旋律，那就是服装风格对于选择它的女性所谓何意，女性希望通过服装风格表达关于自我和他人的何种看法与观点，而这些即是女性所赋予服装风格的认同。

1. 性别气质认同

性别气质是指"以两性第一性征和第二性征为基础，一整套固化的、强调两性对立的心理特点和行为举止"（佟新，2011，26），它是我们关于男性和女性在心理特点和行为举止上应该怎样的一种期待和看法。对于被访者 L 来说，她不去的那家店的衣服颜色以黑、灰和很深的绿色为主，衣服的款式看起来很零碎，没有整体感，这样的颜色和款式所承载的女性气质在 L 看来是和她理想的女性气质相背离的，因为"女孩子可能都比较喜欢色彩亮丽的，颜色鲜艳的东西"，所以她觉得"看那家店一抹都是灰不拉几的东西，就不想进去"。与此同时，她认为这家店的衣服风格也是大多数女生都不会选择的，因为那也是大多数女生不会喜欢的风格：

> L：我觉得它不适合大多数的姑娘
> 笔者：那你觉得它适合什么样子的姑娘呢？
> L：这个真的很难说欸。
> 笔者：或者说你周围的人从来没有穿这个牌子的？
> L：没有女生穿，真的。

除了自己和周围的女性朋友对这种衣服风格所体现的性别气质的不满，L 还以男性的喜好来佐证这种风格所代表的性别气质和女性气质的背离，L 这样说道："跟男朋友去约会穿吧，我觉得男朋友也不会喜欢你穿这种风格的。"

如果说女性自身对于衣服风格所体现的性别气质特征有主动的要求，那么男性对于女性衣服风格在性别气质上的期待也会给女性的风格选择造成影响甚至是压力，而这也会直接导致女性不进某家店。

> 笔者：你不进某个店，它店里面衣服的风格跟你想象中你希望吸引的男性，他喜欢的女性风格有关？
> L：对，比如说我穿这家衣服，但是我男朋友如果说不好看，他

们家的衣服我可能以后也不会去。可能男性的衣服偏好也会决定你的风格，尤其是女孩子，如果你穿一件衣服旁边的男性朋友说好丑哦，巨丑，你可能就不太会穿。

笔者：你不太会穿就会影响你不太去买？

L：嗯，对。

由 L 对于不再进那家店的原因解释来看，她将衣服风格与性别气质紧紧联系在一起，她觉得衣服风格是可以表达性别气质的，而且这种对衣服风格可以表现性别气质特征的看法是她身边大多数女性和男性朋友都认可的，而且他们会对衣服风格有关于性别气质的期待，这种对衣服风格和性别气质之间联系的确认和期待对 L 的购衣选择是有影响的。因为衣服风格承载性别气质的表达，并且 L 自己和周围的男性、女性朋友都对女性气质的特征有固定的期待，一旦某种衣服风格无法满足这种期待，L 出于对久已形成的女性气质观念的认同和周围朋友对她有特定女性气质状态的期待，想从衣服风格上和具有自己所不认同的女性气质人群隔开，所以她会避免穿着这种风格的衣服，又因为店内所卖衣服基本上都属于同一种风格，所以 L 选择不再进售卖带有这种性别气质特色衣服的店。

服装风格上的性别之分是服装的第一特性（许重岫，2004），人们对服装之性别特征的关注贯穿于人类社会的演变更替之中。从服装的起源来看，男女两性的相互吸引一直被看作服装的重要起源之一（周立，2003）。在之后漫长的历史长河中，人们对服装的性别气质取向总是在强化与淡化中不断转换。孙志芹认为，在奴隶制和封建社会早期，由于服装资源的紧缺，只有上等人才能穿上衣服，服装的社会功能主要表现在其标志身份地位的作用上，所以性别之间的衣着风格差异就不甚明显。到了封建社会，由于男权社会中"男尊女卑"观念的确立，服装风格的性别区分特征变得尤为明显，女性处于从属于男性的地位，使其服装风格也显现出柔美、曲线、飘逸的特色。随着工业社会的到来，越来越多的女性开始自食其力，走入公共生产领域，曾经累赘、繁复、不方便行动的服装风格无法满足她们的工作需要，服装风格上的变革也随之而来，由于男女两性在工作环境上的趋同和男女平等观念的兴盛，这一时期性别气质在服装风格上的区分再次被淡化，许多男性服装的特征和设计理念被引入女性的服装，如夏奈尔 (Chanel) 把男性用作内衣的针织物用于女装中，设计出了针织面料的男式女套装，伊夫·圣·洛朗 (Yves Saint Laurent) 把宽阔的双肩形态和明确平直的分割运用到女装中，这些设计都凸显了不同于以往的女性气质。由此看来，衣着和服饰始终与性别气质紧密相连，隐藏在这一联系背后的社会文化原因是社会对身体进行社会化的要求（刘晓娇，2010），而这一要求主要体现之一就是对性别气质的要求。这也是 L 及其周围朋友对衣服风格所表现的性别气质如此看重的原因。

2. 办公室内的群体认同

群体的认同是指个体对某个特定的社会群体（或是某些特定的社会个体）的认知和情感依附，它能够给予个体归属感、信任感以及被理解的感觉，乃至实现自我概念、自我价值和自尊的提升 (赵卓嘉,2015)。但它同时会对个体产生影响甚至是压力，迫使个人按照群体的行动原则和价值理念去调整自己的行为，否则会受到群体对个人的负面评价。Z 不进某店去买夏天的衣服就和她所在办公室同事的着装风格有关。

笔者：你说恩曼琳里面的话，如果是夏天的话就主要是裙子，然后裙子的话你觉得夏天穿裙子会不太方便，所以你不会怎么去那里去买夏天的衣服，是这个意思吗？

Z：它里面的衣服不太适合平时很随意的一些场合。因为我们平时也不是经常碰到一些重要、正式的场合，你肯定就比较想穿的比较随性一点。比如夏天在办公室，大家都穿的很普通的 T 恤，你穿一件搞得那么累赘的衣服，你自己也会觉得自己有一点格格不入。

因为 Z 对自己所属的业缘群体是认同的，而这种群体认同会对她的行为产生影响，同时群体认同的内谷包括对着装风格上的要求，所以这种要求就会对 Z 产生影响，让她选择和群体差不多的着装风格。

又因为店里卖的衣服风格是同事们所不认可的风格，所以当她在考虑买出现在同事面前的衣服时就不能买那种店里的衣服。从Z对不进店原因的解释可以看出，区分体现在群体认同的着装风格上，因为Z觉得自己是办公室的一份子，而且想获得大家的认同，融入这个群体，而同事们的认同在衣着风格上有所体现，所以Z需要通过控制自己的衣着风格来获得同事们的肯定，也就是和不符合办公室着装规则的衣服风格隔开，所以当决定要买出现在同事面前的衣服时她就不会进这样的店了。

由上面的总结可以看出，办公室内的同事也是她的参照群体。Singer认为，参照群体是我们借以做出评价并形成态度、情感和行动的社会单元（转引自休斯、克雷勒，2008），我们依照参照群体的标准对自己的行为进行评估和指引，我们采用参照群体的标准来评价自己的生活水平和生活方式（休斯、克雷勒，2008）。办公室的同事作为Z的参照群体对她的行为方式起着一定的影响作用，又由于团体成员间的一致性不仅体现在价值观念上，还体现在服装风格的一致性上，人们的服装行为是与团体密切相关的（叶根洋、马艳波、勾爱玲，2004），所以，Z特别注意与办公室同事保持着装风格上的一致，以表达自己对这个群体的认同和归属感。如果人们预期某种消费行为会受到参照群体的诟病，并且认为这种评价结果对自己十分重要，那么他们就会去迎合参照群体，此时参照群体就对人们的消费选择产生了影响（王财玉，2013），L也是因为担心自己会成为同事眼中格格不入的人而选择穿在风格上与同事们保持一致的衣服。

3.追赶潮流

衣服的美丑不只体现在其本身的款式设计和颜色搭配上，还体现在它与每年流行趋势的匹配度上，如果无法追上流行趋势的步伐，它就会沦陷于丑的行列。这种感受在L这几年的逛街体验中尤为突出。

L：还有就是，也有一种现象，我最近几年，喜欢他们家的牌子，但是到最后，就是到现在这段时间，就觉得他们家衣服牌子我很喜欢，但是衣服却没有改变。举几个例子啊，比如说刚上班那会，后来穿拉夏贝尔的衣服比较多，他们家便宜，然后衣服也行，后来就觉得，嗯，衣服也不知道怎么搞的，我喜欢哪个牌子之后，他们家的衣服都做得巨丑，越来越丑，越来越丑。

笔者：那是丑在哪里呢？

L：就是他们的颜色可能每一年都是这个系列，或者是他们的衣服的款式都是一样的，但是颜色或者是花型做了简单改变，还是没有多大改变。

笔者：你是说跟不上现在的这种潮流？

L：对，他们，可能就觉得应该是设计师比较懒，就是每年可能，今年还是这个款式，只不过颜色换了一下，比如说小细节改了一下，那我已经有这个类型的了，就不需要重复购买了，对吧？

由于这家店的衣服风格在近几年中都没有明显的变化，无法跟上风格翻新的潮流，所以 L 去购买的意愿也逐渐变淡，直至最后对这家店的设计风格彻底失望而选择不再进店选购。

小结

无论是对特定性别气质的偏好、对参照群体的认同还是对时装潮流的追逐，服装已然成为消费者表达认同的方式，服装的风格具有传达个人认同的功能。

日本服装社会学家荻村昭典（2000）认为，人们在着装时是将他人放在脑中的，这包括对他人的社会行动，着装行动是面对他人并接受与他人互动的行动，这种持续性的相互行动使得社会关系得以建立。如此一来，我们在着装时就已完成了一次预演性的社会互动，着装并不仅仅是挑选和穿衣的过程，它还同时担负着沟通自我与他人的功能。在着装的过程中，人们既表达了自我的内部意识又体现了自我的各种社会属性（麦坚，2013），L 和 Z 对衣服风格的选择也是完成着对个人认同的表达过程。英国社会学家乔安妮·恩特维斯特尔也认为，服饰既是身体私密性的经验，又是身体的公开表达：剖析自我与他人的界限，即为个体和社群世界的界面，私人与公众的交汇处（转引自刘晓娇）。所以，服装和社会认同是联系着的，它是一种社会行动（麦坚，2013）。

二、 服装风格与求新的渴望

其实，衣服风格本身并无新旧之分，因为时尚潮流总是周而复始地循环变化。而人们之所以热衷于随着风格的变化进行挑选和购买，也是为了追求这种变化的感觉，这种摆脱了之前一直持续不变的生活状态，试图从衣服风格的变化上寻求摆脱无聊的可能。L也是这样，虽然她的衣柜里充斥了非常多的衣服，但她仍然觉得不够。

L：我男朋友就经常说，"你衣服还不多啊？你一柜子里都是衣服，你为什么天天说你没有衣服穿呢？"我说我就是没有衣服穿啊。

笔者：对啊，你为什么觉得你没有衣服穿呢？是没有搭配的衣服穿吗？

L：不是，不是没有衣服穿，而是觉得总是想穿新衣服。就是你总是想买，总是想买新的衣服。

笔者：你说的新是？比如说今年流行的款式或者颜色？

L：对，款式或者色系。可能今年我喜欢这个色系，可能去年这个款式，可能今年我喜欢这种款式了，或者是我去年一年都在穿这个风格，但是我希望另外一种风格了，总是希望变化。

笔者：这种不断追求新的诉求算是一种摆脱枯燥、乏味的表达吗？

L：可以这么说吧，就是一种喜新厌旧的感觉。

所以，L不会进那些无法让她体会到新的感觉、无法感受到变化的店，衣服风格的变化对于L的意义就在于变动这个过程中所展现的关于"新"的概念和感受，只要是让她觉得旧的、没有新意的、不能激起她对"新"的渴望的风格的衣服她都不想去买，也因此不想进店。在她眼中，不同衣服风格之间的区别就在于它们在L心中以新旧为标准所被分派的位置，若是被分到能让感受到"新"的领域，她就会去买；若是被划归到"旧"的领域，她就会与之保持距离。L对衣服风格的消费是在消费"新"这种生活理念和生活感受，她要隔绝的是"旧"的、枯燥乏味的生活状态。

小结

在 L 的叙述中出现最多的词是"新"，这种"新"体现为一种变化，一种不同于她已经拥有过的衣服款式的令她感到新意的款式。这种对"新"的感受和定义恰好是美国社会学家柯林·坎贝尔（2003）所论述过的。柯林·坎贝尔（2003）认为，现代消费理论通常将消费者持续增强的求新欲望作为其理论基础，后者也是现代消费主义盛行的主要原因。为了能够进一步明确人们的求新欲望是如何促进消费盛行的，他对"新"（newness）这个概念做了辨析。人们通常在三种不同的意义上使用"新"这一术语：①作为新鲜的或新近创造的新（fresh or newly-created），通常与磨损的、用旧的货过时的等意义对立；②作为改良的或革新的新（improved or innovative），多指物品满足特定需求的效率的提高和蕴含于物品当中的科技能力的提升；③作为不熟悉的或新奇的新（unfamiliar or novel），是基于个人的先前经验而得出的个人判断。相比于前两种定义，第三种"新"的定义能够为现代消费主义提供更大的核心动力。如此看来，L 定义下的"新"即是新奇或不熟悉的意思。这种对于新奇事物的渴望、对熟悉事物的舍弃不是个人的偶然、任意之举，而是和自我陶醉的享乐主义（self-illusory hedonism）有关。这一享乐主义使人们将注意力集中在虚构的刺激物和由虚构的刺激物所带来的快感上，这种快感源于人们认为这种虚构物能够带来的快乐要比现实中遇到的快乐在质量上更高一筹，于是人们不满足于习以为常的生活，现实中已经经历过的事物无法满足这种对想象中的快感的渴望，所以人们试图去在没有经历过的、新的事物中寻找这种快感。但现实和想象总是存在着无可弥合的差距，新的事物在一定程度上填补了人们的部分想象，但还是无法提供全部的渴望，所以人们在消费完某一新的事物后会开始更新的想象过程，而这一过程的满足还是需要新的、没有经验过的消费品来提供，由此而来，物品的消费过程也在一次次被开启。这也是 L 总是觉得自己的衣服不够多的原因，因为旧的衣服无法满足她对自我的某种想象和看法。在"欲望—获得—使用—幻灭—新的欲望"（转引自姚建平，

2006）的循环中，人们对自我的想象是这一过程的不竭动力，求新的消费行为就是在不断接近想象中的自我的过程。

三、 小结：主动性自我区隔

按照区隔需要经历区分和隔开的发展过程，上述服装的风格或是与被访者们对于特定社会属性的认同相违背，或是无法满足被访者求新的渴望，由于这两种情况的不被满足，更是为了维护自己的认同和渴望，她们主动选择与这些门店隔开，进而不再进店，这就是她们进行主动性自我区隔的过程。

第四章　引发自我区隔机制的因素

被访者或是为了对自尊的保护，或是出于躲避门店内令人尴尬和烦扰的互动经历，抑或是店内服装的风格无法满足她们的要求而放弃该店、另寻他所，无论出于何因，她们最终的选择都是不再进店，对自我实行区隔。那么引发自我区隔的因素有哪些呢？这是本章将要说明的问题。

一、 门店的店内空间主导权及其对店内空间的控制

从上文的机制分析里可以看出，在购物中心里，进某个品牌的门店看衣服是有条件的，这种条件来自于门店对于购物者消费能力和着装风格的期待，而门店所设定的这些"看衣服"条件对于被访者 S 来说是有影响力的，因为如果购物者无法满足这种期待却偏要进店的话，导购会以打量、冷漠以及其他令购物者不舒服的态度和方式来对待购物者。如果购物者通过了"看衣服"的条件审查，也就是通过了消费能力审查，被店家默认为有消费店内衣服的能力，那么购物者就可以在不受导购的冷漠对待下进店看衣服。但进店后，导购试图通过与购物者的互动来对购物者的店内体验目的和店内结构产生影响甚至

主导，期望购物者能够按照门店所设想的店内体验进行衣服的选购。由以上两个过程可以看出，店家可以制定"看衣服"的条件，主导店内"看衣服"的过程。

那么店家何以拥有制定"看衣服"条件并且主导"看衣服"的过程呢？也就是说为什么被访者们在没有做出不再进店的决定之前都觉得自己需要进到店里来，以至于进店后的不良店内体验促使她们不再进店了呢？对于这个问题的回答需要从门店和购物者这两个角度来考虑，即门店掌握主导权的合理性和购物者进店的必要性。

门店掌握主导权的合理性指的是门店有权利设定"看衣服"条件和设定店内体验的目的以及店内体验结构，并且这种权利也是被购物者所认可的。当 S 提到看衣服的条件并有可能因自己无法满足上述条件而被导购冷漠对待时，她并没有提出对这些条件设定的质疑；当 X、W 和 L 谈到自己和导购互动的不愉快经历时，她们都没有对导购的这种潜在要求的合理性提出质疑，只是将这种不好的感受自己承受，而后来做出的不再进店的选择也只是逃避而非反抗，而逃避就是一种反向的默认，默认门店主导权的合理性。所以在被访者们看来，门店掌握主导权是具有合理性的，但她们又无法适应这种主导权下的"看衣服"条件和店内体验目的及结构，所以只能选择自行远离门店，即自我区隔，不再进店。

那么让购物者之前不得不进店的必要性又是什么呢？也就是人们在决定购买一件衣服之前必须要完成的步骤是什么呢？这个答案当然是近距离地看衣服，去近距离地查看衣服的质量和色泽、款式和风格，甚至是去试穿。所以近距离观看衣服是购买衣服的必要条件。但是，门店独立宽敞的空间设置扩大了人们接近衣服的距离，并将这段人们用以接近衣服的中间距离划归在门店的范围内，这同时将"看衣服"的距离私有化，占为己有，而这样也就使门店部分地占有了买者看衣服的过程。如果买者要近距离看衣服就必须进店，进店成为发生在购买行为之前的必须步骤，所以买者为了购买衣服不得不受制于门店，因为买者要走过这段由门店垄断的距离才能看到衣服的质地和款式，才能做出最终购买的决定。通过占有这段必要距离来使进店这个步骤成为必须，门店通过占有买者看衣服的部分过程来达到控制其看衣服的条件和在店内的体验目的及结构；另外，空间的私有性和相对封闭性（一般门店都是独立成店，形成一个三面被墙壁包围、只留一面墙作为店门的相对封闭性空间）能够给予店家监督和窥视购物者的优势，在必须性之外形成一种心理上的压力和震慑力。

所以，买者还是可以看店内的衣服的，只是看衣服过程中的必要部分被门店占有了，所以买者必须进店来看，又加上门店的私有权给予了它制定进店资格的合理性，这就使得进店者理所应当接受来自门店的条件审查。

如此一来，门店通过对店内空间进行设计进而生产了购物者和门店之间的特殊关系，"空间形式的构型决定了结构的相对渗透性，从物理层面上限制了行动和互动的可能性。空间的相对连通性、传递性和交换性为隔离个人和行为提供服务，同时凸显了个人在互动中的不同的能力，社会关系在相对应的地理关系中被实现"（Goss,1993，31）。这就是门店可以对店内购物者形成隐秘社交压力和关系的秘密。

二、 消费社会内生的分层机制

在第一种自我区隔的机制里，导致被访者 S 不再进店的原因之一就是她认为自己不具备"看衣服"的资格，而这种"看衣服"的资格其实指的就是她的消费能力，也就是说她对自己的消费能力的预期是比较低的，所以引发她不进某店的因素之一就是她对自己消费能力的低预期。S 还说过，她买衣服时一般都是先去自己之前消费过的或者熟悉的店，而这几家相对于现今数不胜数的衣服品牌来说只是屈指可数的几家，也就是说对于她而言，大部分的商店都是她不熟悉的，都是她要在进店之前预估自己的"看衣服"资格且评价结果都是证明她无法成为那些店的合格消费者的，这也就表明在一个参照消费社会逻辑的购物中心内，她被判定为一个不合格的消费者，而且是经常处于消费资格的边缘状态，也就是说 S 是一个在消费社会中经常处于边缘消费资格状态的人，那么消费资格上的边缘状态在消费社会中的社会意涵指向何处呢？

如果说消费社会中的整合方式是消费的话，那么丧失或鲜有消费资格的人就是这个消费社会的边缘人。如此看来，S 是处于消费社会的边缘人，以她的实际消费能力进入不熟悉的门店就很有可能要经受心理上的压力甚至人格上的贬抑，一旦进入这些不熟悉的门店就要接受导购的审查（被盯着、不搭理）并被认为是"有缺陷、欠缺、不完美且不充足的消费者"（鲍曼，2010），由 S 在店内的这种窘迫状态来看，她就是鲍曼所说的消费社会中的"新穷人"。在鲍曼看来，贫穷意味着被排除在一切"正常生活"之外，意味着"达不到标准"。而在消费社会里，正常的生活是作为消费者的生活，这种生活就是能在公开展示愉悦感和真实体验的机会之间，专注于做出相应的选择。那么消费社会里的穷人就是"准备不充分"的消费者，他们不能完成特定的消费目标和进行自由的消费选择，他们对自己的消费能力预期也非常的低。

对于 S 来说，当她置身于购物中心这个一切以生产消费活动为中心的消费空间中时，她对自己能够成为大多数门店的合格消费者的预期是非常低的，这也是对自己消费能力的低预期。而在消费社会的逻辑里，无法通过消费能力测试的人就是这个社会的陌生人，或是非法闯入者，新穷人就是这样的群体 (汪冬冬，2013)。我们对待陌生人、闯入者的态度通常是冷漠且漠不关心的，并且我们用眼神去打量，对他们的身份保持怀疑的态度，不去理睬，因为他们不是我们需要整合团结的人。这种对待陌生人的态度恰好是 S 碰到过且想象中的那些她不熟悉的门店内导购的样子，因为对于她们来说，S 就是不合格的消费者，是门店这个消费空间的陌生人、甚至是闯入者。所以 S 实际所处的"新穷人"地位让她对自己的消费能力预期很低，进而也就降低了她对自己能进店"看衣服"的能力的预期，最终导致她放弃进店看看的想法，将自己隔绝在门店之外。

三、 时尚的社会属性

对于本研究中所出现的被访者们来说，她们不踏足某服装店的主要原因是店内衣服的风格与现今流行的时装趋势不相匹配，这些不够时尚的衣服亦或是让被访者觉得看上去"很丑"，亦或是和时代的进步节奏相脱节。亦即是说，服装的时尚性成为判断美丑和个体与时代之关联度的标准，而这就是时尚所具有的社会属性。

刘福森和蓝海（2002）认为，时尚的社会功能主要的在于其为社会消费提供了一种价值标准，一种关于真、善、美的尺度，"时尚即美"已然成为消费社会的一种美学和伦理精神。

时尚的社会属性还体现在它能够连接个人和社会的功能。一方面，人们追逐时尚的原因主要是出于在碎片化的现代社会中建立身份的相对确定性的需要，"时尚提供了一个具有社会约束作用的趣味标准，有效地影响和引导消费者个人的选择，这样，可以说时尚在现代碎片化的世界中建立了秩序"（格罗瑙，2002，110）；另一方面，在布鲁默看来，对"当下感"和"入时"的强调可以使个体摆脱过去的束缚，可以自由地选择自己的行为，以适应当下的社会，时尚能够帮助个体达成一种集体的调整和适应（转引自孙沛东，2007）。

在消费社会的语境里，时尚消费是一种符号消费，因为在消费社会中，消费成为主要的社会整合方式，人们为了使自己被整合进社会之中，便会纷纷选择某一种消费方式和消费内容，而这种纷纷之势就形成了一种时尚。

第五章　总结与讨论

行文至此，本文已经通过对购物者在购物中心内不踏足某店的过程性分析总结出了他们进行自我区隔的机制以及引发这种机制的若干因素。下面，笔者将试着综述性地回答文章前面提出的研究问题，并对有关购物研究的既有脉络进行回应。

本文尝试从被动性自我区隔和主动性自我区隔两个方面同研究问题中关于自我区隔机制及其影响因素的提问做一回应。

购物者的被动性自我区隔起因于门店通过对店内主导权和对"看衣服"过程的掌控和部分垄断,设定了"看衣服"的条件、主导购物者的店内体验,为不符合条件和不适应此种店内体验的购物者设置障碍,形成隐性的排斥和阻隔,而购物者或是因为无法和调整后的店内体验妥协,或是为了避免因"看衣服"条件不满足进店而可能遭受的来自导购的人格贬抑,最终选择不再进这样的店。在不了解购物者如此决策的内部原因之前,即从外部视角来看,购物者的不进店选择是一种主动的自我区隔;但在明了决策的具体过程后,我们可以清晰地看出,门店首先设置区隔在先,购物者自我区隔在后,这种自我区隔是对门店之区隔的应对之策,是一种被动之举。从"看衣服"条件来看某些购物者的状况,她们之所以会感受到门店设置的障碍,是因为在以消费社会逻辑运行的购物中心中,她们所面临的社会身份是不健全的消费者,而拥有这种社会身份的人群,必定要受到以消费能力来区分对待购物者的门店的阻隔。如果我们将看衣服的过程视为选择的过程的话,那么购物者不仅有消费受限的可能,而且他们的选择权利也极有可能受限,因为这两种权利的被许可标准是相似的,即购物者的消费能力和他作为目标消费者的潜力。在消费社会语境下的购物中心里,这种双重限制无疑进一步剥夺了人们被整合的可能,大大加剧了人们融入社会的障碍。

购物者的主动性自我区隔起因于两类过程的影响,一是店内服装风格在性别气质、群体规范、时尚潮流等方面无法满足购物者的认同标准,二是店内服装风格无法实现满足购物者对求新欲望的要求。由于购物者在进入门店前既已形成了在特定社会属性分类类别上的偏好,亦即特定的认同区隔已扎根于他们的观念之中,当店内的服装风格所体现的社会属性类别为她们所排斥时,购物者遂即放弃对此种风格服装的选择,以拒绝进店的方式完成自我区隔。

从门店所设置的"看衣服"条件的内容以及导购对待未达到门店"看衣服"要求的购物者的冷漠态度来看,在门店内所发生的并不仅仅是商业交易活动,还发生着社会整合活动,整合的标准就是购物者的消费能力。因为冷漠的态度是对异群体的回应,所以那些不具有合格消费能力的购物者就是被门店视为异己的人，对消费能力不认同的过程就是拒绝对购物者进行社会整合的过程。这种整合方式恰好符合消费社会中对合格社会成员的社会整合模式，即成为一个充分的消费者才有资格成为一名合格的消费社会成员。由此可以判断，现今购物中心的门店内正朝着消费社会化的方向发展，购物中心的门店不仅仅是购物的场所，也是进行社会整合的地方。所以那些采取被动性自我区隔的消费者所经历的是被社会抛弃的过程，购物中心里正发生着以个人消费能力进行合格社会成员的区隔与整合过程。与以往传统消费空间内的区隔运作方式不同，门店充分利用空间来促成区隔的发生，通过空间的重新规划和排列，对消费者的购物体验结构和过程形成有效控制并形成特定的压力控制，以极为隐蔽的手段达到筛选和阻隔不合格消费者的目的。

由以上对于购物中心内所发生的购物者自我区隔机制及其影响因素的分析可以看出，在中国，以购物中心为代表的大型商业消费领域正被消费社会的区隔逻辑所主导，以购物者的潜在消费能力作为社会整合和区隔的标准，在这样的运作逻辑下，购物者只能处于被动筛选的位置上。另一方面，购物者也拥有一定的自主选择权，但这种选择权还是以其消费能力作为基础的，只有当购物者具备了被消费社会进行整合的资格后，方能按照一定的社会认同标准来进行购物选择，对物品的选择标准已不再仅仅基于其物理性功能，而主要体现在对购物者的身份和群体认同的标识作用上。由此看来，购物中心内的被动性自我区隔发生于对衣服进行观看的过程中，而当购物者在对服装进行挑选时，价格因素已不再是主要的区隔条件，性别气质、群体认同、时尚趋势以及求新的渴望成为新的区隔因素。

在既有的购物研究脉络中，购物所具有的双重含义（买东西和看东西）一直是研究者切入社会文化视角对购物行为进行讨论的主要途径。特别是以不带有购买之目的的"看"之过程，为研究者打开了观察与理解当代消费者在消费过程中之角色与状态的窗口。在一些研究者看来，光看不买的行为本身具有对消费主义进行反抗的意味，并被视为"无产阶级逛街"（转引自 Fiske，2000），这种逛街方式被理解为一种权力的展示，人们似乎可以怀着轻松而无负担的心情在购物中心内自由观看（Fiske，2000；Lehtonen & Maenpaa，1997）。但也有学者提出相反的看法，Goss（1993）认为，人们如果不是以合格消费者的身份在购物中心内逛街的话，他们是无法获得自由的，而且就算是被认可为合格的消费者，人们也还是要按照购物中心暗中制定的路线去进行购物。由此可见，"购物中心是一个战略性的空间（strategic space），被制度性的力量独占和控制"（Goss，1993，35）。他进一步认为，德赛托所说的日常生活的实践策略在这个空间中也是失效的，因为这些空间早已被先发制人地控制住了。而根据笔者的研究资料来看，被访者们在所调查的购物中心内几乎没有反抗商家加诸在她们身上的不合理的购物者角色之设定的意识，并且部分接受门店对于她们的角色要求和设定，在遇到令人不悦的购物经历后，只是以主动离开的方式躲避，并将这种不愉快的购物经历视为个体层面上的原因。与此同时，在西方研究者眼中被视为主要是发挥"看"的功能和"看"的权力的购物中心内，被访者们观看和购买的行为是紧密相连的，观看权力的实现基础是购买能力，这与Lehtonen和Maenpaa（1997）所认为的逛街的乐趣和金钱之关系全然可以分开的观点恰好相反。同时，当观看权力以购买能力为依托时，观看作为反抗形式的功能也被解除了，也就是在这一过程中，人们在购物中心内的自由转化为其在消费能力上的自由，而这种自由是以其与消费社会中合格消费者的匹配度相关联的，亦即是说，人们越是一个合格的消费者，他们就越能在购物中心内获得观看的自由，越能够获得在购物中心内的行动自由。在这里我们看到的是，通过对观看权力的控制来对消费者的行动自由进行限制，由此形成无形的区隔，观看的过程在中国的购物中心内反而变成了商家推行消费主义的工具。

由于消费领域内所存在的区隔现象的确充满了复杂性，本文仅在探索购物领域内的区隔现象做了一次初步尝试，而消费区隔理论层面的对话与提升，则有待于进一步的研究。同时，囿于笔者研究、访谈能力和研究时间之所限，存在于购物中心之中的其他类型的自我区隔机制可能无法在本论文中展现，这也是颇为遗憾之处。

附　录

被访者基本情况表

序号	被访者代号	性别	年龄	职业
1	S	女	27岁	公司职员
2	X	女	25岁	事业单位工作人员
3	W	女	25岁	护士
4	L	女	26岁	教师
5	Z	女	25岁	公司职员
6	T	女	25岁	警察
7	H	女	53岁	退休工人

参考文献

爱德华兹，2003，狂喜还是折磨——购物的当代性质，载于罗钢、王中忱主编《消费文化读本》，中国社会科学出版社

布尔迪厄，1997，文化资本与社会炼金术，上海人民出版社

布尔迪厄，2015，区分：判断力的社会批判，商务印书馆

鲍曼，2010，工作、消费、新穷人，吉林出版集团有限责任公司

陈零极、柴彦威，2006，上海市民大型超市购物行为特征研究，《人文地理》，第 5 期

荻村昭典，2000，服装社会学概论，中国纺织出版社

风笑天，2009，社会学研究方法（第二版），中国人民大学出版社

高丙中，1998，西方生活方式研究的理论发展叙略，《社会学研究》，第 3 期

坎贝尔，2003，求新的渴望，载于罗钢、王中忱主编《消费文化读本》，中国社会科学出版社

李宏宇，2006，我国购物中心发展中存在的问题及对策，《学术交流》，第 1 期

李玉瑛，2006，Shopping、血拼、瞎拼：逛街购物研究的初探，《台湾社会学

刊》，第 37 期

刘福森、蓝海，2002，消费主义文化价值观的后现代解读，《自然辩证法研究》，第 9 期

刘晓娇，2010，社会学视野下的青年服饰风格研究——洛丽塔现象，《上海青年管理干部学院学报》，第 1 期

马克思，2009，路易波拿巴的雾月十八日，马克思恩格斯文集（第二卷），人民出版社

麦坚，2013，社会体制决定服装审美和服装形态，《山东纺织经济》，第 8 期

迈克尔·休斯、卡罗琳·克雷勒，2008，社会学与我们，上海社会科学院出版社

潘绥铭、黄盈盈、王东，2011，论方法——社会学调查的本土实践与升华，中国人民大学

孙沛东，2007，着装时尚的社会学研究述评，《西北师大学报（社会科学版）》，第 4 期

佟新，2011，社会性别研究导论（第二版），北京大学出版社

汪冬冬，2013，消费社会中新穷人的生存境遇研究——论鲍曼的后现代穷人观，《华东理工大学学报（社会科学版）》，第 4 期

汪新建、吕小康，2005，时尚消费的文化心理机制分析，《山东大学学报（哲学社会科学版）》，第 2 期

王财玉，2013，时尚消费观的心理学解读：自我与社会，《浙江工商大学学报》，第 5 期

王宁，2001，消费与认同——对消费社会学的一个分析框架的探索，《社会学研究》第 1 期

韦伯，1997a，经济与社会（上卷），商务印书馆

韦伯，1997b，经济与社会（下卷），商务印书馆

许崇岫，2004，浅论论服装与性别特征的关系，《设计艺术》，第 1 期

杨善华、孙飞宇，2005，作为意义探究的深度访谈，《社会学研究》，第 5 期

仰海峰，2004，消费社会批判理论评析——鲍德里亚《消费社会》解读，《长白学刊》，第 3 期

姚建平，2006，消费认同，社会科学文献出版社

叶根洋、马艳波、勾爱玲，2004，浅谈服装行为和社会心理之间的关系，《漯河职业技术学院学报（综合版）》，第 4 期

尤卡·格罗瑙，2002，趣味社会学，南京大学出版社

袁方，2011，《社会研究方法教程》，北京大学出版社

赵卓嘉，2015，自己人认同：基于西方内群体认同概念的研究，《社会心理科学》，第 5 期

郑也夫，2006，论时尚，《浙江社会科学》，第 2 期

周立，2003，试析服装的性别取向，《包装工程》，第 1 期

周晓虹，1995，时尚现象的社会学研究，《社会学研究》，第 3 期

庄贵军、周南、李福安、曾仕龙，2001，购物中心的顾客行为：调查、比较与验证，《管理世界》，第 1 期

邹海涛、王博睿，2012，我国百货公司市场竞争战略探析——以天津中原百货为例，《特区经济》，第 7 期

Arksey, H., & Knight, P. 1999. Interviewing for Social Scientists: An Introductory Resource with Examples. Sage Publication.

Bloch, P., Ridgway, N., & Sherrell, D. 1989. Extending the Concept of Shopping: An Investigation of Browsing Activity. *Journal of the Academy of Market Science*, 17(1).

Campbell, C. 1997. "Shopping, Pleasure and the Sex War." in The Shopping Experience, (ed.) by Falk P. & Campbell C. Sage Publication.

Falk, P., & Campbell, C. 1997. "Introduction." in The Shopping Experience, (ed.) by Falk P. & Campbell C. Sage Publication.

Fiske, J. 2000. "Shopping for Pleasure: Malls, Power, and Resistance." in Consumer Society Reader, (ed.) by Schor J. & Holt D. The New Press.

Goss, J. 1993. The "Magic of the Mall": An Analysis of Form, Function, and Meaning in the Contemporary Retail Built Environment. *Annals of the Association of American Geographers*, 83(1).

Laermans, R.1993. Learning to Consume: Early Department Stores and the Shaping of the Modern Consumer Culture (1860-1914). *Theory, Culture & Society*, 10(4).

Lehtonen, T., & Maenpaa, P. 1997. "Shopping in the East Centre Mall." in The Shopping Experience, (ed.) by Falk P. & Campbell C. Sage Publication.

Miller, D., Jackson, P., Thrift, N., Holbrook, N., & Rowlands, M. 1998. Shopping,

Place and Identity. Routledge.

Prus, R & Dawson L. 1991. Shop ' till you drop: Shopping as recreational and laborious activity. *Canadian Journal of Sociology*, 16(2).

Wengraf, T. 2001. Qualitative Research Interviewing: Biographic Narrative and Semi-Structured Methods. Sage Publication.

社会学"南开班"（1981-1982）

张 龙 北京大学社会学系2013级
指导教师 郑也夫

第一章 导言

一、问题

1949年后，社会学在中国命运多舛。虽然经过社会学者自身的积极改造与努力适应，社会学在1950年还是被划为"资产阶级的"学科（新教育社，1950）。1952-1953年的院系调整中，高校的社会学系被取消，社会学教师转业，社会学系学生转系转校或提前毕业。与社会学一同被取消的学科还包括法学、政治学、伦理学、美学等。1957年上半年，受到"百花齐放，百家争鸣"的鼓舞，许多社会学者提出恢复社会学的倡议。但旋即发生的"反右运动"中，社会学家们被"一锅端"，几乎全被划为"右派"。官方与民间评价社会学"出身不好"肇始于此。

1976年到1978年，毛泽东逝世、"四人帮"倒台、十一届三中全会召开、高考恢复，中国开始了全方位的转型。在"毛泽东时代"被国家与政治淹没的各种力量重新焕发出生机。法学、政治学、社会学等学科陆续开始重建。沉寂多年的老学者重新"出山"，积极为学科发展培育新生力量。中青学子意气风发地投身到"新学科"中。

本文旨在细致入微地呈现改革开放后第一个社会学本科培训班——"南开社会学专业班"（1981-1982）——的筹备、运作、施教过程，并在厘清史实的过程中尝试探讨以下问题：一、"出身不好"的社会学，在重建期如何赢得自身合法性，这种努力又如何影响了社会学的学科气质？二、新生的"社会学界"是如何从原先的体制中诞生的，它又和旧有体制处于何种关系？三、重建期间有哪些学术资源被引入或传承，它们如何塑造着新一批学人的研究风格？

二、意义

一方面，本文集中于一个特殊的时段重新反思社会学在中国的发展进程。纵观社会学在中国的百年发展历程，50 年代到 70 年代末的近三十年非常特别。因为外在于学术的强大力量介入，社会学的发展骤然终止。重新开始时，已经算"重建"而不适合称"恢复"了。既是重新开始，那么新源头的一些特点注定会深刻融入学科后来的发展中，甚至参与构成新的"传统"。借鉴涂尔干（1938，22-23）的话来说，"为了充分理解某种活生生的现象的发展，为了说明这种现象在其历史的各个前后环节上所呈现出的不同形式，我们首先需要做的，便是去揭示在它整个演进过程的源头，那个初生的萌芽是如何组成的。……生命体的这种情况也在同等程度上适用于社会器官，不管这些社会器官具体会是什么形态。它们的未来，它们发展的方向，它们在此后生存的各个不同阶段所蕴含的力量，都在极大程度上依赖于孕育它们的那个最初萌芽的本质"。几乎可以肯定，假如我们拉长历史的视角，迟早会有人对重建以来的社会学发展进行深入细致的反思。而不管这种反思从何种角度切入，始于1979 年的学科重建史注定无法绕过。本文旨在为这段历史保留一个史料扎实、细节丰富的个案。

另一方面，本文尝试呈现一种新型的学科史研究风格。学科史不仅让我们认识到一门学科为什么是今天这个样子，它更是能通过呈现这门学科起源处的开放，拓展这门学科的想象力与反思性，从而为学科的未来走向提供启发（Graham, Lepenies and Weingart, 1983）。但不同于一般学科史研究中横跨较长时段"概述"或者从"文本"切入的风格，本研究集中于中国社会学史中一个极为短暂的时间段，在细致入微的叙事中将活生生的"学人"带上前台，从微观的视角呈现了学人在学科发展、学识传播中扮演的角色。如同"社会史"是从普通人的生活入手，打破了传统史学书写帝王家事的常规一样，本文也希望从"学科的社会史"入手，超越"经典人物"与"经典作品"的局限，拓宽常规学科史的视野。

三、对象

本文以南开社会学专业班（1981-1982）的参与者为主要研究对象，既包括这个班的学员，又包括这个班的授课老师与筹备人员。

如果将1979年3月"中国社会学研究会"成立视为社会学重建的起点，那么，到1982年3月（南开社会学班结业，77级大学生毕业）时，社会学的重建工作已经开展了三年。这三年时间既是社会学重建的最初三年，也是为后来社会学发展奠定基础的三年。经过这三年发展，到1982年初，在由官方主导、自上而下的社会学重建过程中已形成了三个可被称为"（准）社会学研究者"的群体：第一个群体是由"中国社会学研究会"聚集的老一辈社会学家，代表人物有费孝通、雷洁琼、林耀华、袁方等；第二个群体是1980年和1981年两届中国社科院社会学讲习班培训的学员，如贾春增、夏学銮、苏国勋、李银河等；第三拨是1981年南开社会学专业班的本科学员，如宋林飞、王思斌、孙立平、周雪光等。

从数量上来说，担任"中国社会学研究会"领导与顾问职务的老一辈社会学家有50多人（名单参见中国社会学研究会，1981，5）；参加社科院两届暑期讲习班的学员共约百人（参见李德滨，2000，69-78，293；另见费孝通，1981，10）；参加南开社会学专业班的学员超过50人（包含旁听生，名单参见本文"附录一"）。

而在1981年的南开，以上提到的三个群体中的诸多成员汇集到了一个时空中：前两拨人既是南开班的主要筹备者、组织者，也是第三拨人的授课者。这使得本研究在相当程度上刻画了新生社会学界的"群像"——至少针对当时的"主流社会学界"而言。

除了这三个群体之外，当时国内还有一些正在筹备甚至已经建立起来的社会学系（所）。比如复旦分校在 1980 年 3 月就设立了全国第一个社会学系，系里设社会学理论和社会学史两个教研室，到 1981 年 10 月时已经有 4 届在校学生共 134 人（复旦分校社会学系，1981）。另外还有不少打算从别的专业转到社会学，或者主要通过自学掌握了一定社会学知识的人。由于本文主要关注的是自上而下的社会学重建，故此时尚未被纳入"全国工程"的"非主流"群体，不在主要考查范围之内。但这不意味着此时的（1979-1982）"主流"与"非主流"群体在研究水平上有明显高下之分，更不意味着这种"主流"与"非主流"的格局会一直延续下去。

四、方法

笔者在整个研究过程中遵循"史料先行"的原则，在占有南开班相关史料上力求"涸泽而渔"。本文使用南开班的一手史料包括两类：文献资料与口述史料。

一手文献资料对于历史研究的重要性无法替代。在写作过程中，笔者尽已所能搜集或复印了南开班教师、学员当年的笔记、文件、稿件。其中保存最完整的，是苏驼、杨心恒两位老先生提供的南开班文件、讲义，与何娟、张友琴两位老师提供的南开班课堂笔记。这些三十多年前的资料在帮助笔者还原南开班的筹备及授课内容上发挥了至关重要的作用。为最大程度确保时间和细节上的准确性，笔者还大量查找了《社会学通讯》《社会（社会学丛刊）》等 80 年代初的社会学期刊。

为了获得丰富的口述史料，笔者共访谈了 29 位南开班的参与者，其中 22 位南开班的学员，4 位南开班的授课老师，3 位与南开班相关的工作人员。迫于交通与时间成本的压力，只对一部分研究对象进行了面谈。端赖现代科技之福，通过电话、互联网等方式访谈了一些千里之外的人。访谈名单如表 1.1 所示：

表1.1　　　　　　　　　　　访谈名单 [①]

当面访谈（16人）	电话访谈（11人）	视频访谈（1人）	微信访谈（1人）
林克雷、折晓叶、谢文、王思斌、王颖、郭鲁晋、白红光、李建设、何娟、王来华、潘乃穆、潘乃谷、孙立平、阮丹青、周雪光、苏驼	宣兆凯、周运清、蔡禾、范伟达、方明、丘海雄、张友琴、杨心恒、李友梅、贾春增、夏学銮	边燕杰	彭华民

与口述史料类似的，南开班一些参与者（如：杨心恒，2000；王辉，2007；彭华民，2012；张友琴，2015）的回忆文字，对于那段历史提供了丰富的细节。口述史料与私人回忆的好处是可以获得当事人的经验与第一手的材料。但弊端也很明显，毕竟是三十多年前的事情，被访者可能出于记忆偏差或其他种种的考虑，没有完全讲出"真实"的情况。即便对于同样的过程，同一个人在不同时间的回忆可能也会有较大出入，不同人在不同时间的回忆差别更大。这个只能在一定程度上通过不同访谈对象的比照印证，以及口述史料与文献资料的对比辨别来区分真伪。

第二章　文献回顾

（从略）

第三章　重建规划

一、官方定调

（从略）

---

①　每个访谈方式内的被访者以访谈时间先后为序排列。其中既进行了电话访谈又进行了当面访谈的，记为"当面访谈"。

二、学科蓝图

（从略）

三、花落南开

对于社会学重建如此重要的一个讲习班最后由南开大学负责承办，这中间有许多机缘巧合的事情。在费孝通和社科院物色着合适的承办机构时，南开大学哲学系也在寻找着机会。

1979年下半年，曾经在南开哲学系工作过（1969年12月到1971年1月）的苏驼，从天津师范大学政史系主任的位置上调回南开，担任南开哲学系系主任（郝光耀、舒东妮，2016）。新形势下的哲学系想要谋求新的发展。苏驼回忆：

> 1979年，南开哲学系只有哲学一个专业。根据当时的形势，需要建立新的专业。经过讨论，老师们提出很多方案，包括社会学、逻辑学、美学、心理学，还有刘珺珺老师提出的科学管理等等。……当时提出搞社会学的有三位老师，有杨心恒，陈玉茹，还有一个曹振刚。他们原来都是搞马列的，教授公共政治课。（苏驼访谈）

三位马哲老师都对社会学这个"新学科"产生了兴趣，三人中最为积极的社会学倡导者杨心恒（2000a）后来回忆了他对社会学产生兴趣的具体过程：

> 1979年4月25，日我正式调回学校。回来后做什么呢？还教哲学？我不愿意。因为那时哲学课程体系还没有改革，还是按艾思奇的本子讲。说实话，我过去都讲腻了，不愿意再重复，于是系里安排我讲"法学概论"。我本来想在这个基础上准备教法学的，可是有一天去哲学系教师童坦家串门改变了我的方向。童坦夫人盛英是搞文学评论的，快人快语，那天她对我说，你去搞社会学，新学科，有前途！她说话不打奔儿，大概也不是深思熟虑。可是恰恰遇见我这个没有主

见的人，听她一说，我就信了，决定去搞社会学。就这么简单地改变了我的专业方向，没有充足理由，也没有多少思想准备。

除了三位哲学系的老师，系主任苏驼因为个人经历的原因，对社会学也比较青睐。苏驼从40年代在南开中学读书时，就对社会调查有一定兴趣，考大学时甚至一度想报社会学专业（后来实际上进了南开哲学教育系）。大学毕业之后在政府研究室工作，也是负责调查、统计。50年代他曾经给于光远写过信，探讨社会调查是否能成为一门独立学科的问题。于光远回信表示支持，这给了苏驼很大鼓励。他说：

> 这些经历让我感觉到调查研究很重要。很多问题，不调查清楚，就很难做出正确的决策。……我觉得社会学很重视社会调查，就想着转到这来，对搞这个我也积极支持。（苏驼访谈）

尽管系主任和几位老师对社会学都有兴趣，但从无到有办一个学科还是颇有难度的，所以还只是停留于设想，并未立即"上马"。在这种情形之下，一些态度积极的老师先对社会学进行了非常个人化的探索，最具代表性的人物就是杨心恒。（从略）

1979年12月份杨心恒回到天津，向苏驼汇报了情况。经过多次去北京参加社会学研究会活动的经历，杨心恒与社会学研究会建立了经常的联系。1980年4月，杨心恒和哲学系教师童坦去北京，正好听说北京要办社会学暑期讲习班，就向王康要求参加，获得许可。在1980年暑期班进行中时，天津社会科学界联合会来京找杨心恒：

天津社联的欧阳同志来班上找我，说社联领导想请费孝通来天津作访问美国和加拿大报告。那时候刚刚改革开放，大家都想知道外面的情况。于是我向费老讲了天津社联的意思，他欣然同意。费老告诉我，8月初他去南方，从南方回来经过天津时可以停留两天，去南开大学见见老朋友，看南开能不能建立社会学系。我说您要去说说准行。（杨心恒，2000a）

费孝通 1980 年 8 月 10 日凌晨到了天津，当天晚上到了南开。参加接待的有滕维藻（南开大学副校长）、苏驼（哲学系党支书、系主任）、赵文芳（哲学系副主任）、郑天挺（教授）、王赣愚（政治学教授）、吴廷璆（教授）、李国骥、杨心恒。落座之后，费孝通说："我这次来南开，一是看望老朋友，西南联大的老朋友；二是宣传社会学。"（杨心恒，2000）

而费孝通所说的"（西南联大的）老朋友"就包括在座的滕维藻（西南联大 1942 级研究生）、郑天挺（西南联大历史系教授、总务长）、王赣愚（西南联大、南开大学政治学教授）、吴廷璆（原四川大学、武汉大学历史系教授，民盟与九三学社创建者之一）。这些老朋友同时在南开还属于重要的学校领导：滕维藻是学校副校长（1981 年 10 月开始任校长），郑天挺是学校副校长，吴廷璆任校务委员会及学术委员会委员、校总务长、历史系主任。也就是说，费孝通的南开之行，接待者中有 2 个学校核心领导，3 个院系核心领导。绝对称得上是"高规格"。而如此之高的接待规格，一方面是因为费孝通的社会地位，但更重要的则是费孝通与这些领导的"老朋友"关系。而这种亲密的私人关系，无疑为费老"宣传社会学"以及在南开建立社会学专业大大提供了支持与方便。

费孝通提到了在南开办社会学专业的可能。他的这个建议在苏驼听来是一个把理想变成现实的绝佳机会。苏驼回忆：

因为我们原来就有搞这个的意图了，有这个想法了。但是我们要搞呢就很费事了。我当时就觉着，我没条件搞，但是有费老的支持呢，最有条件。等于全国帮你搞，这也是哲学的辩证思想。所以我就跟我们哲学的副主任赵文芳研究，我说咱接下来。当时滕维藻校长他征求了我们意见，因为对话的时候我们还不是主要对话者，当时是跟校长对话。但是校长说，我们旁边听着。我当时心里想着这个是很好的机会了，校长当然也征求我的意见了。我原来也跟他透露过，要搞这个专业，我们也写过报告。（苏驼访谈）

在滕维藻等学校领导同意支持费孝通的提议后，南开方面马上面临一个现实的问题：这个社会学班要办成什么样的？这个时候苏驼灵光一闪，想起 60 年代南开哲学系重建时的经验。（从略）因为有这个经验在先，并且此时南开要办社会学专业，也面临培养师资的任务。在这个时候，苏驼很自然就想起了重建哲学系的经验，并且向滕维藻和费孝通进行建议：

> 最早是哲学系（重建）他（滕维藻）提出来的，在那次会上是我提醒的，因为急迫嘛，我就说滕校长你过去提的那个，我们哲学系不是采取过这个办法。现在是不是还可以采取这个办法？是这么个过程。有那么个经验，是不是可以用。……费老一听好啊，这个很快嘛，他很急迫的，就说这个办法可以，就定下来了。（苏驼访谈）

在南开方面决定要承办社会学专业班，并且也明确了该怎么办这个班之后，杨心恒负责起草了一个报告，经副校长吴大任修改，递送教育部。教育部文科处处长谭东晨回复说要先有社会学专业，才有可能办社会学专修班。杨心恒回到南开后，向滕维藻和苏驼转达了教育部的要求。然后杨心恒又起草了一份"关于拟办社会学专业的报告"（南开大学社会学专业班，1980c），经副校长王大燧签发，上报教育部。1980 年 12 月 27 日，教育部以高教一字第 104 号文件批准南开大学建立社会学专业，并批准南开大学举办从多所全国重点大学选拔学员的社会学专业班（杨心恒，2000b）。

纵观确定由南开承办专业班的整个过程，有多个因素在其中发挥了作用：副校长滕维藻（1981 年转为校长）的大力支持以及几位校领导对费老的配合，系主任苏驼的个人兴趣以及他承担哲学系重建的丰富经验，杨心恒的积极努力以及他为北京社会学界和南开之间穿针引线所发挥的重要作用，等等。但是，一所学校毕竟是一个庞大的组织机构，牵涉到的部门相当复杂，几个关键人物的支持并不能保证办起事情来顺风顺水。而实际的情况是，南开校方果断确定承办社会学班，并在后来的办班过程中提供了充分的人事与物质支持。这里有一个因素值得进行更为细致的说明，那就是系主任苏驼和校长滕维藻以及学校众多办事部门人员之间的特殊关系。一方面，苏驼和滕维藻有长期共事的关系，并且得到后者的支持。苏驼回忆：

（滕维藻）校长和我们共事很长了，对哲学系比较了解……学校为什么特别支持我呢？有一个关系，天津市委当时调我去当天津统计局长的后备人员，我因为要搞社会学，我就给组织部长写了封信，我就说开始解放初期我在市委搞统计，我负责天津市的统计工作，后来统计恢复要回去主持，接原来统计局长的班。我说现在社会学要进行学科建设，而且我的统计也荒废了，这样没去。学校就对我有一点特殊照顾，所以校长就很支持，他觉得我留在学校还是想搞点学问，所以有那么一点特殊原因。（苏驼访谈）

另外一方面，因为时代背景与个人身份的缘故，苏驼和学校各个办事部门打交道很多，彼此之间多有合作。苏驼回忆：

另外还有办事部门（的负责人），像外事处啊，校办哪，都有些特殊原因。他们文化大革命都调到校外去了，后来他们回来的时候是通过我们哲学系回来的。开始在这挂一个副主任啊挂一个什么名义啊，所以这个办点事情在中国就是不一样。……一个是刘焱，后来是学校的教务长吧，他现在还在。还有一个叫李国骥，还有一个叫彭诵丰，他原来是党委书记的秘书，后来回来之后就当外事处长。当时就说给他们安排哲学系副主任哪，或者以这个名义给调回来。……李国骥在文革前是团委书记，文革时候他调到天津市文化局办公室，副主任还是主任。后来就到哲学系，说调他来当副主任。然后没多久一过他就到学校当校办主任了。（苏驼访谈）

相比南开这边私人关系而带来的便利，此时的北大占据"天时地利"，却独独缺了"人和"。其实早在1980年上半年，费孝通就曾经以中国社会学研究会会长和社科院社会学所负责人的身份向北大校方提出建立社会学系的问题，但北大方面未给出积极回应。而到了下半年费孝通再向北大提出建社会学系的问题时，学校很快回应，上报教育部后也很快得到批准（潘乃穆，2009，173-174）。只不过北大方面却无力像南开这样左右开弓，同时进行"建系"和"办班"这两件事。据潘光旦先生的女儿、北大社会学专业的重要筹建人潘乃穆回忆：

> 本来哪，他们大家很希望办在北大，但是当时北大已经决定要办这个社会学专业了，那么我觉得北大的人力当时很有限，当时我就不主张北大办这个班，所以后来南开承接了这个任务。他们积极地愿意办这个班，所以这个班就办到了南开去。……不是北大不应该办，北大应该办，但是没有力量办。为什么我承担了这个任务，承担重建这个专业，我得考虑所有的。建立专业，没有人没有书没有房子，什么都没有，完全是白手起家。学校的这个社会科学处支持，他是从这个学科角度支持，你人和物从哪里来？没有一个部门是支持你的。人事处嫌你……北大人事已经很超编了，我在教育部那总的编制都压不下去，你又要成立一个新单位，我这个编制从哪里出来？人事处就不支持你。然后总务处说没有房子，学校教学用房这么紧张，我从哪里给你拨房子，对不对？没有人没有房子，你社会科学处光支持没有用啊，你说你要办社会学专业，你们学校倒拿出点实际的东西来呀，就是我一个人在那里跳来跳去。你说我要办这个专业，我一听他们要办班，办班我要对所有班上的教员和学员负责，我要服务的，我拿谁来服务？办班还是办专业，我要办专业我就放弃办班，这就是我当时的具体的想法。我又不是一个万能的，你要知道当时有多少困难。（潘乃穆访谈）

南开哲学系党支书苏驼得到了校长和学校各办事部门的大力支持，因而办起专业班的事情来顺风顺水、左右逢源。相比较而言，虽然北大校方也对社会学发展给予了一些支持和鼓励，但这种支持更多是精神上的，而较为缺乏人事、资金、房子这些方面的具体支持。南开校方给予的支持则非常具体有力，但这建立在熟人关系的互惠与帮助基础上。

四、教师聘请

要想培养新的师资，首先要聘请一批高质量的教师。而在中国重建社会学，很自然的想法就是像胡乔木请费孝通那样的做法，请从前的老先生重新出山，让他们重操旧业，为培养新一代贡献力量。而现实中的情况是，这些老学者曾经辉煌，但再出山时的状况却不容乐观。我们不妨先来看一下 1981 年还健在的老社会学家基本状况，如表 3.3 所示：

表3.3 老社会学家基本情况 [①]

姓名	生年（年龄）	教育经历	代表作
李景汉	1894（87）	珀玛拿大学本，加利福尼亚大学硕	《定县社会概况调查》（1933）
陈翰笙	1897（84）	珀玛拿大学本，芝加哥大学硕，柏林大学博	《工业资本与中国农民》（1939）
吴泽霖	1898（83）	威斯康辛大学本，密苏里大学硕，俄亥俄州立大学博	《社会约制》（1930）
言心哲	1898（83）	太平洋大学本，南加州大学硕	《中国乡村人口问题之分析》（1935）
杨开道	1899（82）	艾奥瓦农工学院硕，密歇根农大博	《中国乡约制度》（1937）
李安宅	1900（81）	燕京大学本，耶鲁大学硕	《〈仪礼〉与〈礼记〉之社会学的研究》（1931）
李剑华	1900（81）	日本大学（Nihon University）本	《犯罪社会学》（1937）
柯象峰	1900（81）	金陵大学本，里昂大学博	《中国贫穷问题》（1935）
杨堃	1901（80）	里昂中法大学硕，里昂大学博	《中国家族中的祖先崇拜》（1930）

① 主要依据第一届"中国社会学研究会理事会"名单进行整理（中国社会学研究会，1981，5）。"理事会"有 60 名成员，但真正属于在 1952 年以前完成学术训练，并且以"社会学家"（包含人类学家与民族学家）的身份而为世人所知的群体只是其中一部分。

杨成志	1901（80）	岭南大学本，巴黎大学博	《人类科学论集》（1943）
吴文藻	1901（80）	达特茅斯学院本，哥伦比亚大学博	《现代社区实地研究的意义和功用》（1935）
雷洁琼	1905（76）	南加州大学硕	《中国家庭问题研究讨论》（1935）
张世文	1905（76）	燕京大学本	《自杀之研究》（1946）
关瑞梧	1907（74）	燕京大学本，芝加哥大学硕	《婴儿教保实际问题》（1936）
费孝通	1910（71）	燕京大学本，清华大学硕，伦政经博	《江村经济》（1939）
瞿同祖	1910（71）	燕京大学本硕	《中国法律与中国社会》（1947）
林耀华	1910（71）	燕京大学本硕，哈佛大学博	《金翼》（1944）
张之毅	1911（70）	清华大学本	《易村手工业》（1943）
史国衡	1912（69）	清华大学本	《昆厂劳工》（1946）
刘绪贻	1913（68）	清华大学本，芝加哥大学硕	《儒家思想在中国的统治》（1947）
李有义	1913（68）	燕京大学本，西南联大硕	《汉夷杂居的经济》（1939）
田汝康	1916（65）	西南联大本，伦政经博	《芒市边民的摆》（1946）
梁钊韬	1916（65）	厦门大学本，中山大学硕	《中国古代巫术——宗教的起源和发展》(1941)
全慰天	1917（64）	西南联大本	《论王权与兵》，载于《皇权与绅权》（1948）
袁 方	1917（64）	西南联大本	《工业化与职业间的人口流动》（1942）
胡庆钧	1918（63）	西南联大本，北京大学硕	《从保长到乡约》，载于《皇权与绅权》（1948）
韩明谟	1918（63）	西南联大本，清华大学硕	
陈永龄	1918（63）	燕京大学本硕	
王康	1919（62）	西南联大本，清华大学硕	
何肇发	1921（60）	齐鲁大学本，金陵大学硕，南加州大学硕	
刘尧汉	1922（59）	云南大学本	《沙村社区研究》（毕业论文）（1947）

这个表格基本上涵盖了1981年还在世的老社会学者，总共31人。从表格可以看出，这些被冷落多年的老先生们教育背景显赫，很多人都有留学欧美的经历。他们中包含一些在中国社会学史乃至中国学术史上都具重要影响力的学者，他们的名字与代表作都会被永久载入史册：李景汉的《定县社会概况调查》，杨开道的《中国乡约制度》，费孝通的《江村经济》，瞿同祖的《中国法律与中国社会》，林耀华的《金翼》，田汝康的《芒市边民的摆》……这些经典著作全部出版于1949年以前。更重要的是，这些健在的老学者实际上曾经代表了不同的研究风格与学术传统。比如，吴泽霖在美国是"芝加哥学派"库利（Charles Cooley）和帕克（Robert Park）的学生，杨堃在法国时是"涂尔干学派"莫斯（Marcel Mauss）和葛兰言（Marcel Granet）的学生，费孝通在英国时是"功能学派"马林诺夫斯基（Bronislaw Malinowski）的学生。这种在不同流派学术大师培养下的经历自然使得他们在很多学术问题的看法上有着深刻的差异。比如，留法出身的杨堃当年就对留美学者那种高度实用的社会学很不以为然，他40年代初在北大法学院讲课时就直言不讳地批评道：

我们全知道美国是讲实用主义的国家之一。一切事业的估价标准，全在应用二字。没有用处的学问，在美国是不会存在的。尤其是社会学，此种趋势，极为明显。……殊不知社会学既是一门科学，即在于系统的知识之探索，在于研究社会事实，发现社会法则。至于在实际上，有用与否，则非所问。固然，一切科学亦全有应用的一面，但在研究时，不应以实用的效率为目的，而应以求知为目的……我们必须先将此种实用的观念打破，然后真正的科学的社会学，始有成立之可能。（杨堃，1941，12-14）

杨堃的批评已成明日黄花，它发生在还存活着"社会学界"的时代。在学科重建作为共同目标的历史情境下，再纠缠于这类学术分歧似乎显得有点不合时宜。更重要的是，经历了多年的学术荒疏，老学者"虽曾弦诵未辍，功力却大受摧残"（韩明谟，2002，159），在接近生命暮年的状态下，他们已丧失了那种标榜学统的能力。再深刻的学术分歧，也被现实的苍凉磨平了。考虑到年龄、身体状况与知识的遗忘，他们所能承担的教学任务也实在有限。

为了更好地联络老学者，费孝通找了原清华大学社会学系毕业的王康、原燕京大学社会学系毕业的王晓义、原辅仁大学社会学系毕业的王良志做助手（王晓义，2009，161），另外一位帮助联络的，则是潘光旦的女儿潘乃谷。当王晓义对如何把这些"学术观点不同、风格各异的"老学者们团结起来表示困惑时，费孝通说：

每个人都有优点和缺点，我们一定要想办法把大家的优点集中起来，这样就可以做点事；如果我们搞得不好，把大家的缺点集中起来了，那就什么事情也做不成了。（王晓义，2009，161）

除了老一辈社会学家，国内还可以承担教学任务的是社科院第一期暑期专业班的学员。具体可以落实为一门课程的则是《社会学概论》编写组的成员。《社会学概论》编写组是1980年暑期讲习班快结束时（约9月份）由费孝通召集成立，他们全部是北京社会学暑期班的学员，编写组成员基本情况见表3.4：（从略）

一边是底蕴深厚但垂垂老矣的老社会学家，一边是虽充满热情但接触社会学不久的《概论》小组，指望这两个群体来承担培养新一代社会学者的任务显然远远不够。面对国内的这种现状，似乎只剩下一个选择：借助外力，聘请国外高水平学者来帮助培训。

聘请外教需要提供一些酬劳。当时为了支持南开班，教育部与中国社科院各提供了两个外教名额的资助。中国社科院资助的外教名额给了西德两位教师：比勒费尔德大学（Bielefeld University）的教授伯格（Johannes Berger）和柏林自由大学东亚系社会学副教授芭芭拉·荷萨（Barbara Hazard，中文名贺碧力）。苏驼对于聘请两位德国教师的过程有自己的想法：

他（社科院）请的时候，我觉得他们有个对外联络任务。不光是考虑到我们的需要，而且考虑到他们有一个总的平衡。……他对外交流上，为什么要请德国的呢？就是他要跟德国发生对外交流关系。……我当时感觉，不是我提出来的要求，他给我请。当然，当时有陈道，他在规划局，他参与了中国社会学恢复的领导工作。有没有他的意见在里面我不清楚。但是我的感觉来说，他不是说从要办这个班你需要什么，又没有征求过我们的意见，他给你请俩来。当然，一个是搞城市社会学，一个是搞社会学理论。那个是西方马克思主义学派的。（苏驼访谈）

而教育部的两个名额则是计划给两个美国的老师，费孝通将联络美国师资的事情委托给了王康。就在王康用心物色海外人选的时候，想不到有人主动找上了门来。

1979年，伴随着中国大陆国门的松动，不少海外华人回国探亲。1949年之后从未回国的美籍华裔社会学家林南就是其中一位。为了去北京探望久已不见的亲戚，林南及其夫人先从美国到了香港。在香港，林南读到了中国计划重建社会学的报道，他非常感兴趣，并有意在其中贡献自己的力量。于是，他往北京的社会学研究会写了一封毛遂自荐的信，留下了北京亲戚的地址。当林南夫妇抵达北京时，社会学研究会已经有人联系过林的亲戚，并邀请林南去见他们。在那里，林南发表了一个关于社会学的演讲，演讲内容被记录了下来。林南自己认为，他们记录下他的演讲并不是出于学术的原因（intellectual reasons）："他们或许想知道我要介绍的是何种类型的西方社会学"（Lin，2002）。王康及其同事只是征求了他对于组织社会学培训项目（training programs）的建议，那时候还没有明确提及让他参与授课或联络美国师资的设想。

王康后来访问美国，先去了杨庆堃所在的匹兹堡大学，然后去林南所在学校纽约州立大学奥本尼分校（SUNY-Albany）。王康告诉林南，他们至少需要两位教员，讲授最新的社会学理论与方法。林南认为自己可以承担社会学方法的课程，就想问一下自己的朋友彼得·布劳（Peter Blau）是否有兴趣去中国教授社会学理论。让他惊喜的是，布劳答应了。（Lin，2002）

布劳是彼时美国社会学界的领军人物，其主要学术贡献集中于社会交换理论、组织社会学、社会分层与社会流动等领域（Scott and

Calhoun，2004，3）。他曾经担任美国社会学会（American Sociological Association）的主席（1972-1973），并在 1980 年刚刚当选为美国国家科学院（National Academy of Sciences）的院士。作为在一战末期（1918年）生于维也纳的犹太人，布劳的人生充满了曲折与传奇：学生时代帮地下党写文章反对现政府，17 岁被判叛国罪，为躲避希特勒而四处奔逃，双亲死于奥斯维辛集中营，而他则在只身移民美国后，从一无所有到实现"美国梦"（Blau，1995；Scott and Calhoun，2004，6-7）。1974 年，布劳给时任苏共总书记勃列日涅夫写公开信，抗议其对索尔仁尼琴的无理驱逐，他认为这是对知识分子的迫害。布劳以一名社会学家的身份称赞索尔仁尼琴的《古拉格群岛》，评价这本震惊西方的巨著是一本重要的社会学文献。此外，他还呼吁，不管是哪一个国度的社会学家，都应该有责任和职业良心去理性地批评现存的社会制度，使其变得更适合于人类的生活（Blau，1974，转引自萧新煌，1988，392）。作为一个"自封的社会主义者"（a self-acclaimed socialist），[①] 布劳对于一个自称为"社会主义"的国家从 1949 以来的首次开放尤感兴趣（Lin，2002）。

有了布劳和林南的加盟，南开社会学专业班的师资力量瞬间高了一个层次。因为布劳和林南来自美国——"当代社会学的世界首领"（英格尔斯，1981，171），而他们带来的显然也是当时世界学术之巅的前知识。

第四章　学员选拔

一、名额分配

（从略）

[①]　布劳的妻子 Judith Blau 也曾经称 Peter Blau 为"一个追求平等的社会主义者"（转引自彭华民，2015）。

二、选拔方式

南开大学拟定的社会学专业班招生办法中，对于"学生条件"有如下规定：（1）本人有志于从事社会学的教学与研究工作；（2）马列主义基础理论比较扎实，中文写作能力较强，基础外语学习成绩优良，初等数学基础较好，并有一定的高等数学知识；（3）思想作风正派，身体健康。（南开大学社会学专业班，1980a）招生办法对学生条件的规定还比较笼统，并未给出明确的选拔方案，所以各个学校在接到教育部下发的通知后自行确定选拔方式。

名额最多的南开大学采取了闭卷考试，择优录取的方式。考试分两个科目，一门是数学，一门是社会学。当然，因为学生普遍对社会学了解还不多，所以"社会学"一门考的算是宽泛意义上的"社会学知识"（白红光访谈）。报名参加考试的学生有 30 人，根据每个人的平均分排名选拔了得分最高的前 12 人（南开大学社会学专业班，1980b）。

与南开大学类似，中国人民大学也使用组织考试的方式进行选拔，不过人大组织的考试只有一门数学。林克雷回忆考试的情况：

> 当然后来我们班里一报也有十来个人，怎么办呢？搞一个考试吧，考微积分，就是简单的东西吧，什么数列呀，就是可能统计上也要用得着的这些，基础得差不多吧。因为当时我们开始准备就看那个戴世光啊，人大那个老教授的《统计学原理》，那会找不着什么，就是很老的那个统计学的书。里面就讲点最浅的东西，相关呀统计均值什么的，当时了解点这些概念什么东西。那会就考了一下，考了一下其实基本就定了。……人大就没有跟其他经济系和党史系谈这个事，直接落到哲学。我们班不是有 48 个人嘛，我印象里报的有 10 来个吧，最后筛选了一下。……那其实也不算什么正式考试，就是一个摸底测验吧，反正也走了一个形式，要不然谁去谁不去这不好讲啊。大家都有愿望那你怎么排啊。（林克雷访谈）

人大有四个名额，皆来自哲学系，分别是郭鲁晋、谢文、林克雷、任昕。但这四人的名单似乎并非严格按照考试成绩确定。根据当事人的回忆，四人中唯一的党员郭鲁晋有可能是由学校指派。[①] 林克雷回忆：

郭鲁晋其实他不是特别想去，郭鲁晋后来也脱离了嘛，他等于是人大派人。总得有一个领队，我们几个都是团员、白牌，我是群众他们是团员，郭鲁晋是一党员。就是得派一个党代表，指派的郭鲁晋。（林克雷访谈）

而谢文印证了林克雷的说法，并且补充了细节：

别的学校去，比如北大一般是两个党员两个非党员，就我们人大一开始是考试的。按考试排分按说四个都不是党员，所以按照那个思维应该找一个党员为代表，郭鲁晋跟我们关系很好，后来就让郭鲁晋作为党代表。……贾春增老师跟我关系很好，人很憨厚。反正系里面说要去一个党员，代表人大嘛。（谢文访谈）

与南开和人大不同，北大的五名学员并非由考试选拔，而是由负责相关事宜的教师物色挑选。当时正在筹备北大社会学专业的潘乃穆同时也是物色南开班进修学员的主要负责人。她回忆从接到教育部通知到确定派送名单的基本过程：

就找到几个专业，年级，跟他们系里（说），当然系领导都要同意呀。当然这个好办，这个不是由我们去说，是由学校的社会科学处去下达任务。他们系领导都同意了，他们都有班主任的，就找到这个……在他们班里就宣布了，谁有兴趣谁报名。报名完了由班主任根

---

① 郭鲁晋在访谈中表示因为时间太久已经记不清选拔的情形。但由于林克雷和谢文都记得他是领导指派过去的，且能互相印证，故这里笔者倾向于接受郭被指派这一说法。

据学校的需要来从里面推荐两三个人，然后我们去了解。或者再接触本人一下，谈一谈。然后我们确定要谁。（潘乃穆访谈）

阮丹青从学生的角度回忆自己从接到通知到报名，再到被确定为人选的过程：

当时我是外语系的，我们西语系的班长说的，那可能是学校让他通知一下吧。……然后我问那个班长他知道不知道什么是社会学，他说是研究社会的东西，我听起来还挺有意思，我说行那我去学这个吧。……北大肯定没有考试，所以基本上是潘乃穆老师在那考虑，但是她还跟谁商量了我就不知道了。……我们系我当时知道的包括我的话三个人都申请来着。但我估计我的平均分可能比他们高点什么的。我这么猜想。（阮丹青访谈）

潘乃穆经过精心筛选，最后确定的五个人为：王思斌、孙立平、阮丹青、王依依、曹建民。她认为自己选拔学生的标准非常综合，并没有定死的标准：

专业范围这个已经都考虑好了，因为这都跟社会学有密切关系的。学经济的学哲学的，学中文外文，我们这些人都需要的。你给他社会学训练他本人有兴趣那我们就可以用这个人，这没有什么死的标准。因为北大的高年级就是一个条件，另外你去选拔，本人有兴趣，班主任肯定给你推荐各方面表现比较好的人。他们已经有一个选拔和推荐在里面，我们去接触一下就了解了解，觉得这个人是否是全面发展呀或者各方面表现都比较好呀，我们就定了嘛。所以现在这几个人我都不记得有什么特殊的事……这个很简单，也没有什么死的标准，你反正各方面表现比较好嘛对不对。这个绝对不是单纯考虑你的业务，你就说从思想这个人要全面嘛对不对，你从思想方面和业务方面都要比较好啊，你也不是光要死念书念得好，你也不是说我哪方面要有突出表现，那个不需要的。你必须要全面发展一个，各方面表现比较好

才可以嘛。而且他们老师跟你推荐肯定推荐他们觉得比较好的。……所以你要我说具体什么的，没有什么具体的。（潘乃穆访谈）

复旦大学对自己的三个名额采取的选拔方式是：学生先主动报名，各个系里的领导开会并找学生谈话后确定（范伟达访谈）。但当年已34岁的哲学系学生范伟达并没有报名，却也被系领导找去谈话，并最终被推荐去了南开学社会学。他回忆：

我们班里有61个同学，当时要报名到南开去的将近有一半的同学。但是我当时倒没有报名……我那时候就成家了，我小孩也一岁多了，也就说要在家里照顾小孩了。所以当时也没有报名。我们当时呢，因为我当时担任系里面的学习委员，也组织同学做一些学习方面的比如编写资料啊，比如一些实践活动啊。我们系的老师后来告诉我，他们主要呢要考虑一个师资，社会学要能够带领学生从事社会实践的。因为社会学他们理解为就是搞社会调查。因为我不是担任学生会的工作嘛，这些教师和系领导对我比较熟悉。认为我尽管没有报名，但是他们希望我今后留校以后能在学生的社会实践、社会调查方面起到作用，所以叫我去学了。（范伟达访谈）

中山大学有四个名额，选拔过程是先报名，然后主要根据平时的成绩确定（丘海雄访谈）。这种主要按照平时成绩确定人选的情况在其他各校非常普遍，尤其是只有一两个名额的学校。比如四川大学彭华民、厦门大学张友琴、山东大学方明、北京师范大学宣兆凯、兰州大学折晓叶等，都是因学业成绩拔尖而被学校或系里推送的学生。方明回忆：

拿这个都还挺当回事，我们看到要求中写的对数学有一定要求，说哲学系不懂数学，让经济系的去吧。为这事系里班里经过认真的选拔，报名的人也很多。后来没办法了，说看看吧，从开学到现在，谁考试成绩好让谁去吧。那时候算起来我的分数是第一，就让我去了。（方明访谈）

经过各种选拔，最后进入南开班的 43 名学员基本信息如表 4.2
所示：

表4.2　　　　　　　　　　南开班学员基本信息

	性别		年龄（岁）（1981）			身份		
	男	女	21-25	26-30	31-35	党员	团员	群众
人数	28	15	16	19	8	20	19	4
百分比（%）	65.1	34.9	37.2	44.2	18.6	46.5	44.2	9.3

由上表可以看出，南开班 43 名学员中，男女比例约为 2:1；因为
77、78 级大学生的特殊性，同学之间年龄相差较大；尽管选拔方式多
样，但全班接近一半的党员比例也构成了南开班一个引人注目的特点。

三、学员动机

一般而言，对动机的探讨要比对行为的探讨困难得多，因为一
个内隐一个外显。尤其是对于几十年之前做出某种选择时的动机，仅
仅凭借口述回忆有可能偏差较大。幸运的是，我们现在可以依据的资
料除了口述回忆，还有 1981 年 3 月份的一个调查报告。在 43 名学员
刚到南开后，任课教师何炳济接受领导委托，"运用填写问卷、个别
谈话、开二至六人的小型座谈会等方式，对专业班学生选择社会学的
动机、入学后的精神状态、学习情况等等，作了普遍的调查。……每
人至少谈话一次"（何炳济，1981）。下面将分别呈现学员们报名来南
开学社会学的几种动机，当然，在现实中每个人的动机可能都是混合
的，毕竟真正单一动机的人在现实中非常罕见。

首先，是对旧有学科的厌倦与对新学科的兴趣。何炳济的报告
中说：

专业班里学过哲学和经济学理论的同学，一般都说哲学太抽象，
"空得很""体系僵化""解决不了社会实际问题"。还有人认为，我们
三十多年来的学校理论教学，已经把哲学弄成"经院哲学"了，老是

在名词概念上兜圈子，太没意思。与此相反，社会学关心现实的社会问题，比较具体，又是跟人打交道，是大家所需要的，因此，很可能是一门有前途的学科。（何炳济，1981：4）

南开哲学系的学生边燕杰就属于对哲学专业的脱离现实有所不满，而受到了社会学的吸引。他回忆：

> 我下乡那会……通过跟农民的交往，发现他们对于50年代共产党刚刚夺权，单干时期的一种眷恋。……所以有了这个农村的背景，到上了南开大学77年第一年课的时候，我对当时教课的老师还是非常不满足的。原因就是那些老师还在诠释文化革命以来的方针政策的所谓的正确性，思想还是不开放的。我看到那个消息，读了这么一些书，才发现有这么一个学科，不像哲学，是旨在诠释现实。像社会学这么一个学科，还要建设社会，所以我的想法就是想学社会学。（边燕杰访谈）

而兰州大学经济学系的折晓叶也对高度政治化的经济学教学产生了不满，对社会学的缺乏了解让她更加充满新鲜与好奇。折晓叶回忆：

> （经济学）那个时候是政治符号非常强烈的一个学科，因为我们这代人刚刚文革结束，改革开放的初期。实际上那个时候对"政治"这个词非常敏感，有点拨乱反正，很反感这个政治的东西，不想再听，不想再去做这样的事情。那个时候的经济系只开一门课就是政治经济学，对我来说，那个时候会读马克思的东西，觉得很有意思，因为《资本论》是我们主要的课程。但是对政治经济学没有太强烈的认同，没有觉得这就是我终身要从事的一个学术取向。……我其实对社会学毫无了解。但是很新鲜，而且觉得是这样一个重建的学科，非常好奇。（折晓叶访谈）

类似的想法在原本科所学为"马克思主义哲学"或者"政治经济学"专业的学员那里很常见。这些学科往往和官方的正统意识形态——马克思主义有着紧密的联系。他们都不同程度地提到了所学专业的"抽象"与"陈旧"，因而有从原专业转到一个更加"实际"与"新鲜"的学科中去的想法。当然，大家对于旧学科的厌倦与新学科的向往有时候也并非仅仅是认知或情感层面的，而是也夹杂了一些更为实际的考虑，认为新的更有"前途"。何炳济的报告中说：

（学生）认为哲学"太空洞"，研究哲学前途难卜，社会学比较具体，可能有出路。……由于许多人对哲学、政治经济学理论有这样的看法，所以，纷纷转向史的研究。权衡起来，不少同学认为，与其研究历史，还不如转向社会学，"社会学是新学科，搞的人少，物稀为贵，容易出成果"。（何炳济，1981，4）

其次，从个人前途考虑，为了留校当老师而去学社会学的也不乏其人。77级大学生尽管前途广阔，但留校当教师还是其中一条比较有吸引力的出路。"有学生说：'我无后门，毕业后不知分往何处，分到什么单位。今天给了这个机会，当然很高兴。'"（何炳济，1981，5）白红光说到了留校任教的诱惑：

等到80年9月份的时候，那时候突然说学校想留一部分师资，就已经说师资，是社会学，可那时候社会学是什么，真不知道，但是朦朦胧胧透出那么个事。……这个事情传出去以后说是准备留师资。这块对这种事情是个影响，是个诱惑，留师资嘛。（白红光访谈）

在蔡禾的回忆中，很多人就是预备留校任教才出去的。他说：

出去之前就规定要留校了，一开始就作为留校的老师才出去的。就是说你要参加这个班就等于同意说要留校了。……当时就说培养师资，好像各个学校都是这样，都回学校了。绝大部分是这样的。我们当时去就是要回来当老师的。（蔡禾访谈）

实际上，对于留校任教的考虑也无可厚非。因为在一些名额较少但又计划创建社会学专业的学校，他们甚至需要学生保证在南开结业后回校任教才愿放行。比如，云南大学仅有一个名额，而最后选出来的是成都籍学生严健，"学校再三征求他的意见，只有他同意留校，而且家长也同意他留校工作，这才派他来学习"（何炳济，1981，6）。

以上两种动机，尽管指涉不同的层面，但对个体而言都还比较清晰、明确。除了这两种情况之外，还有一种很难称为"动机"的心理状态。因为做出选择时，当事人是一种可有可无的态度，并不会因为这个学科是"新学科"或者是"更有前途的"学科就表现出更强的劲头。比如，王思斌就基本上是这种情况。他回忆：

> 让我去就去，不让我去就不去，就这么一个选择呗。所以当时也没有说"我一定非要做这个"，没有那样。我在哲学系学哲学，反正也就那么回事，当时哲学我们也学的不是那么深，在哲学里面也有一些想法。"历史唯物主义比社会学要高啊，为什么要去社会学呢？"还有这种说法呢。当时觉得是一个新的东西，等于说是随大流的选过来了。我基本上是随大流的。班里也有其他人，我记得班里党支部书记也选了，这个人现在深圳。班里还有学习都不错的选了，这些人都没去成，我去了。去了就去了。（王思斌访谈）

而气质内敛稳重的林克雷最开始对社会学同样没有什么特别的兴趣，用谢文的话说，他基本上是被"忽悠过去"的。林克雷回忆：

> 因为我一直告诉你，他（谢文）告诉我个消息，什么陈道啊，王康啊，都是他认识，我不认识这些人，他拉着我进来了等于是。算是他把我拉入社会学的，我没所谓，当时我觉得不学也行，不学也能学得下去。（林克雷访谈）

之所以会有这种无所谓的心态，既和性格有关，又和工作保障有关，同时还和他们所处的年级有关。因为这些学生大部分都是开学上大四的学生，本专业的课基本上已经上完，空闲时间相对较多。甚至有人说"玩也可以玩毕业的"（何炳济，1981，4）。因此，在这种情况之下不去学似乎也没有什么损失，多学点东西好像也没坏处。当然，他们中很多人没想到，这么一个当时看似轻易的选择，却直接决定了他们以后几十年的道路。

四、知识背景

学员的社会学知识储备与当时学员们所面对的阅读环境息息相关。十年文革"焚书坑儒"过后，社会学书籍基本上被毁之殆尽，"书的命运和一些人的命运一样，都经历了一场浩劫"（李洪林，1979）。社会学解禁之初，新的社会学著作还很少进入国内，市面上还基本没有社会学的书籍。情况就像教育部高教司的季啸风当时所总结的：

我们现在好多图书资料，国内的印不出来，国外的进不了口，订的外国期刊中断了 10 年，现在补不齐了，已有的资料在文化大革命中很多都被烧掉或失散了。有的学校，几十年积累的资料，毁于一旦，实在令人痛心！我们有的图书馆到现在为止，很多书上不了架，成捆地堆在那个地方霉烂、虫蛀、风化，让老鼠的牙齿批判。（季啸风，1981，3-4）

1981 年左右，社科院社会学研究所资料室和南开大学哲学系对全国 34 家大型图书馆的社会学书目进行了细致清查，被调查的图书馆包括重点高校图书馆、社科院图书馆、省市图书馆甚至一些院系的资料室，收录了所有"见到的并认为有一定参考价值的社会学书目"，共 3600 余条（南开大学哲学系社会学图书调查和整理小组，1980；中国社会科学院社会学研究所、南开大学社会学系，1984）。可以说属于对当时全国社会学图书资料的一次全盘摸底。从清查的结果来看，收录的 3600 余种书目中只有 900 余种是 1949 年以后出版的（其中有一部分还是港台出版的书籍），并且 1949 年以后出版的书籍多为马列主义著作或者调查报告。这也就意味着，在进行这个调查的时代，算得上"社会学读物"的多数为民国时期出版，而因为一系列限制，想读到民国时期的书并不容易。这种"书荒"的状况直接导致相当一部分学员在进入南开班之前基本上没读过多少社会学方面的书籍（白红光访谈；折晓叶访谈）。

但是，这种阅读资料上的限制也不绝对。个别学员就通过特殊的条件打破了阅读上的限制，读了不少民国时期出版的社会学著作，南开大学的边燕杰就是其中一例。他回忆：

1979年的上半年，我偶然的机会读到了一份材料，它就讲我们中国社会科学院派代表团到美国去，其中有两位团员，一位是著名作家学问家钱钟书先生，另外一位就是费老费孝通先生。在这个报告里面，因为费孝通是知名的右派，57年的右派，他的出现对我还是一个很大的震惊的。他就讲到社会学要补课，实际上这句话是小平同志讲的。我看到这个消息之后呢就感到了一种非常高的兴趣。就跑到图书馆去查费老的，才知道费老在57年发表了很多的言论，所以被打成了右派，进而发现南开大学的图书馆里面费老相关的一些著作没有介绍信是不能读的，不是开架。我就跑到哲学系系领导那里开了介绍信，大量读了这个著作。但由于有那个介绍信的原因，把这个马尔萨斯《人口论》哪，当时不能开封的一些书都读了，费老当时的一些书都是在那个时候读的。包括目前在《费孝通文集》里面没有收录的50年代60年代写的那个检查，那里面南开大学图书馆里面都有。我都读了，读了之后就对社会学产生了很高的兴趣，就自己读了一些其他的社会学的书，像陈达的《人口论》，吴景超的《人口论》，杨开道的《农村调查》，我现在还有印象，吴文藻的《社区论》，还有费老的老师潘光旦先生的优生学。包括好多相关的一些东西，读了很多。50年代初《新建设》上的一些文章我都读了，当然读，有的是读出体会来了，有的是没有体会。我记得我做了很多的读书笔记。像《生育制度》是那时候读的，像费老50年代写的《我这一年》。当然费老60年代还写过《向人民服罪》，这个文集里面都没有收录。（边燕杰访谈）

另一个例子则是南开大学哲学系的宋丁。他早在1979年夏就被中国社会学研究会成立的消息所鼓舞，暑假结束前20天就从太原赶回学校读社会学的书。从1979年暑假到1981年初进南开班这一年半的时间里，他已经做了20万字以上的社会学读书笔记，并写了《家庭的职能及其演变》《关于人口质量问题》等论文。（何炳济，1981：3）而北京大学中文系的学生孙立平在进入南开班之前已经读完了一本英文的社会学概论和一本英文的社会学理论教材（孙立平访谈）。这种知识上的准备无疑都是相对超前的。

除了阅读状况对于社会学知识储备的影响，信息的灵通程度也会影响到学员对于新学科的了解。在这方面，北京、上海、天津等大城市的同学比较占便宜。身在这些城市的同学有一些早早就听说了社会学恢复、北京举办社会学暑期班等消息，并和参与者取得了联系。比如林克雷回忆：

> 谢文说贾（春增）老师是费孝通班子里的，就是写《概论》班的，说他应该知道消息，就找他去，找他看翻译的那些东西。翻译的东西后来出书没有我没查过，反正是人家跟他约稿他翻译，我们就借过来说帮你誊写一下什么的。他把译稿给我们，我们抄的时候也就知道一些基本的人，一些很皮毛的一点东西。（林克雷访谈）

南开大学学生白红光也从暑期班学员杨心恒老师那里获得了学习社会学的指导：

> 那时候就到资料室，看杨心恒穿着中山装，他老在那个屋里看书，可是从来没有说过话。后来就说杨心恒搞社会学，偶然的接触，问了问杨心恒看哪些东西，说孙本文的《社会学概论》，李景汉的《定县调查》，学校也能借的到，《社会科学战线》中有费老《我为社会学说几句话》。（白红光访谈）

假如我们不把"知识储备"中的"知识"仅仅理解为社会学知识，而是将其扩大为学术知识，那么，学员们之前所学的专业对他们的影响也构成了他们的知识背景，塑造了他们各自不同的知识结构：43 名学员中，来自哲学系的最多，有 26 人，占总人数的 60.5%；来自经济系的其次，有 7 人，占比 16.3%；来自中文系的有 2 人，英语系（西语系）的 2 人，历史系 2 人，社会学系 2 人（复旦分校），国际政治系和政教系各 1 人。

各自学科背景的不同，为他们日后不同研究兴趣与研究取向埋下了伏笔。比如，折晓叶就提到了她后来研究方向与她本科教育的联系：

因为我在兰大的政治经济学专业，现在我回头来看，其实我的训练是政治经济学的训练，政治经济学和我现在做的组织和制度实际上非常接近。但是那个时候并不理解。（折晓叶访谈）

就本科前三年的积累而言，除了本科所学专业，外语水平也是影响他们日后知识获取能力的重要因素。43 中，有 35 人本科学的外语是英语。有 4 名学员本科学的是俄语，这 4 个人属于班里年龄稍大的。另外还有 2 名学习德语的，1 名学习日语的，1 名情况不明的（何炳济，1981，2）。现在英语学界有较大影响的边燕杰认为自己当时"属于英语不是太好的那种学生"。他对南开班时期周围同学的英语水平有如下回忆：

我们班一共正式学员是 43 位嘛，还有一些旁听生。这些学生英语水平，我的印象当时有三四位是相当不错的。不错的程度就是能跟布劳啊这些外来的教师用英语对话，互相能了解。因为这里面的人有一些是从外语系来的，南开来的王玲，北大来的阮丹青，包括复旦的雪光——虽然不是外语系但是国际政治，英语的训练好一点——人大的谢文，他们四个都是可以跟老师用英语对话的。还有一些英语是很差的，上学之前没学过英语，或者他们是学俄语的，那个基本上没办法。还有一大部分是处于中间状态，进到大学门之前学了一点英语，但是由于文化革命的原因，当时英语学习也是很差，所以进到学校里面来又进一步受到了英语方面的训练，但程度也不高。程度不高的最大特点是，直接听是听不懂的，会话只会一两句，需要翻译。这是代表我们班的基本水平，所以，像布劳先生，像德国那位教师，叫伯格，都是通过翻译的。（边燕杰访谈）

可见当时的英语水平差别很大，除了少数英语或者国际政治专业的同学英语水平较好，大部分学员英语水平不会太高。其中几位"老大哥"因为年龄较大，所学外语是俄语，对他们而言英语的学习更成问题。比如，高中时学习俄语的范伟达回忆：

由于我们初高中都是学的俄语，英语比较欠缺一点。……所以当时在南开班上，原来我们学俄语的，年龄比较大的，接触国外的教材来说相对就比较困难一点，下的功夫就要大一点。（范伟达访谈）

英语水平上的差别直接影响了对英语文献的阅读。宣兆凯回忆：

我在北师大也是学的俄文，后来到了南开社会学专业（班），压力比较大，英文也没有再去下功夫。……当然有影响了，看一些英文版的资料就比较困难，主要看一些俄文的，翻译些俄文的社会学的东西。我和王思斌我们翻译了一本《社会管理》，就是俄文的，浙江出版社出的。另外翻译了一些教育社会学、道德社会学的俄文文献，这个也都发表了。所以英文这方面还是受比较大的影响。（宣兆凯访谈）

而英语文献的阅读进而影响的是学员所能接触到的信息广度与对最新资料的占有。在国门敞开的初期，人们对外面的世界充满好奇。尤其是对代表着现代化方向的英语世界充满好奇，所以，这个时候，谁能占有英语资料，谁就几乎是站到了时代的最前沿。而这个时期，尚未出现互联网等让信息流通更加畅通的渠道，因此，获取最新信息的高效方式必然是通过阅读英文资料。折晓叶的一段话很能说明英语阅读水平对那个年代来说的重大影响：

那时候资料重要到什么程度，对你们来说都不能理解。占有资料就能做学问，一个人拿到资料别人是看不到的，别人不给你你都不知道有这些东西。所以那个时候外语好的人已经开始看一些东西，比如一些外文的期刊，或者这些东西已经开始进来了。而且图书馆也有一些老的这样的版本，那时候大部分同学读不了。那时候我们这代人的外语训练，我们这代人上大学的时候英文的训练是广播英语，就是那个时候刚开始改革开放，广播电台开始教英文，ABC 开始教起。我们的教材是广播英语教材。当然北京的学生比边缘地区来的学生好一些，而且我们那代人外语好一些的就是在插队那些年自学过。所以那个时候学生阅读不了太多外文的东西。（折晓叶访谈）

最后，假如我们将学员们的成长背景与人生经历也算作广泛意义上的"知识背景"，那么他们在这方面也有一些值得提及的相似与不同。43 名学员中，出身农民家庭的仅有 6 人：王思斌、孙立平、宋林飞、严健、董遵圻、江山河。大部分来自城市职工家庭，并且有相当一部分人来自知识分子或干部家庭。（南开大学社会学同学会，1982；何娟，1981）此外，这 43 人中无一人是 1977 年的应届高中毕业生。所有学员都有过下乡插队、进工厂或当老师等社会实践锻炼的经历（何炳济，1981）。比如，在恢复高考之前，宋林飞曾担任江苏南通县委秘书，周雪光在山东农村"插队"，折晓叶在甘肃的一个工厂当车工，而孙立平、王思斌等家住农村的学员在高考前基本上等同于普通农民（参见宋林飞，2010，1；周雪光访谈；折晓叶访谈；孙立平访谈；王思斌访谈）。他们的家庭背景，以及他们特殊的社会经历，无疑会在他们以后的生命与研究中留下痕迹。

第五章　南开集训 [①]

一、课程安排
（从略）

二、概论小组

"社会学概论"是学员们到达南开之后所学的第一门比较"重头"的课,授课教师则是中国社会学重建以来第一本社会学教材的编写组成员。《概论》组的基本情况,在上文已经做过一些介绍。

编写组在南开班讲授"社会学概论"的模式,和他们在《概论》编写组内的分工是一样的,每个编写人负责讲授自己写作的一到两章。章节的排列与最后出版时的顺序并不完全一致(见表5.3)。(从略)

从学员的笔记来看,这门课是名副其实的"概论课"。也就是说,这门课上所讲的属于社会学的入门知识,所讲授的主题和今天中国大学中开设的社会学概论课没有太大差别。但是,由于概论小组的成员也都是不久之前才刚接触到社会学,属于"现学现卖",所以他们所讲知识的来源,其实主要也是教材。他们所做的,主要是把他们看到的二手文献综合成自己的版本。如沈关宝回忆编写概论的过程:

那时搜集了几乎所有能搜到的社会学概论类教材版本,有我国解放前的,有欧美的英文版,还有港、台地区正在使用的。其中最易消化,也最有参考价值的是第三部分,比如台湾龙冠海先生的《社会学绪论》,我就翻阅过好几遍。(沈关宝,2015)

在授课中间最经常提到的教材,包括孙本文(1935)的《社会学原理》,英格尔斯(1981)的《社会学是什么》,以及港台的社会学教材,等等。

由于概论课的授课老师和南开班的学员之间在知识水平没有显著差距,所以有时候会形成比较活跃的课堂讨论氛围。比如,在韩明谟讲的"社会问题"课上,学生孙立平提出"无形社会问题"与所谓"孤独病"的问题进行讨论;而在杨心恒"社会互动过程"课结束时,杜岩、李军、宋丁、韩广生等人纷纷提出自己的见解,与老师进行探讨。折晓叶回忆:

最初的社会学概论,因为老师讲的很多东西学生是不满足的。虽然书籍很少,但是学生会通过很多别的途径去了解。……费老说他们也在"边学边卖"，所以同学就更会提出问题来了，而且我们也有很丰富的社会经验。老师也是现学嘛，他无非是把它组成一个可以讲述的很有概论性质的东西。同学们要首先听他们先讲社会学基本的东西是什么，但是同学们有那么多的经验，你解释社会层面的时候，社会结构，社会群体，同学有时候会笑，会提出问题。（折晓叶访谈）

而这种师生之间的平等交流，在较为年轻的概论教员的课堂上表现尤为明显。比如，生于1948年，当年33岁的周运清实际上就和不少学生年龄相仿，他的课堂就充满了讨论。周运清回忆：

那些人都是77级78年的学生，他们实践经验很丰富，其实年龄也都跟我们差不多。有的你像宋林飞呀还跟我一年的，你像王思斌呀这些都是跟我们一年的。像蔡禾呀他们就小一点的，好多都是同年的。……讲完了下来大家一起交流，又没书看嘛，又没材料。（周运清访谈）

概论小组授课过程中体现的另外一个时代特点，就是对政治正确的特别在意。比如，有一位老师在讲授"竞争"时说道：
每一社会形态中竞争不同，不能将不同质、（不同）形态的竞争混在一起。资本主义竞争是在资本主义私有制基础上的自由竞争，资本家之间有利益冲突。社会主义竞争是在公有制基础上的竞争，在国家计划执行中的竞争，根本利益是相同的。……资本主义竞争对于社会破坏作用很大，社会主义竞争不允许有破坏。
对于类似这样的说法，折晓叶回忆：

那时候老师受到思想禁锢是很厉害的，好多东西他不敢那么讲，但是学生看到就会问这种东西是怎么回事。（折晓叶访谈）

当然，这种思想上的禁锢并非老师"专属"，有些学员在发言中也会体现出意识形态在头脑中的根深蒂固。比如，一位年龄稍大的学生针对社会分层问题评论说：

> 要坚持唯物主义、社会存在决定社会意识的观点。法兰克福学派和韦伯的观点是看到了社会的表面现象，但没有看到现象背后的实质。要坚持用经济的观点说明这些现象。

对于这些老师和学生的言论，我们并不认为它必然错误，而是说它依然延续了旧有意识形态的思维模式。但这门课所讲授的内容使得部分学员对课程的重视度不够。根据何炳济的调查：

> 《社会学概论》除第八章，其余各章均已发到他们手里，然而，一边喊叫没有书读，一边却放着现成的材料不看。据了解，截至3月6日，只有个别同学才看完第七章。绝大多数只读了已经讲完的一、二两章。有人说，一、二两章，只要花一两个小时就看完了。……个别同学说《社会学概论》只不过是历史唯物主义的另一种写法"。（何炳济，1981，7）

"个别同学"的意见并非完全空穴来风。在我们现在可以看到的最终版本（《社会学概论》编写组，1984）中，几乎每一章都可以发现在当时而言"政治正确"的表述。典型的表现之一，就是像上面所举的"竞争"的例子那样，将"社会主义社会"和"资本主义社会"进行截然对峙的二分。即，对"社会关系""社会化""社会组织""社会流动""社会控制""社会问题""社会工作"等这些社会学中常见的概念，都会基于"本质上不同"的"社会主义社会"和"资本主义社会"进行分别讨论。并且结论一定是前者是优越的高尚的，而后者是糟糕并且带有迷惑性的。举社会学概论中最基本的"社会化"概念为例，书中有这样一段表述：

> 现代西方国家对青少年的社会化，除了学习技术之外，主要是灌输利己主义和个人奋斗，以适合资本主义社会的需要。此外，为了有意阻止青少年对人生、对社会真理的探索，对社会主义理想的向往，还用黄色新闻、图画、影片去腐蚀青少年，甚至纵容青少年去服食毒品，并用"精神鸦片烟"——宗教，去麻痹青少年。……我国现阶段还是一个发展中的社会主义国家……但是，我们全体人民都享有充分社会化的权利。不久的将来，我国的科学技术也会赶上发达国家的水

平，进入世界先进行列。到那时，我们的个人社会化水平也将会随着进一步提高。（《社会学概论》编写组，1984，71）

这些表述既有可能是当时编写组成员在特定时代背景下的真实想法，也有可能是迫于某种外在压力而不得已表现的"政治正确"。杨心恒（2000a）回忆《概论》讨论与编写的过程：

社会学对我们来说是个新学科，有它的专业术语，引入社会学就得使用它的术语，而这些术语是马克思主义理论体系中没有的，甚至是被批判的，现在使用行不行？我们心里没有底。……总之我们的原则是既要解放思想，更要坚持"四项基本原则"。……我们当时觉得这都是些原则问题。在原则问题上我们犯不起错误。所以当时讨论很认真，争论很激烈，甚至为了要不要接受一个新词汇而争论不休。……我在8个人的编写组里就算思想保守的了，老韩比我还保守，对新概念的使用更加慎重。

尽管有种种严格的自我政治审核，但《概论》初稿写出来之后还是被社科院评价为"基本上资产阶级的"（周运清访谈）。整个《社会学概论》的编写过程前前后后经过了多次官方组织的审稿修改会。"政治正确"是《概论》编写组必须正视的问题。

三、系列讲座

在南开班的第一个学期，有一个系列讲座。按照最初的计划，这一系列的讲座包括费孝通、吴文藻、雷洁琼、吴泽霖、林耀华、杨堃、钱伟长等15人，但最后实际上来了10人（包含费孝通的座谈会）。吴文藻、杨堃、钱伟长都因各种原因没能到场。目前可以找到明确文字记录的讲座如表5.4所示：

表5.4 系列讲座基本情况

日期	讲座题目	演讲者	年龄（1981）	所在单位
3月7日	统计学与调查研究	戴世光	73	中国人民大学经济系
3月14日	美国几位社会学奠基人简介	吴泽霖	83	北京民族研究所

3月21日	半殖民地半封建社会的分析	全慰天	64	中国人民大学经济系
4月4日	南斯拉夫哲学界和社会情况	赵凤岐	51	中国社科院哲学所
4月11日	中国民族学的研究及问题	林耀华	71	北京民族研究所
4月18日	社会人类学的现状和方法	李有义	68	北京民族研究所
5月某日	关于劳动就业问题	袁 方	64	北京大学国际政治系
5月16日	谈谈科学社会主义	马 句	55	北京市委党校科社教研室
5月23日	社会学与社会问题	雷洁琼	76	北京市政府、北京大学国际政治系

由表可知，这个系列讲座的主要组成人员是"老先生"，即1949年以前成长起来的老一辈（社会）学者。包括戴世光、吴泽霖、林耀华、李有义、袁方、雷洁琼，他们多数都在七十岁以上。除了这些老先生，系列讲座中还包括几位五六十岁的稍年轻些的学者。下面主要根据课堂笔记介绍他们讲座的具体内容。（从略）

对于这一系列的讲座，学员们反应不一。有的学员受到了较大的冲击。方明回忆：

有一批老社会学家，这些也是当时觉得收获比较大。尽管他们讲的知识比较陈旧，但是他们对于解放前他们在中央大学的研究经历呀，实际上那个时候那些研究都很规范了。这个也是一个冲击……这些恰好和我们接受的那些教育、那些理论体系差距是相当大的。（方明访谈）

但也有学员对老先生们所讲的内容印象不是太深，只记得讲课的大致情景。比如林克雷说：

我记得老先生80多岁了，比费老岁数都大，费老当时70多岁，那个吴泽霖比他还大。让他坐不坐，站着讲课，他说我讲课从来是站着的。……当时课还是排得挺多，那些印象不太深的课好多都是属于一个讲座式的课吧，见见老先生的风采吧，其实印象也不太深。（林克雷访谈）

事实上，由于社会学中断日久，学员们对大多数老先生并不是特别熟悉。周雪光回忆：

他们每个人都讲了一个题目。说实话，现在想想，我们现在才意识到他们在中国社会学史上的地位，但是当时不知道，不是非常了解。都是后来在自己做研究的过程里面，读了他们以前写的书，才会意识到他们在解放以前做了非常大量的研究。（周雪光访谈）

但有一个老先生是大家都很熟悉的，那就是费孝通先生。虽然费孝通并没有被列在这一系列讲座之中，但作为南开班的主要组织者，他有更多的机会和学员有接触。实际上，在这不到一年的集中培训期，费孝通至少四次来参加南开班的活动：一次是开学典礼（2月26日），一次是结业典礼（12月13日），另外两次是开学之初与学员们的座谈会（2月27日、28日）。在和南开班学员的第一次座谈中，费孝通说：

大家都是抱着各种不同的想法来参加这个专业班的，所以首先要向大家交交底，这是影响大家一生的问题。……目前有各种提法：恢复社会学，重建社会学，创建新中国的社会学。恢复是从"有"，到"没有"，再到"有"的过程，那么前后两个"有"是相同的。胡乔木同志讲"恢复社会学研究"是比较严密的。重建不同于恢复，新有不同于旧有，所以完整地说应是重新建立社会学这一学科。创建新中国的社会学的提法就更进一步了。1897年严复翻译《群学肄言》，群学是最早在中国出现的社会学。新中国的社会学，即社会主义的、坚持四项基本原则的社会学。……创建新中国的社会学，是我们在座同志们的主要、基本的任务。

在与南开班学员的第二次座谈中，费孝通讲到了他40年代和80年代去美国访问的经历，并对中美之间进行了比较。他在不久之前（1981年1月）的访美之行中，"进一步看到美国社会学是如何密切地同美国历史相联系，具有它不同的特点。这也就是社会意识形态同生产关系、生产力的联系"。而对于社会学的学习，费孝通更是根据他个人的经历分享了经验，并提出了要求：

学习社会学的人，应该把这十年的动乱看作最好的学习机会。我在"牛棚"里被强迫劳动，我才真正懂得了什么叫"奴隶社会"。决定我们当前行为的东西，是过去和未来的东西。大家在所提的问题中，就问到过去搞社会学时遇到什么问题，是怎样研究的，有什么结果，以及一年中培养出的目标，一年以后怎么办，等等。都表达了大家热心于研究社会学的心情，所以我们大家是有共同语言的。……学习一定要循序渐进，搞清基本理论、基本概念。一年回去以后就教书是不可能的。我们还要继续向你们提供学习的条件，暑假间准备再搞四门课。出版一批真正的第一手资料，翻译一批书。目前可能会产生"吃不饱"现象，大家多搞一些基本准备。成立一个专业，至少要有六门课，现在只能一门一门地创立。

费孝通演讲的风格是平易近人的，他习惯从自身的经历来谈一些问题。折晓叶回忆：

费孝通先生那个时候也会到班上来讲，费先生他不是正儿八经给你讲学问，他经常是从自己经历来。所以那个时候同学都说，费老又要从头来了。他会这样从头讲，但是这个过程中你会有收获。（折晓叶访谈）

在费先生讲课之后很多同学会聚拢过去，与他交流，找他签名。彭华民（2012）曾回忆过课间与费先生交流并找他签字的经过：

费老极其朴素，和蔼可亲。课桌上只有一杯清茶。天冷，他还穿着棉外套，双手抱着茶杯，侃侃而谈……教室里没有秘书等若干人跟随着他，同学们和他交流非常方便。课后，坐在前排听课的我走向讲台，请费老在我的日记本上写几句话。费老操着重重的乡音（江苏吴江人），我实际上不能全部听懂他说的话。费老仔细问了我的情况，知道我是由四川大学推荐而来的第一名优秀学生，连声夸奖好。然后他又问我以前知不知道社会学，我说不知，但有决心把社会学学好。于是，费老借蜀道难难于上青天的古训，鼓励我克服一切困难，学好社会学。他拿起我递给他的钢笔，在我日记的第一页上写下了鼓励我长言，并签上自己的名字。

不难想象，费先生的这种鼓励会给年轻的学员带来多大的学习热情。

四、外国教授

布劳和林南是 5 月份一起到的天津，他们讲授的课在南开班第一学期的最后阶段掀起了一个高潮。在他们开课之前，王康专门向学员们介绍了这两位重量级美国教授的情况：

布劳原籍欧洲，现在纽约州立大学奥本尼分校任教授。……布劳的社会理论在 60 年代期间很有影响，是科学院较少的社会科学的院士，是我们目前所请的较有名的专家。缺点是英语的德国音很重，翻译有问题。布劳的夫人是副教授，会作专题报告。林南教授的父亲从大陆到台湾，林南毕业于台湾东海大学，后来到美国学习社会学。今年约四十一二岁，60 年代任副教授。在国外的中国学者中是佼佼者，出版了三四个著作，在统计调查方面较有声望。……青年任系主任，学术上较活跃，学生出路好……此二人均不研究中国问题。

虽然事实上只有少数学员在进入南开班之前知道彼得·布劳的大名，但是在布劳来时，大家通过口口相传与王康的介绍，已经认识到了其非同一般的分量。5 月 18 日，布劳开讲"社会学说史"。他的开场白是：

我很高兴能有机会被邀请来给中国同学讲一讲社会学。但我们有一些困难、障碍，实际上这种障碍是与社会学有关的。社会学的基本课题是研究人与人的关系，即人们如何交往、交流思想，互相交谈。社会关系指的是人们的行为如何受到其他人行为的直接影响，这种影响是相互的。手势、点头、迷惑不解的表情等等，都可以使你的行为不断发生改变。但我们上课时却缺乏这种直接交谈，因为我讲的是外语，要通过翻译。

因为大多数学员无法直接听懂英语，所以布劳的课程会有专人翻译。不过在布劳授课的初始阶段，先后找了三个翻译，都不太成功（苏驼访谈）。最后由南开外语系的顶级英语教师钱建业才与布劳有较好的配合。一般情况下，布劳和钱建业会花一上午的时间准备课程与确认专业术语，然后下午一起去教室授课（Lin, 2002:3）。为了弥补无法直接交谈带来的不足，提升课堂效果，布劳建议了四种课堂讨论的方法：

一，发现问题马上提出，不要认为提问题就是愚蠢。你们是全国挑选出来的英才，你们应想到，你所不懂的，别人更多的不懂。除此之外，你如果不提问题，我认为是对我的侮辱。我研究社会学的时间比你们的年龄都大，我不能让你们觉得我讲课不清楚。二，一阶段后提问题。三，每个人都准备提问题，然后给一点作业。如每个人谈三个问题。……四，讨论一些非常广泛的社会学问题，如不平等。

在最初的几讲中，布劳介绍了理论研究和社会学研究的基本原则与基本概念，表明了他自己的研究立场。布劳本人对于社会学的定位是很明确的，他说：

社会学是像文学、文学批评、艺术、历史那样属于人文科学呢？还是像生物学、心理学那样属于自然科学？我绝对相信社会学是自然科学。它不是艺术，也不是其他人文科学。它并不试图使你对具体事物有深刻的理解，就像帮助你理解一首诗，或理解中国革命这样一个历史事件一样。当然，社会学家也可以研究中国革命，但他们并不把它当作一个具体历史事件来研究，而是研究所有革命的共同条件，即共性。

基于此种认识，布劳认为社会学的继续发展，有赖于建立系统并且可验证的理论体系。当然，对这种研究原则的体悟还要回到具体理论家那里来说明。在课程的主体部分，布劳总共介绍了六个理论人物：韦伯、涂尔干、齐美尔、帕森斯、默顿，以及他自己。布劳认为，介绍太多的理论没有什么意义，因为介绍太多大家听完就会忘。但通过对几个理论家的深入分析，即便大家记不住具体的理论，也可以学到更深层次的研究原理。在对各位理论人物进行介绍的时候，布劳除了介绍他们的生平、主要著作、理论观点之外，还会对理论家之间的不同进行比较，并掺杂进他个人的评价，因而体现出较为浓厚的个人特点。

粗通社会学理论的人都知道，布劳作为美国二战后重要的社会学理论家，其理论经历过转向：前期以"交换论"著称，后期以"结构论"闻名。他在"结构论"方面的代表性著作《不平等和异质性》（1977）（Inequality and Heterogeneity）才在不久之前出版。在南开讲学时介绍到自己的理论观点时，布劳基本上没有再提他的"交换论"，而是主要介绍他近期的"结构论"研究。他自己解释说：

我近年来采取对社会结构进行客观研究的方法。我二十多年前写了《交换论》，以后我个人社会学研究方向发生了很大转变。我现在想在社会学领域创造像自然科学那样的解释系统。我认为齐美尔是社会学研究中定量分析的创始人，我指的不是统计技巧，而指研究课题是定量性质的，研究数量对社会结构的影响。

布劳是极具个人魅力的，他的个人魅力也让大家对这门课分外重视，并且记忆犹新。林克雷回忆：

林南就跟我们讲一句话说，在美国的名校，你要能听到布劳的课，那是很荣幸的事。他一下就把我们提起来了，我们规格很高啊！一般美国常春藤的大学听不到布劳这样的人的课。布劳当时60多岁，正是他最好的时候。……布劳连帮胡子很漂亮，还有俩色，这边还有点黄的，白里透黄，气色非常好。红光满面的，而且西服革履，很有风度。那会咱们中国学校的老师都不兴穿西服，都比较"土"。你看他呢，有点大师范，风度翩翩的。而且他口才很好，基本上他一个提纲就给我们讲，讲得很着急。他说"我老觉得你这个话比我说的多"，他觉得翻译用的时间长。（林克雷访谈）

对布劳的形象与讲课的方式同样保有生动回忆的还有范伟达：

他讲课相当生动，很有风度的。他讲到兴高采烈的时候，会把脚踩到课桌上，手举起来。因为是德国人嘛，他留着胡子，一看就像是一个马克思的形象。这个有印象当时。（范伟达访谈）

如果说布劳的课程带来的是当时最前沿的理论视角，林南的课程则带来了当时最通行的研究方法。林南的课程分为五个部分，分别是：一、理论的结构和检验；二、统计的运用；三、研究的步骤；四、资料的收集；五、资料的分析。他首先用一个图表达了他对于社会学的基本理解（如图5.1）：（从略）

林南对于"社会学是干什么的"这一问题的个人回答是："社会学研究个人与个人的交往，个人与家庭的关系，与非形式的社会结构（informal social structure），与形式的社会结构（formal social structure），与社区与文化的关系。"

林南介绍了社会研究的程序：论点→问题→研究设计→抽样→计量→资料收集→资料分析→报告。这一程序与当今大学社会学系盛行的主流实证研究方法别无二致，并且更加偏向于定量化的处理手段。在课程当中，林南也介绍了一下他自己的"社会网"研究。林南所讲的统计方法，对于熟悉了毛泽东那种"解剖麻雀"调查方法的中国学生来说，确实非常新鲜：

当时觉得很新鲜，可以用一个大数据、大数量的方法来检测一个看法，看待一个社会现象的解释。我们那个时候唯一了解的是毛泽东的社会调查，像《湖南农民运动考察报告》这样一些东西。会知道这是一种调查，但是不知道用社会统计的方法来做，我们那时候做过很多自己的设计，林南先生亲自给看，调查是不是合适。（折晓叶访谈）

有些人的学术方向受到了林南的直接影响。范伟达回忆：

我现在从事的社会学研究方法这一部分，主要就是学了林南的一门课，叫社会研究方法。而且我当时是林南教授这门课的课代表，因此接触比较多，林南主要把国外的定量研究方法带入国内。当时我们文革前文革中，主要还是传统的定性的一些研究方法，对定量的还不了解。所以大家学了林南这套定量的社会研究方法以后，眼睛一亮。所以大家对这门课非常喜欢。我是他的课代表，所以接触机会更多，收益更大。（范伟达访谈）

张友琴认为林南的课程让她产生了"颠覆性的认识"：

当时受他的影响很大……他有很多东西让我有颠覆性的认识……我过去学哲学的，我学的黑格尔的理论，那都是宏大理论。社会学是讲怎么从一个抽象的层次到一个具象的层次，这个影响很大。然后怎么操作，怎么来做，这里面还有很多像抽样啊等一套的东西。如果说我的学术，就是从天上到地下了，这样一个过程。（张友琴访谈）

李哲夫是12月到的南开，他所开的社会统计学课程是社会学专业班的最后一门课。但他所讲的统计学课程基本上可以视为林南课程的进一步深化，包括回归分析、方差分析等具体统计技术。

之所以将布劳、林南、李哲夫放在一起来讲，一方面是因为他们的知识背景与授课内容是美国式的，另外一方面，在对南开班学员的访谈过程中，这三位老师也经常被学员们自觉不自觉地放在一起回忆。比如，边燕杰就认为布劳、林南、李哲夫的"这三门是我们进入社会学的这个领域的奠基性的课程"（边燕杰访谈）。而白红光会认为这三位美国教授的授课让学员们直接接受到了在美国来说也是较高层次的训练：

这是三个美国人，他们到这认认真真开课的，按照美国那个讲本一五一十讲下来的。当时这个在国内没人能讲。……我们那个班最大的好处是方法、统计、理论完全按照西方课本来上，教学期也长。比如李哲夫社会统计真正照着人家统计那个一章章讲下来，林南当时写了一本 Foundation of Social Research,《社会学研究方法的基础》，那是他自己编的，自己写的美国的方法书，他按照自己的课本讲的。布劳也是按照自己的教材讲的嘛，所以没打折扣。这三门课原原本本的……它不是二道贩子，这些人在国外就是这么讲，我们原原本本吸收进来。……换句话说，我们没有出国，但是我们在这几门课都得到了扎扎实实的国外的训练。（白红光访谈）

与这三位美国教授偏重于实证、定量、结构的风格不同，来自西德比勒费尔德大学的伯格（Johannes Berger）教授带来是另一种风格的知识传统。但在讲课之前，首先要解决的也是翻译问题。不过这回倒没有大费周折。杨心恒回忆：

我们说你得用英文讲课。他们说为什么没有德语翻译呢？因为德国人嘛。我说我们没有德语翻译，你要能够说中文的话，什么翻译也不需要。……当时要求的是用英语，他英语当然没问题。……后来课程讲的也不是太好。（杨心恒访谈）

伯格所讲的"欧美社会学流派"课程主要包括两个大的部分：一个是介绍德国社会学界的研究状况，一个是介绍四位经典社会学家，即马克思、斯宾塞、涂尔干、韦伯。

在伯格对于德国社会学的介绍中，他援引了德国"法兰克福学派"代表人物（如阿多诺、霍克海默、马尔库塞、哈贝马斯）的观点来说明社会学研究的对象与研究的方法。而他将社会科学与自然科学进行对比后提出社会科学有解释和理解的任务，这种韦伯式的观点带有浓厚的德国哲学韵味。

对于当前世界的社会学学派，伯格评价说："有人认为有十个或七个流派，我认为有四个"。他所认为的四个"当代流派"分别是互动学派（Interactionist School）、行为主义（Behaviorism）、马克思主义（Marism），以及社会体系理论（System Theory）。他说：

我们可以把四个学派分成两大派：一个研究社会行为，一个研究体系理论。但它们之间是否截然分开？……马克思、帕森斯都要避免被认为是行为理论家或体系理论家。所以，这二人对于我们研究十分重要。社会学家的任务是把体系理论同行为理论结合起来。

伯格本人极为重视马克思的理论，他在介绍自己研究范围时就说自己"经济社会学这一方面主要是根据马克思的理论，如《资本论》，从研究市场开始，然后是资本主义的各个企业"。他对马克思理论的重视也体现在授课过程中，因为在总共15次的课程中，专门讲马克思理论的课程就占了至少4次。以致于有学生提出建议让他少讲一点马克思：

他对《资本论》很有研究，他和西方的学者都认为马克思是社会学的奠基人之一。在他的讲课提纲中有部分是专讲马克思的，据说有人曾向他建议：中国学生一般都学过马克思著作，可以少讲，他却不以为然。一次在课堂提出一个观点问学生，这个观点在《资本论》中是怎么说的？好几位同学举手回答，他说都不对，继而举出了《资本论》是如何如何讲的。（王辉，2007）

或许，生长在社会主义中国的学员们已经不再对马克思那么感兴趣，即便伯格所讲的是马克思的原著或者法兰克福学派为代表的"西方马克思主义"，这些也已经无法对学员们形成强有力的刺激。相较而言，新鲜有趣的"美国体系"则是对他们产生冲击，让他们更加印象深刻的东西。

西德来的教师除了伯格，还有一位来自西德柏林自由大学的芭芭拉·荷萨，中文名字为贺碧丽。她的"社区分析"课程实际上分为上下两个部分，一个部分是"城市社会学"（共8讲），一个部分是"农村社会学"（共9讲）。因此，这门课也可以被称为"城市与农村社会学"。她的课程安排见表5.5：（从略）

在笔者访谈的学员中，几乎没有人主动提起过这两位西德的老师对自己有什么影响，更很少有人记得住当时的细节。相比于美国教授留下的深刻影响，两位德国教师明显不够受重视。考虑到伯格和贺碧力授课时间并不短，这种"选择性遗忘"耐人寻味。

除了这几位在专业班开设过较长期课程的外教，另有几位美国教

师在南开班进行过短期授课。（从略）

五、其他教师

（从略）

第六章　课堂之外

（从略）

第七章　各奔东西

（从略）

第八章　几点思考

一、政治与学术

社会学等众多"资产阶级学科"得以恢复重建的关键是国内政治形势的变化。在深受"极左"路线其害后，国家高层在掉头改革这件事上达成了罕见的共识。但对决策层而言，不管是"改革开放"，还是"四个现代化"，首先考虑的还是维护政权的稳定与合法性。

社会学的重建启动是一个自上而下的过程，官方破题之后学者才开始跟进。因为政府机构对各种资源的垄断性控制，只有得到政府支持才有可能调动各力量进行全国范围的学科重建。从社科院的成立，学科规划会议的召开，社会学研究会的成立，到社科院暑期班和南开社会学班的开启，其中都可以看到官方力量扮演的领导角色。在官方代表人物如胡乔木、季啸风、陈道的讲话中，我们既能看出"重建社会学的依据"（费孝通，1981，10），同时也能看出将社会学控制在既定政治轨道下的努力。官方在社会学的重建过程中发挥了支持与控制的双重作用。

南开班代表了社会学重建中一项自上而下的培训计划。南开班并非由南开大学一己之力办成，其背后有教育部和社科院的支持与领导。从最开始，南开班就是面向全国，其宗旨是"给第一批建立社会学专业的有关院校和科研单位培养师资和研究人才"（南开大学社会学专业班，1980）。从学员的来源而言，南开班也带有较强的广泛性，在教育部的指挥下，从全国18所院校选拔学员的做法也体现了"全国一盘棋"的特点。虽然每个学校都有一定的选拔自主权，但最后全班较高的党员比例（20/43）也是值得关注的。而在开学典礼与毕业典礼上的领导讲话中，以及课程里安插进的马列主义课程中，可以看到政治意识形态的广泛渗透。虽然已经进入了改革开放的时代，但官方在对于学术的意识形态控制方面还是延续了旧体制的常规做法。

并且，说"官话"的不只官方代表，还有学界中人。因为特殊的历史遭遇，社会学这门学科在获准重建时仍然有相当的政治敏感性。曾因社会学而遭牵连的老一辈学人，需要一定的勇气和责任感才有可能重新担当学科重建的任务。但基于曾经的遭遇，以及当下政治形势的不确定，这门敏感学科的重建者不愿在政治上再惹麻烦。比如，避免牵扯进对于一些抽象概念或政治定位问题的过多讨论（王康，1983，130），强调社会学是"重建"而非"恢复"（费孝通，1983，23），等等。越是身份可疑越是要表明政治立场，承认"马克思列宁主义的指导意义"的必要。这样，政学双方在一些基本问题上达成了共识和默契。但由政治标准确立起来的"清晰性"也阻碍了对一些问题进行更深入探索的可能。

然而，这套话语已经被一些年轻人厌倦，他们凭借自己与底层社会接触的经验而产生了对旧有意识形态套话的怀疑，他们出于对原有学科空洞与陈旧的不满而选择了社会学这门新鲜和经验性的学科。根据访谈资料与课堂笔记的对照，虽然还不能明确得出年轻学员们对政治意味浓厚的课程充满抗拒的结论，但说他们对政治化的课程重视度不够或印象不深应当是没有疑问的。

因为社会学的合法性几乎要全部仰仗政府的支持，所以，如何提高这门学科在政府眼中的地位就非常重要。很自然的做法，就是要呼应中央的号召，让社会学在四个现代化的建设中也能发挥自己的作用。从官方角度来说，他们期待的社会科学是非常实用的，社会科学是实现四个现代化的工具，是为国家出谋划策的手段，是党和政府的智库。而从学科建设者的角度来说，证明"社会学是能够对社会主义建设作出贡献的学科，是实现四化所需要的一门科学"（费孝通，1981），也是某种合理的选择。对社会学实用性的证明甚至可以反映到匹兹堡大学一行与国家领导人的对话中，由此可见，政府当时所期待的社会（科）学类型并不是什么秘密。

同时，证明社会学有用，让社会学在四化建设中发挥作用的想法也不完全是一种对于特定政治形势的反应，这种想法同时也和费孝通本人"志在富民""学以致用"的追求有内在契合（费孝通，1998，196）。费孝通明确反对"为学术而学术"的研究，在以他为主要带头人的学科重建中，社会学的定位基本可以概括为政治上的"正确"与实践中的"有用"。

二、制度与关系

政府的推动构成了中国社会学启动重建的最初动力，但重建的运作却不都是通过政府与正式机构的力量达成。在当时的历史情境下，社会学专业班在北大不易推进，在南开却顺风顺水，其关键区别不在于行政机构的办事效率，而在于私人关系的畅通程度。费孝通与南开校方领导在西南联大时期就结下友谊，而哲学系主任苏驼和校长滕维藻以及学校办事部门的成员有着异常牢固的私人关系，因此整个事情得到了南开校方行政系统的有力支持。反之，南开在申办研究生班时，在教育部那里受到阻力，直接影响了招生的过程，则充分体现出严格按照制度程序走的效率之低下。①

---

① 社会学本科班还在进行时，南开大学便向教育部申请办研究班。但是因为中间谈判，找导师、办手续等一系列复杂程序耽误了太多时间，影响了招生，最后只录取了14名研究生。

老一辈学者的出山体现了费孝通在民国社会学家中的号召力，原西南联大、燕京大学等校的学生以及潘光旦先生的女儿作为助手，也发挥了联络老学者的力量。他们的号召力与可信度，是官方人物所不具备的。正因如此，官方代表胡乔木和费孝通之间绝非单向的支持，而是一种互帮互助。费孝通作为学科带头人，需要胡乔木这个政治上的大人物保驾护航；而胡乔木作为中共领导人，更需要费孝通这个学界领袖出面，来帮助他召集社会学界的老人。

恢复与国际同行的联系是学科建设的重要步骤。费孝通与杨庆堃的同窗之谊是他获得国际学术界支持的重要渠道，通过杨庆堃，中国社会学的重建才获得了匹茨堡大学与香港中文大学社会学系的支持。而林南作为海外华人，主动帮助联络自己的同事布劳作为南开班的授课教师，也贡献巨大。

同时，南开班又是一个新的平台，在这里建立了各种新的关系，创造了各种新的机会。通过与布劳、林南的联系，一些学员获得留学机会，日后进入国际社会学界，在沟通国内外学术联系上发挥自己的作用。

在社会剧变的历史背景下，这些带有偶然性的私人关系一旦发挥作用，就迅速产生影响，甚至有"路径依赖"性的效果。尤其是整个关系网络中几个关键"节点"，他们活跃且积极，形塑了开局的基本面貌。最明显的如费孝通、杨庆堃、林南、杨心恒，等等。如果没有这几个人串起来的"偶然关系"，整个社会学重建的历史注定将是另一番样子。

三、传统与新知

中国社会学在民国时代曾有过短暂的辉煌，诞生了一批有中国本土特点同时又得到世界同行认可的成果。

然而，社会学被取消的27年从两个方面切断了学统传承的可能性。一方面，诸如潘光旦、孙本文等学术大家离世，在世的社会学家们也"浪费了足足20年"（费孝通，2001），学科恢复时已处于生命的暮年，学力衰微，可以传授的知识已经相当有限。另一方面，因为出版的停滞，民国旧著久已尘封，多数学生无法通过阅读认识本土的学术前人。

在民国学者的学术继承方面，唯一相对例外的可能是费孝通先生。[①] 作为社会学重建的领导者与南开班的组织者，他在专业领域之外也有极高的名气和社会地位，同时他的旧作品和新文章在80年代初被广泛阅读。这些条件都使得费孝通的学术思想能对新一辈学人产生较大的影响。费孝通先生在南开班期间对"学以致用"和社会调查的强调，都有可能影响到他们日后的学术道路。

在国内学术界几乎一片荒芜的历史情境下，引进外部学术资源几乎是唯一的选择。根据对南开班课程的详细呈现，可以看出，当时介绍与引进的外部思想资源并不单一。有些课程比较新潮和前沿，颇能反映80年代初的社会思潮。而外教的授课中至少包含了美国的经验实证主义传统与德国的历史思辨传统，但这些学术资源的影响并不均衡。从南开班学员在暑期调研中运用的研究方法，以及他们在南开校庆"科学讨论会"上的发言主题，再到后来学员们的留学去向与日后回忆，都不难看出美国学者在南开班期间的巨大影响。

在80年代初的时代背景下，象征"现代"的美国对年轻一辈吸引力巨大。同时，美国社会学那种清晰、简明、好用的特点很容易让饱尝抽象教条之苦的中国学生接受。在倡导"社会调查"作为研究起点的背景下，美国学者提供了更为精巧而有说服力的技术手段。布劳-林南-李哲夫构成的"理论-方法论-统计技术"课程几乎就是帕森斯-默顿-拉扎斯菲尔德"铁三角"的翻版。

在授课中，讲者与听者之间会形成一种迥异于作者与读者之间的认知与社会关系，与学术大师的近距离接触往往会使学生受到不同于阅读的鼓舞（默顿，1987）。而在阅读条件受限的历史情境下，诸如布劳的课程所产生的的影响必定更大。

---

① 从作品的影响力上来说，南开班时期仅次于费孝通的民国学者大概就是孙本文了。但孙本文的影响主要就是他的那本《社会学原理》，学员们很多把它当作概论来读。但孙本文在那个时候的影响仅限于此。

当然，学员们也不是如白板一样去接受课堂上的知识。南开班的学员们往往具有丰富的实践经验。虽然全班43名正式学员中只有6名来自农村的同学，但上山下乡等运动使得所有人不论出身城乡，都对于农村和底层社会有相当了解。丰富的社会经验使得他们对现实中国社会有足够的敏感与关怀。这种从实践中获得的经验也构成了南开班学员乃至他们这一代学人最为独特的知识背景。

特殊的人生经历与率先在课堂上聆听社会学合成了南开班学员的优势。他们从这里起步，进入中国社会学界。

参考文献

费孝通，1981，积极创建新中国的社会学——5月20日在第二期社会学讲习班开学典礼上的讲话，《社会学通讯》，第一期（试刊）

———1983，从事社会学五十年，天津人民出版社

———1998，从实求知录，北京大学出版社

———2001，师承·治学·补课，生活·读书·新知三联书店

复旦分校社会学系，1981，社会（社会学丛刊），创刊号

韩明谟，2002，二十世纪百年学案·社会学卷，陕西人民教育出版社

郝光耀、舒东妮，2016，祝苏驼教授生日快乐，"群学南开"微信公众号

何炳济，1981，南开大学哲学系社会学专业班学生情况调查，复印件

何娟，1981，"南开班"课堂笔记（三册），复印件

季啸风，1981，在天津南开大学首届社会学专修班开学典礼上的讲话，复印件

李德滨编，2000，我与中国社会学20年——中国社会学第一期讲习班回顾，沈阳出版社

李洪林，1979，读书无禁区，《读书》，第1期（创刊号）

南开大学社会学专业班，1980a，南开大学社会学专业班招生办法，复印件

———1980b，社会学专修班入学考试成绩，复印件

———1980c，关于拟办社会学专业报告，复印件

南开大学哲学系社会学图书调查和整理小组，1980，社会学书目，复印件

潘乃穆，2009，回忆费孝通先生，载于马戎、刘世定、邱泽奇、潘乃谷，编，

2009，《费孝通与中国社会学人类学》，社会科学文献出版社

彭华民，2012，31 年前费孝通费老给我的赠言，新浪博客：http://blog.sina.
com.cn/s/blog_48e0cc840101abe5.html

———2015，社会学：我的礼赞我的反思——彭华民教授在南大社会学院的
迎新致辞，http://www.aiweibang.com/yuedu/49575532.html

《社会学概论》编写组，1984，社会学概论（试讲本），天津人民出版社

沈关宝，2015，社会学重建之初的费老与南开，"群学南开"微信公众号（ID:
nkshehuixue）

宋林飞，2010，宋林飞自选集，凤凰出版社

孙本文，1935，社会学原理，商务印书馆

涂尔干，1938/2003，教育思想的演进，上海人民出版社

王辉，2007，南开社会学班情缘，《天津文史资料》，第 1 期

王康，1983，学步集，天津人民出版社

王晓义，2009，怀念恩师费老，载于马戎、刘世定、邱泽奇、潘乃谷，编，
2009，《费孝通与中国社会学人类学》，社会科学文献出版社

萧新煌，1988，《社会学的滋味》，台湾：东大图书公司

杨堃，1941，《社会学大纲（北京大学法学院讲义）》，复印件

杨心恒，2000a，《我在中国社会学重建之初》，复印件

———2000b，《我与南开社会学专业》，载于李德滨编，2000，《我与中国社
会学 20 年——中国社会学第一期讲习班回顾》，辽宁：沈阳出版社

英格尔斯，1981，《社会学是什么》，北京：中国社会科学出版社

张友琴，1981，《"南开班"课堂笔记》（九册），复印件

———2015，《一生只做一件事——我与社会学之缘》，"群学南开"微信公众
号（ID: nkshehuixue）

中国社会科学院社会学研究所，南开大学社会学系编，1984，《社会学参考书
目》，天津：南开大学出版社

中国社会学研究会，1981，《中国社会学研究会第一届理事会会长、副会长、
顾问、理事名单》，《社会学通讯》第 1 期（试刊）

Blau, Peter. 1974. "Letter to Leonid Brezhnev from Peter Blau." Contexts 2(4). 转
引自萧新煌，1988，《社会学的滋味》，台湾：东大图书公司。

——. 1995. "A Circuitous Path to Macrostructural Theory." Annual Review of Sociology 21:1-19.

Graham, Loren, Wolf Lepenies and Peter Weingart, eds. 1983. Functions and Uses of Disciplinary Histories. Lancaster: D. Reidel Publishing Company.

Lin, Nan. 2002. Talk in "North American Chinese Sociologists Association Mini-Conference(Chicago): Special Session for Peter Blau and the Development of Chinese Sociology" (unpublished).

Scott, Richard and Craig Calhoun. 2004. Peter Michael Blau (1918-2002): A Biographical Memoir. Washington, D. C.: The National Academics Press.

科技组织对临时性劳动力的技术控制

——北京地区网约车平台Uber"合作车主"的案例研究

张耀民　北京大学社会学系2013级硕士

指导教师　刘爱玉

第一章　引言

当移动设备界面开始着手安排我们从消费至收入的众多环节时，本世纪初卡斯特 (2000, 319) 所言的"无工作社会"就不仅是对欧洲社会的预言。移动通信技术的进步、大批劳动力流动的现实、以及寻求生活方式转变的意愿正在为新形式的弹性工作在中国的生长提供土壤，这一职业结构的转变在服务业表现尤甚。近年"按需经济""共享经济"等起源于欧美国家的商业模式在中国的实践则似有将这一转变从高技术高知识工作者推向普通劳动者的趋势。作为推动这一形势的典型之一，UBER TECHNOLOGIES, INC (abbr. Uber)，中文译名"优步"，是于 2009 年成立于美国、2014 年 7 月进入北京、通过 app 提供实时乘车服务的私家车网约平台与科技公司。这一自我定位为技术平台的公司通过组织线上匹配私家车车主与乘客间的供需建立起交易关系，进而支持车主进行线下乘车服务。

这一乘车服务主要是由 Uber "合作司机"、即私家车所有者提供。"合作司机" (Driver-partner) 是 Uber 公司对在其平台注册并提供乘车服务的私家车所有者的官方称谓，是这一交易过程中服务劳动的实际提供者（以下统称"Uber司机"）[1]，分为兼职与专职两类。其服务过程的最突出特点之一是基本全程通过接收移动客户端信息并作出反应，具有强技术依赖性。之二是，较之传统出租车司机受出租车公司管理、受正式法规约束，Uber司机劳动力本身就具有很强的"临时性"：从劳动者的角度而言，"临时性"一方面指劳动者的低职业承诺与潜在高流动性，另一方面则是指劳动者专业知识与技能的客观缺乏，以及培养上述知识与技能的主观消极。这既是劳动力本身的特征，更是劳动者对职业的潜在要求。而从组织的角度来看，"临时性"一方面意味着组织内部对劳动力科层控制力度的减弱，另一方面还需要通过迎合劳动者的职业要求来吸引其主动加入。平台组织在进行司机端的设计时则以充分顺应并迎合劳动力本身的"临时性"特征与要求为目标，作出了对传统出租车司机工作流程的再改造。在技术载体方面，此一平台分为司机客户端与乘客客户端两部分，与中国区服务器联接；以实现私家车搭载供应与乘车需求的有效匹配为首要目标，司机端功能在很大程度上以适应这种"临时性劳动"的需求而设计，相应地司机的工作流程则依赖司机端设计来安排。

载客服务（司机方面）或打车交易（乘客方面）的主要目标是及时、安全抵达目的地。它的特殊性在于交易过程的信息不对称、非重复博弈特征、驾驶员对驾驶过程的主导、以及车内空间私密性。由于上述基本特征是在传统打车关系中服务方占据信息优势地位（车辆数量与分布、价格、服务质量等）、具有更大的交易权力、机会主义行为（拒载、私自提价、绕远、服务态度不佳等）难受制约的主要成因。传统出租车市场由出租车公司与政府设立职业规范与组织监督体系来约

---

① 参见 Uber《中国用户使用条款》（最近一次更新：2016年4月26日）中的陈述："我们的服务是搭建一个技术平台，使得您可以通过您的个人电子终端访问和使用 UBER APP 以便寻求并获得由登记于 UBER APP 的独立第三方服务提供者（以下简称'合作司机'）提供的运输服务（以下简称'服务'）。除非我们另行书面同意，我们的服务仅限于您个人的、非商业用途。**您同意并确认我们是一家技术服务提供商，但并不提供出租车辆、驾驶车辆及／或公共交通运输服务。**"来源：Uber.com.cn. (2016). *Legal*. [online] Available at: https://www.uber.com.cn/legal/terms/cn/ [Accessed 26 May 2016].

束司机的不合理行为，而在"黑车"、即无运营许可的非法打车市场，乘客对司机的信任或明显偏低、或依赖于两者间的私人关系。

因而，在既无制度规范亦无私人关系网络保障的打车交易关系中，科技组织如何通过技术设计实现对临时性劳动者的控制、重新设计交易权力结构与劳动关系、进而促进高风险单次服务交易顺利进行，是本研究所要探究的核心问题；劳动者在"被设计"的劳动过程中的权力转变，则是本研究的主要切入视角。

第二章　文献回顾

一、技术与劳动过程

技术对劳动生产过程重要影响的论述，始于马克思 (1953) 在《资本论》第一卷中对资本剥削工人剩余价值过程的分析，其中提高生产技术作为一种重要手段，主要用于缩短必要劳动时间、提高工人劳动的相对剩余价值。遵循马克思的分析路径，布雷弗曼 (1978, 19) 在《劳动与垄断资本》一书中提出，垄断资本主义通过个人分工、泰罗科学管理制度以及广泛引入机械化导致了工人技艺的碎片化。人用机器控制劳动过程的能力，正是资本主义管理部门可以不通过直接生产者、而由资本所有人或资本代理人来掌控生产的重要手段。资本主义使机器不断发展造成了死劳动支配活劳动的制度 (布雷弗曼，1978, 172)。

福特主义流水线的设计是技术管理控制的经典实践。Edwards (1979, 111-112) 更多地从组织管理的角度出发，认为优越的技术应该是能够将公司中的劳动力转化为有用劳动的技术，即使它可能需要其他方面的更大投入；而控制则是技术为管理者提供的、能够作用于将所购买劳动力转化为实际劳动的程度 (Edwards, 1979, 112-113)。

Blauner(1967) 将"无力感"(powerlessness) 作为马克思 (1844) 的"异化"概念中与技术直接相关的重要维度，与"自由"(freedom) 与

"控制" (control) 相对立；当个人被他人或非人格系统（如技术）控制和操纵、自身又无法作为主体改变这一被主导局面时，就会产生无力感。产业工人的无力感至少有四种来源：不拥有生产资料，无法影响组织管理政策，无法掌控自身就业状态，以及无法掌控即时工作流程；而个人对即时工作流程的掌控感则主要来自于拥有对工作节奏、压力、人身行动、产量以及自主选择工作技艺的自由 (Blauner, 1967, 16-18)。

信息技术在生产与非生产领域的应用使得管理者对特定劳动过程的监控成为可能。法国历史学家福柯 (2007) "圆形监狱" (panopticon) 实现了单向监控，这种监控并不一定需要监控者全程操作这一监控系统，被监控者仅仅知道他们被监控这一事实，就足以使他们驯顺地按照监控者的要求行动。

诸多产业领域的经验研究也支持了信息技术增强了工作监控、使其更为精确和非人格化这一观点，这尤其在非生产领域的研究中获得了广泛印证。譬如应用电话与计算机技术的电话中心就吸引了一批研究者的关注，主流观点是将电话中心视为一种以控制与抵抗为形式、强调连续性的传统劳动过程特征与"电子血汗工厂"(electronic sweatshop) 特征 (Mulholland, 1999; Bain&Taylor, 2000)。这种工作场所的管理很大程度上依赖于技术，控制经由技术实现了制度化，并通过科层控制下工作场所社会与组织结构的塑造进一步加强和深化 (Callaghan&Thompson, 2002)，电话中心就是福柯"圆形监狱"监控的缩影 (Fernie&Metcalf, 1998)。

另有学者以监控之下的劳动者抵抗为重点关注方向，证明工作场所中的监控比"圆形监狱"的含义更为复杂，受工作过程中更深刻的结构性因素影响，信息技术并不能提供劳动过程的全部信息、实现完全的监控，反而会受到底层劳动者各种形式的抵抗与破坏，例如 Timmons(2003) 对于医院护士抵抗监控的研究。此外，有学者认为信息技术监控具有两面性，同样的监控过程也可能具有关怀与规范的一面，用于保护组织中的负责任的员工，监控技术的保护面也是其受到被监控者相对少的抵抗的主要原因 (Lyon, 2001; Sewell&Barker, 2006)。

20世纪90年代开始，有研究者对工作场所中的信息技术应用与对工作关系的影响展开了研究，所涉及的技术应用包括：电话、邮件、语音信箱等(Hinds&Kiesler, 1995)，即时讯息(Isaacs, et al, 2002)，群组软件(Orlikowski, 1992; Ackerman, 1998)，视频会议(Egido, 1988)，桌面办公软件(Suchman, 1983; Dourish, 2003)，上下文感知系统(Bellotti&Edwards, 2001)，推荐系统(Cramer, et al, 2008)，自动化生产技术(Sheridan&Parasuraman, 2005; Walker, 1958)，以及出租车GPS系统(Girardin&Blat, 2010)等。绝大部分都是针对组织内固定工作场所——尤其是办公室、工厂——内特定信息技术的影响及其使用者的反应研究。

二、信息与交易权力

经济交易中不同主体的权力分配涉及信息不对称、交易成本等理论分析。博弈论认为，较之重复博弈，非重复博弈被认为更易发生个体理性行为。信息不对称现象在社会生活多方面都普遍存在，核心含义是指在市场经济活动中，不同市场主体对有关信息的了解是存在差异的，掌握信息比较充分的主体处于相对有利的地位，而信息贫乏的主体则处于相对不利的地位。Akerlof(1970)对旧车市场研究提出，由于市场中卖方比买方更了解有关商品的信息，因而卖方隐瞒劣质商品质量信息的机会主义行为会造成买方无法顺利作出买卖决策，从而导致降低市场效率、"劣币驱逐良币"的"逆向选择"结果。因而可以认为拥有更多信息的卖方在交易过程中拥有更大的权力。Spence(1973)对劳动力市场的研究，以及Stiglitz(1976)对保险市场的研究中都发现了相应的信息不对称现象。

而根据交易成本学派观点，现实经济交易中的信息不对称、有限理性与机会主义行为增加了值得信任的代理人的辨识难度。在没有重复交易经历作参考的情况下，非专用性的偶然交易需要参照其他购买者的正式或非正式经历评价来获得信任激励；而在专用性较高的交易中，交易频次的增加要求从第三方保障到纵向一体化、更加专门化的治理结构来提供保障(Williamson, 1979)。Hill(1990)也提出非机会主义行为所产生的声望有助于树立可信度并降低交易成本：理性考虑到声望对后续交易机会的重要意义，受信方也更倾向于信守承诺。

"信息权力"这一概念在经济学与社会学领域中均有不同程度的论述与应用，但实际含义却差别较大。宏观信息经济学立足信息技术发展的现实，关注信息与物质、资源间的转化，关注信息经济与产业下的生产、流通、利用与效用，活动的主体是厂商、研究机构、家庭或个人，开创者是 Fritz Machlup；而在微观信息经济学中，信息是交易关系中的一项关键性资源，由于市场中的信息是不完全的，一方拥有另一方无法获取的信息就会导致交易过程中的信息不对称，由拥有信息的一方占据优势地位，即拥有支配权，代表人物如 George J. Stigler, Kenneth J. Arrow, Joseph E. Stiglitz 等。而在社会学领域，"信息权力"被视为个人或组织通过信息的有效传递所形成的社会舆论力量，从而对他人以及社会产生影响力 (王冬梅，2010)，当下这种权力已经随着各类互联网新媒体的发展日益大众化，成为一股重要社会民主力量而受到学者关注。整体观之，"信息权力"在经济学中接近于一种知识生产权与掌控权，在社会学中则更接近于一种话语权。本案例中所涉及的信息权力则与经济学的定位更为贴近。

三、"按需劳动"与移动通信技术

目前业界对"按需经济"(On-demand Economy) 的一个通常定义为"由科技公司创建的、通过即时提供商品或服务来满足消费者需求的经济活动"(Jaconi, 2014)。与这一概念经常混用的"共享经济"(Sharing Economy) 只应是对实物的有效利用，而不涉及他人的劳务 (Frenken, Meelen, Arets&Glind, 2015)，代表性案例有 Airbnb, Relayrides。因而涉及司机提供服务的 Uber 其实不能算作是严格意义上的"共享经济"，而更接近于"按需经济"，相似的例子包括 Taskrabbit, Amazon Mechanical Turk 等。据此，本文主要采用"按需经济"的说法，强调 Uber 司机为满足乘客需求即时提供劳动，而非单纯地分享车辆的使用权，是一种"按需劳动"，这种劳动通常是通过移动应用 (app) 被生产、分配、管理以及消费的。

对按需经济、共享经济及相近模式中的信息技术应用与影响研究则是一个相对较新的领域，相关成果在近几年开始出现。Kittur 等 (2013) 将"众包工作"(crowd work) 视为一种由一系列联接组织、个体、科技与劳动活动的社会 - 技术工作系统，认为这种由分布在不同地域的劳动力满足复杂工作需求的工作形式具有显著的提升生产力、社会流动性以及全球经济的潜力。Glöss 等 (2016) 通过对伦敦与洛杉矶两城市 Uber 司机以及出租车司机的访谈结果进行比较，发现 Uber app 不仅管理劳动分配，而且直接涉及到劳动关系问题，具有改变原有劳动状况和经历的效用，如增加了就业机会；较之传统出租车驾驶过程，Uber 驾驶在提高司机工作灵活度的同时对司机提出了"情感劳动"的新技能需求。Lee 等 (2015) 同样以"算法管理"(algorithmic management) 对 Uber 与 Lyft 司机影响为方向，研究当算法进行管理（分配工作、提供信息支持、评价他们的劳动）时司机如何反应，包括他们是否选择与其合作、是否被激励、算法评价是否有效以及个人感受等。

在按需经济提升原有劳动力收入与生活状况的众多支持与赞扬声中，不乏研究者、分析家或媒体提出质疑。Irani(2015) 对 Amazon Mechanical Turk（亚马逊土耳其机器人）的分析就明确表态，如今科技公司的盈利已不仅仅来自于劳动力，更来自于吸引大量投资；AMT 不仅是一种分配认知的与非物质劳动的方式，也是一种按照程序设计者愿望来组织劳动者的系统，这一系统将劳动者匹配至晚期工业主义生产与创新的试验田中；虽然他们通过"微工作"(microwork) 生产出剩余价值，但由于他们在组织中不在场、不可见，从而使公司达到了在获取经济与声誉利益的同时降低劳动支出的目的。

Rayle 等人 (2014) 对芝加哥的调查表明，较之传统出租车载客，分享私家车出行的等候时间明显要低，且连续性更强；私家车分享者通常更加年轻、几乎没有私车、且更常与同伴一起出行。较之公共交通，虽然私家车分享能大为节省时间，但与出租车都仍是公共交通出行的补充手段；虽然可能减低私家车使用率，但同时也会引致打车出行增长。按需劳动者选择这种工作的动机包括获得经济报酬、对自身工作日程的掌控感、灵活实现工作 - 生活平衡、财务安全感、优质的生活质量以及自信感等 (Benenson Strategy Group, 2015)，而劳动者的工作任务选择性主要与情境因素、地理位置便利性以及劳动需求者的个人资料等有关，他们通常希望了解劳动需求者的背景信息并获得一些无关乎经济利益的额外经历 (Teodoro, et al, 2014)。

四、探究新的组织关系、劳动力特征与信息技术的结合

现今按需经济顾客到顾客 (Customer to Customer) 模式实践已经超出了传统技术控制的责任范围，将对劳动的管控之手伸出传统组织的范围，或者可以说，组织的劳动力边界模糊化了，对劳动力的管控难度大为提高了，管控的方式也更加精微化、隐蔽化和灵活化了。而目前为数不少、着重分析技术过程与技术改良可能性的 HCI、CSCW 等领域的经验研究对这一过程中的社会互动与结构的重视程度却显得不足。

我们今天看到的许多 C2C 科技组织都在发挥着平台管理作用，如淘宝对淘宝商家，实际是一种企业对客户、市场管理者对商家的关系。但当这种平台作用开始超出实物交易，经由技术着手匹配个体间劳动供需、分配和"设计"个体劳动、联接并协调服务者与被服务者之间关系时，就已不是单纯的市场管理者与商家的关系。较之传统组织内控制，这类组织对劳动的技术控制已经发生了三方面的重要变化：

第一，信息流结构多向化。原有技术设计中"组织（管理者）—劳动者"的双向信息流开始转变为"组织（管理者）—服务者（劳动者）—被服务者—组织"的多向信息流，技术设计所参照社会关系结构发生了变化（图 2.1）。技术设计的需要也从分配劳动任务、监控劳动者转变为匹配劳动供需、分配劳动任务、监控服务双方、协调两者关系。

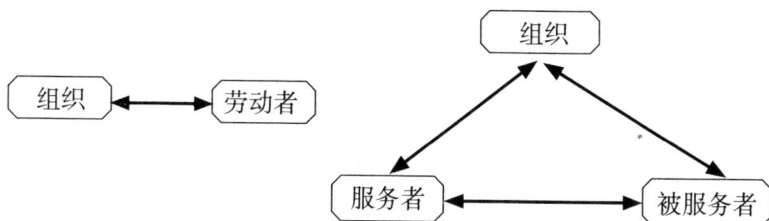

图2.1 劳动关系结构的变化

第二，组织边界模糊化与劳动关系流动化。组织与劳动者之间的劳动关系变得模糊不清，雇佣关系不明朗的情况下，双方对对方权利义务的要求也变得"流动"了。不承认雇佣关系的组织对劳动者的控制力随着责任义务的降低被削弱了，同时，中意于灵活时间、自由进退工作特征的劳动者对组织固定责任的要求也不及以往。虽然目前此类科技公司基本坚持一种"平台"与"合作者"的官方论述，但实际情况则要复杂得多，法律意义上的争论并非本研究的重点，而会更多关注在这种"临时性""流动性"的关系中，劳动各方会对彼此抱有怎样的期待、采取怎样的行为方式、最终达成怎样的社会结果。

第三，一线劳动过程的情境复杂性。所需协调的一线服务关系的情境复杂程度与劳动力的"临时性"特征同时也增加了技术控制的"盲区"，尤其因为打车空间私密性、流动性的特点，劳动主体互动过程中有用信息的获取也成为一大挑战。因而对这一具体劳动过程的观察与分析很可能会带来关于技术控制局限性方面的有益思考。

基于如上考量，本研究拟通过观察和了解 Uber 组织对司机方移动终端的技术功能设计及其与相应制度设计的结合，以及相比于传统打车交易关系，司机在"被设计"的新交易关系中的权力转变，探究在既无政策明文规范亦无私人关系网络保障的交易关系中，科技组织是如何通过技术设计实现对临时性劳动者的控制、重新设计交易权力结构与劳动关系，进而促进高风险单次服务交易顺利进行。

第三章 研究框架与方法

一、研究框架

较之传统出租车司机，Uber 司机劳动过程是技术本身特质、劳动力本身特质、组织制度（商业模式）与行业特征之间相互寻求适应并融合的产物。因而，在展开信息技术作用于劳动力机制的具体分析之前，有必要在前文文献的基础上进一步明确技术与技术控制在现有劳动过程研究中的含义与范畴，同时将现代信息技术与先前技术区分开来并阐明其特质（第三章）。

本研究意在观察 Uber 司机劳动过程中对传统出租车交易特征与司机机会主义行为的改造、来发现新加入的技术控制的效用，传统打车交易中的基本特征与权力对比状况可以说是研究的起源与比较基础。劳动力是技术控制的对象，与以往将生产效率作为机器设计的唯一标准、由雇佣劳动力适应工厂机器生产的逻辑不同，平台组织对劳动力进行技术控制的前提是吸引其加入，因而劳动力本身的临时性特质对技术设计初衷的关键性作用不可忽视。对劳动力本身特质的分析是看清技术控制所服务的组织基本目标的必要步骤。这两部分内容都将在第四章重点讨论。

第五章至第八章是全文的主体部分，将从经验材料中提炼并分析 Uber 平台组织对司机的三类技术控制机制。一方面意在清晰描述具有一定复杂性的技术功能与制度体系，另一方面则尤其强调组织目标以及将技术设计与制度设计相结合以实现组织目标的具体路径，发现此类设计作用于劳动者、限制传统打车交易中的权力不平衡、建立新的交易关系的实际效用。平台组织何以能实现这一在以往具有相当难度的控制过程，也可从这一部分各类现象的分析中窥见端倪。

作为全文总结，第九章将就技术控制对三角交易关系中构成劳动关系的两边——服务方 - 被服务方关系、组织 - 劳动者关系——相比于传统打车交易的显著变化进行归纳，并提出研究的现实意义与谨慎推论的必要。

二、技术、技术控制与信息技术的特征

"技术"(technology) 是用于生产与非生产任务中的机器系统、物理性能、专业知识与技能[①]，但"技术控制"(technical control) 不止于此，具有对人的限制与管理的含义。综观劳动过程领域的诸多经典文献，Blauner(1967) 在劳动过程研究者中是较为关注技术本身特质的一位，他将"技术"定义为一系列通常用于生产商品与服务的复杂的物理对象与（手动或机械的）技术操作，但他对四类产业技术流程的完整分析并未脱离组织特征与社会结构的作用。更为明显的是，布雷弗曼 (1978) 就技术对各类劳动者影响的分析与科学管理制度密不可分，Edwards(1979) 则是直接将管理者的行为与相应制度规范的设计作为技术控制的组成部分。

上述学者对技术的认识多是基于 20 世纪下半叶包含计算机科技在内的多种技术在机器生产领域与固定工作场所（如工厂、办公室等）广泛应用这一时代背景，那时移动通信技术（包括移动互联网）尚未普及，而这种科技则是当下按需经济的物理载体——移动客户端——的核心。有工程界学者从三个层面理解"信息技术"：从本质上说，信息技术是指能延伸、扩展人的信息器官功能的一类技术；从功能上说，信息技术是指能够完成信息的获取、传递、加工、再生和施用等功能的一类技术；从内涵上说，信息技术是指感测、通信、计算机和智能以及控制等技术的整体 (黄荣怀 , 2002)。Zuboff(1988) 区分了信息技术与上一代机器技术，认为组织乃是基于这类技术自动运行的同时能够提供信息这一两面性来对所有劳动者的行为进行监控。

① 世界知识产权组织在 1977 年版的《供发展中国家使用的许可证贸易手册》中，给"技术"下的定义："技术是制造一种产品的系统知识，所采用的一种工艺或提供的一项服务，不论这种知识是否反映在一项发明、一项外形设计、一项实用新型或者一种植物新品种，或者反映在技术情报或技能中，或者反映在专家为设计、安装、开办或维修一个工厂或为管理一个工商业企业或其活动而提供的服务或协助等方面。"

由此可见，对技术控制的完整理解中，技术的本身特质与组织基于此类特质所进行的设计与改造不可分割，这些设计与改造既可以是物理性能层面上的，也可以是组织制度层面上的。这一强主动性的"设计"导向在信息技术领域比在机械化特征显著的生产性技术领域的表现更为凸显，原因在于信息技术产品的指令系统是设计与改造成本更低、速率更高、轻便化的算法程序。

因而本研究对"技术控制"的界定不仅包括由于技术本身特质所具备的、直接产生的控制力，还包括组织基于技术本身特质、结合具体工作场景与管理目标所设计的各类制度的控制力。较之机械技术，当下（移动）信息技术本身的特质至少包括如下三点：

第一，自动传输、收集、储存并加工实时信息；

第二，基于更新成本低、速率高、轻便化的算法设计；

第三，网络化的主体联接方式与信息传递方式。

三、研究方法与对象

Uber 目前正在运营中的产品包括面向高端商务群体的"优选轿车"与面向普通消费群体的"人民优步＋"。本研究以北京地区"人民优步＋"司机为主要研究对象，采用质性研究方法，在 2016 年 1 月至 4 月间对北京地区"人民优步＋"司机（以下均称"Uber 司机"）、"人民优步＋"在中国本土的同类产品"滴滴快车"司机，以及两种产品的长期乘客用户进行半结构式访谈。研究者分别在早高峰（上午 7:00-10:00）与晚高峰（下午 5:00-9:00）时间段通过 Uber 和滴滴 app 呼叫车辆，在行程中与司机进行沟通并访谈，在行程结束时也选择性邀请到部分司机进行了线下访谈。访谈个案共 29 名，总体信息如下：

17 名 Uber 司机（编码 D1-D17）：15 名男性，2 名女性；年龄介于 25-55 岁之间；

5 名滴滴司机（编码 D18-D22）：5 名均为男性；年龄介于 25-40 岁之间；

7 名乘客（编码 P1-P7）：6 名男性，1 名女性；年龄介于 20-50

岁之间。

大部分司机访谈时长在 20-50 分钟之间，少部分超过 50 分钟，乘客访谈则在 1-2 小时之间。所有访谈内容均坚持匿名原则，以保护访谈对象隐私。

作为新生模式，当前国内网约车的发展在政策、法律、市场等多方面均具有很强的不确定性；就组织内部而言，自进入中国市场之后，其技术与制度也一直处于不断更新之中。因而，设定并强调一个各方面影响因素均相对稳定的研究时段显得尤为重要：**除有明确说明之处，以下论述及经验材料均适用或收集于 2016 年 1 月 1 日至 2016 年 4 月 30 日这一时段。**

第四章　传统交易权力与技术对"临时性"的迎合

一、传统打车交易的基本特征与权力对比

出租车行业隶属于服务业中的交通运输业。在中国，打车出行一直以来便是集中控制的产业领域：在全国主要城市基本由少数公司垄断，仅在极少数城市中由个体运营。出租车运营受严格的正式规则约束：合法的出租车运营必须具备出租车运营许可证与道路运输从业资格证；出租车总量、价格、车况、服务行为等方面都有具体法律规定[①]。但同时也因总量限制与车辆的时空分布不均，出租车常供不应求，这也被广泛认为是大量"黑车"屡禁不止的根源（李艳梅 & 杨涛，2008; 李寒，2012）。在运营许可管制方面，出租车公司制促使了司机与公司之间不平等契约关系的形成（荣朝和、孙光 & 帅晓姗，2012）。与公司签订承包合同的司机须定期向公司缴纳"份子钱"[②]以获得运营

[①]　现阶段主要法律法规包括：《出租汽车驾驶员从业资格管理规定》（中华人民共和国交通运输部令 2011 年第 13 号），《出租汽车经营服务管理规定》（中华人民共和国交通运输部令 2014 年第 16 号），中华人民共和国道路运输条例（2012）。

[②]　出租车"份子钱"：出租车司机按月交纳给出租车管理公司的运营管理费。

许可证。

出租车司机为赚取更高收入的机会主义行为主要表现为：拒载——包括高峰时段拒载、收车时段拒载、小单拒载等，集中反映为时间上与空间上的选择性；私自提价；绕远；服务态度不佳等。此类现象反映出司机与乘客间长期存在着不平等的服务关系。

出租车司机与乘客之间不平等的交易关系，即其机会主义行为并非单一因素作用的结果。从市场结构来看，根源在于国内打车资源的稀缺性与出租车行业的垄断性，这一情况在中国以外诸多其他国家也普遍存在；从交易过程来看，则起因于打车交易的基本特征，即非重复博弈、信息不对称、驾驶员对驾驶过程的主导以及车内空间私密性；这些特征也是出租车行业长久以来"管制难"的深层次原因。

打车过程中的非重复博弈是指司机与乘客间的接载服务仅发生一次，结束之后基本不再有后续交易。信息不对称则是指在路招型模式下，乘客在上车之前无法获知车辆的数量与分布、无法比较不同车辆的价格、状态与司机的服务质量，会获得怎样的服务产品具有很强的随机性，因而掌握更多此类信息的司机方处于信息优势地位。驾驶员对驾驶过程的主导则是指，整个行车流程的各个步骤——包括是否接载、是否加价、路线选择、送达速率等——的自由裁量权基本由驾驶员掌握。综上所述可以认为，司机方在交易过程中比乘客方拥有更大的交易权力。加之出租车车内空间的私密性，难以对交易过程进行公开监控，地位占优的一方极易采取以损害对方利益换取自身利益的机会主义行为 (李俊峰，2016)。

针对上述情况，传统出租车市场主要由出租车公司与政府设立职业规范与组织监督体系来约束司机的不合理行为，除上述法律法规，另有设置出租车调度中心、建立电话投诉机制等。而在"黑车"即无运营许可的非法打车市场，乘客对司机的信任或明显偏低，或依赖于两者间的私人关系。

二、Uber司机的劳动力特征

Uber 司机分为兼职与专职两类，现在与从前的本职工作均分布于各行各业，这点在本研究的访谈对象所从事职业中均有所反映。虽然来自多种行业，其原本职业性质与个人职业经历均有共通之处：首先，对于同时拥有本职工作的兼职司机，本职工作时间与闲暇时间的界线通常相对分明，不常发生超时工作的情况，有可能用于载客的时间与精力；其次，对于专职司机，通常原本便是从事固定性较低的职业、或正处于两次就业间的职业空窗期。

"我就在公司上班，一般就休息的时候跑会儿。今儿休息就出来溜达会儿，要不在家呆着干嘛、闲着干嘛？"(D02, 兼职/Uber, 男)

"我是兼职，离你们没多远，**物业管理，今天下白班，晚上拉会儿活儿，拉到没有倍数，十点左右，就回去。"(D05, 兼职/Uber, 男)

"我是自己干，平时就兼职跑优步，我干这行，卖夏天的东西，钓鱼的啊、户外的啊，冬天就没什么事儿了，时间比较自由。"(D06, 兼职/Uber, 男)

"我该是十月份开的，差不多也有四个月了。就平时下班的时候转转，拉着玩儿嘛，减减压。回家其实也要么看电影要么消耗了，这样的话还能挣点儿外快，我觉得挺好的。像我们今天还是去办了个人商的案子，早上起来我就出来了，拉了几单，中午回单位吃了饭，下午歇了会儿，5点多钟才出来。因为我们其实是国企，朝九晚五的，有的时候一杯茶一下午都没什么事儿，所以呢就可以充分地休息，下了班以后可以拉个优步"(D07, 兼职/Uber, 男)

"我做服装生意，白天进货上货卖货，晚上就跑跑这个，挣点儿油钱，也想换个车。"(D09, 兼职/Uber, 女)

"我是断断续续地开，就这两天开得多了点儿，以前都是白天上班忙自己的，下班随便开几单，这两天公司没什么事儿就开得猛了点儿，以前都是一天拉个几单。"(D11, 兼职/Uber, 男)

"我现在就闲着呗，也没干别的什么，但这个东西你也不能当个仕途吧，没事儿拉两单，有事儿该忙忙。当个仕途干这么认真……认真你就输了嘛。你说政府说这不合法怎么办？我不知道，让干就干，

不让干就拉倒。"(D08, 兼职/Uber, 男)

"辞职之后我才开始跑, 互联网公司嘛, 倒闭的太多了, 之前那公司也是四年多了, 最后赔点儿钱, 哎赔点儿钱也抵不住花的, 目前还没找着工作, 还不如跑这个呢。"(D15, 专职/Uber, 男)

"一个月我要跑长途, 就两趟。回来没事儿干, 跑跑这个呗。想休息就休息一下, 现在单位也不行啦。"(D10, 兼职/Uber, 男)

"之前的公司就是承包这些科研机构的食堂, 后来……单位里也发生了些变化, 就出来了。之后就想自己干, 做餐饮方面的, 但现在具体还没想好, 就暂时跑着这个。"(D19, 专职/滴滴, 男)

总体而言, 不论是兼职司机还是专职司机, 首先在择业心理上, 对从事 Uber 司机这一工作的心理定位与预期基本都是"临时的""过渡的", 并不打算长期从事, 且做好了随时退出的心理准备; 其次在专业技能上, 虽然有一部分司机原本便是来自出租车行业或其他服务行业, 但大部分并不具有从事打车行业所需的较为成熟的专业知识与技能, 且并不希望在培训专业知识与技能方面花费过多时间。所需知识与技能以两方面为主: 一是充足的城市地图知识, 二是作为服务业者的职业认同与服务技能。

因而, 本研究认为 Uber 司机的劳动力本身就具有很强的"临时性", 是一种"临时性劳动力"。从劳动者的角度而言, "临时性"一方面指劳动者的低职业承诺与潜在高流动性, 另一方面则是指劳动者专业知识与技能的客观缺乏, 以及培养上述知识与技能的主观消极。这既是劳动力本身的特征, 更是劳动者对职业的潜在要求; 而从组织的角度来看, "临时性"一方面意味着组织内部对劳动力科层控制力度的减弱, 另一方面还需要通过迎合劳动者的职业要求来吸引其主动加入。平台组织在进行司机端的设计时则以充分顺应并迎合劳动力本身的"临时性"特征与要求为目标, 作出了对传统出租车司机工作流程的再改造。

第五章　奖励、奖励前提与变化项：
嵌套的劳动报酬体系

一、Uber司机的奖励构成 [①]

不同于出租车固定定价与份子钱，Uber司机的劳动报酬大部分来自平台奖励，平台奖励政策构成其劳动报酬体系的主要部分，奖励政策不仅依不同城市而异，且在同一城市也是每日更新，计算原则也十分复杂。2016年1月至4月间Uber司机的**每周奖励基本稳定地由以下五部分构成**：

A. 高峰翻倍奖励：在高峰时段接载乘客将获得基础车费相应倍数的奖励；

B. 成单奖励：每天（凌晨4点至次日凌晨4点）完成单数达到一定数目将获得的奖励；

C. 金牌服务奖励：每周完成订单数量最多的前 *** 名司机可获得的奖励；

D. 连环奖：当车主在特定时段完成预订数目的订单，就将享受另一特定时段翻倍奖励的增加（2016年4月25日开始推行）；

E. 推荐奖励：作为人民优步＋司机推荐他人加入人民优步＋，一旦被推荐人完成一定数量的行程，推荐人可获得的奖励。

其中，获得ABCD奖励有**三类前提条件**：

A. 当日／当周乘客评分达到一定星级；

B. 当日／当周成单率达到一定比例；

C. 当周完成订单达到一定数量。

此外，Uber司机劳动报酬体系还具有很强的情境变化性，可归纳出如下**四类可能造成最终报酬波动的主要影响因素**：

---

① Uber奖励政策每日均有可能发生变化，因而从此部分开始往后的所有分析，除有明确说明外，均以2016年4月25日（工作日）与4月30日（周末）的奖励政策为基础进行分析。

A.高峰时段溢价；

B.上述三类前提条件；

C.工作日、周末、节假日；

D.历史时期内的调整，如自 2014 年进入北京市场初期补贴较高，目前已大幅降低。

以下摘取北京地区人民优步＋于 2016 年 4 月 25 日（工作日）与 4 月 30 日（周末）(滴滴 & 优步中国司机服务站 , 2016) 的奖励政策为例。不难发现，工作日与周末奖励政策的最大区别在于个高峰时段的不同及相应的翻倍奖倍数的不同，工作日高峰时段倍数要明显高于周末，而连环奖则是 2016 年 4 月 25 日刚开始推行的新政策。

用户组：人民优步及电动车（适用于 4 月 25 日）

【优步北京奖励政策】

获得任何奖励的前提条件：

* 人民优步及电动车：当周评分的平均分高于 4.8 分，当周成单率高于 65%，且当周完成至少 10 个行程（含 10 行程）

如果您满足以上条件，会获得以下奖励：

==A. 高峰翻倍奖励 & 成单奖励 ==

周一高峰翻倍与成单奖励政策一览表

时间	翻倍奖	连环奖	成单奖
04:00-06:00	1.0倍		
06:00-07:00	1.4倍	当车主在	
07:00-09:00	1.8倍	07:00-10:00	
09:00-10:00	1.7倍	完成3单以及3单以上	12个行程50元
10:00-17:00	1.1倍		22个行程110元
17:00-19:00	1.6倍	即可享受19:00-23:00	
19:00-23:00	1.3倍	翻倍奖励+0.1倍	
23:00-04:00	1.0倍		

*注：

1.高峰翻倍每单奖励（不包含基础车费）的上限，**各个车型均为50元**

2.时间节点以系统派单时间为准

3.高峰翻倍奖励每周同一名乘客只计1次；选首次出现的金额；重复刷单没有意义

4.一周搭乘同一乘客3次以上（含3次），当周只能获得一半奖励

==B. 金牌服务奖励 ==

金牌车主服务奖励的前提条件需要满足：当周成单率在 75% 以上、当周评分的平均分在 4.8 分以上

a. 达到该奖励前提，每周完成订单数最多的前 500 名合作车主可获得 1000 元金牌服务奖励；

b. 达到该奖励前提，每周完成订单数最多的前 501-1000 名合作车主可获得 800 元金牌服务奖励。

再次强调，获得以上任意奖励的前提条件是：

* 人民优步：每周评分的平均分高于 4.8 分，当周成单率高于 65%，且当周完成至少 10 单（含 10 单）

==C. 推荐奖励 ==

如果您是一名人民优步及电动车合作车主，您可以推荐您的朋友加入人民优步；推荐朋友加入人民优步，一旦朋友完成第 20 个行程，推荐人即可获得 300 元推荐奖励（推荐奖励与上述奖励前提无关，并额外计算）。

* 优步提示：

由于优步将采用硅谷最新最先进的高峰时段翻倍计算方法，**故从 12 月 7 日起，优步扣除您的 20% 基础车费将不再返还**，但对您一周的总收入不会产生任何影响。并且，优步的翻倍奖励将持续升级，早晚高峰时段翻倍倍数不断创造新高，让您继续收入多多！

用户组：人民优步及电动车（适用于 4 月 30 日）

【优步北京奖励政策】

获得任何奖励的前提条件：

* 人民优步及电动车：当周评分的平均分高于 4.8 分，当周成单率高于 65%，且当周完成至少 **10 个行程**（含 10 行程）

如果您满足以上条件，会获得以下奖励：

==A. 高峰翻倍奖励 & 成单奖励 ==

周六高峰翻倍与成单奖励政策一览表

时间	翻倍奖	成单奖
04:00-06:00	1.0倍	
07:00-08:00	1.1倍	
08:00-16:00	1.3倍	
16:00-19:00	1.5倍	12个行程50元 22个行程110元
19:00-21:00	1.2倍	
21:00-23:00	1.4倍	
23:00-00:00	1.1倍	
00:00-04:00	1.0倍	

*注：

1.高峰翻倍每单奖励（不包含基础车费）的上限，**各个车型均为50元**

2.时间节点以系统派单时间为准

3.高峰翻倍奖励每周同一名乘客只计1次，选首次出现的金额；重复刷单没有意义

4.一周搭乘同一乘客3次以上（含3次），当周只能获得一半奖励

==B. 金牌服务奖励 ==

金牌车主服务奖励的前提条件需要满足：**当周成单率在75%以上、当周评分的平均分在4.8分以上**

a. 达到该奖励前提，每周完成订单数最多的前500名合作车主可获得1000元金牌服务奖励；

b. 达到该奖励前提，每周完成订单数最多的前501-1000名合作车主可获得800元金牌服务奖励。

再次强调，获得以上任意奖励的前提条件是：

* 人民优步：每周评分的平均分高于4.8分，当周成单率高于65%，且当周完成至少10单（含10单）

==C. 推荐奖励 ==

如果您是一名人民优步及电动车合作车主，您可以推荐您的朋友加入人民优步；推荐朋友加入人民优步，一旦朋友完成第20个行程，推荐人即可获得300元推荐奖励（推荐奖励与上述奖励前提无关，并额外计算）。

* 优步提示：

由于优步将采用硅谷最新最先进的高峰时段翻倍计算方法，**故从12月7日起，优步扣除您的20%基础车费将不再返还**，但对您一周

的总收入不会产生任何影响。并且，优步的翻倍奖励将持续升级，早晚高峰时段翻倍倍数不断创造新高，让您继续收入多多！

二、高度复杂化的报酬体系及要素关联

由上述材料可以发现，依情境（时段、时点、评分、成单率等）而变以及高度复杂化的计算原则是 Uber 司机劳动报酬体系的两个突出特征。而众多的情境因素之间并非相互孤立，而是依据组织总目标与多个子目标而精心设计的，作为小齿轮的不同情境因素之间相互关联，进而促成作为一个有机系统的完整报酬体系的运转。我们将上述作用于 Uber 司机最终所获报酬的各类因素进行整理，呈现如下图（图4.1）：

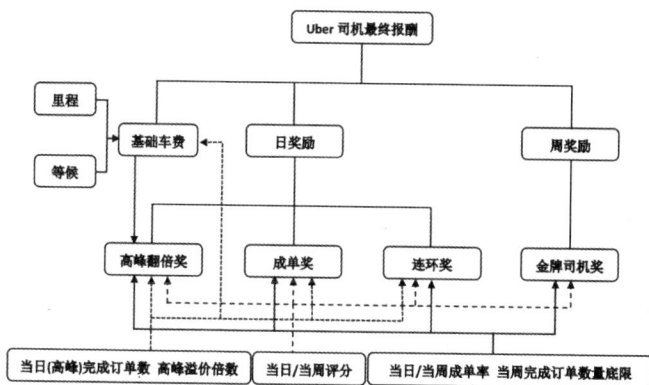

图4.1 Uber司机劳动报酬构成与相关性

由上图可以看出，司机的最终收入由三部分组成：**基础车费，日奖励，**以及**周奖励**。

其中，平峰时段，即无溢价情况下的单次行程基础车费由里程数与等候时决定，高峰时段则会随溢价倍数而增长。

日奖励包括高峰翻倍奖、成单奖和连环奖；高峰翻倍奖由基础

车费、高峰溢价倍数与高峰时段完成订单数共同决定；成单奖为等级制，达到一定单数即获得一定金额的奖励，因而单纯由是否达到规定等级决定；连环奖则由高峰时段是否完成规定单数决定。

周奖励金牌司机奖为排名制，取决于司机当周完成订单总数排名。

且 2016 年从 12 月 7 日起，Uber 平台开始扣除司机的 20% 基础车费将不再返还。

因而，司机当周最终毛收入计算如下：

司机当周收入 = + 成单奖 + 金牌司机奖 - 基础车费 *20%　　　(1)

n 为当周工作天数，$1 \leq n \leq 7$

k 为当天完成单数，每周总单数即 ≥ 10

但获得以上所有奖励的前提条件为：当周评分的平均分高于 4.8 分，当周成单率高于 65%（金牌司机高于 75%），且当周完成至少 10 个行程（含 10 行程）。虽然在上述官方奖励政策中并未说明，事实上对成单率和乘客评分的要求也同样适用于司机每天的工作。

此外，司机报酬的结算方式是次日凌晨 4 点计算前一日日收入，但不会当日结算，最终是以周为单位、在每周一凌晨 4 点向司机转账结算前一周收入；**截止结算当日若未能满足上述前提条件，所有日奖励与周奖励都将取消。**

作为所有日奖励与周奖励的底线保证，乘客评分的限制（高于 4.8）旨在保证司机在行程中的服务质量，而成单率的限制（高于 65%）、成单奖、高峰翻倍奖与高峰溢价以及连环奖的结合则是为了减少司机拒载率，尤其是高峰时段。

为获得上述收入，司机自身也会付出成本，成本主要来自于三方面：**油耗、车辆损耗、通信与移动网络费、劳动力成本（饮食费等）**等。因而司机当周最终纯收入计算如下：

司机当周纯收入 = + 成单奖 + 金牌司机奖 - 基础车费 *20%-(油费 + 车辆维修费 + 通信费 + 移动网络费 + 饮食费)　　　(2)

第六章 "自由身"还是"被束缚"？劳动报酬的获取与不确定性增长

一、"自由支配"背后的"自我约束"：如何能获得更多的奖励？

Uber 司机拥有自由支配工作时间、任意时间上下线的权力，为了获得更高的劳动报酬，在了解上述劳动报酬体系的基础上，司机通常会理性寻找、比较并选择可能提高收入的有效时间安排方案。在满足底线的前提下，司机提高收入的主要途径有三种：

第一是增加订单总数，以获得较高的成单奖、高峰翻倍奖、连环奖、与金牌司机奖，主要是前两种；

第二是增加里程较长的订单，以提高基础车费、获得较高的高峰翻倍奖；

第三是增加在高溢价时段的订单数，以获得较高的基础车费与高峰翻倍奖。

这三种途径是 Uber 司机全天工作的主要努力方向，同时必须兼顾乘客评分与成单率。在这一精细的报酬结构中紧密联系和嵌套的各要素制约下，Uber 司机的每日工作量与工作时间是否确实那么地"灵活"和"轻松"？事实是他们往往需要作出比出租车司机更为复杂的权衡考量。较之固定工作量、固定报酬，这一表面上灵活可适应的报酬体系实际是以另一种方式对劳动力工作数量与质量的控制。

1. 增加订单总数：工作时间如此有限

最直接的途径就是增加订单数，以获得较高的成单奖、高峰翻倍奖与连环奖，主要是前两种。与订单数直接相关的是成单奖，以上述4 月 25 日的成单奖为例，成单奖为等级制，司机当天订单数达到 12 单可获得 50 元，达到 22 单则可获得 110 元，两个等级往往是司机决定每日工作量的基本参照标准，每天司机一旦上路，便会以达到 12 单或 22 单为基础目标。进入 2016 年 2 月以后，Uber 所提供的成单奖一直呈下降趋势，可选择等级也有所减少，以2016年1月4日为例，10个行程为110元，15个行程为160元，20个行程为220元，对于司机的刺激力度更为显著。

然而仅从订单数并不能获得对于工作量的直接感知，我们可以将订单数换算为工作时间，假设正常身体状况下的司机，平均30分钟能完成一次完整行程（从司机接下系统派单至将乘客送达目的地，包括乘客上车前的接载过程与上车后的送载过程），那么完成10-12单即需要5-6小时，20-22次行程则需要10-11个小时完成，每日工作时间极可能远超过传统8小时工作制——这一换算尚不包括因空驶、路况、订单取消等所造成的时间损失。低等成单奖适用于兼职司机，而高等成单奖则是专职司机的必选。因而仅就工作时间而言，Uber司机每日的劳动量并不那么"轻松"，尤其是专职司机。

"现在（成单奖）分10单、15单、20单，像今天周五，就是12单、17单、22单，每增加一个等级能增加50块。一个月是能挣一万多吧。但是累啊你知道吗？早上七点出来，晚上点儿好的话九点能回去，点儿背一点多，得拉满20单啊。拉上20单我就不干了，累，实在是不行了。"(D04, 专职/Uber, 男)

兼职司机虽然没有专职司机依赖Uber作为唯一收入来源的经济压力，但通常都对自身的时间与收益有一个清晰的认识和理性的规划，以在有限时间范围内获得最高收益。

"就我下班这几个小时，能拉上6单就不错了，10单12单确实不行，也就算了，就争取在高峰时段多跑点儿（以高峰奖励而非成单奖励为目标）。"(D07, 兼职/Uber, 男)

由此可见，虽然司机确实拥有随时上下线的工作自由，可自由决定工作时间的长短，但只要是以获取经济利益为目标，都会结合实际情况为自己"度身定做"一套相对固定的工作时间表，且对每天的工作量与工作目标、即"要拉满多少单"有一个基本的心理预期，这套工作时间表的设计理念一贯是"有限时间内的最高收益"。司机的工作性质越倾向于专职，对每天的工作目标预期就越高，所安排的工作时间就越长。但由于正常身体机能的限制，工作时间是有限的，每天20-22单是一般司机身体可承受极限。如果以进入每周前1000名、拿到金牌司机奖为目标，则需要全周每天按照这一节奏工作。但根据2016年北京市尾号限行措施，私家车每车每周周一至周五其中一天早7时至晚20时不能在客流量密集的五环内行驶，工作时间就更为有限。针对这一情况，司机通常选择在这一天休息，或者在五环之外载客，或者在晚20时之后继续载客，根据访谈情况，后两种并非个别现象（曾在D19限号日当天与其联系过，晚上20时他就开始工作了）。因而网约车行业中的劳动者，即司机，是男性占绝对优势，这在传统出租车行业也一样。

"我干不了他们那么久，虽然之前也拉过私活儿，一个月6000多块差不多了。"(D03, 专职 /Uber, 女)

订单数以及每增加一个等级的订单数就能获得比上一个等级高一倍的奖励，激励了司机多上路、多接单，以实现在不同的地区和街道都有"足够的Uber司机"的目标。当乘客打开乘客端、从电子地图上发现附近众多红色车辆分布时，自己不仅可以确信可以坐上车，而且身边还有足够的车辆在等候"被选择"时，而并非自己在等候"被选择"时，其对交易过程的掌控感与满意度便获得了极大的提升。

2. 增加"远途单"与"高溢价单"

除单纯增加订单总数之外，提高所接订单的质量也是增加收入的可行手段。受访司机常常提到每天的"运气"，倘若运气好这天就能早收工或者挣更多。如上一节所述，司机对一天的工作时间会有一个相对固定的估计和安排。在一天工作时间一定的情况下，"好运气"往往包含两方面的含义：

第一，能够在较短的时间内完成成单奖所要求的等级单数，包括两种情况：(1) 能多接到"短途单"（里程较短的订单）、缩短送载时间、快速增加订单总数——即上一节所说明的策略，以及 (2) 所接订单接载距离短、接载难度低、有助于缩短接载时间。由于送载时间和里程会直接作用于基础车费，进而影响到高峰溢价收入与高峰翻倍收入，因而更理想的情况是缩短接载时间。

第二，能够接到"远途单"（里程较长的订单），提高基础车费，进而提高高峰溢价收入与高峰翻倍收入。但相应的，"远途单"行程时间也会更长，也由于目的地在郊区的可能性较大，返程空驶的可能性也增大了。若坚持要拿到每日的成单奖，司机需要投入更多的时间。

"这两天公司没什么事儿就开得猛了点儿。按我昨天拉的，一个月能挣三万，我昨天纯收入 1000。关键是什么呢，太累，哇塞昨天我从早上七点一直到夜里十二点。就拉了 20 单，但有好几个大单，都是二三十公里的。按我今天这么拉的话挣两万肯定没问题。拉三万的话确实累，拉三万得达到 20 单以上，或者 22 单，拿全额奖（最高等级成单奖），然后再加上它的翻倍，就里程奖，比如说里程你打 20、30 块钱，它会再给我 20、30，然后还有奖金，所有的钱乱七八糟加一块。但不是每天都能有这么好的运气的。"（D11，兼职 /Uber, 男）

较之上述两类随机性较强的策略，集中在高溢价的高峰时段接单这一策略则相对可控，以获得较高的基础车费与高峰翻倍奖，这也与平台激励高峰时段司机出车的目标相一致。

"这分白天晚上，像白天我就喜欢路程短的，晚上喜欢拉路程远的，因为白天单子多啊，晚上倍数高啊，多拉几个远单，多挣一点儿，晚上按单数跑就不太好跑了。"（D15, 专职 /Uber, 男）
"我一般 6 点半，6 点半（高峰）奖励开始，到 10 点，那我就从 10 点往回赶（吃午饭），然后到 11 点，这就是超过 4 个半小时。然后下午从 4 点、4 点半开始，到晚上 11 点，我也是差不多到 10 点就往回赶（回家），因为 10 点（高峰）奖励就结束了。所以每天差不多是 11 个小时（的工作时间）。"(D4, 专职/Uber, 男)

由于每天的工作时间是有限的，因而能够遇到上述的"好运气"必然能为司机带来收入一定的前提下工作量的减轻或者工作量一定的前提下收入的提高。但运气是偶然的，在运气平平的情况下司机若想只接理想情况的订单，可以运用司机端"拒绝订单"这一选择权力，来取消掉系统随机自动分配给自己的接载距离长、接载难度大（如路况不好、需要掉头、需要绕路等）、既耗油又费时费神的订单。然而如果司机竞相拒绝此类订单，则会带来对乘客的选择性，导致服务质量整体降低，本质上与传统出租车司机对乘客的选择性无异。这类对订单的选择性则受到另一项更严格的制度，即成单率的制约。

二、"难以拒绝的订单"：前提之一

获得所有奖励的前提条件之一是当日以及当周成单率高于 65%（金牌司机高于 75%），如果不能达到这一要求，司机当日或当周除基础车费的其他奖励则都不能获得。因而司机在增加高质量订单数的同时，还需兼顾"不能拒绝过多"的限制。但除了增加经济收入的主动理性考量，造成司机不愿意接单还有诸多其他的被动的、非可控的情境因素。

1. 不可控因素与失灵的技术

乘客的无知是不可控因素的一种，是指乘客自身无法准确确定所在位置，这通常发生在乘客本身方向感较差、对周围环境不熟悉、或者附近缺少标志性街道与建筑物的情况下。Uber 的自动定位功能便是为了解决这一接载问题而设计，但会出现失准现象。司机通常了解这一情况，因而在接到订单后会电话乘客以准确确认其位置，而这一沟通过程就超出技术系统的有效调节范畴了。以下是其中一个案例：

"我开车几乎没遇到跟人纠纷什么的，但有一回我在八一中学，有一女的，广州的，叫车。两分钟我就到她定位的路口了，然后打电话问她在哪，她说在哪哪哪，我说你往北走，走到红绿灯路口这呢，她说，'哪是北啊？'我说你看见太阳了吗？太阳那边就是西，你站的那边就是东，南北你就不知道了？她还是不知道。我说那你取消重新叫吧，我就没离开又叫着我了。我说你向右转，看见红绿灯了吗？她说'哪是右啊？'Uber 定位定得准，她是酒店式公寓，那位置到我这路口也就 100 米；但我要是过去呢，要上那头掉头回来。我说你走两步，要是阴天辨不清东南西北我就原谅你，但这下午的太阳不就是西吗？我说你是不是烤乳猪吃多了？然后我就下线走了，不干了。"(D01, 兼职/Uber, 男)

由于接载路程较远或堵车不能快速到达的情况下由乘客取消订单也会影响到司机的成单率，而这一点则是与自动匹配算法不能匹配到近距离、易接载乘客这一技术缺陷所共同造成的问题。

"现在这个软件做得有点不太好，定位不太准。上次我是在那个京通快速路上，接了一单，我一瞧我现在在高速上，再下去起码五公里快完了，接了他还不如费那点儿油的呢，而且他还不一定能等，万一中途咔取消了，我还不是白跑一趟。"(D15, 专职/Uber, 男)

2. 拼还是不拼？技术的盲区与不可靠

这一点同时也表现在 2016 年 1 月人民优步开始推行的双人拼车、以及在 4 月刚推出的"三拼"中。双人拼车即在乘客 A 预订行程、并发出拼车单后，系统在整个行程中如果发现有"顺路"的乘客 B 发出拼车订单，就会为其自动匹配，司机需要分别接载到两位乘客，分别送到各目的地。"三拼"，也叫"连环拼"，即拼车成功的乘客 A 下车前，在同一个行车路线上可以拼到乘客 B，而乘客 A 下车后，乘客 B 可能拼到乘客 C；乘客 A 与 B 都在车上时如有空座，系统也会向司机派发乘客 C 的订单。对于乘客，拼车价格相比于正常价格会有不同程度的降低，因而受到许多非紧急行程乘客的欢迎；对于司机，拼车单按照两单或三单计算，也是实惠的选择；拼车同时也可以降低车辆的空载率，似乎是三全其美的设计。但在实际旅程中，则增添了许多技术无法有效预测与管理的盲区，这些盲区进一步增加了司机工作任务的复杂性和困难度，而由此所带来的不利后果，则通常由司机承担。

（行车途中，正堵车缓慢前行，司机 D15 手机客户端发出拼车信号，司机查看后无奈）"得掉头回去，算了不接他，取消了。取消是会降低我这边成单率。不过没事儿，今天应该是第 3 次取消了，取消了 3 个了，都不好接。有一个是太堵了，压根就过不去，就在二环那边。还有一个就是没接到。然后这个就是这样了。是会影响成单率，不过没事儿，10 个可以取消 4 个，我这是第 15 单了吧，可以取消 5、6 个。是可以取消，但是取消太多就不行了，10 个你最多取消 3 个半，65% 的成单率就行。我去接上他再送？他可能都等不及了。按说一般这么堵，这种路况应该不给派单，现在这个软件有点儿…做得不太好，有时我在高速上它都给我派拼车单。"(D15, 专职 /Uber, 男)

上述情境涉及到较为常见的几类技术不可及的盲区，如：

第一，交通状况的复杂性，如实际路况、特定位置交通规则等，现阶段的定位、导航与自动派单系统并不能做到信息搜集与整合的全面性、即时性，继而可能派发不合适的订单给司机；

第二，乘客群体的个性化、对意外状况的接受度，如面临不顺利接载过程、取消订单可能是最优选择时，并非所有乘客能理解这一状况并主动取消订单，此时只能由司机自行取消；

第三，刷单现象进一步增加了无效订单的发生几率。

"刷单"是伴随网约车平台奖励政策出现的"骗补"现象，又称"扎针"（由网约车客户端地图上的图钉定位而得名），通常是司机或专业刷单客（又称"护士"）为了获得更高的成单奖、金牌司机奖以及其他奖励而采取的机会主义行为，刷单形式多种多样①。但在 Uber 升级算法、完善技术、制定严厉惩罚规定之后，司机主动刷单现象得到了有效遏制，继而变为刷单客通过正常途径下单，然后电话联系司机询问是否愿意刷单，利用在网络购买的低价优惠券或虚假优惠券完成付款，即"被动刷单"，这是司机所无法预知的。司机接单后发现对方有刷单意图一般只能选择自行取消，以避免被平台查出受到惩罚。刷单在司机每日所取消订单中占到相当比例。

此外，还存在第四种造成司机成单率的不可控因素，即技术本身的不可靠与不稳定，涉及平台技术问题与司机设备两方面。前者如自动派单不准确所造成的派单距离过远、派单位置不合适等原因导致乘客取消订单，即前一部分"不可控因素与失灵的技术"所涉及的大部分问题，这种由乘客取消的订单仍然计算在司机的成单率中。后者的例子如：虽无明文规定，司机手机 4G 网络是否稳定会直接影响到司机是否能接到系统所派发的每一笔订单，系统所派发的订单将由系统"记录在案"，并作为计算司机成单率的唯一依据，"漏单"则不在系统的计算范围内。iOS 系统与 Android 系统的区别也有造成漏单的先例②。

"有一周因为这事儿就跟客服吵过，邮件来邮件去，我自己算了明明拉了 22 单，拒了 9 单，25 除以 31 不是还 70% 吗？！结果系统给我算个 55%，说没到成单率没有奖励！客服说只照着系统数据算！你猜咋回事儿？有司机跟我说用移动 4G 就会漏单，我用的就是移动的，后来就改用联通 4G 了。"(D05, 兼职 /Uber, 男)

---

① 刷单方式依具体时段和地点都有各种变化，具体可参看相关报道：Tech.ifeng.com. 2016. Uber *刷单大军：不出车月领 3-5 万补贴，职业刷单月入 10 万* . [online] Available at: http://tech.ifeng. com/a/20150706/41126867_0.shtml [Accessed 20 Apr. 2016]; Chinaz.com. (1970). *Uber 司 机 刷单大揭秘：我如何骗走 Uber 的钱* . [online] Available at: http://www.chinaz.com/news/2015/0630/418035. shtml [Accessed 20 Apr. 2016]; Tech.qq.com. (2016). *我是 Uber 车 z 主，我来说说刷单这件事* . [online] Available at: http://tech.qq.com/a/20160131/009555.htm [Accessed 20 Apr. 2016]

② 来自各论坛司机反馈：http://tieba.baidu.com/p/3886100190(百度贴吧); https://www. zhihu.com/question/27458279(知乎)

情境复杂性也广泛存在于接送载过程中。由如上复杂的情境因素、技术盲区、技术的不可靠所造成的成单率下降也是由司机个人承担。为了避免成单率不达标失去奖励，司机需要通过在原来的基础上增加工作量，即有效订单来"加班"提高成单率、规避风险：情境复杂性在原有既定工作量的基础上导致了"加量"，拼车组合又进一步强化了这一情境复杂性。65%以上的成单率给司机遭遇的意外状况与选择性提供了一定的活动空间，而要达到金牌司机，成单率则需到达75%以上。这对司机劳动提出了更高的要求，"拒"还是"不拒"，"拼"还是"不拼"，司机需要在具体情境中对不同因素作出权衡取舍，司机劳动过程中的不确定性实际是大幅增加了。

三、小结

劳动的根本目的是为了获得劳动报酬，劳动报酬体系对劳动者而言是首要的激励。Uber组织对复杂劳动报酬体系的设计目的在于一方面激励司机承接更多行程，另一方面限制其在时间上（高峰时段）与空间上（短途单）的乘客选择性，提高整体服务质量，通过技术设计与制度设计的结合也确实实现了这两方面目标。但在低劳动成本的前提下实现这一嵌套劳动报酬体系的有效运转，至少两方面要依赖于信息技术的支持：其一是对司机劳动行为的实时监控、获取并储存数据信息，其二是对大批量数据强大的计算和加工能力。

在这一过程中，司机确实拥有随时上下线、自行决定工作时间的权力，但这种权力在司机点击上线、开始劳动、进入劳动过程之后就开始消解了，进入劳动过程的司机同时进入了多重限制的领域，尤其限制其对乘客的选择性、限制其对交易过程的自由裁量权；这些限制已经基于管理目的与规则、经由技术设定妥当，实时记录司机的行为反馈并即时转化为数据，不可复制亦不可更改，以此作出难以辩驳的计算。

较之固定收入，激励与限制相嵌套的的司机报酬体系的两面分别是"灵活"与"复杂"，复杂化带来不确定性。它促使司机依据"有限时间内的最高收益"的原则，在"自由"的工作时间内自我规划劳动时间并固定化，设定可承受的工作量，并采用多种理性策略去增加获取较高经济回报的几率，这是一个在复杂化报酬体系下着力降低劳动回报波动性和不可预测性、增加自身对劳动回报掌控力的过程。

而当受复杂情境因素影响的成单率加入之后，这一过程就变得更为不确定，表现在司机较难对自身劳动报酬进行相对准确的预估与自我规划，拼车产品设计进一步加剧了劳动过程的复杂性，而现阶段的平台技术在忠实记录和计算数据化信息的同时却难以做到有效监控和分析各类劳动现场情境，潜藏于此的责任与风险经由"成单率"这一制度设计再次转移到了司机身上，劳动回报与劳动过程的不确定性进一步增加，而司机对这两者的掌控力则相应降低了。

第七章　"互评"但不"平等"：双向评分系统与交易权力的转移

一、双向评分系统的设计：前提之二

在行程结束、乘客抵达目的地之后，Uber 打车交易过程并未完全结束，在司机点击"结束行程"之后，平台系统就会自动向司机与乘客双方发出对对方作出评价的消息，双方完成互评后，这次交易才算完成。Uber 司机与乘客的互评规则为星级评分，出于快速交易的考虑基本不涉及质性评价内容，从低至高分别为 1 至 5 星，没有半星，给出评价之后一段时间（如两小时后）系统将自动更新司机或乘客的评分；互评均为匿名，互评双方并不能看到给出评价的具体对象。如上所述，Uber 司机每周的评分须达到 4.8 分以上才能获得当周奖励。计算方式为司机所完成的最近 500 次行程的评分均值。

那么 4.8 分对于司机具体究竟意味着什么呢？

假设一名司机完成 5 单，评分分别为 5 星、5 星、5 星、5 星、1 星，他的总评分为 (5+5+5+5+1)/5=4.2.

司机需要再完成 15 单 5 星行程才能使总评分回到 4.8，由此可见极端值 1 星对于整体评分的显著影响；且完成单数越多，极端值的影响就越小。鉴于 Uber 司机收入计算规则为次日凌晨 4 点计算当日日收入、但以周为单位结算全周收入，因而司机要在每天凌晨 4 点以前、以及每周一凌晨 4 点之前保证评分在 4.8 以上，主要有两种方法：第一是尽量避免低星评价的出现；第二则是在低星评价出现之后，通过增加高星评价订单数"消化"掉低于 4.8 的评分。

乘客评分虽然也采用相同的计算方式，但同样的 4.8 分对于乘客与对于司机的意义却不同。对于评分较低的司机，会自动损失掉奖励；但司机如被派到单评分较低乘客的订单，虽然可以选择拒绝，但其成单率会受到影响。因而这一评分系统虽是双向，但评价权力则是乘客大于司机，以往出租车出行中司机的不合理行为在很大程度上得到了控制。为了获得满分评价、避免经济损失，司机对整个交易过程中乘客的满意度更为重视，增加以往所缺少的"附加服务"等。使用 Uber 打车对于司机和乘客双方而言都不仅仅是一个从出发地到目的地的单纯载客过程。

二、服务的新重点：无"沟通"不"服务"？

共同出行是 Uber 早期推行并宣传的理念，即创造一种和谐友好的出行氛围，这也是直接针对传统出租车业恶劣服务态度的改良举动，至今仍是吸引诸多乘客的重要因素。为了拉近与乘客的距离、创造这样一种车内氛围，"聊天"成为 Uber 出行自然而然的一个环节、成为评价一名司机是否"服务态度好"的可操作化标杆。虽然不同乘客偏好和需求有异，并非每位乘客都青睐一路攀谈，但不可否认良好的沟通在打车服务过程中的地位有了显著提升；虽然不同司机性格和情绪有异，并非每位司机都擅长与人攀谈，但出于对评分的考量，沟通的主动程度多少会有所提升。这种沟通服务自然是建立在乘客有需求的基础上的，有司机也会尽力避免"不招乘客待见"的不良沟通，以防造成反作用，如 D14 所言"我一般就不主动说话，他想聊我才聊，要不说错话照样给你差评"。良性沟通对于司机本人也是愉悦的工作体验，有助于提高其工作满意度。

"我不是很喜欢跟司机聊天的类型，我在车上是要休息的，看书或者准备一下接下来的工作什么的，聊天⋯除非确实没什么事儿心情特别好可能会。司机不讲话很少，大部分都会讲话。一般他要是老说你就不接，他也就不说了，然后就到目的地了。但其实你要是不理他的话，对他来说也不是一个比较好的反馈，所以如果他跟我说话我还是会回应。"(P4, 男)

"您这几袋东西好拿吗？不行我帮您放后座去。⋯⋯（略）其他人我不知道啊，但是像我一般会比较健谈，很能聊，一般都是五星。⋯⋯（略）您慢点儿不着急啊，慢点儿，麻烦给评个五星谢谢你了。"(D11, 兼职/Uber, 男)

三、打车空间的私密性与司机的平台选择性

1. 交易过程中的纠纷案例

就本次访谈所反映的情况而言，虽然上述关系模式是主流，但不可避免会有纠纷情况发生并获得低星评价。经整理受访司机因纠纷而收获低星评价遭遇投诉的案例，可归纳出如下几种成因：

第一，就司机方责任而言，主要涉及接载所导致的纠纷，如接载时间过长、接载沟通不良等；以及送载所导致的纠纷，如司机不识路、未能送达目的地、送载沟通不良等。

第二，就乘客方归因而言，则个性化程度更强，例如：个人评价标准不一（个人评价标准过高会导致乘客极少给出5星评价）、不知情（不了解5星对于司机工作的意义，或以为1星为高评，多发于新注册用户）等非刻意因素以及乘客方的责任。

一般情况下，如果遇到难以解决的纠纷，司机和乘客可以诉诸仲裁机制，即向平台客服申诉这一解决方案。但由于打车空间的私密性，平台不能对司机与乘客的实际交流过程进行监控，缺少事实依据，司机与乘客各执一词，平台在作出公正仲裁方面也十分局限。这也是打车交易的传统难题。

2. 比较之一：为什么不选择滴滴？

"滴滴快车"是"人民优步＋"在中国本土的同类产品，自 2014 年起两者在中国市场便处于争取市场份额的竞争状态。受访司机中有相当比例曾经是或者现在仍使用两个平台司机端，17 位受访 Uber 司机中，D04、D09、D10、D15、D17 明确表示曾经有过从事滴滴快车司机（以下统称"滴滴司机"）的经历，D07、D11、D14 则是经由跑滴滴的朋友或同事而对滴滴有一定了解，但最后都选择将时间主要投入到 Uber 上，而受访的 5 位滴滴司机中有过 Uber 司机经历的司机 D18、D19、D21、D22 从未对 Uber 乘客有所抱怨。他们不选择滴滴而选择 Uber 的首要原因可整理为如下几类：

(1) 滴滴奖励力度低于 Uber，"不挣钱"（3 人）；

(2) 滴滴奖励政策不如 Uber 明晰，"玩文字游戏"，"花招特别多"，"老骗人"（2 人）；

(3) 滴滴门槛与乘客素质低于 Uber，"乘客难缠"（4 人）；

(4) 滴滴客服解决纠纷偏向乘客（3 人）；

(5) 滴滴技术问题（1 人）。

对于乘客素质问题原因的解释来自于司机本人载客体验，具有较强的主观性和随机性，可供参考①。但上述五条首要原因中第(3)(4)项均涉及 Uber 与滴滴都具有的双向评分机制与纠纷解决机制，在一定程度上反映出相对平等、相互尊重的工作环境和劳动过程对司机的重要性。

四、小结

根据交易成本学派观点，在没有重复交易经历作参考的情况下，非专用性的偶然交易需要参照其他购买者的正式或非正式经历评价来

---

① 对于滴滴乘客素质低于 Uber 乘客素质的原因，司机个人有两种解释：Uber 乘客年轻化，受教育程度高，白领消费群体多；滴滴乘客注册和使用过程相对简单，无须下载 app，可通过微信叫车、微信支付，适用群体更广；Uber 的注册和使用过程相对复杂和西方化，需要绑定支付宝、网银和信用卡，乘客需要有一定的文化水平。

获得信任激励 (Williamson, 1979)；非机会主义行为所产生的声望有助于树立可信度并降低交易成本 (Hill, 1990)。双向匿名评价机制就是对这一思路的践行，早在 Uber 之前就在 O2O、C2C、B2C 等电子商务领域得到广泛应用，用以在虚拟的网络环境中建立可视化的交易双方声誉、促进交易信任，国内淘宝网、京东商城、当当网都是应用典型。Uber 司机与乘客间的互评同样具有上述普遍性意图，但与实物商品交易不同，在打车交易中时间是最首要的成本之一，乘客不可能对所有潜在服务提供方的声誉评分进行比较后再作出选择：对于乘客而言，没有渠道获知服务方信息与没有时间筛选服务方有用信息都是类似的信息不对称结果。打车需求的提出与匹配在网约车系统下几乎是瞬时完成的步骤，这也正是其对于乘客的便捷性所在。因而 Uber 司机累计评分的声誉意义并不明显，关键意义在于以技术系统的"自动筛选"指令、取代这一时间成本巨大的乘客"手动筛选"过程，主要是通过将量化评分标准与服务提供方的经济回报直接关联、将不符合评分底线的司机直接从奖励体系中"淘汰"这一方式来实现。继而传统打车交易中乘客在服务质量上的信息不对称在很大程度上得以解决。

按照这一设计，司机与乘客的相互评价其实并不对等，传统出租车交易中服务方在传统打车过程中的自由裁量权在很大程度上受到了硬性限制，主导权反而向被服务方转移——因为他们拥有直接影响服务方经济收入的权力，只需付出较低的成本与义务——传统交易关系权力结构被重新塑造了。交易过程中权力的转移对司机的服务内容增加了新的情感服务要求，司机为了获得满分好评在发生纠纷时通常选择迁就乘客，这与传统出租车交易中司机的不合理服务态度与行为形成鲜明对比。Uber 司机对良性沟通及积极反馈的强烈期待无疑是权力反转的最佳证明，这种期待心理在传统出租车司机中极少出现。平台主流乘客群体特征（是否容易相处、是否通情达理）很可能是司机在网约车平台之间进行选择的重要原因，但这一结论的证实仍需可靠的数据支持。

第八章 "组织独醒而我不知情"：平衡不对称信息与组织的"信息权力"

在上述两章中，技术控制功能的发挥可以说都是通过与组织制度设计、主要是与直接经济激励相结合这一途径来限制司机在劳动过程中的主导权，而本章着重论述的第三方面则是通过单纯的司机端与乘客端技术功能设计来达到使司机"无法选择"而乘客"可以选择"的目标。这一点如果对"人民优步+"与"滴滴快车"进行反向比较还可以看得更为清晰。

一、交易信息公开

传统打车交易中被服务方所难以获取的服务方信息，包括车辆数量与分布、车况、价格与服务态度等，在 Uber 网约车模式中均经由乘客端在提出乘车需求之前或之后传输到乘客。在乘客提出乘车需求之前，可通过乘客端界面获知附近可提供服务的车辆数量、相对距离、接载时间以及由系统估算的价格[①]，从而决定是否在此时此地发出订单；而在提出乘车需求、获取自动匹配之后，则可以了解提供服务的司机的相关信息，如车型、评分、司机图像信息、接载车辆实时距离以及剩余等待时间等，从而可以根据自身情况决定是否继续等待；且由于行程结束后的系统自动扣款设置，司机私自提价的行为也相对失去了用武之地。相应的，乘客的部分个人信息也经由司机端传输到司机。约 2016 年 3 月之前，交易双方的手机号码在交易过程中也是公开的，但在此之后，双方间所有手机通信过程均由 Uber 后台转接，不在对方手机与客户端显示，以避免私人信息泄露与骚扰。因而传统

[①] Uber 所计算的是乘客最终所应付价格，是将基础车费、高峰溢价、优惠折扣等多方面因素纳入的计算结果，乘客若选择单独乘坐，所提供的是系统估价，与人拼车则提供固定定价，通常情况下与最终结算价格差别很小。

打车交易中的信息不对称现象通过适度的信息公开在很大程度上得以平衡和缓解。

二、比较之二：为什么不选择Uber?

1. 看到目的地的重要性：获取危险信号

滴滴司机并非此次重点访谈对象，但受访的 5 名滴滴司机中，针对"'人民优步 +'司机奖励标准均高于'滴滴快车'相应标准，却仍选择从事滴滴快车司机"这一问题，5 名司机均给出了相同的理由，其一是"优步看不到目的地"。

司机对行驶目的地相当关切的原因之一在于国内网约车平台当前所面临的合法性危机。"人民优步 +"与"滴滴快车"自上线以来就面临私家车非法营运等法律争议。2015 年 1 月 1 日正式实施的《出租汽车经营服务管理规定（中华人民共和国交通运输部令 2014 年第 16 号）》规定，约租车必须具备两个条件：第一，司机必须取得从业资格证，允许从事客运服务；第二，车辆必须取得运输许可证，允许从事运营活动。Uber 将对自身的定位为"科技平台组织"而非汽车租赁公司、"叫车工具"而非"交通承运人"（详见注释 [1]），在一定程度上规避了上述法规，但不可否认的是其实际运营活动的争议性，目前在中国以及世界其他许多国家都处于法律灰色地带。在北京地区，除组织与政府间的沟通与博弈之外，司机在日常运输中则面临被交通运输管理人员"抓包"罚重款的风险，高危目的地集中在机场与火车站，截止 2016 年 4 月罚款金额在 8000 至 20000 元之间。进入 2016年后，虽然 Uber 与滴滴公司都承诺为司机提供足额罚款"报销"，但在理性衡量返偿的非即时性与所需承担的巨大经济风险之后，司机仍不愿意承担如此风险。

关切原因之二在于司机对规划每日"最后一单"即返程路线的需求。比如一名司机晚间工作至 11 点，打算完成最后一单后回家休息，那么自然更倾向于接到与返家路线相近的订单，而非相反方向的远距离订单，否则返家过程极有可能是耗油、耗时且空驶的状态。

上述两类关切都是继前文高质量订单选择性后，司机对订单的又一选择倾向，即目的地选择性。而是否能够在接单之前看到乘客目的地，则是"人民优步＋"与"滴滴快车"的司机端设计的主要区别之一：后者在接单之前能够看到目的地，司机有机会在系统自动派给订单后是否拒绝高危订单——这一信息对于担心被抓被罚的网约车平台司机而言是非常有益的危险提示信号——以及不合适的返程订单；前者则是在司机接到系统自动派给订单、顺利接到乘客上车、点击"开始行程"之后，才会显示乘客在下单时输入的目的地，目的就是在于避免司机对乘客的目的地选择性，但相应会增加司机的合法性风险。

　　"滴滴能看到你目的地呀，像你这一单要去西站，（用滴滴）响半天都没人接你，你响吧，最起码下三回不一定有人接你。优步挑不了，等你上来了，我一划才知道你去哪儿。"(D14, 专职/Uber, 男)

　　在无法提前看到目的地的情况下，Uber司机也有一些应对之策，例如：在接下订单之后电话联系乘客询问目的地、寻求乘客的配合、保管好手机以及送达后迅速驶离高危地区。
　　2. 知晓每天成单率的重要性：把握实时动态
　　司机选择滴滴的理由之二是"优步无法看到当天成单率"，因而不能及时把握关乎每周最终奖励的成单率变化情况，加之前文所提到的、可能影响成单率的多种不可控因素（如因网络不畅、设备状态不佳引起的"漏单"），在每周周结之前确认自身成单率达到65％这一基础标准便显得尤为重要。"人民优步＋"与"滴滴快车"司机端设计区别之二便在于：后者能够通过司机端获知当天成单率，确认是否达到标准、是否需要补单；前者则没有这一设置，是在每周一周结时才能知道由后台系统所计算的本周成单率，要把握每天成单率，司机只能自行记忆和计算。但"漏单"等技术问题司机往往难以获知，这样就存在司机自行计算与系统最终计算结果不一致的几率，可能因此导致司机当周奖励因成单率不达标而付诸东流。

　　"怎么都是优步高点儿啊，反正也不能太高，太高滴滴就该'打架'了。但是优步乘客取消单子多了就看不见成交率（接单率），每周给你一平均，平均够了就给奖，平均不够就什么都没有。滴滴就是当天，拉多少乘客付了钱没有，都看见了，但是优步奖多少钱，根本看不见，得到每个周周二才能看见。（每天看不看得见）不是重要不重要的事儿，但是这个分…成交率看不见啊，一个礼拜都看不见，取消单子（的数量）万一忘了，除非自个儿记得清点儿。这个不是说给多少钱的事儿，只是万一这一个礼拜分不够了、成交率不够了，就不是几百块钱的事儿了。"(D18, 兼职／滴滴，男)

对在一个较长的周期内把握成单率变动情况的需求反映了司机对于掌控存在变数的劳动回报与劳动过程的需求。组织经由信息技术系统掌握了这一信息，但有权选择是否将这一动态信息呈现给劳动者。

三、隔离冲突与反抗的"技术屏障"

至此为止的大部分讨论，都是集中于组织如何通过技术设计实现对临时性劳动力的控制，也涉及到多种由情境性或技术性因素所导致的争执与冲突情境，包括组织与劳动者之间的、服务者与被服务者之间的（暂不涉及组织与消费者之间的冲突）。承担协调、仲裁与解决诸类冲突的则是平台的后台客服。目前司机联系 Uber 平台客服的方式按即时程度从低至高分别为邮件、司机端在线客服、电话。解决问题的效果有褒有贬，个人主观性较强且各执一词，因而在此暂不做评判。本文在此所要提出的观点是，较之传统组织内劳动者同管理者、同资本与资本代理者之间的面对面接触和谈判机会以及现有众多固定工作场所中的雇佣劳动者反抗行为研究，这三种以信息媒介为中介的、意在提高沟通与解决问题效率的联系方式实际有在组织与劳动者之间建立冲突与反抗的"缓冲带"、建立隔离不满与愤懑的"技术屏障"的潜在效用。

2016 年 4 月 15 日及前后北京地区发生了 Uber 与滴滴司机抗议奖励大幅下调的罢工事件（2016 年 4 月奖励相比于同年 1 月下降了超过

50%）[1]，罢工方式是通过司机群倡议司机当天不上线以及在当天通过平台叫车、随后取消以"干扰"或"警示"仍在工作的平台司机，就最终结果而言，奖励政策并没有变化。

因而当前司机对抗组织的有效形式基本是"下线"，即退出。以沟通协调为目的信息媒介及司机的单一对抗形式强调的则是一种"尽量提供满意服务，若不满意可选择退出"的平台与用户之间的服务关系，而非可协商的管理者与劳动者之间的劳动关系。

四、小结：组织对信息权力的掌控

讨论至此我们不难发现，组织能够对劳动过程中的劳动者进行控制，使其提供更为符合被服务方期待的服务性劳动的根源在于组织对"信息权力"的垄断。马克斯·韦伯对"权力"的基本定义是"行动者在一个社会关系中，可以排除抗拒以贯彻其意志的机会，而不论这种机会的基础是什么"（韦伯，2004，71-72）。在本案例中，网约车平台组织的这种机会基础便来自于两方面：一方面是基于金融资本而形成的经济权力；另一方面就是基于技术独占性而获得的信息权力。后者是本研究的侧重点。

在经济学中，"信息权力"多是指交易某方因拥有更多信息而处于交易优势地位，接近于一种知识生产权与掌控权；而在社会学中则多用于指代由互联网所催生的公众舆论监督力量，更类似于一种话语权。基于此，本案例中科技组织"信息权力"更应被认为是经济学意义上的，是一种组织基于优势技术的独占而拥有的信息生产权和掌控权，可以从如下两个层面进行认识：

第一，收集、传输、记录、储存交易过程中的信息，以及进行加工和利用的能力；

第二，决定选择传输哪些信息，并对这一流程进行设计的能力。

科技组织运用上述能力的前提是在这一劳动过程和交易过程开始

---

① 参见相关报道：Tech.qq.com. (2016). *昨日滴滴 Uber 司机联合罢工* . [online] Available at: http://tech.qq.com/a/20160131/009555.htm [Accessed 20 Apr. 2016].

之前获得作为信息生产者的个体许可，提供这一许可则是个体获得必需的技术服务的前提，这一点从如下 Uber《驾驶员隐私声明》(2015 年 7 月 15 日更新)(Uber Legal, 2016) 可得到证明。

信息的收集

您向我们提供的信息

我们收集您直接向我们提供的信息，如在您创建、修改或登录您的账户、向我们申请支持、同意背景调查、提交您的驾照、提交关于您车辆或保险的信息，或以其他方式与我们沟通时提供的信息。该信息可能包括：姓名、电子邮件、电话号码、邮政地址、个人资料照片、付款信息、车辆登记信息、保险信息、驾照信息和您可能选择提供的其他信息。

我们通过您使用我们的有关服务收集的信息

当您使用我们的有关服务时，我们收集关于您的以下一般类别信息：

● **位置信息**：作为通过 Uber 平台向用户提供运载、交付或其他服务的条件，您必须通过您使用的应用程序向 Uber 提供您的精确位置数据。一旦 Uber 应用程序获准通过您的移动操作系统（"平台"）使用的权限系统访问定位服务，我们将于应用程序在前台或后台运行时收集您设备的精确位置。我们亦可以通过您的 IP 地址了解您的大概位置。

● **联系信息**：如果您允许 Uber 应用程序通过您的平台使用的权限系统访问您设备上的地址簿，我们可以访问并储存您地址簿中的姓名和联系信息，以通过我们的有关服务促进社交互动，并用于本声明描述的或在同意或收集时描述的其他目的。

● **交易信息**：我们收集与您通过我们的平台提供的运载（或其他）服务相关的交易详情，包括所提供服务的类型、提供服务的日期和时间、收取的金额、行驶距离和其他相关交易详情。此外，如果有人使用您的促销码，我们可能将您的姓名与此人联系起来。

● **使用和偏好信息**：我们收集与您和网站访问者如何使用我们

的有关服务、所表达的偏好和所选设置有关的信息。在某些情况下，我们通过使用创建和维护唯一标识符的 cookie、像素标签和类似设备识别技术实现以上目的。如需了解关于这些技术的更多信息，请参见我们的 Cookie 声明。

● 设备信息：我们可以收集关于您移动设备（无论是您自己的设备还是我们提供给您的设备）的信息，包括例如，硬件型号、操作系统和版本、软件和文件名和不同的版本、首选语言、唯一设备标识符、广告标识符、序列号、设备移动信息和移动网络信息。

● 呼叫和短信数据：我们的有关服务促进用户与驾驶员之间的沟通。就促进这项服务而言，我们接收呼叫数据，包括呼叫或短信息的日期和时间、双方电话号码和短信息内容。

● 日志信息：当您使用有关服务时，我们会收集服务器日志，其中可能包括设备 IP 地址、访问日期和时间、所查看的应用程序功能或页面、应用程序故障和其他系统活动、浏览器类型，以及在使用我们的有关服务前您曾使用的第三方网站或服务等信息。

信息的使用

我们可将所收集的关于您的信息用于：

● 提供、维护和改善我们的有关服务，包括例如，促进付款、发送收据、提供产品和服务（及发送相关信息）、开发新功能、向用户和驾驶员提供客户支持、开发安全功能、验证用户、发送产品更新和管理消息；

● 执行内部运营，包括例如，防止欺诈和滥用我们的有关服务；解决软件错误和操作问题；进行数据分析、测试和研究；并监控和分析使用和活动趋势；

● (i) 发送或促进您与用户（例如，乘客）之间的通讯，如预计抵达时间 (ETA)；或 (ii) 按照您的指示，就您对特定功能（如引荐）的使用，发送或促进您与您的联系人之间的通讯。

● 在获得许可的情况下，根据当地适用法律向您发送我们认为您将感兴趣的通讯，包括关于 Uber 和其他公司产品、服务、促销、新闻和活动的信息；并处理竞赛、抽奖或其他促销条目，及颁发任何相关奖项；

● 个性化和改善有关服务，包括提供或推荐功能、内容、社会关系、引荐和广告。

我们可能将本声明所述信息传输至美国和其他国家，并在这些国家处理和储存上述信息，有些国家的数据保护法的保护力度可能不如您所在的地区。在这种情况下，我们将采取适当措施，根据本声明保护您的个人信息。

而劳动者个人的能力范围为：熟练使用个人移动客户端的技术设计与功能、熟悉针对自身的管理规则并对工作时间进行理性规划。但在组织获得如上多维"信息权力"的同时，劳动者的角色则是提供大量信息中的单个个体，对整体的技术与管理体系基本无知识、进而无影响力，在很大程度上遵循这一系列设计与安排。以 Uber 为代表的网约车平台是一个个案，甚至还存在较大的特殊性和发展的不确定性，但这样一种科技组织或互联网企业与个体间的"信息（权力）不对称"的局面在信息技术普及的今天互联网诸多领域都有不同程度的表现，不仅存在于与劳动者的关系中，也存在于与消费者的关系中。

第九章　结论：技术型塑下的劳动关系变化

科技革命每一阶段主流技术的特质更替都带来了工作场所中社会关系的相应变革，组织制度的再设计是实现这些变革的必由之路。期间主流技术所适应的产业领域、所控制的劳动力类型也愈加广泛，表现之一为从生产性劳动力向非生产性劳动力的拓展。而近期的发展则表现在，互联网与移动通信技术的网络化、即时性特质已被适用于对特定社会剩余劳动力，以及无差别劳动者剩余劳动时间的控制。

一、服务双方的交易权力反转

研究所回应的基本问题是组织或资本是如何将劳动力转化为有用劳动的，这也是劳动过程理论中的经典问题。本研究所给出的解释是，组织通过对技术设计及相应制度的设计改变了传统接送载劳动过程中的服务双方之间的交易权力对比，进而实现对服务方的控制。

本案例的特殊性在于 Uber 司机的劳动过程是技术本身特质、劳动力本身特质、制度结构（商业模式）与行业特征之间相互寻求适应并融合的结果，因而研究的核心问题是技术是如何将具有临时性特征的劳动力转化为让人满意的服务性劳动，即信息技术是通过何种途径与机制作用于这一临时性劳动力的劳动过程的。劳动力的"临时性"一方面表达的是劳动者本身非专业、要求工作与闲暇自主性的特征和要求，而另一方面则意味着组织边界的模糊化、传统组织内部科层控制效力的减弱——科层控制在 Uber 的案例中几乎不存在。科技组织对临时性劳动力的技术控制主要是经由两种途径实施：基于信息技术本身特质设计和运行复杂化的经济激励体系，以及对交易信息的直接控制。具体表现为如下三类机制：

(1) 以传输、收集、记录数据信息的实时监控系统使工作流程透明化，加之以复杂计算的功能，共同使嵌套的劳动报酬体系得以在低劳动成本投入的前提下实现；复杂化的劳动报酬体系、成单率以及拼车产品共同限制了司机对乘客的选择性，增加了劳动过程中的不确定性，从而降低了劳动者对劳动报酬与劳动过程的掌控力。

(2) 建立起司机与乘客之间的信息沟通反馈渠道，即双向评分机制，一方面实现了对司机服务质量、双方服务关系的监控，另一方面通过将司机评分与劳动报酬直接关联的方式"自动筛选"出合格的服务方，限制了司机对交易过程的自由裁量权；这一机制改变了传统出租车司机占主导的打车交易权力结构，促使交易权力向乘客转移。

(3) 通过单纯的移动终端功能设计有选择性地向服务方与被服务方传输交易信息、保留某些关键信息，平衡传统交易中的不对称信息，造成司机与乘客/平台间新的信息不对称，降低司机对交易过程的掌控力，从而达到降低服务方对被服务方选择性的目的。

上述整个对劳动与交易过程的有效设计与顺利操作得以实现的根源在于：科技组织掌握了普通劳动者与交易个体所无法掌握的"信息权力"，拥有自主获取并储存大量个体信息，并有选择地进行利用和设计的"许可"与"能力"，形成科技组织与个体用户间新的信息不对称：这些信息既包括服务双方的人口学特征，还包括交易流程、地理位置、行驶路线、社交关系、劳动与消费偏好、资金账户、通信内容、软硬件、日志等由移动设备所反映的充足个性化信息。"许可"作为个体用户使用平台功能与设计的前提，在登录该项应用之初就已从个体处获得，而"能力"则建立在科技组织的物质与技术实力之上，即相比于个体所具有的技术独占性。不止于福柯"圆形监狱"所比喻一对多监控功能，在信息大范围共享与移动通信技术普及的互联网时代，拥有"信息权力"的个体、组织或国家都有可能通过设计多元形态的网络化信息结构及速率来影响个体行为与互动方式，从而达到相应的目的。在 Uber 的案例中，这一目的就在于平衡传统打车服务交易中的权力不平等现象、控制掌握主导权的服务方的机会主义行为。

二、组织-劳动者关系的轻便化

以往信息技术对非生产劳动过程的控制集中于组织内工作任务流程化以及"人对人"的监控职能上，而本案例中劳动者从匹配任务、执行步骤、获得反馈、计算报酬、自我反馈直至解决纠纷的每一环节都必须且仅需与机器界面交流。科技组织专注至技术细节以减少劳动者与组织间的人际交流，以发挥隔离冲突的"屏障"作用。此外，另一非常细致的趋势则是力求在技术系统中穷尽各类情境性因素，如意外、纠纷、投诉等——对这些曾经出现过的状况在移动客户端中作层层细分并随时更新，使得劳动者和消费者在遭遇任何一类情况时尽可能通过客户端选择情境类型、输入所遭遇问题，然后等待组织反馈，进而减少与人工客服的直接人际沟通必要。精细而严格的技术控制设计与淡化科层特征的制度设计不仅仅通过改变交易权力对比控制了劳动者行为、实现了交易关系的变革，还隐含了劳动者与组织间关系的简化和疏离，这种疏离在最初是符合临时性劳动者的需求的，代表着灵活、自由、责任轻、为自己而工作，但同时也成为科技组织在此后一个较长时期内脱离复杂责任、将劳动过程中的诸多情境性风险转移由劳动者承担的路径，科技组织的责任轻便化到仅需要不断更新直接面对劳动者的技术与设备，同时掌握对整个劳动过程的设计权，算法指令的易于修改的特征在很大程度上便利了这一点。这种轻便化的责任与能力都使得组织能以科技组织、而非劳动组织的身份，吸引更多金融资本的加入。这种责任轻便化的技术疏离策略尤其适用于劳动双方权利、义务、相互期待本身就具有"流动性"的劳动关系。

因而在"组织（管理者）—服务者（劳动者）—被服务者—组织"的三角劳动关系中，显性层面上，信息技术致力于平衡服务方与被服务方之间的交易权力对比并卓有成效，而在隐性层面上，它还作用于重塑组织与劳动者之间的关系，具有合理化组织"协调者"身份、合理化具有轻便责任的"平台-用户"经济交易关系、淡化负荷更重的劳动关系的潜在功能，更有助于将尚具有较强不确定性的网约车交易过程中的潜藏风险向劳动者转移，而事实上组织的实际权力与行为均远甚于单纯的"协调者"。

三、研究局限与现实意义：谨慎推论的必要

Uber对劳动者的技术设计与控制的案例具有一定的特殊性，来自于其所需满足需求的刚性特征、交易过程的单次博弈特征、社会可用于满足需求的大量剩余劳动力的存在，以及用以满足需求的物质资源的私人性——这是一个传统产业、劳动力市场现实，与信息技术、按需经济商业模式相碰撞的背景。这一个案模式不仅其本身所涉及的政策、法律、市场、技术、组织等关键性因素尚处于发展之中，而且可能因具体产业领域、地域、国情发生变异。但可窥见的一种重要趋势是，"信息权力"与金融资本的结合正在以远超出传统理论复杂度的机制对普通个体劳动状态与休验发挥有力影响，且可能还有更多；这一影响力与按需经济及其他新模式的结合正在世界范围内被检验，

中国也不例外。希望对此类技术与商业模式同中国社会现实层面的接触、互动及反馈进行冷静而有事实依据的观察和分析也是本研究的出发点之一，要区别于未来学单纯鼓舞人心式的商业分析与宏图展望。事实上作为一种尝试，本研究在各方面都与自我期望相距尚远。如上文的趋势与前景固然叵测，但社会科学研究者同技术开发者和实践者有一点是相似的，即并不会轻易否认任何一种未成未败乃至已成已败的事物的潜在可能性或存在意义。

参考文献

布雷弗曼 . (1978). 劳动与垄断资本：二十世纪中劳动的退化 . 方生，朱基俊，等，译 . 北京：商务印书馆 .

布若威 . (2008). 制造同意：垄断资本主义劳动过程的变迁 . 李荣荣，译 . 北京：商务印书馆 .

滴滴 & 优步中国司机服务站 . (2016). 北京 Uber 优步司机奖励政策（4 月 25 日）– 滴滴 & 优步 . [online] Available at: http://didi-uber.com/archives/65. html [Accessed 2 May 2016].

滴滴 & 优步中国司机服务站 . (2016). 北京 Uber 优步司机奖励政策（4 月 30 日）– 滴滴 & 优步 . [online] Available at: http://didi-uber.com/archives/119. html [Accessed 2 May 2016].

福柯 . (2007). 规训与惩罚 . 刘北成、杨远缨，译 . 北京：生活•读书•新知三联书店 .

环球网 . (2016). 争议多又怎样 Uber 全球司机累计已超 100 万 _ 科技 _ 环球网 . [online] Available at: http://tech.huanqiu.com/original/2015-06/6607620.html [Accessed 15 Apr. 2016]，

黄荣怀 . (2002). 信息技术与教育 . 北京师范大学出版社 .

卡斯特 . (2000). 网络社会的崛起 . 夏铸九、王志弘等译 . 北京：社会科学文献出版社 .

李寒 . (2012). 出租车经营权数量管制问题研究 . 荣朝和等主编 . 出租车业的竞争、契约与组织 , 8, 299—350.

李俊峰 . (2016). APP 对出租车市场竞争政策的挑战与重塑 . 上海财经大学学报，

18(2), 91—103.

李艳梅, 杨涛. (2008). 北京市出租车市场管制模式的福利分析. 北京交通大学学报（社会科学版）, 7(3), 36—42.

马克思. (1953). 资本论（第一卷）. 中共中央马恩列斯著作编译局, 译. 北京：人民出版社.

马克思. (2002). 1844 年经济学哲学手稿. 北京：人民出版社.

荣朝和, 孙光, 帅晓姗, 李寒. (2012). 出租车业的竞争、契约与组织. 北京：经济科学出版社.

王冬梅. (2010). 信息权力：型塑社会秩序的重要力量. 天津社会科学, 第 4 期.

韦伯. (2004). 社会学的基本概念. 康乐、简惠美, 译. 广西师范大学出版社.

Ackerman, M. S. (1998). Augmenting organizational memory: A field study of Answer Garden. ACM Transactions on Information System, 16(3), 203-224.

Akerlof, G. (1970). The Market for Lemons: Quality Uncertainty and the Market Mechanism. Quarterly Journal of Economics, 89, 488-500.

Bain, P., & Taylor, P. (2000). Entrapped by the 'Electronic Panopticon' ? Worker resistance in the call centre'. New Technology, Work and Employment, 15, 1, 2-18.

Ball, K., & Wilson, D. (2000). Power, control, and computer based performance monitoring. Organization Studies, 21, 538-566.

Barker, K., & Christensen, K. (eds). (1998). Contingent work: American employment relations in transition. Ithaca and London: Cornell University Press.

Bellotti, V., & Edwards, K. (2001). Intelligibility and accountability: human considerations in context-aware systems. Human–Computer Interaction,16(2-4), 193-212.

Benenson Strategy Group. (2015). Uber: The Driver Roadmap. [online] Available at: http://www.bsgco.com/insights/uber-the-driver-roadmap [Accessed 1 Jan. 2016].

Blauner, R. (1967). Alienation and Freedom: The Factory Worker and His Industry. CHICAGO&LONDON: THE UNIVERSITY OF CHICAGO PRESS.

Callaghan, G., & Thompson, P. (2002). Edwards revisited: technical control and call centres. Economic and Industrial Democracy, 22(1): 13-37.

Cramer, H., Evers, V., Ramlal, S., Van Someren, M., Rutledge, L., Stash, N.,··· & Wielinga, B. (2008). The effects of transparency on trust in and acceptance of a content-based art recommender. User Modeling and User-Adapted Interaction, 18(5), 455-496.

Dourish, P. (2003). The appropriation of interactive technologies: Some lessons from placeless documents. Computer Supported Cooperative Work (CSCW), 12(4), 465-490.

Edwards, R. C. (1979). Contested terrain: The transformation of workplace in the twentieth century. BasicBooks, A member of the Perseus Books Group.

Egido, C. (1988). Video conferencing as a technology to support group work: A review of its failures. In Proceedings of CSCW ' 88, 13-24.

Fernie, S., & Metcalf, David. (1998). (Not) Hanging on the telephone: Payment systems in the new sweatshops. Center for Economic Performance, London School of Economics.

Frenken, K., Meelen, T., Arets, M. and Glind, P. (2015). Smarter regulation for the sharing economy. [online] the Guardian. Available at: https://www. theguardian.com/science/political-science/2015/may/20/smarter-regulation-for-the-sharing-economy [Accessed 20 Apr. 2016].

Girardin, F., & Blat, J. (2010). The co-evolution of taxi drivers and their in-car navigation systems. Pervasive and Mobile Computing, 6(4), 424-434.

Glöss, M., McGregor, M., & Brown, B. (2016). Designing for labour: Uber and the on-demand mobile workforce. In Proceedings of CHI' 16.

Hill, C. W. L. (1990). Cooperation, opportunism, and the invisible hand: Implications for transaction cost theory. Academy of Management Review, 15, 500-513.

Hinds, P., & Kiesler, S. (1995). Communication across boundaries: Work, structure, and use of communication technologies in a large organization. Organization Science, 6(4), 373-393.

Irani, L. (2015). Difference and dependence among digital workers: The case of Amazon Mechanical Turk. South Atlantic Quarterly, 114(1), 225-234.

Isaacs, E., Walendowski, A., Whittaker, S., Schiano, D. J., & Kamm, C. (2002).

The character, functions, and styles of instant messaging in the workplace. In Proceedings of CSCW '02, 11-20.

Jaconi, M. (2014). The 'On-Demand Economy' Is Revolutionizing Consumer Behavior — Here's How. [online] Business Insider. Available at: http://www. businessinsider.com/the-on-demand-economy-2014-7 [Accessed 20 Apr. 2016].

Kittur, A., Nickerson, J. V., Bernstein, M., Gerber, E., Shaw, A., Zimmerman, J., ... & Horton, J. (2013). The future of crowd work. In Proceedings of the 2013 conference on Computer supported cooperative work, 1301-1318.

Lee, M. K., Kusbit, D., Metsky, E., & Dabbish, L. (2015). Working with machines: The impact of algorithmic and data-driven management on human workers. In Proceedings of the 33rd Annual ACM Conference on Human Factors in Computing Systems (pp. 1603-1612). ACM.

Lyon, D. (2001). Surveillance Society. Buckingham, England: Open University Press.

Mulholland, K. (1999). Back to the future: A call centre and new forms of direct control. Paper to 17th International Labour Process Conference, Royal Holloway Course, March.

Orlikowski, W. J. (1992). Learning from notes: Organizational issues in groupware implementation. In Proceedings of CSCW' 92, 362-369.

Rayle, L., Shaheen, S., Chan, N., Dai, D., & Cervero, R. (2014). App-Based, On-Demand Ride Services: Comparing Taxi and Ridesourcing Trips and User Characteristics in San Francisco University of California Transportation Center (UCTC). UCTC-FR-2014-08.

Rothschild, M., & Stiglitz, J. (1976). Equilibrium in competitive insurance markets: An essay on the economics of imperfect information (pp. 355-375). Springer Netherlands.

Sewell, G., & Barker, J. (2006). Coercion versus care: Using irony to make sense of organizational surveillance. Academy of Management Review, 31, 904-961.

Sheridan, T. B., & Parasuraman, R. (2005). Human-automation interaction. Reviews of human factors and ergonomics, 1(1), 89-129.

Spence, M. (1973). Job market signaling. The quarterly journal of Economics,

87(3), 355-374.

Suchman, L. A. (1983). Office procedure as practical action: models of work and system design. ACM Transactions on Information Systems (TOIS), 1(4), 320-328.

Teodoro, R., Ozturk, P., Naaman, M., Mason, W., & Lindqvist, J. (2014). The motivations and experiences of the on-demand mobile workforce. In Proceedings of the 17th ACM conference on Computer supported cooperative work & social computing (pp. 236-247). ACM.

Timmons, S. (2003). A failed Panopticon: Surveillance of nursing practice via new technology. New Technology, Work and Employment, 18, 143-153.

Uber.com.cn. (2016). Legal. [online] Available at: https://www.uber.com.cn/legal/terms/cn/ [Accessed 26 May 2016].

Walker, C. R. (1958). Life in the automatic factory. Harvard Business Review, 36(1), 111-119.

Williamson, O. E. (1979). Transaction Cost Economics: The Governance of Contractual Relations. Journal of Law and Economics, 22, 233-261.

Wittel, A. (2001). Toward a network sociality. Theory, Culture and Society, 18(6), 51-76.

Zuboff, S. (1988). In the age of the smart machine: The future of work and power. New York: Basic Books, INC.

抗争是否发生?

——对二甲苯（PX）项目集体抗争影响因素的定性比较分析

周　航　北京大学社会学系2013级

指导教师　刘　能

导　论

2007年厦门市民反对兴建对二甲苯（通常简称"PX"）化工项目是近年来里程碑式的都市集体行动案例。经过全国政协委员联名提案反对、地方性网络论坛和网络意见领袖的深入参与，大量厦门市民受到动员，在短信等号召手段下，上千名市民上街"散步"。经过半年的沟通和妥协，厦门市政府在当年12月启动座谈会，承认反对PX项目上马的主流民意，并最终宣布迁建漳州。

在当时的媒体看来，厦门反PX抗争的成功具有多重的特殊意义：作为一个抗争案例，参与者成功地举行了大规模的游行，促使政府走向沟通和妥协，并最终达到迁建的目的；作为妥协和沟通的案例，官方在事件中的表现也可圈可点，厦门市政府在较为透明的环评座谈会上认可了市民的反对意见、决定缓建。此外，在"涉稳"群体性事件的报道相对敏感的情况下，厦门市民的游行得到一些市场化报纸和新闻类网站的关注和直接报道，同情和支持意味浓厚；官方口径虽或强调"扰乱秩序"，或对"散步"情况语焉不详，但也都承认规模游行的发生，强调沟通和对话。

《南方周末》认为"如果足够幸运，他们的行动，会帮助中国敲开现代公民社会的大门"，"抗争的勇气无疑是值得赞赏的，而适时的克制和妥协的智慧更值得赞赏，而由此产生的民主议事和决策制度将是最了不起的成果"①。厦门反 PX 抗争的成功结果和游行前后相对宽松的媒体报道，一方面成为公共参与、新社会运动和新媒体动员研究的经典案例，也通过其广泛、持续和有限受控的报道，给处于类似境地的城市居民带来了启发。

仅就情况类似的反 PX 抗争来说，随后几年至少发生了 2008 年成都市反 PX、2011 年大连市反 PX、2012 年宁波市镇海区反 PX、2013年成都市和昆明市反 PX、2014 年茂名市反 PX 和 2015 年上海市金山区反 PX 等 7 次大规模的反 PX 抗争，几乎所有案例都出现了大规模的街头游行，反 PX 浪潮风起云涌。

作为常见的化工原料之一，PX 生产行业面临着巨大的市场需求。早在 2011 年，PX 就出现需求旺盛的趋势。包括央媒在内，许多官方媒体参与了对反 PX 活动的抨击，指责反 PX 运动对 PX 存在严重污名化、有很大非理性因素②。在反 PX 抗争接连发生、城市居民闻"PX"色变的情况下，科普领域和相关行业、专业人士也参与到这一过程中。《人民日报》在茂名反 PX 抗争之后对以清华化工系学生为主的行业相关人士的百度百科词条"保卫战"做出篇幅不小的正面报道，而过去曾在厦门抗争中发挥重要作用的市场化媒体则继续加入质疑行列，认为前述的"科普"和"公关"仅仅能论证 PX 本身并非剧毒、高危产品，PX 生产项目的安全性、项目规划的公开性和合规性仍存有问题③。

尽管有的科普团体和网站试图将 PX 的毒性讨论停留在概念科普

---

① 南方周末 2007 年度人物：厦门人，《南方周末》，2008 年 1 月 2 日

② 如《PX 项目风险有多大》，《人民日报》2011 年 9 月 15 日 4 版；《PX 到底有没有毒？》，《人民日报》2011 年 11 月 28 日 6 版；《PX 到底有多毒？》，《北京科技报》2011 年 8 月 22 日 16 版；《逢 PX 必反体现公众环保焦虑》，《法制日报》2012 年 10 月 30 日 7 版。

③ 《PX，一场特殊的"科学保卫战"》，《人民日报》2014 年 4 月 16 日；《破解 PX 僵局：科普与市场都不能少》，《南方周末》2015 年 3 月 27 日

层面，不赞同把生产过程中的其他危险和环境危害与 PX 本身的毒性混同起来 [①]，但平面和网络媒体上就 PX 项目的对峙已成事实。富于戏剧性的是，2015 年 4 月，在当初厦门抗争中被迫迁建漳州古雷的 PX 工厂发生了严重的爆炸事故，巨型储油罐熊熊燃烧，污染物波及周边的空气和水域，使得旷日持久的 PX 安全性争论令人尴尬地迅速倾斜 [②]。

2015 年 4 月底，国家发改委将新设 PX 项目的审批权下放到省级，广东省进一步将审批权放在市级 [③]。但相应地，9 月底，工信部、环保部联合发布《对二甲苯项目建设规范条件》，限定新建 PX 生产项目选址在专门的化学工业园区 [④]。这样，PX 项目建设的政策空间在审批上更加灵活，在选址上则更为谨慎。

由于大规模 PX 项目的新建和扩张全面遇阻，出现了严重的 PX 供应严重不足问题 [⑤]。就此来说，反 PX 抗争确实阻止了大型 PX 项目的建设，似乎取得了一定的效果。那么，我们是否可以认为厦门反 PX 抗争所开启的一系列 PX 抗争构成了典型的和成功的抗争新模式呢？

"成功"目前看来不大成立。一方面，如批评声音所述，反 PX 抗争中存在放大、夸张危害，逢 PX 必反的趋势，相关化工行业发展和市场的代价可能是长期的，很难说实现了利益调节下的"多赢"；另一方面，虽然部分抗争最终实现了与政府的对话，迫使 PX 项目迁建或停止，但显而易见，迁建和缓建更多地是转嫁（如厦门）或拖

①　游识猷：PX 事故之后，让我们谈谈环境，果壳网 2015 年 4 月 15 日，见 http://www.guokr.com/article/440144/

②　刘琴："PX 项目再度爆炸令国家公关前功尽弃"，中外对话网站 2015 年 8 月 4 日。参见 https://www.chinadialogue.net/blog/7835-Govt-assurances-on-PX-petchem-plants-vapourised-after-latest-explosion/

③　《发改委下放 PX 项目核准权至省级政府》，《中国经营报》2014 年 12 月 1 日；《改扩建 PX 等项目环评下放市级审批》，《南方日报》2015 年 1 月 30 日

④　《两部委联合出台 PX 建设规范》，《中国能源报》2015 年 9 月 28 日 14 版。

⑤　见《PX 发展严重滞后成为短板》，《中国化工报》2015 年 9 月 16 日 1 版；《PX 短板制约产业链发展》，《中国石化报》2015 年 10 月 20 日 5 版。

延问题。在新建 PX 的政策环境有紧有弛的情况下，随着 PX 需求缺口的进一步凸显，地方政府、相关工业的主管和规划部门还会继续新增大型 PX 规划。当然，考虑到选址更加严格，矛盾是否会激化还未可知。

那么"典型"成立吗？这一系列抗争确实具有很强的共性，号召厦门反 PX 游行的短信甚至改头换面在后来的反 PX 抗争中屡屡出现，抗争过程中也普遍出现了市民游行、网络抨击等元素。但是，具体到每一次抗争，烈度、效果和结果实际上大相径庭。抗争过程上来说，有的抗争显然被官方严格地控制了规模和时间[1]，成都的游行最终未能发生；抗争结果上来说，地方政府除了宣称项目尚未开展、不会贸然上马，也并未引入类似厦门的协商决策机制，大连 PX 项目甚至一面宣称搬迁、一面继续生产[2]。抗争对象的威胁方面，根据媒体的统计，中国大陆投产的规模 PX 项目在 2014 年至少有 14 个，拟建未建的也有多个[3]，结合 PX 国内总产量的情况来看[4]，近 20 个大型 PX 生产企业中，在 6 个城市中发生了 7 次反 PX 抗争，有的发生在公布建设阶段，有的发生在投产以后，大连的抗争甚至发生在厂区发生事故、公众陷入恐慌的时期。

既然在媒体的密切关注下，反 PX 抗争的过程和主体受到了相当多的描述和关注，或许就可以在其基础上回答下列问题：哪些因素影响了抗争的发生、对抗程度和结果？如果最关键的差异因素是内生于抗争主体和抗争过程的，我们能进一步探讨反 PX 抗争的内在差异吗？

---

① "茂名市区果断处置一起聚集闹事事件"，2014 年 5 月 31 日，见 http://news.sohu.com/20140331/n397467060.shtml.

② 《"PX 项目"群体过敏症》，《新京报》2012 年 12 月 24 日 A16 版。

③ "图解中国有多少 PX 项目"，财新网 2014 年 3 月 31 日，参见 http://datanews.caixin.com/2014-03-31/100658785.html

④ "PX 小百科：亚洲 PX 项目知多少？"，中国石油新闻中心 2014 年 4 月 22 日，参见 http://news.cnpc.com.cn/system/2014/04/22/001483543.shtml

研究的定位

在当代中国社会运动研究的对象类型中，不难发现，我们提到的中国 PX 集体抗争相当符合集体行动的如下定义，即"有许多个体参加的、具有很大自发性的制度外政治行为"（赵鼎新，2006b，2）。

从发生的场所上来看，我们提到的 PX 抗争也相应基本发生在规划建设地所在的城市，并波及该市或市区的整体，是城市集体行动。PX 项目属于石油化工产业链，往往从属于大型化工企业，基本规划在城市的化学工业集聚地或化学工业园区。于是，党报等官方媒体、都市报和海外媒体，对 PX 抗争或对应的 PX 项目的报道多冠以城市名称。这中间的两个例外分别是宁波市镇海区和上海市金山区的反 PX 事件①。镇海区是1985年镇海县撤县划区的结果，与宁波市中心城区"三江片"有一定的距离，在宁波市的规划中属于滨江生活居住和滨海工业仓储片区②。金山区则是 1997 年金山县撤县划区并入上海市的结果，位于上海市管辖地区的西南边缘，也是上海石油化工股份有限公司（上海石化）的所在地。两地均属于历史上独立设县、空间上和老城区有相当距离、现代以化工等重工业为产业支柱的市辖区，和所属城市在空间上有相对独立性，可能是对 PX 项目带来的风险设施的反应相对独立的原因。

我们提到的这些 PX 抗争在"群体性事件"中属于"环境群体性事件"（覃冰玉，2015），而作为对存在环境风险的设施的抗争，还与一组概念密切相连：邻避（NIMBY, Not In My Backyard）情结及由此

---

① "上海书记市长赴金山区 要求回应民众环保诉求"，新浪新闻 2015 年 7 月 3 日，参见 http://news.sina.com.cn/c/2015-07-03/061332066410.shtml；"分类：中华人民共和国反对 PX 项目抗议活动" Wikipedia 2015 年 7 月 3 日，参见 https://www.wikipedia.org/zh-cn/Category: 中华人民共和国反对 PX 项目抗议活动.

② 《宁波市城市总体规划（2006 － 2020 年）》2004 年版，参见宁波市政府网站。

引发的邻避抗争。邻避也称 LULU（Locally Unwanted L& Use），由于垃圾处理场、污水处理中心、变电站等公共服务设施具有负外部性，其成本由少数人承担，承担成本者就有动机来组织对设施的抵制和反抗（Schively 2007）。这类负外部性设施包括环境污染、其他安全风险和心理上的嫌恶。有学者认为，邻避情结具有下列内涵：一是对认为有害的公共设施全然拒绝的态度；二是以环境价值来衡量设施兴建决策的标准；三是与技术的、经济的或行政的理性知识不相容的情绪反应（Vittes, Pollock, & Lilie，1993）。

一、集体行动的动机

1. 理性选择

为了提供进行集体行动分析的基本概念框架，接下来先回顾若干社会运动理论。勒庞和布鲁默的社会心理学模型对集体行动的形成和过程理论强调主观感觉，继承了勒庞对集体行为非理性的判断。此前，勒庞主张，乌合之众（crowd）中有意识人格消失、无意识人格得势，成员将暗示的观念转化为行动、不再受自己意识的支配（Le Bon，2001，3）。随着经济学公共选择理论的发展，行动者是否理性的问题首先得到挑战。

根据理性人假设，单独的个人会为个人利益而行事，但集团成员的搭便车困境使得前述假设不能直接推论出存在共同利益的个人组成的集团会为共同利益而行事。奥尔森在继续将集体行动的参与者群体视为理性人的总和的同时提出：集体行动的目的在于追求公共物品，而单纯集体性激励（collective incentive）不足以使理性人为其奋斗。具体来说，对较大的集团而言，有三个独立而累积的因素造成较大的集团不易通过行动增加自己的利益：行动者在总收益中获得的份额更小导致集体物品数量低于最优水平，难以获得集体物品的寡头卖方垄断，以及成员行动的组织成本更大。因此，随着群体规模的增加，搭便车效应就表现得愈强，群体成员参加集体行动的可能性则会相应降低。只有特定的选择性激励（selective incentive），才能促使理性人为公共物品付出代价（奥尔森，1995，2/40-42；Olson，2009）。在此基础上，还可以推断有助于集体行动的形成的组织形式。这样，理性选择的行动者为何做出看似非理性行为的问题似乎得到了解释。

用于解决搭便车困境的三种方法都具有组织角度，背后有很强的精英政治观点；由于理性选择假设此时也不能充分考察人们为何参加利他社会运动，受到了来自经验研究的严重批评（Tarrow & Tollefson，1994,15）。赵鼎新认为，由于大部分批评忽略了奥尔森的理论实际上是一个形式理论，而不是一个经验理论，它来自逻辑的推理，因而也不能直接应用于经验事实的判断、预测，或者用复杂的经验事实来直接检验，在已然存在诸多组织形式和约束的情况下提出基于经验事实的批评，并不能对应对理论形式的否定（赵鼎新，2006a）。这意味着理性选择理论可以提供集体行动的动机参考，但还不能直接提供集体行动的经验模型。

2. 文化团结和多元认同感

20世纪60年代以来，西方发达国家掀起新的社会运动浪潮。新社会运动理论认为，"新社会运动"不同于传统的工人运动，不仅在形式上不具有工会或政党政治的鲜明特色，而且具有更加深刻的区别。一方面，从新社会运动的支持和参与主体来看，社会弱势群体和新中产阶级不具备传统马克思主义意义上的"阶级"属性；另一方面，人们关于"需要"的意识形态发生了变化（冯仕政，2003）。例如战后随着物质的富足，西方公众产生了价值观的代际转移，年轻一代具有更强的后物质主义价值观，并随着年龄增长、社会地位提升在技术型官僚中产生支配影响，成为环保、反核等运动或思潮的核心，从而与这些价值相对立的再工业化、再武装产生政治对立（Inglehart，1981）。哈贝马斯代表的另一种观点则把新社会运动视为人的需要受到忽视的结果，主张新社会运动的主要目标是反对政治和市场对生活世界的殖民，由于体制（system）对秩序的追求深入到文化、社会、教育领域，新社会运动试图反抗理性化殖民对人的自我认同的物化，重建原有的联系和认同（Habermas，1985）。Castell指出，新社会运动是对集体消费及其塑造的城市形态的反抗，以及社区文化和政治自主性两者的融合（Mayer，2006）。

3．相对剥夺

相对剥夺理论是 1970 年代由 Gurr 提出的对行动者怨恨的解释性框架。Gurr 在挫折 - 攻击（frustration-aggression）模式的基础上提出个人的价值期望（value expectations）与其价值能力（value capabilities）之间的落差将产生相对剥夺感，相对剥夺感是集体暴力的基础。相对剥夺分为三种类型，一是递减型剥夺，价值期望水平基本不变，而个人能从环境中获得价值满足的数量或机会被认为下降；二是追求型剥夺，价值期望水平迅速提高，但满足的数量或机会没有大的变化；三是进步型剥夺，社会满足价值需求的能力增长赶不上人们价值期望水平增长的速度（Gurr，1970，24/30-37）。经过与他人的比较和人自身的认知认同形成的共同影响，形成人们的不公平感（sense of injustice）或怨恨（grievances），驱动人们参与政治行动（Gurr，2011）。

相对剥夺理论面临着类似的问题，即核心解释变量远不足以完备地解释抗争的动力和全部过程。脱离对剥夺根源的认知和解释，也即行动者的意识形态，并不能完整解决社会运动发起的问题；社会运动的维持，以及新社会运动产生的若干新趋势，也都不能从相对剥夺感概念中得到解答（谢岳、曹开雄，2009）。不过，相对剥夺理论为行动者的动机——或者更具体地说，怨恨及其影响——提供了有力的解释，特别是对理解在现代化过程中付出代价的"弱势群体"的外延有帮助。

4．风险感知和防御

类似地，基于对现代化的系统反思，风险社会理论应运而生。由于当代风险是现代化的风险，是"工业化的一种大规模产品，而且系统地随着它的全球化而加剧"。对风险的认识普遍经过了工具理性的社会建构，不同社会群体面临着不同的社会风险地位。例如在污染问题上，以自然科学框架进行的平均值评估，不能解释同样的污染对不同个体的不同意义，从而对面临风险的主体无关紧要。科学对风险界定的理性垄断被打破了，从而和社会理性之间发生断裂，前者所忽视的、技术上不可管理的风险，"成为对所有地方所有人的工业馈赠"（Beck，1992；贝克，2004，17–30）。吉登斯在《现代性的后果》就此指出，"就采用专家原则的后果来看，没有任何一种专家系统能够称之为全能的专家"，外行们"意识到无知领域的存在……还有可能削弱或破坏非专业人士对专家系统的信念"（吉登斯，2000[1990]，113-114；Mol & Spaargaren，1993）。

这样，行动者并不接受国家机器或专家的风险评估，对生态灾难、环境威胁和战争威胁有着不同的判断。在国家对自然和社会的管理制度简单化的情况下，极端现代主义的自信、强大的国家强制权力和软弱公民社会，尚可强制推行大规模的工程乃至社会工程（斯科特，2004[1998]），而国家权力和公民社会的力量消长，则会使得工程过程中受到不同程度的抵制和抗争。风险社会理论有助于理解新社会运动的支持者的动机和意识形态转向。

二、资源动员、政治过程和策略框架

20 世纪 60 年代美国的大规模社会运动启发了美国早期社会运动理论，主要是资源动员理论和政治过程理论。

资源动员理论根据反抗运动集中的时间和场合，认为社会运动的发起者会根据成本 - 收益核算来做出社会运动的决策，在运动发起者拥有足够的物资和时间资源，能够资助和发起社会运动。McCarthy 等从资源动员的角度描述了一系列相关命题，认为社会运动资源的来源和多样性至关重要，社会运动与媒体、当局和其他各方，以及社会运动组织内部的关系可以用于解释社会运动的活动（McCarthy & Zald，1977）。资源动员理论的进一步研究方向，包括社会运动组织的形态分析和社会运动的动员背景（mobilization context）分析。后者关注的研究方面，一是对社会运动部门（social movement sector）与其他社会部门之间的关系感兴趣，二是作为社会运动嵌入背景的政治体制环境（冯仕政，2003），而后者则导向了政治机遇结构（political opportunity structure）的分析。

Tilly 1978 年提出了两个模型：其一是政体模型，国家具有政体成员和政体外成员，后者因缺乏关键政治资源需要与前者结成联盟，从而获得政治机遇。作为挑战者的政体外成员要么设法进入政体，以常规的和低成本的渠道影响决策，要么试图打破和改变政体，形成社会运动和革命。其二是动员模型，认为成功的集体行动具备运动参与者利益驱动、组织能力、社会运动的动员能力、个体加入社会运动的阻碍或推动因素、政治机遇或威胁以及社会运动群体所具有的力量。McTeam 还在政治过程模型中引入了认知解放的因素，认为运动群体也必须经历这一过程（Tilly，1978；McAdam, McCarthy & Zald，1996）。McTeam 对前述的政治过程模型也提出了反思：1）关注静态的而非动态的关系；2）更加适用于单个社会运动，对更宽泛的一系列抗争则相对逊色；3）产生于相对开放的美国"六十年代"政治，更加强调机会而非风险，对组织资源扩张的信心过于短缺；4）专注于抗争的起源而非后面的阶段（McAdam, Tarrow, & Tilly，2001）。针对第三条，Jasper 认为过程模型对 20 世纪 60 年代美国民权运动的解释效果也并不好，比起政治机遇相对丰富的中产阶级社会运动，那些缺乏政治机遇的运动中政治机遇的重要性要强一些（Jasper，2010）。

同期值得一提的是抗争框架的研究。社会运动的文化话语，意味着行动者对运动及相关的情形赋予意义（McAdam, McCarthy & Zald，1996）。策略框架有助于解释社会运动在过于宽泛的"社会文化"概念中如何选择、组成策略（Tilly, 1978）。对 Goffman"框架"（frame）概念的重新定义和使用，建立了集体行动的框架理论，集体对问题或行动对象的界定或者说解读包（Gamson & Lasch 1981）动员者需要向动员对象和其他主体阐明运动的对象、要解决的问题，以及行动本身。框架类型包括"诊断式框架化"（diagnostic framing）"预报式（prognostic）框架化""动机式（motivational）框架化"，分别对应运动针对的问题、运动的方法和运动的具体动机（Snow et al. 1986；1988）。

三、政治机遇和当代抗争研究

政治机遇的结构是政治过程理论大框架下的主要研究方向和领域之一（McAdam et al.，1996；赵鼎新，2006b，37）。Eisinger 在美国城市市民抗议研究中首先使用了政治机遇的结构这一概念，认为系统的政治机遇结构能够为参与者提供进入既定政治系统的机会，行动者通过政治机遇来影响政策的制定和决策的形成（Eisinger，1973）。在这一时期若干经验研究的基础上，Tarrow 进一步将政治机遇简洁地定义为"政治环境的各个方面，这些方面是一贯的，但不一定是正式的或永久性的，它们通过影响人们成功或者失败的预期，为人们提供激励以从事集体行动"（赵鼎新，2006b，65）。

由于政治机遇结构的变量体系庞杂而丰富，政治机遇被批评为界定过于宽泛、作为解释性因素不够可信（Goodwin & Jasper，1999），甚至被质疑可证伪性，"社会学家……顶多只是论证到底哪个政治机遇维度才是某个社会运动的关键"（赵鼎新，2006b，38）。有鉴于此，对政治机遇概念的使用应当清晰而谨慎。根据 Tarrow 从 Proximate-Statist 和跨地区 - 动态两个维度的、对政治机遇的类型化，政治机遇包括特定政策（Policy-Specific）、政体差异（State Variations）、团体变化（Group Change）和政体变化（State Change）（Tarrow，1996；朱海忠，2011）。

四、城市抗争和环境抗争的本土研究

1. 中国城市集体行动的若干特点

抗争研究中涌现出的种种范式当然应当适用于中国的社会运动研究，譬如，基于斯科特"弱者的武器"的框架，许多学者对本土底层抗争的方式和策略问题作了很有启发性的研究（董海军，2008；郭于华，2002；高洪贵，2013）。相近视角下可以对中国抗争行动的模式和特点提出更有代表性的概念，如应星对一组群体性事件的发展机制以及"气场"的情感逻辑有精彩的描摹（应星，2009）在抗争策略和抗争框架上，出现了"以理抗争"、"以法抗争"等有意义的概括（王洪伟，2010；朱健刚，2011；罗亚娟，2013）。

问题在于，在以中国城市集体行动为研究对象时，威权治理传统下不利于公民组织的问题被进一步放大了。城市中产阶级木应具有较强的组织和动员资源的能力，但城市党政系统的权力结构及其控制力，对其产生了重要的制约（陈映芳，2006）。单位制某种程度上也起到了这种制约和限制作用，但政治属性强但单位又会增加抗争倾向（冯仕政，2006）。又如冯仕政的研究指出，社会经济地位和社会关系网络固然对抗争行为的发生有着正面的效应，但差序格局的存在导致不同的社会资本类型、不同的社会网络位置有的发挥积极作用，有的发挥消极作用，使社会资本理论变成了概念上模糊、逻辑上不能排中的尴尬解释（冯仕政，2007）。同一条件可能同时构成抗争的制约因素和抗争的政治机遇，加剧了分析的复杂性。

除了特定概念作为条件时兼具多方向的影响这个问题，还有特定事物在抗争形成机制中扮演多重角色的问题。譬如，互联网在抗争中的应用不仅超出了工具和媒介的范畴、发挥出明显的动员作用，而且带来新的动员空间。在中国动员结构受到外部制度限制的情况下，互联网进一步表现出了极强的替代性，互联网同时扮演组织媒介（或无组织的媒介）、精英生成和动员空间、媒体的角色，使其能扩大非制度化的政治参与，又能抑制社会矛盾（刘琳，2012；陈云松，2013）。此外，互联网的传播速度也能强化怨恨解释和扩散的速度，对抗争的整体过程发生影响。

这意味着对城市集体抗争的研究仍然需要从不同类型的案例分析中入手，在厘清不同解释路径以何种程度和何种方式适应于中国城市抗争的具体环境。刘能在对中国都市集体行动可能性的分析中，将对社会运动和集体行为领域的理论综合描述为关于"怨恨的生产和解释"、"积极分子及其组织能力"和"潜在行动者的理性选择模型"三个核心自变量的模型，认为由于集体行动产生、发展和维持的机制所依赖的主要因素，在中国面临和发达资本主义国家不同的社会条件，因而各个理论变量及其次级变量的表现方式、时代特征和共变关系也表现出特殊性。在诸次级变量中，政治机遇结构是解释中国都市集体行动发生最有力的自变量（刘能，2004）。不妨以此作为发生机制梳理和分类分析的基础。

2. 本土环境抗争的趋势

至迟在 1970 年代，中国已有发生环境抗争类事件的证据。洪大用提出，工业化、城市化增加了环境问题的可能性，而城乡二元结构和流动人口因素等加剧了环境控制失灵、道德滑坡、民间组织力量松散等不利条件（洪大用，2000）。90年代以来，在地方治理层面，环境污染问题已逐渐被认为是转型期群体性事件的主要启动性因素（岳华东，2007）。冯仕政将环境抗争界定为"个人或家庭在遭受环境危害之后，为了制止环境危害的继续发生或挽回环境危害所造成的损失，公开向造成环境危害的组织和个人，或向社会公共部门（包括国家机构、新闻媒体、民间组织等）做出的呼吁、警告、抗议、申诉、投诉、游行、示威等对抗性行为"（冯仕政，2007）。景军则以环境抗争指代"环境或生态问题引发的维权行为，是与社会正义问题紧密关联的集体行动"（景军，2009）。和西方生态政治运动相比，中国的"生态政治行动"特别是环境群体性事件，具有突出的地方性、自发性，并常常通过具体的矛盾积累的过程来酝酿（覃冰玉，2015）。

关于环境抗争的趋势和阶段划分，童志峰认为，90年代中期以来，环境信访和环境集体抗争都日益增加，而这一时期根据抗争特点，大致可以划分为两个阶段：一是1995-2004年的问题化期，在此期间地方政府成为环境集体抗争的对象；二是2005年以来的抗争凸显期，其中农村抗争出现了综合性、大规模、对抗性和弱组织化的趋势，而城市环境集体抗争方面，互联网在动员中得到了广泛使用，预防性的环境集体抗争事件在增多，抗争的组织化程度较低（童志锋，2008）。尽管台湾地区的工业发展和社会运动环境和我们谈论的大陆都市情况差异颇大，但邻避型设施所引发的抗争同样是环境抗争发展到一定时期的产物。丘昌泰将台湾1980年以来的"环保抗争"运动分为四个阶段：以中小型工厂污染对象的萌芽阶段、以石化业及核能设施为诉求焦点的高潮阶段、以设厂作为抗争主题并与全球化议题挂钩的转型阶段以及以电厂与焚化厂为主体的成型阶段。从第三阶段（1992-1996）开始，抗争运动一方面将大型邻避设施的设厂规划作为抗争对象，另一方面动员对象和抗争目的也逐渐超出地方性、社区性索求补偿的阶段（丘昌泰，2002）。

邻避设施或邻避情结，意味着当地居民因自身过度承担特定设施的负外部性，表达对选址决策的拒绝，以至于可能做出削减社会总福利的反应（Vittes, Pollock, & Lilie，1993；Hunter & Leyden，1995；Schively，2007；Devine-Wright，2009）。Wright 针对美国能源设施邻避抗议的研究表明，大型邻避设施的影响包括污染和安全、地产和生活质量、就业和收入三个方面，主要的抗争来自优势群体对自身利益的关切（Wright & Boudet，2012）。稍早地，陶鹏、童星根据邻避设施的类型将邻避型群体性事件的起因划分为污染型、风险集聚类、污名化类和心理不悦类四类，并从"预期损失 - 不确定性"维度出发进一步将邻避型群体事件划分为四个类别，其中污染类邻避事件具有高预期损失 - 低不确定性，导致行动者的高度动员（high mass mobilization），而风险集聚类设施的后果则具有高预期损失和高度不确定性，人们在信息不对称的情况下对其风险进行主观建构，同样容易发生群体性事件。低预期风险的两类邻避设施带来的损失则可能是潜在的和间接的，如房地产价值（陶鹏、童星，2010）。

3. 城市抗争和环境抗争经验研究

下面试从动机、动员资源和手段、政治机遇等不同解释框架列举一部分国内学者关于城市抗争和环境抗争的经验研究。

抗争动机和怨恨解释方面，龚文娟基于垃圾焚烧厂抗争个案，总结了环境议题的呈现机制（龚文娟，2013）。有的学者指出，风险、挫折和不信任感构成了邻避情结的"愤怒三角形"，催化邻避危机的产生（侯光辉、王元地，2014）。景军通过对西北乡村的个案研究，使用了"生态认知革命"和"生态文化自觉"两个理念描述村庄环境抗争的原因、过程和结果，补充了国内来自认知解放和文化分析视角的研究不足（景军，2009）。

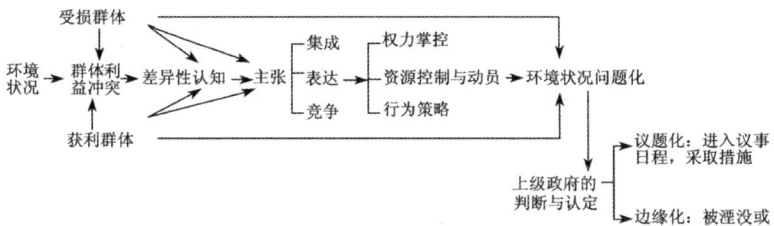

图 1　龚文娟的环境议题呈现机制示意图

在组织动员手段受到严格外部制度限制的情况下，国内学者对国内城市抗争中的资源动员和抗争框架作了分析，如在无组织化动员力量的情况下，城市业主可以通过去组织化的策略选择，依托政治认知、网络传播和情感动员来消解合法性、安全性和搭便车困境，实现集体抗争（陈晓运，2012）。李素霞对渤海溢油受害者的抗争过程的分析指出，非直接受害者的外部精英能够利用职业和专业背景在合法化框架内促进问题的解决，内部精英则由于种种原因处于从属和合作的地位（李素霞，2013）。在正式组织受到制度制约的情况下，运动组织模式和网络关系可能发生无组织化 - 维权 - 环境正义团体 - 全球绿色网络的动态发展模式，不依赖于熟人关系网络地动态重构（童志锋，2014）。

由于国内媒体环境和动员环境的特殊性，对互联网与城市集体抗争的关系分析也倾向于将其更多地视为替代性的动员结构，而非新的媒体主体。黄荣贵等指出，互联网作为动员机制不受社区规模过大的影响，且在大规模的小区具有替代性动员结构的作用（黄荣贵、桂勇，2009）。任丙强认为互联网起到了在城市社区居民中替代正式组织的作用，而且基于互联网产生抗争精英，与其他积极分子共同构成抗争精英群体，推动抗议行动（任丙强、孙龙，2015）。王全权等认为，环境抗争中网络起到的草根赋权作用，随着网络媒体发展、行动主体言行极端化和外部污名化加剧，对抗争本身会产生副作用（王全权、陈相雨，2013）。

关于政治机遇结构的研究方面，黄荣贵等针对拆迁抗争的成功条件的研究将政治机遇操作化为中央干预、央媒支持性报道、有利制度框架，指出中央干预与央媒支持性报道并存的"多渠道强干预"是抗争成功的充分条件，"多渠道强干预"则取决于有力的制度环境和抗争者的多重混合框架化策略（黄荣贵、郑雯、桂勇，2015）。有农村抗争的经验研究认为依法治国话语的强化、媒体的开放和分化的行政体系为农村集体抗争行动提供了政治机遇空间，是诱发农村集体抗争行动的重要因素（童志锋，2013），而这一机遇空间在城市同样存在。

关于性别视角，陈晓运等认为女性在传统文化规范影响下参与抗争，一方面表现出弱者抗争和"柔软身段"，另一方面又因家庭性的角色表现出更频繁和密切的社区互动和参与（陈晓运、段然，2011）。

关于环境抗争风险的控制或者说政策分析，基于童星的全过程、动态管理的群体性治理战略建议，陶鹏、童星提出邻避风险的消减包括风险理性的培育、第三部门的介入等（陶鹏、童星，2010），强调风险管理机制和公民参与机制的作用。这也基本是国内媒体刊载的邻避事件风险控制的主要观点①。除此之外的公共政策建议还包括赋予网络民意公共政策议程设置中的合法地位、以最大利益相关群体接受与否为公共政策的评价标准（张海波、童星，2009）。

五、关于研究问题

刘能将都市集体行动（社会运动）分为精英主导的、一般性公民社会运动、少数群体发起的、宗教教派运动，以及都市政治／恐怖主义五种，其中环境保护运动被列为一般性公民社会运动的主要例子。不同类型的集体行动面临的政治机遇结构存在明显的差异，同为发生概率最高的都市集体行动，少数群体主导下的行动相对来说面临更为

---

① 如王庆德：《邻避现象及应对机制》，《学习时报》2010 年 3 月 1 日 6 版；杭春燕：《化解"邻避"，须让公众更多参与环评》，《新华日报》2012 年 11 月 30 日 A07 版；傅蔚冈：《扩大公众参与，降低"邻避运动"风险》，《华夏时报》2012 年 8 月 6 日。

不利的权力部门回应，而一般性的公民社会运动的状况则相对有利。此外，随着时间的推移，房产主和专业群体很可能作为新的、主导都市集体行动的精英群体（刘能，2004）。本文研究的对象显然属于都市集体行动，应当在都市集体行动的类型学体系中有着自己的位置。但实际上，我们暂时无法将其划入一个确定的类别。

作为一种邻避运动，这些针对 PX 的抗争当然表现出了相当多的共性。首先，发展趋势方面，实际发生抗争的数量虽然屈指可数，但随着环境意识和公民意识的提升，加之都市社会运动动员主体的扩展和成熟，几乎可以断定，在城市物理空间的快速扩张过程中，既有的和新建的大型工业设施或电力基础设施与居民的空间冲突会愈演愈烈，环境抗争的数量和可能性会持续攀升。现在看来，预防性的、将政府纳入抗争对象的抗争，互联网的普遍使用以及弱的组织程度是环境抗争一定发展阶段的产物，在未来可预见的时间内还会增加。反对反 PX 运动的行业人士、政府人士和科普人士不厌其烦地强调 PX 的安全性的同时，PX 抗争仍然风起云涌，诸多安全和污染风险更严重的行业则杳然无声。第二，解释路径方面，作为一类相当接近的抗争案例，有些特定的解释路径对反 PX 抗争的实际解释能力是易于推断的。譬如，邻避抗争源于对负外部性的厌恶，而负外部性的不平等承担某种程度上是可以用相对剥夺来描述的。但是，这种不平等呈现在抗争主体和项目受益者之间，因而在以均受到损失的抗争主体作为研究和对比对象时，相对剥夺的解释就不具有很强的区别意义了。与此相似的还有抗争的策略框架，尽管抗争框架既反映了抗争者自身的认知，也有助于预测抗争的结果，但在反 PX 抗争框架相当接近的情况下，对案例间对比分析也不具备明显的作用。

但是，并非所有影响因素都能这样简单地推断。仅从现有的 PX 抗争案例来看，也不难发现它表现出一大堆混合特质：在面临从怨恨的生产和解释上来看，对环境问题的普遍忧患意识和当地风险项目决策实施过程的不信任和反对，带来了不同层次的原生与次生怨恨的混合，从而为对不同群体的同时动员提供了基础；在实际反 PX 动员中，本地政治、经济或知识精英的参与可能会表现为和一般性社会运动相似的特点，而业主群体的参与则可能更接近于少数群体的地方性维权运动。因此，并不能立刻直接从抗争的类型学中获得明确的理论支点，并对其实际的主要影响因素和／或组合作出判断。

国内的环境抗争研究总体来说缺乏社区背景和面对群体的研究，特别是系统的比较；由于显而易见的原因——无法穷举所有的潜在安全风险，更谈不上对未能成功发生的运动及其影响机制的研究。在缺乏这一议题有普遍意义经验结论的情况下，就仍然要放在一般集体行动和抗争研究的框架下，以前述的几种主要解释路径，特别是缺乏直接推断的证据，或者次级变量比较复杂的风险感知、资源动员和政治机会路径来进行分析。这样的分析结果对其他邻避运动多多少少会有一些裨益。而未来与其他环境抗争乃至更广阔抗争领域的对比分析，也有助于厘清它在抗争类型谱系中的位置，还可能继而导向更加应用性的预测。

测量与分析

作为一种介于量化研究和个案研究之间模糊地带的定性方法，QCA 方法在案例数量、变量赋值方面的限制比较少，不排斥自变量的交互性，有助于在控制风险类型的小样本研究中对抗争影响因素的结构作出更具体的分析。1987 年提出的 QCA 方法，经其提出者 C. Ragin 两度发展，目前已经较为成熟，模糊值定性比较分析（fsQCA）初步应用于比较政治研究和集体行动研究中，在完成健壮性检验后能够给出包括条件组合在内的逻辑判断。前面提到的 Wright 的研究，就使用定性对比分析方法（QCA）对邻避抗争的主要影响因素作了对比，认为在政府不起关键决策作用的情况下，政治机会并非关键的影响因素。本研究试图类似地将其应用于风险项目向抗争转变的因素分析过程，丰富已有的研究。

一、定性比较分析的适应性

1. QCA（定性比较分析）

通过定性比较分析的发展，Ragin 力图提供一个系统的交叉案例分析方案，将案例分析和跨案例分析整合起来，同时又保持定性分析的本质。经过布尔代数的尝试性应用（Ragin, Mayer, & Drass，1984），Ragin 在《比较方法》中给出了完整的定性比较分析方法（Ragin，1987）。QCA 引入了充分和必要条件的测量，并允许因果分析中的不同的特定情境，从而不必片面追求对总体的拟合、可以比较不同的因果模型。但是，作为定性研究方法，研究者必须自行简化因果条件的组合。在这一阶段，QCA 使用的是二分变量。对二分变量的不精确性、对时间序列不能充分反映、案例的独立性假设是这一时期对 QCA 方法的主要争论，其中时间序列问题带来了新的方法分支（Caren，2005）。针对二分变量的问题，Ragin 提出了模糊集定性比较分析（fsQCA），以模糊集为基础提出新的定性比较分析方法，允许以 0-1之间的任何模糊值得分为解释条件和结果赋值。随后，calibration（校准）方法的引入使得连续变量也可以应用于定性比较分析（Ragin，2000；Ragin，2008；Ragin et al.，2008）。

QCA 的研究效用表现在至少 5 种研究目的上，包括数据统计和类型构建、诠释性模型一致性的检验、现有理论的评估、新理论评估及其数据挖掘、新理论的完善（阿克塞尔等，2015[2014]）。由于 QCA 能够处理定类或模糊定序变量，不少学者将其和回归分析进行比较。唐睿、唐世平等以原苏东国家民主转型过程的比较政治分析为例，比较了 QCA 方法与传统回归分析的检测结果，认为 QCA 方法对 15-80 样本规模都比较适用，特别是对二分、定类、定序变量较多的样本集有较大的优势。由于回归分析依赖自变量相互独立的假设，面对自变量间存在自相关的样本可能会出现假显著。通过多值集分析，还可以分离例外个案，为新理论提供可能。此外，他们还指出由于以校准方法转换连续变量可能是不稳健的（唐世平，2012；唐睿、唐世平，2013）。对 1963-1973 年美国抗议数据的双方法分析对比显示，QCA 对变量间相关的洞察力不仅足以使其成为一种对事件数据（event data）的有竞争力的替代性分析方法，而且由于其在挖掘和验证因素组合方面的长处，可以作为传统回归分析的补充（Beers，2015）。

进行 QCA 分析，需要先明确赋值原则及变量的实际意义，然后通过 Consistency（一致性）和 Coverage（覆盖率）来判断条件或其组合 X 与结果 Y 之间的关系。在因果关系的挖掘中，可以用充分和必要条件判断来验证 X 和 Y 的关系。以 fsQCA 为例，X 作为 Y 的充分条件时，X 的模糊集得分小于 Y 的模糊集得分，对应的一致性有：

$$Consistency(X_i \le Y_i) = \frac{\sum [min(X_i, Y_i)]}{\sum X_i}$$

当一致性 >0.8，通常认为 X 作为充分条件成立，在此前提下，相应的覆盖率为：

$$Coverage(X_i \le Y_i) = \frac{\sum [min(X_i, Y_i)]}{\sum Y_i}$$

覆盖率近似地反映了 X 对 Y 的解释能力。类似地，可以评估作为必要条件的 X，取 0.9 为必要条件评估的阈值（Ragin et al.，2008）。在选择多个解释变量的情况下，可以在理论阐明的基础上具体引入变量（Amenta & Poulsen，1994；黄荣贵、郑雯、桂勇，2015）。出于对摩尔定律的尊重，本文在各分析框架下均进行条件变量组合的穷举，但对不满足一致性条件的结果进行过滤。

fsQCA 方法具有的局限性，除了模糊赋值过程所固有的主观性风险外，在本研究中具体表现为两个方面，一是由于不宜直接转化连续变量，对历时过程和因素的考察具有缺陷，对制度变迁之外的政治气候变化、民间积累的其他怨恨等等缺乏纳入的手段；二是在信息不完备的情况下，对具体地方案例中的有些影响因素无法进一步分析。其中，赋值和变量转化过程中的主观风险，仍然可以通过改变操作化形式、标准化赋值后慎重进行稳健性检验等方式尽量排除和缓解；对个案中的特定因素则在具体的条件组合分析中，结合过往研究结论进行推断或罗列可能性。

2. QCA 方法在国内相近议题中的应用

早在 2009 年，黄荣贵等将 QCA 方法应用到互联网与都市业主抗争关系研究中，认为在线业主论坛和现实社区之间存在对应关系，从而改善了对组织者的依赖、降低组织抗争和沟通的成本，形成了一种新的动员结构。通过 QCA，他们发现业主论坛在大规模小区足以作为动员手段、不依赖于业委会或社会网络，社会网络的动员在小型社区中相对有效、在大型社区中则并不总是有效。大型小区的在线业主论坛因用户规模而具有足够的活跃性，成其为潜在的动员手段。结论是，互联网在抗争动员中的作用不会随着群体规模的增加而减小。值得注意的是，这一研究还包含了若干未发生抗争的案例，相关分析推断在当前社会情境中，集体抗争是被动的反应，需要以怨恨和动员手段／结构为双重前提（黄荣贵、桂勇，2009）。

不难看出，基于 QCA 方法的特点和优势，特别是它对特定案例规模比较研究的优势，在抗争研究特别是比较研究或模型检验中的应用前景相当可观。不过，这样"典型"的国内研究很少。基于 195 个"网络群体性事件"案例，李良荣等对网络群体性事件爆发的关键成因作了分析，将关键因素界定为①"公众共同的利益诉求"②"事件发生地"③"首发媒体"④"首发位置"⑤"中央媒体参与报道"五大因素（李良荣、郑雯、张盛，2013），属于传播过程特征的应用研究，并非典型的社会运动研究视角。

即使加上其他学科，除了前述的唐世平等的研究，对 QCA 的使用也相当有限。倪宁等的研究试图通过 QCA 方法，从结构化的高管访谈中验证高级管理人员胜任力的概念模型，简化逻辑推论的过程（倪宁、杨玉红，2009）。基于一些较小规模的案例，也有学者作过工商管理类的分析，试图从小样本中发现挖掘企业的策略组合或策略替代性（李健；2012；李健、西宝，2012）。此外，还有对公共事业专业培养模式的影响因素的 QCA 分析（任树伟、陈琳琳 2015）。这些研究选择 QCA 方法，普遍是将其作为给定特殊样本的替代性／改进型聚类分析工具，以辅助既有的概念整合或归类，对案例进一步的考察或辨析不多。

二、分析的基本问题

就本文的研究问题而言，QCA 方法可以完成以下任务：在国内研究中检验怨恨生产、资源动员、政治机遇等主流解释框架及其次级变量在抗争产生与否、烈度如何等方面的解释程度；通过对比各解释路径的内部变量组合，识别出解释力较强的要素或组合，并给出经验解释；在分析过程中分类或识别异常个案，厘清其特殊性。

参考前列的相关研究，用于分析的解释变量组至少应当包括动机水平、政治机遇、资源动员三个方面。这样初步抽象出如下三组变量，运用 fsQCA 方法进行主体分析：作为自变量组的动机（motivation），应能反映安全威胁、类似产业、历史经验、本地经济发展状况等；作为自变量组的能力（capability），需要表现为上级干预、制度变迁、媒体报道等的政治机遇，和作为动员资源的现有社会组织、互联网的分散意见动员等为主的公民能力；主要作为因变量组的行动产生（action outcome），包括抗争的有无、烈度和结果。具体来说：

抗争动机涉及两个方面。抗争主体的风险感知用两方面的指标测量。一是当前设施的客观存在，用设施的规模、与地区中心的距离、抗争地区的人口规模来测量；二是其他感知因素，用类似产业的存在、污染事件的经验来测量。

资源动员或抗争能力，按照资源动员解释路径的常见因果推断，使用人均 GDP 来反映抗争主体的经济地位；按照社会组织和网络密度、互联网分散动员两个方面，分别使用社会组织密度和互联网讨论水平来测算当地社会组织密度、互联网在抗争过程中的作用。

政治机遇的外部部分，按照黄荣贵的方案，可用三个指标测量，分别是抗争过程中中央政府干预、中央媒体的支持性报道和制度性框架。政治机遇的当地部分理论上可以用当地政府的社会控制水平和政治精英的一致性来测量，包括暴力机器的参与、媒体管制的程度和当地政府内部支持抗争的迹象。

抗争的产出使用游行抗争的发生、规模和冲突烈度来考量。

最后，出于对抗争过程的关注，本应使用抗争的主要框架、主要方式来测量抗争策略，但在资料收集过程中发现，作为邻避事件的反PX抗争的抗争框架高度一致，即环保和安全的混合框架，只有上级干预和精英寻求制度内渠道时涉及少量的合规性框架。两个撤县划区的案例在抗争中均出现了征地争议和相关诉求的迹象，考虑到它们并非环境抗争，也无法在数据分析中恰当反映。同时，抗争策略特别是抗争框架常被用于抗争是否成功的关系分析，而发生的 PX 抗争数量要更少一些，以至于有可能不适用于同一方法，具体的分析只能付之阙如了。

在此基础上的分析，有望在反 PX 抗争方面回答以下问题：1）现有变量能否提供对抗争发生或程度有解释力的预测？2）哪些因素或组合分别是原生怨恨／风险感知、资源动员、政治机遇中的首要因素？3）影响抗争发生的因素组合中是否可以识别出不同的模式？

三、案例与数据的收集

本研究的数据和资料来源，主要包括以下几个方面：1）结合媒体报道和政府公开信息，形成 2005—2015 年这一政策相对稳定时期 PX 项目及其抗争的完整案例组，包括其规划位置、规模等等；2）根据经济和社会发展统计数据，对政府和居民的经济吸引力、安全风险等要件做出整理；3）根据主要官方媒体和市场化媒体的报道，对政治机遇的主要因素和抗争行动的过程、烈度做出判断；4）根据互联网媒体和平台的情况，对前述材料予以逐项对照的补充。

1. 研究案例

根据国家发改委公布的"十一五"期间 PX 建设布局规划，2010 年全国 PX 在产项目共有 14 个，计划建设 4 个，另有几个未批先建的项目。① 计划建设后来发生变动（如厦门项目迁建），结合近年媒体报道和总结的情况，共有 19 个 PX 项目在产或在建，其中 2 个分别在南京金陵石化和扬子石化。本文以抗争主体城市为基本分析单位，取得 16 个地级市和天津市、上海市共 18 个案例，作为分析的对象。

---

① "精对苯二甲酸（PTA）、对二甲苯（PX）'十一五'建设项目布局规划"，国家发改委网站 2007 年 4 月 17 日，见 http://www.ndrc.gov.cn/fzgggz/fzgh/ghwb/gjjgh/200710/t20071015_709852.html.

2. 分析方法

常用的 fsQCA 软件除了 Ragin 团队使用的 fs/QCA[①]、fsgof[②]，还有若干 R 或 Stata 的 Package。考虑到 QCA 的基本算法是固定的，具体采用何种软件对结果没有实质性影响。这里使用复旦大学复杂决策分析中心使用的 fm-QCA[③] 输出的格式。

由于研究涉及的案例数量有限，考虑到游行的发生与当地当时的社会控制手段关系密切，以单一二分变量来测量抗争的程度是不准确的。研究集体抗争是否发生使用两种方式测量：是否发生游行为二分变量，抗争规模为模糊值变量。与此同时，抗争程度以从弱到强的无明显抗争、有舆论抗争、发生游行作模糊赋值。这样，可以改善对 2013 年以后成都、九江等地有游行传言但未发生等的情况的反映，因为它们当时均有舆论大量反对、政府正式表态的证据。

3. 变量组数据来源和赋值

关于时间范围，由于案例主要来源之一发改委网站仅包含 2005 年后的 PX 新建和规划情况，且 2005 年前相关报道和材料罕见，不追溯 2005 年之前的数据。在发生抗争的城市，政治机遇的测量应当以抗争结束为限，如厦门以抗争成功（2007 年 12 月 20 日厦门市政府正式宣布迁建）为限，茂名等未确认成功的抗争以最后一次街头抗争（2014 年 4 月 27 日最后一次小规模游行）为限。

厦门之后反 PX 抗争的时间相对集中，在各城市之间进行规模、经济水平等的对比，倾向于采用同一时间点的数据作横向分析。反映资源动员潜力的城市规模、组织密度等类似，这些变量均使用 2007 年的年鉴数据。反映实际网络动员的论坛讨论量，除厦门外大部分案例的抗争后讨论并不多，在赋值时另行修正。下面按照变量组顺序陈述次级变量、数据来源及对应的赋值方案，并作出必要的解释。分析的结尾会讨论赋值方法的稳健性。

---

① 当前版本发布于 2014 年 5 月，见 http://www.socsci.uci.edu/~cragin/fsQCA/software.shtml

② 当前版本发布于 2015 年 2 月，见 http://grundrisse.org/mirror/eliason/

③ 当前版本为 1.0，见 https://github.com/buka632/Fm-QCA

怨恨产生和风险感知：

考虑到 PX 生产中的主要风险（易燃）和公众的主要担忧（毒性和污染）不一致，为了明确潜在行动者对 PX 风险感知的主要影响因素，这里使用多个指标来尝试：

1）新建／新增 PX 生产规模（PXSize）：根据发改委网站公告和媒体报道一致，取得 2005 年后的新增规模。多数新建项目为 40、60 或 80 万吨左右。赋值上将不足 20 万吨、40 万吨左右、60 万吨左右、80 万吨左右、100 万吨及以上分别设定为 0.2、0.4、0.6、0.8、1.0。这直接反映带来威胁的风险设施的规模。

2）城区距离（PXDistance_Local）：根据 PX 项目所在地和最近的有行政中心的城区（市辖区或县级市）的直线距离确定。无精确地址的 PX 项目根据规划所在的中石化厂房区域或化工园区确定。天津市 PX 项目距离最近的市辖区为现已并入滨海新区的大港区，取原大港区区政府位置。考虑到数据分布规律，选择 5 公里以内、10 公里以内、20 公里以内、40 公里以内、80 公里以内、80 公里以上为 1.0、0.8、0.6、0.4、0.2。南京市两个 PX 项目位置不同，但在此方案中取值一致。这是因为假定各项目工艺安全性接近，城区距离反映了威胁的强度。

3）城市中心距离（PXDistance_City）：根据 PX 所在地和市政府所在地的直线距离确定。辽阳市政府现址在新城区，但取新址和旧址距离均为 8 公里左右。复制方案参照城区距离。多数抗争为城市动员，与城市中心的距离反映了对抗争动员主体的威胁。

4）类似产业经验（SimilarIndustry）：根据发改委关于该地 PX 产量的描述，判断此地过去是否有 PX 生产项目。2005 年以后扩建的赋值为 1，完全新建的赋值为 0；如果 PX 项目是本地已有的石化工业企业的新增生产项目，取中间值 0.5。类似污染经验（SimilarAccident）根据重要报纸全文数据库，判断该地是否有过大规模的工厂事故或化学泄露。按照一般事故、涉及化工原料、涉及石油化工企业、涉及 PX 项目，分别赋值 0.4、0.6、0.8、1.0。

资源动员：

人均 GDP（GDPPC）：相对经济地位取自《中国统计年鉴》和

各省统计年鉴的 2007 年人均 GDP（人民币元）数据。以最高的宁波为 1，其他各城市按比例取接近值，保留一位小数。

社会组织密度（OrgDensity）：社会组织密度采用各省市年鉴和地方民政局网站公布的 2007 年该地社会组织登记个数，除以统计范围（地级市或直辖市）常住人口（万人）取得。以社会组织密度最高的厦门为 1，其他按比例取近似值。相当于采用线性校准方法来取值。

城市规模（Size）：城市规模根据年鉴和 Wolfram Database 给出的城区人口数量和 2014 年 11 月国务院发布的《关于调整城市规模划分标准的通知》，分为 II 型小城市、I 型小城市、中等城市、II 型大城市、I 型大城市、特大城市、超大城市。案例中无小城市，依次按 0、0.2、0.4、0.6、0.8、1 赋值；按照城区人口最多的上海为 1，其他按比例近似取值以作稳健性检验。

论坛热度（ForumUse）：论坛热度根据搜狗论坛搜索检索到的全国性和地方性论坛关于该地 PX 的帖子数量近似取值。其中，淄博、辽阳、天津、惠州、乌鲁木齐、大连等地虽有检索结果，但几乎所有帖子都并非关于本地 PX 项目，或时间晚于抗争。赋值按照无、仅零星帖文、数百 -1000 条、1000-2000 条、2000-5000 条、多于 5000 条分别定为 0、0.2、0.4、0.6、0.8、1.0。厦门 PX 检索结果超过 7700 条，其中虽夹杂大量其他地区网民的后续关注和讨论无法有效剔除，但考虑到厦门小鱼社区等地方网站在 2007 年抗争中起到重要作用，且 2007 年互联网普及程度低于抗争集中爆发的 2011 年以后，仍按最高网络动员程度（1.0）计。

政治机遇：

中央干预（CGov）：中央干预在这里界定为中央部委，特别是发改委、环保部、工信部等主管部门针对 PX 特定项目的公开干预。在赋值上，没有部委干预的迹象为 0，有部委表达软化态度或加强项目管理为 0.5，有部委表达对项目的严厉批评或追责为 1。如厦门抗议前政协委员联名提交议案、环保部曾表达理解，为 0.5；环保部、安监总局对漳州古雷设施多次叫停，为 1。

央媒报道（CMedia）： 以对内为主的直属央媒，包括中央电视台、新华社，《人民日报》《光明日报》和《经济日报》为参考来源，以"PX"为主题词进行检索。这些媒体由中宣部直接管理，一般能够反映中央的倾向。《人民日报》《光明日报》和《经济日报》采用 CNKI 重要报纸全文数据库；新华社稿件采用《新华每日电讯报》和"新华社多媒体数据库"综合；中央电视台根据央视网视频检索结果中系 CCTV 频道播出的视频内容来分析。强调 PX 性质安全的视为非支持性报道，报道抗议情况且未加指责的视为中立报道，报道 PX 项目违规的视为支持性报道。

　　计算重播数目的情况下，中央电视台在茂名抗议期间播出"词条保卫战"指责民间妖魔化 PX 的内容至少 10 次，中立报道茂名抗议情况和政府回应至少 1 次，漳州 PX 项目生产期间支持 PX 项目的"科普类"报道超过 15 次，爆炸事故超过 20 次，项目违规生产超过 5 次，其中连篇累牍的科普报道有明显的控制恐慌的意味，总体表现为批评 PX；昆明 PX 项目报道抗议和政府回应至少 1 次；大连 PX 项目报道抗议后政府计划搬迁至少 2 次。南京 PX 项目播出过 1 次关于安全生产的新闻。

　　报纸全文数据库共涉及 39 篇报道，其中涉及厦门的有 5 篇叙事、2 篇报道公众反对或环评缺位，对项目有轻度批评。涉及大连或与大连抗争同期的有 4 篇，2 篇叙述 PX 风险，1 篇报道应加强 PX 企业自查，1 篇中立，对项目有轻微批评。2013 年昆明抗争期间 1 篇要求增加透明度，1 篇报道协商过程，2 篇介绍 PX，对项目轻微批评。2013 年另有 2 篇针对漳州事故要求政府和厂家分别改善工作，对项目批评。2014 年茂名抗议期间 1 篇评论主张政府更细致化解"非理性"焦虑，强调抗争中的违法行为，2 篇文章赞扬"词条保卫战"，多篇文章呼吁消除"恐惧症"、介绍国外 PX 项目安全，对抗争批评。

　　新华社数据库含供稿 62 篇，其中评论性文章 2 篇批评大连项目环评未批先建，11 篇叙事，对项目轻度批评。昆明 1 篇叙事，1 篇电视通稿呼吁加强信息透明、取信于民，对项目轻微批评。茂名抗争 1 篇事后评论。宁波抗争 1 篇叙事，1 篇专访行业人士"谈化色变"，对抗争轻微批评。厦门13篇中3篇为强调应重视环评程序，对项目轻微批评。漳州9篇报道主要为报道事故，涉及环保部叫停和批评项目安全性，对项目批评。6篇2013年的综合性评论文章，报道抗议、批评成都彭州和昆明项目缺乏透明性，仅1篇批评"一闹就停"。另有16篇关于PX抗议和邻避类抗议的综合评论文章，2014年茂名抗争期间的以批评非理性为主。

三个数据源相互补充，且态度基本一致。综合判断，在赋值上按照批评抗争者、轻微批评抗争者、中立或无报道、轻微批评项目、批评项目分别赋值为0、0.25、0.5、0.75、1。

本地政治机遇方面，尝试着对警察干预和政府内部支持作了编码。警察干预按照警察警戒-警察阻挡-警民冲突-大规模冲突和抓捕-大规模伤亡依次为0.2、0.4、0.6、0.8、1.0来编码，政府内部支持则按照未表态、抗争期间妥协、抗争前妥协编为0、0.5和1。由于已发生的抗争可以通过多方媒体报道交互检验，而未实际发生的抗争实际上只有个别海外媒体提供孤证，只有发生抗争的案例才能取得可信的赋值，在早期的尝试分析中没有提供有解释力的结果，所以在正式分析中并未采用。

抗争产出：

抗争发生（PROTEST）：综合国内媒体、维基百科等主流网站和搜索引擎的检索结果，可以确认厦门、宁波、昆明、大连、成都和上海发生过反PX主题的游行；成都、九江均有一次最终未发生的游行传言；漳州有渔民组织抗议但被阻挠的传言。天津有一次和PX无关的石化类项目抗议，不列于内。[①] 这里以结果论，实际发生游行为1，未发生为0.

抗争规模（PROTESTNumber）：综合互联网可检索的或有归档的国内媒体、海外媒体的报道。国内外说法不一致或国内无数字报道的，采用BBC、联合早报等知名大型海外媒体的数字。"数百人"或更少为0.2，"上千"为0.4，"数千"为0.6，"上万"或"数千"多次

---

① 嘉兴曾有一次反PX静坐，但该地规划的实际是炼油项目，政府回应后抗议民众散去。

为 0.8。大连抗议规模公开报道为 12000 多人，实际规模可能更大，有海外媒体称其为北方 20 年内最大规模的群体性事件，取 1.0。未发生抗争取 0。

抗争程度（PROTESTLevel）：这一变量是另行构建的，在这里稍作说明。抗争发生和抗争规模这一测量方式存在一个问题，即当地政府系统和周密的社会明显削弱游行的实际规模。前面在内部政治机遇部分提到，关于社会控制的数据用于分析并不可靠。因此，综合新闻网站检索、其他媒体和当地政府公告，按照对抗达到的最高激烈程度来另行构拟一个变量。为了尽量减少网络监管和媒体控制对抗争程度估计的影响，检索 PX 关键词时，遍历了收集 2010 年 10 月以后被删除的新浪微博的 freeweibo.com、Google 的网页快照等来源。不采信孤证，例如不采信唯一来源为意识形态上严重敌对中国政府的境外中文网站，但接受海外主流媒体、国内互联网能够相互印证的报道。无抗议证据为 0；零星反对舆论如洛阳、南京等地仅存少量社交网站网帖为 0.2；反对舆论引起政府间接干预，如青岛有财新记者称有关部门分别约谈了当地知名网友[①]，为 0.4；反对舆论引起政府公开表态或干预为 0.6；未发生大规模冲突的游行抗争为 0.8；发生大规模冲突、拘捕数十人以上的茂名和宁波游行为 1.0。这样，由于严密社会控制未能成形的九江抗争、规模极小的成都 2008 年抗争仍能达到 0.6 的水平，避免出现由于社会控制而造成赋值和抗争酝酿的程度倒挂的案例，削弱解释能力。

四、单变量考察

1. 单变量：倾向于风险感知和资源动员

首先以全部取值完整的单变量为条件变量，对单变量的充分一致性和覆盖率进行检验。分别以抗争的发生、规模和程度为研究变量，作必要条件检测，依次得（由于一致性<0.7 的单变量意义不大，在此略去）：

---

① "青岛乙烯项目观察记"，陈宝成财新博客，见 http://chenbaocheng.blog.caixin.com/archives/55339

表 1	单变量一致性和覆盖率（必要性>0.7）	
PROTEST		
PXDistance_Local	0.77142	0.38571
GDPPC	0.71428	0.46728
PROTESTNumber		
PXSize	0.8421	0.27586
PXDistance_Local	0.8421	0.22857
GDPPC	0.92105	0.3271
OrgDensity	0.76315	0.28999
ForumUse	0.73684	0.34146
PROTESTLevel		
PXSize	0.75609	0.53448
PXDistance_Local	0.87804	0.51428
GDPPC	0.81707	0.62616
OrgDensity	0.7439	0.61
ForumUse	0.7317	0.7317

　　从结果可以看出，以抗争的规模为结果变量时，PX 风险设施的规模和与最近市区的空间距离足够近均可以构成抗争发生的充分条件。以抗争的发生和程度为结果变量时，其充分性稍微减弱，但仍高于 0.7，且覆盖率相应提升。这意味着 PX 风险设施的规模和空间距离对抗争始终具有一定的解释力。同时以抗争的规模和程度为结果变量，人均 GDP 也开始构成充分条件，且对抗争程度的覆盖率更高，意味着人均 GDP 对抗争规模有一定的解释力、对抗争程度有较强的解释力。随着抗争结果的取值更加精细，组织密度和网络论坛热度开始接近抗争构成的充分条件，覆盖率有明显上升。可见，组织密度和网络论坛热度对抗争是否发生没有表现出强的解释力，但对抗争的范围和程度有一定的影响。

总的来说，风险感知类的条件变量对抗争的发生具有明显的充分性，风险感知可以一定程度上预测抗争的发生；而动员资源类的条件变量在具体分析抗争的程度时不仅具有一定的充分性，而且对抗争的对抗程度提供了较强的经验解释。但是，仅就抗争发生与否来说，给出的条件变量均不是确定的充分条件。下面予以验证：

2. 条件变量与案例比对：未得到普遍的拟合

接下来，以单条件变量取得真值表和对应的发生抗争的案例：

表2　　　　　　　　　　　单条件变量解释及其对应案例

PXSize	PX_DistanceLocal	PXDistance_City	SimIndustry	SimAccident	CitySize	GDPPC	Org	Forum	Cmedia	Cgov	PositiveCases	Cases	Consistency	PROTEST
0	0	0	0	0	0	0	0	0	0	0	昆明	1	1	1
0	1	0	1	0	0	1	0	0	0	0	宁波	1	1	1
1	1	1	0	0	0	1	1	1	0	0	厦门	1	1	1
1	0	0	0	0	1	1	0	1	0	0	上海	1	1	1
0	0	0	0	0	0	1	0	0	0	0	成都	1	1	1
0	0	0	0	1	0	0	0	0	0	0	大连	1	1	1
0	1	0	0	0	0	0	0	0	0	0	茂名	1	1	1

在极理想的情况下，取值为1的案例会分别聚类在几行里，根据左侧对应的条件变量取值，可以得到造成结果取值为1的典型条件组合。很多案例较多、条件变量有限的二值变量QCA就能得出这样的结果。但从本表可见，在抗争是否发生的意义上，7个抗争案例中无法识别出几个典型的类别，而且表达出极大的差异性。为了检验这一点，考虑分别以抗争的规模、程度来测量，但所解释抗争案例的数量明显下降；尝试去掉充分性最低的几个单一变量来简化条件变量组合，虽然看似可以获得几个聚类结果，但一致性低于0.6，内部差异仍然过大。

因此，在单变量层面并不能给出具有高度普遍解释力的条件组合或解释框架。有鉴于此，对抗争的发生、规模或程度，通过超集分析继续发掘和对比条件组合。由于条件变量的设计大体上按照怨恨产生（风险感知）、资源动员和政治机遇的三个解释路径，因此接下来分别在三种解释路径中进行条件组合的充分性和解释力对比。

五、分解释路径的条件组合

在这一部分，对每个解释路径相关变量分别作模糊值超集分析（考虑相关方向的情况下穷举所有条件组合），过滤一致性过低或者一致性足够但覆盖率过低的组合，在剩余组合中对比和评估相关变量的不同组合方式对抗争结果的解释能力，并识别较简明的因果组合。

1. 怨恨产生-风险感知：陌生与排斥

超集分析探索的结果见表 3- 表 5。仍然按照一致性 >0.8 的标准，发现风险感知的条件组合对抗争的发生和规模均无有意义的解释。不过，以抗争程度为研究变量时，有 4 个条件组合满足一致性要求，并表现出一定的解释力。可以粗略地认为这 4 个条件组合均在稍小于44.2% 左右的水平上解释抗争的激烈程度。由于解释程度相等，可以认为其中最为简单的组合，与城市中心的空间接近和无类似产业经验（[PXDistance_Local]*~[SimilarIndustry]①）即具有这样的解释力，加入PX 规模和周边市区的距离两个变量并未提升解释力。

实际上，在本地已有 PX 项目的情况下，只有宁波发生了比较激烈的抗争，而宁波抗争一方面是由当地农民因征地等抗争持续冲突而因引发的，另一方面也和当地化工产业密集，多次发生小规模的污染和泄漏事件有关，是一场在过程中不断发展和扩大、内涵复杂的抗争。类似地，上海的抗争从金山区发起，PX 产业原在上海市辖区另一侧的高桥，抗争发起地实际上并没有类似产业经验，如果按此调整赋值，一致性可能还会提高。

在辽阳、乌鲁木齐等地的 PX 项目本身就是长期生产的当地大型

---

① 在输出中，~[Variable] 这样的写法表示将其作为反相关的条件变量来看待。

表 3　风险感知条件组合对抗议发生的解释

terms	consistency	coverage	positive cases	negative cases
[PXDistance_City]*~[SimilarIndustry]*[SimilarAccident]	0.5909	0.18571		
[PXDistance_Local]*[PXDistance_City]*~[SimilarIndustry]*[SimilarAccident]	0.5909	0.18571		
[PXSize]*[PXDistance_City]*~[SimilarIndustry]*[SimilarAccident]	0.5909	0.18571		
[PXSize]*[PXDistance_Local]*[PXDistance_City]*~[SimilarIndustry]*[SimilarAccident]	0.5909	0.18571		
[PXDistance_Local]*~[SimilarIndustry]	0.58823	0.57142	1,11	9
[PXDistance_City]*~[SimilarIndustry]	0.58139	0.35714	1	
[PXDistance_Local]*[PXDistance_City]*~[SimilarIndustry]	0.58139	0.35714	1	
[PXSize]*[PXDistance_City]*~[SimilarIndustry]	0.58139	0.35714	1	
[PXSize]*[PXDistance_Local]*[PXDistance_City]*~[SimilarIndustry]	0.58139	0.35714	1	
[PXDistance_Local]*~[SimilarIndustry]*[SimilarAccident]	0.57142	0.28571		
~[SimilarIndustry]	0.55555	0.71428	1,11,13,16	9,15,18
[PXSize]*[PXDistance_Local]*~[SimilarIndustry]	0.54838	0.48571	1	9
[PXSize]*[PXDistance_Local]*~[SimilarIndustry]*[SimilarAccident]	0.54545	0.25714		
[PXSize]*~[SimilarIndustry]	0.5	0.48571	1	9,15,18
~[SimilarIndustry]*[SimilarAccident]	0.46808	0.31428	16	15,18
[PXSize]*~[SimilarIndustry]*[SimilarAccident]	0.46153	0.25714	15,18	
[PXSize]*[PXDistance_City]*[SimilarAccident]	0.45	0.25714		
[PXSize]*[PXDistance_Local]*[PXDistance_City]*[SimilarAccident]	0.45	0.25714		
[PXDistance_City]*[SirnilarAccident]	0.43478	0.28571		
[PXD:stance_Local]*[PXDistance_City]*[SimilarAccident]	0.43478	0.28571		
[PXSize]*[PXDistance_City]	0.42857	0.42857	1	
[PXSize]*[PXDistance_Local]*[PXDistance_City]	0.42857	0.42857	1	
[PXDistance_Local]*[SimilarAccident]	0.42424	0.4		
[PXSize]*[PXDistance_Local]*[SimilarAccident]	0.41379	0.34285		
[PXDistance_City]	0.39024	0.45714	1	2,7
[PXDistance_Local]*[PXDistance_City]	0.39024	0.45714	1	2,7
[PXDistance_Local]	0.38571	0.77142	1,3,6,11	2,4,5,7,8,9,10,12
[SimilarAccident]	0.38461	0.42857	16	15,18
[PXSize]*[PXDistance_Local]	0.37735	0.57142	1	5,9,10,12
[PXSize]*[SimilarAccident]	0.37499	0.34285	15,18	
[PXSize]	0.36206	0.61,17	5,9,10,12,15,18	

表4　风险感知条件组合对抗议规模的解释

terms	consistency	coverage	positive cases	negative cases
[PXDistance_City]*~[SimilarIndustry]*[SimilarAccident]	0.5909	0.3421		
[PXDistance_Local]*[PXDistance_City]*~[SimilarIndustry]*[SimilarAccident]	0.5909	0.3421		
[PXSize]*[PXDistance_City]*~[SimilarIndustry]*[SimilarAccident]	0.5909	0.3421		
[PXSize]*[PXDistance_Local]*[PXDistance_City]*~[SimilarIndustry]*[SimilarAccident]	0.5909	0.3421		
[PXDistance_Local]*[SimilarIndustry]*[SimilarAccident]	0.51428	0.47368		
[PXDistance_City]*~[SimilarIndustry]	0.48837	0.55263		
[PXDistance_Local]*[PXDistance_City]*~[SimilarIndustry]	0.48837	0.55263		
[PXSize]*[PXDistance_City]*~[SimilarIndustry]	0.48837	0.55263		
[PXSize]*[PXDistance_Local]*[PXDistance_City]*~[SimilarIndustry]*[SimilarAccident]	0.48484	0.42105		
[PXSize]*[PXDistance_City]*[SimilarAccident]	0.45	0.47368		
[PXSize]*[PXDistance_Local]*[PXDistance_City]*[SimilarAccident]	0.45	0.47368		
~[SimilarIndustry]*[SimilarAccident]	0.42553	0.52631	16	15,18
[PXSize]*~[SimilarIndustry]*[SimilarAccident]	0.41025	0.42105	15,18	
[PXDistance_City]*[SimilarAccident]	0.3913	0.47368		
[PXDistance_Local]*[PXDistance_City]*[SimilarAccident]*[SimilarIndustry]	0.3913	0.47368		
[PXSize]*[PXDistance_Local]*~[SimilarIndustry]	0.38709	0.63157	9	
[PXDis:ance_Local]*~[SimilarIndustry]	0.38235	0.68421	9,11	
[PXSize]*[PXDistance_Local]*[SimilarAccident]	0.37931	0.57894		
[PXSize]*[PXDistance_City]	0.37142	0.68421		
[PXSize]*[PXDistance_Local]*[PXDistance_City]	0.37142	0.68421		
[PXDistance_Local]*[SimilarAccident]	0.36363	0.63157		
[PXSize]*~[SimilarIndustry]	0.35294	0.63157	9,15,18	
[PXSize]*~[SimilarAccident]	0.34375	0.57894	15,18	
[SimilarAccident]	0.33333	0.68421	16	15,18
~[SimilarIndustry]	0.33333	0.78947	16	9,11,15,18
[PXDistance_City]	0.31707	0.68421	2,7	
[PXDistance_Local]*[PXDistance_City]	0.31707	0.68421	2,7	
[PXSize]*[PXDistance_Local]	0.28301	0.78947	5,9,10,12	
[PXSize]	0.27586	0.8421	5,9,10,12,15,18	
[PXDistance_Local]	0.22857	0.8421	2,4,5,7,8,9,10,11,12	

石化企业的一部分，乌鲁木齐 PX 生产所在地虽然处于米东区市区，但周边几乎都是乌鲁木齐石化的职工生活区、服务区，学校多为石化子弟学校，周边地区在地图上干脆以"石化"标注。在重工业城市和化工区多年毗邻的居民，以及作为大型国有石化企业产业链的组成部分的职工，得知附近的单位某个车间的生产规模有所扩大，恐怕不大可能产生反 PX 抗争者具有的那种威胁感。

这意味着在怨恨产生和风险感知的框架下，动员总体感到风险设施空间距离过近，且本地不存在类似产业的情况组合具有最好的解释力。风险设施与附近城区的实际距离、生产规模等与实际威胁直接相关的变量及其组合的重要性并不高，意味着抗争主体的风险感知很大程度上来自对风险设施的空间想象和陌生感，风险在相当程度上不是理性核算的结果，而是对风险设施——PX 生产项目在概念上的排斥，这和邻避运动的一般特征是一致的。

表 5　　　　风险感知条件组合对抗议程度的解释（一致性>0.8）

terms	consistency	coverage
[PXDistance_City]*~[SimilarIndustry]	0.88372	0.44186
[PXDistance_Local]*[PXDistance_City]*~[SimilarIndustry]	0.88372	0.44186
[PXSize]*[PXDistance_City]*~[SimilarIndustry]	0.88372	0.44186
[PXSize]*[PXDistance_Local]*[PXDistance_City]*~[SimilarIndustry]	0.88372	0.44186

2. 资源动员：城市规模与互联网角色的两种组合

资源动员类条件变量组合的解释能力，和风险感知出现了类似的情况，即对抗争发生和规模的预测一致性均远低于 0.8。关于抗议程度的解释能力则同样有较好的结果，见表 6：

表 6　　　　风险感知条件组合对抗议程度的解释（一致性>0.8）

terms	consistency	coverage
[CitySize]*[OrgDensity]*[ForumUse]	0.81632	0.46511
[CitySize]*[GDPPC]*[OrgDensity]*[ForumUse]	0.81632	0.46511
[CitySize]*[ForumUse]	0.81481	0.51162
[CitySize]*[GDPPC]*[ForumUse]	0.81132	0.5
~[CitySize]*[OrgDensity]*[ForumUse]	0.81034	0.54651
~[CitySize]*[GDPPC]*[ForumUse]	0.80769	0.48837
~[CitySize]*[GDPPC]*[OrgDensity]*[ForumUse]	0.80769	0.48837
[GDPPC]*[OrgDensity]*[ForumUse]	0.80645	0.58139

解释能力最强的人均GDP、组织密度和论坛热度条件组合的覆盖率达到0.58，意味着高经济地位、高组织密度和高网络动员的共同作用会提升抗议的程度，这与资源动员的解释路径关于正式社会关系网络、互联网社会动员能够提升社会运动的可能性是符合的。由于论坛热度和抗争的程度本身有较强的共线性，这一结论本身又符合常识和直觉，在控制其他变量或者引入其他方式加强检验之前，谈不上太多启发性。

不过，[城市规模]*[论坛热度]和[城市规模]*[组织密度]*[论坛热度]的解释力也仅次于前述条件组合，这两个组合的对比意味着大型城市的抗争动员更主要地依赖网络动员，相对小型的城市的动员则需要传统组织和网络动员的组合。这存在几种可能的解释：1）大型城市的社会组织中有更多的官方和半官方组织，它们提供的那部分组织密度不仅不能反映动员抗争的网络资源，反而还起到了增强社会控制的作用，如成都案例中当地政府通过调整公务员、事业单位、企业和学校等的假期来对抗抗争动员。但这一解释和其他数据并不吻合，组织密度最高的五个城市中有三个已经发生了游行，青岛"有关部门"约谈网友意味着当地政府感受到了游行的风险或者掌握了这些网友号召游行的证据。这五个城市四个是省会或副省级大城市，社会控制即使不是最高，至少也不会太低，却都发生了抗争，而淄博无抗争很大程度上又可以用它接近30年的PX生产史来解释。2）互联网动员的优势确实在大型城市更为明显，也即之前研究指出的不受群体规模过大的影响，因为互联网具有较低的组织成本、允许"去组织化"的大众动员，借助较大的网民基础来形成更有活力的网络社区绕过社会控制。另外，简单化、脸谱化和污名化的邻避运动动员方式本身也适应网络媒介的传播速度和广度。

在这两个组合中人均GDP均没有扮演有解释力的角色。在大城市方面，可能是因为人均GDP和城市规模之间的共线性；在较小城市方面，可能是由于较高的人均GDP带来了更低的地方怨恨水平。考虑到经济水平除了反映社会经济地位对抗争资源动员的正向作用，也可能通过更大规模的中产阶级和业主群体的经济风险感知和高环保意识对抗争动员起正向作用，为了尝试验证后者，在这里再将人均GDP并入风险感知条件变量组，再行计算条件组合：

表7　　　人均GDP和风险感知条件组合对抗议程度的解释

terms	consistency	coverage	positive cases
~[SimilarIndustry]*[GDPPC]	0.83636	0.53488	4
[PXDistance_City]*~[SimilarIndustry]	0.88372	0.44186	
[PXDistance_Local]*~[SimilarIndustry]*[GDPPC]	0.82352	0.48837	
[PXDistance_Local]*[PXDistance_City]*~[SimilarIndustry]	0.88372	0.44186	
[PXSize]*~[SimilarIndustry]*[GDPPC]	0.83333	0.46511	
[PXSize]*[PXDistance_City]*~[SimilarIndustry]	0.88372	0.44186	
[PXSize]*[PXDistance_Local]*~[SimilarIndustry]*[GDPPC]	0.83333	0.46511	
[PXSize]*[PXDistance_Local]*[PXDistance_City]* ~[SimilarIndustry]	0.88372	0.44186	

（一致性 >0.8）

在解释性最好的 [距离]*~[类似产业] 基础上添加人均 GDP，覆盖率有些微提高，但一致性却相应下降，即没有明显改善原条件组合的解释性，意味着经济风险感知方面，这一结果并没有为资产较多的抗争主体对风险更加厌恶提供证据。环保意识方面，在上海、大连、宁波等高人均收入城市抗争发生时，政府和央媒已经开始频繁宣传PX 危害有限，更高的教育水平和环保知识也不会增加对 PX 项目的厌恶。这样，人均 GDP 的组合结果倾向于支持经济地位更多地作为抗争资源动员而非风险感知的因素在起作用。

由表 7 还可见，高人均 GDP 和无类似产业的组合也能够提供抗争发生的好的解释。这和关于风险条件组合的原有结论没有构成威胁，因为其支持性案例（id=4）是厦门抗争，厦门抗争中本地精英和市民代表的核心观点是"海沧石化工业区与后来已经实际形成的海沧新城区存在矛盾。在城市的功能定位上，应该按照国务院已经确定的厦门作为港口风景旅游城市的定位进行选择"①。对高收入的旅游业城市来说，PX 工业的进入不仅不能带来经济上的改善，还额外占据发

---

① 《定位石化工业区还是城市次中心》，《人民日报》2007 年 12 月 14 日 5 版。

展空间，负外部性远远大于收益。如果去掉厦门这个特殊情况，这个新的组合的解释力就会有所下降，不足以质疑原有的结论（距离和无类似工业的组合解释力最强）了。

3．政治机遇：抗争者从哪里感知政治机遇？

表8　　　　　　　政治机遇条件组合对抗议发生的解释

terms	consistency	coverage	positive cases	negative cases
[Cgov]	0.45	0.23684		16
[Cmedia]*[Cgov]	0.45	0.23684		16
[Cmedia]	0.27027	0.65789		16

表9　　　　　　　政治机遇条件组合对抗议规模的解释

terms	consistency	coverage	positive cases	negative cases
[Cgov]	0.5	0.14285		16
[Cmedia]*[Cgov]	0.5	0.14285		16
[Cmedia]	0.4054	0.53571		16

表10　　　　　　　政治机遇条件组合对抗议程度的解释

terms	consistency	coverage	positive cases	negative cases
[Cgov]	0.7		0.16279	
[Cmedia]*[Cgov]	0.7		0.16279	
[Cmedia]	0.63243		0.68023	

显然，外部政治机遇对抗争发生和规模的解释能力仍然很差。前面提到，央媒报道和中央干预并不能呈现本地的政治机遇，这也容易理解。出现了消极案例（id=16）成都，和成都抗争被当地政府强力控制，实际影响较小有关，央媒在两次抗争之间对彭州石化项目的提及与其说是批评，不如说是马后炮。以抗争成都为研究变量，仍然没有取得高一致性的结果。不过，央媒报道和中央干预的组合与中央干预单变量的一致性相对仍高，它们的覆盖率多少能反映其解释能力。

所有分析中均极低的覆盖率，意味着来自中央的外部政治机遇对抗争的影响很小。这和政治机遇在中国都市集体行动中的突出影响权重是非常不一致的。一种可能的解释是，政府是否主导项目决策并不重要，美国和中国的邻避抗争在这个问题上是一致的。另一种可能的解释是，现有的测量方法并不能很好地反映抗争主体对政治机遇的认知，这又表现为两种情况：

1）抗争主体对政治机遇的感知主要来自本地地方政府，而本地地方政府的反应几乎不受中央干预和央媒报道的影响。中央干预通常来自环保部，厦门抗争期间环保部就曾承认自己的干预几乎没有强制性，项目的审批和规划权力属于发改委，而环境评价的审批责任也分散在环保部 / 原环保总局及其下属各级单位。在 2003 年《环评法》的框架下，环保部门可以进行的处罚上限是 20 万元人民币，对石化企业来说不过是九牛一毛。后来甚至多次出现环保部公函被无视的情况。换言之，在发改委默许的情况下，环保部的干预并不会影响地方政府的污染产业决策。至于中央媒体的支持，大部分是呼吁公开、透明的政治"心灵鸡汤"，和违法、违规、追责的谴责方式的威力不可同日而语。

2）抗争主体对政治机遇的感知主要来自其他城市的成功经验，现有测量方式根本没有反映外部政治机遇。2011 年以后，由于 PX 的短缺，发改委规划决策 PX 项目的动力更强。如果说宁波的抗争和征地争端有关、央媒的批评态度还不具有标志性，那么到茂名事件前后，中央的态度已经完全逆转。现任环保部长的陈吉宁，就曾在公开场合为 PX 安全性背书。这个过程中，来自外部的政治机遇空间不断地减少，到 2015 年制度框架转变（下放 PX 审批权）再创新低。在这种情况下，一两篇支持性报道或者环保部的一两次批评，并不能反映中央态度的主流。

而这个过程恰恰不是一般公众关注的重点，抗争主体对政治机遇的感知主要来自其他城市的成功经验，他们认知到的政治机遇没有降低。由于厦门抗争的示范性成功，抗争主体形成了抗争就能使政府态度软化的强人预期。无论对抗程度和地方政府的态度如何强硬，几乎所有的抗争都取得了形式上的成果，即使是从未停产的大连 PX 项目，当地政府也宣布了停产和迁建的计划（尽管从未实施）。而时间序列恰恰是 QCA 所不能较好地分析的。换言之，"一闹就停"的规律屹立不倒，就是城市 PX 抗争者最大的政治机遇，抗争者在充分理解这一点的前提下，作出了相当理性的决策。

六、分析的补充：遗憾和检验

1. 完备性

由于缺乏合适且有可信数据的测量方式，主要解释路径涉及的次级变量并没有完全包含。除了前面提到过的外部政治机遇之外，还有几个次级变量需要额外的补充说明。

其一是次生怨恨问题。尽管风险感知已经提供了有意义的解释能力结果，但在变量设计上，除经济痛苦，当地其他怨恨并未充分反映出来。在足够粒度的犯罪率或维稳经费等数字指标不易获取的情况下，单靠宁波镇海区多次发生污染事件并引发抗争、成都彭州石化曾经冒出黑烟等零星和孤立的描述，并不足以构拟一个反映普遍怨恨积累且可对比的条件变量。这是一个较大的遗憾。

其二是抗争效果问题。在变量数据收集和赋值之初，曾试图根据佯装妥协、拖延、中止 / 取消来定序的赋值政府的回应，但由于街头抗争的发生和出现政府回应完全一一对应，只能得出"一闹就停"这样的结论。由于"一闹就停"可能构成抗争主体的政治机遇感知，脱离实地观察、访谈等资料收集来讨论这个问题是不明智的。因此，分析仅仅局限在对抗争的产生和程度的解释上，不涉及抗争的结果问题。

2. 稳健性

关于连续变量的校准（calibration）问题。根据唐世平的建议，可以更换三种或更多的 Scale（唐睿、唐世平，2013），在解释能力没有大的变化情况下，承认赋值的稳健性。同时，进行 mvQCA（Muti-Variable Qualitative Comparative Analysis，多值定性比较分析），将连续变量手动转化为定序变量，比较解释能力，也可以部分地检验分析的稳健性。此外，样本数量合适、连续变量较多时，还可以结合一般回归分析来对照分析结果。

由于本文的案例数量等因素，显然不适宜用回归分析进行对照。涉及连续变量转化的条件变量中，GDP、组织密度等实际上相当于进行了线性的校准，其可靠性尚优于主观的多值分析。城市规模、空间距离等变量分布相对集中，系按照接近原则相对平均分组，可进行的赋值调整空间有限，实际上对变量组合的解释能力没有明显的改变。比较突出的模糊值主观性问题，主要受影响的变量是研究变量中的抗争程度。对抗争级别进行更加粗略的赋值调整，如几乎无抗议为0、大规模舆论抗议为0.5、游行示威为1，或者改变标准，按照之前的警察干预程度赋值几乎无对抗为0、轻微对抗为0.5、大批拘捕为1等。解释能力虽然出现一定程度的波动，但对前述提及的条件组合及解释能力没有出现否定结论，其可靠性尚可接受。

七、小　结

综上，本文在条件组合的一致性和覆盖率计算的基础上，探索了关于这一类事件的三种主要解释路径的解释力，并对次级影响因素组合的有效性作了讨论。初步的结论是：

首先，社会运动和集体抗争机制的复杂性，导致很难获得整合的拟合性模型，只能基于解释能力的出入和条件组合的对比进行解释。怨恨生产和资源动员均表现出了一定的解释力，但这是在分别进行条件组合解释的情况下得出的，解释力之间没有明确的可比性。与此同时，外部政治机遇在抗争发生机制中的作用并不突出，可能是由于邻避抗争主体对政治机会在不同决策环境中都不敏感，如果这一点得到确证，就会扩展 Wright 的结论。

其次，在不同解释路径下的条件变量组合中，初步发现以下机制：一是风险感知的核心影响因素是陌生与排斥，风险设施的客观规模和风险解释力低下，也没有充分的证据证明业主群体对资产和生活质量关切扮演了重要角色；二是资源动员方面，互联网在大型城市中的动员作用和小型城市很可能是不同的，在大城市可能是替代性的动员结构，在小城市则表现为和传统动员资源的互补。二是政治机遇的感知方面，以上级干预为核心的对邻避事件抗争主体的政治机会的测量方式很可能并不能反映邻避抗争主体的实际机会感知。

结果与探讨

一、方法的其他问题

回顾分析的整个过程，除了之前已经提及的问题，即次级变量不完备可能造成总的解释力不足，现在来看，QCA 方法在类似问题上的继续运用还需要注意另外几个方面：1）测量指标的共线性问题。既往积累的普遍怨恨和痛苦，在本研究中没有找到可信且不与主要研究变量共线的指标来衡量。虽然 QCA 本身不依赖于变量独立的假设，但共线性本身就会带来解释上的麻烦，削弱因果推断的信度。2）反 PX 抗争多次走向街头抗争，不同的地方政府作出了相当不同的回应，对网络动员的控制尺度和效果也不完全一致。在抗争运动报道并未真正脱敏的情况下，消息的审核和控制本身就会干扰证据的获取，甚至可能由于交叉证据过少导致错误赋值。鉴于引入实时的数据抓取和存留情况，能够还原动员情况和信息控制的程度（King, Pan, & Roberts, 2013），在类似研究中部署类似工具的必要性越来越强。3）作为一个复杂系统，社会运动和集体抗争的影响机制带来了较多的次级变量，而抗争案例之间的差异性、抗争本身的特定情境，决定了很难找到一个足以作为绝大部分案例都具有必要条件的简单条件组合。即使为所有次级变量找到良好的拟合与赋值方案，也不太容易取得以少量二分变量进行的分析那样的效度；即使取得了效度上佳的结论，也不见得比复杂分析具有更强的说服力。在一项关于战争联盟的研究中，研究者发现单方的大国存在和跨文化进攻性联盟是联盟在战争中取得胜利的两种相关机制（岳鹏，2015）。如果这两个模式归根到底都是通过联盟的综合国力在起作用呢？这是 QCA 分析者必须直面的问题。

二、探索性推论

根据风险感知的条件组合的解释能力，前文推断对邻避的排斥来自抽象的空间概念和陌生感。换言之，精神上的嫌恶并不能用实际的负外部性计算来估计，"科普"式的对应方式并不能真正在风险和怨恨这一环限制抗争的酝酿。这里可以有一个非常具体的政策建议：就PX这样的风险与厌恶不对称的设施，与其在不信任感强烈的情况下徒劳地强调决策透明化、信息公开化的尝试，不如多请普通市民近距离参观一下设施本身。九江、南京的类似举动，已经显示出了一些效果[①]。

图2　中石化官网新闻

分析结果支持互联网作为强替代性资源动员机制的作用。社会组织本身具有的社会控制作用，平衡了其作为动员资源的影响；互联网对大规模动员的适应性和网络审查的局限性，凸显了作为动员结构的优势。此消彼长，互联网自然会在未来相当长时期中继续扮演动员机制的作用。但是，互联网"去组织化"的动员究竟怎样生成，其关键节点和可以从外部观察到的意见领袖、信息节点是否一致，还需要更深入的研究。

分析中没有充足的证据表明高收入群体表现出更强的风险感知，可能反映出国内邻避抗争中，业主群体的生活质量受威胁感并不构成主要因素。随着地价的进一步上扬和城市中产阶级的持续发育，未来

---

① "PX项目九汀突围样本"，中化新网，参见 http://www.ccin.com.cn/ccin/6847/6850/index.shtml

这一情况可能会发生变化。

分析暗示抗争主体可能具有结果主义的政治机遇观。如果对抗争者进行深入访谈等证据也能支持这一点，那就意味着"刁民"得益的现象和对应的维稳逻辑已经深刻改变了抗争中政治机会的作用形式，而这无疑会长久改变对抗争的发生和对抗的程度的影响机制。

三、研究的拓展性

与其他应用 QCA 的国内抗争研究相比，本文的案例数量并不多，虽然总体案例能够支持 QCA 分析，但因为抗争数量的有限，并不能就抗争过程和结果作进一步的分析。如果能够将研究案例扩展到一般邻避型事件，会有助于增进对抗争结果和方式的理解，尤其是进一步确认本文关于风险的推测。不过，在环评和审批等级不断下放的情况下，不存在一个完整的邻避设施的列表，也就不大可能将抗争发生和抗争程度的因素推断也扩展到一般邻避性事件中。

研究结论对当前理论关于政治机遇在抗争中的作用并没有充分反映。按照前面提到的几种可能的解释，一个可能有效的解决方法是考虑时间序列，以控制案例之间的相关性，并对外部政治机会的实质缩减做出验证。但是，在 QCA 的方法框架中暂时还不能解决这个问题。实际上，无论是次生和积累怨恨的测量，还是时间序列的内部关系，最为成熟的方法应该是扎根方法和田野研究，即发挥 QCA 与传统方法之间的互补性，进一步检测和识别理论不一致的确切原因，验证本文提出的诸多可能的解释是否成立。

参考文献

乌尔里希·贝克，2004，《风险社会》（U. Beck，1992，Risk Society : Towards a New Modernity），译林出版社

陈晓运，2012，"去组织化：业主集体行动的策略——以 G 市反对垃圾焚烧厂建设事件为例"，《公共管理学报》，第 3 期

陈晓运、段然，2011，"游走在家园与社会之间：环境抗争中的都市女性——

以 G 市市民反对垃圾焚烧发电厂建设为例",《开放时代》,第 9 期

陈映芳,2006,"行动力与制度限制:都市运动中的中产阶层",《社会学研究》,第 4 期

陈云松,2013,"互联网使用是否扩大非制度化政治参与",《社会》,第 5 期

董海军,2008,"'作为武器的弱者身份':农民维权抗争的底层政治",《社会》,第 4 期

冯仕政,2003,"西方社会运动研究:现状与范式",《国外社会科学》第 5 期

冯仕政,2006,"单位分割与集体抗争",《社会学研究》,第 3 期

冯仕政,2007,"沉默的大多数:差序格局与环境抗争",《中国人民大学学报》,第 1 期

高洪贵,2013,"作为弱者的武器:农民工利益表达的底层方式及生成逻辑——以农民工'创意讨薪'为分析对象",《中国青年研究》,第 2 期,

龚文娟,2013,"约制与建构:环境议题的呈现机制",《社会》,第 1 期

郭于华,2002,"'弱者的武器'与'隐藏的文本'",《读书》,第 7 期

洪大用,2000,"当代中国社会转型与环境问题——一个初步的分析框架",《东南学术》,第 5 期

侯光辉、王元地,2014,"邻避危机何以愈演愈烈——一个整合性归因模型",《公共管理学报》,第 3 期

黄荣贵、桂勇,2009,"互联网与业主集体抗争:一项基于定性比较分析方法的研究",《社会学研究》,第 5 期

黄荣贵、郑雯、桂勇,2015,"多渠道强干预,框架与抗争结果——对 40 个拆迁抗争案例的模糊集定性比较分析",《社会学研究》,第 5 期

安东尼·吉登斯,2000:《现代性的后果》(A. Giddens,1990,The Consequences of Modernity),译林出版社

景军,2009,"认知与自觉:一个西北乡村的环境抗争",《中国农业大学学报:社会科学版》,第 4 期

李健,2012,"基于模糊集定性比较分析的民营企业政治行为有效性研究",《商业经济与管理》,第 11 期

李健、西宝,2012,"管制俘获成因的定性比较分析",《哈尔滨工程大学学报》,第 7 期

李良荣、郑雯、张盛,2013,"网络群体性事件爆发机理:'传播属性'与'事件属性'双重建模研究——基于 195 个案例的定性比较分析(QCA)",

《现代传播：中国传媒大学学报》，第 2 期

李素霞，2013，"精英群体的环境抗争经验与困境：渤海溢油后的抗争之路"，
《2013 年中国社会学年会暨第四届海洋社会学论坛论文集》，

刘琳，2012，"'无组织化'：转型期群体性事件的主要风险因素"，《当代社科
视野》，第 9 期

刘能，2004："怨恨解释、动员结构和理性选择——有关中国都市地区集体行
动发生可能性的分析"，《开放时代》，第 4 期

罗亚娟，2013："依情理抗争：农民抗争行为的乡土性——基于苏北若干
村庄农民环境抗争的经验研究"，《南京农业大学学报：社会科学版》，
第 2 期

阿克塞尔•马克斯、贝努瓦•里候科斯、查尔斯•拉金，2015，"社会科学研
究中的定性比较分析法——近 25 年的发展及应用评估"，《国外社会科
学》，第 6 期

奥尔森•曼瑟尔，1995，《集体行动的逻辑》（M. Olson, 1965, The Logic of
Collective Action），生活•读书•新知三联书店、上海人民出版社

倪宁、杨玉红，2009，"基于模糊集定性比较分析方法改进胜任力建模"，《工
业工程与管理》，第 2 期

丘昌泰，2002，"从'邻避情结'到'迎臂效应'台湾环保抗争的问题与出
路"，《政治科学论丛》，第 17 期

任丙强、孙龙，2015，"互联网与环境领域的集体行动：比较案例分析"，《经
济社会体制比较》，第 2 期

任树伟、陈琳琳，2015，"基于 QCA 下公共事业管理专业人才培养模式影响
因素分析"，《经济师》，第 4 期

覃冰玉，2015，"中国式生态政治：基于近年来环境群体性事件的分析"，《东
北大学学报（社会科学版）》，第 5 期

詹姆斯•C•斯科特，2004，《国家的视角》（J. Scott, 1998, Seeing Like a
State : How Certain Schemes to Improve the Human Condition Have Failed），
社会科学文献出版社

唐睿、唐世平，2013，"历史遗产与原苏东国家的民主转型——基于 26 个国
家的模糊集与多值 QCA 的双重检测"，《世界经济与政治》，第 2 期

陶鹏、童星，2010，"邻避型群体性事件及其治理"，《南京社会科学》，第 8 期

童志锋，2008，"历程与特点：社会转型期下的环境抗争研究"，《甘肃理论学

刊》，第 6 期

童志锋，2013，"政治机会结构变迁与农村集体行动的生成——基于环境抗争的研究"，《理论月刊》，第 3 期

童志锋，2014，"变动的环境组织模式与发展的环境运动网络——对福建省 P 县一起环境抗争运动的分析"，《南京工业大学学报：社会科学版》，第 1 期

王洪伟，2010，"'以身抗争'与'以法抗争'：当代中国底层社会抗争的两种社会学逻辑"，《2010 年中国社会学年会——"社会稳定与危机预警预控管理系统研究"论坛论文集》，

王全权、陈相雨，2013，"网络赋权与环境抗争"，《江海学刊》，第 4 期

谢岳、曹开雄，2009，"集体行动理论化系谱：从社会运动理论到抗争政治理论"，《上海交通大学学报：哲学社会科学版》，第 3 期

应星，2009，"'气场'与群体性事件的发生机制——两个个案的比较"，《社会学研究》，第 6 期

岳鹏，2015，"联盟如何在国际冲突中取胜？——基于 47 个案例的多值集 QCA 与回归分析双重检验"，《世界经济与政治论坛》，第 3 期

张海波、童星，2009，"高风险社会中的公共政策"，《南京师大学报 (社会科学版)》，第 6 期

赵鼎新，2006a，"集体行动、搭便车理论与形式社会学方法"，《社会学研究》，第 1 期

赵鼎新，2006b，《社会与政治运动讲义》，社会科学文献出版社，

朱海忠，2011，"西方'政治机会结构'理论述评"，《国外社会科学》，第 6 期

朱健刚，2011，"以理抗争：都市集体行动的策略以广州南园的业主维权为例"，《社会》，第 3 期

Amenta, E., & J. D. Poulsen. 1994. "Where to Begin: A Survey of Five Approaches to Selecting Independent Variables for Qualitative Comparative Analysis." *Sociological Methods & Research* 23 (1): 22-53.

Beck, Ulrich. 1992. Risk Society. Sage Publications Ltd.

Beers, Steve. 2015. "QCA as Competing or Complementary Method? A Qualitative Comparative Analysis Approach to Protest Event Data." *International Journal of Social Research Methodology*, June, 1-16.

Caren, N. 2005. "TQCA: A Technique for Adding Temporality to Qualitative Comparative Analysis." *Sociological Methods & Research* 34 (2): 147–72.

Devine-Wright, Patrick. 2009. "Rethinking NIMBYism: The Role of Place Attachment and Place Identity in Explaining Place-Protective Action." *Journal of Community & Applied Social Psychology* 19 (6): 426-441.

Eisinger, Peter K. 1973. "The Conditions of Protest Behavior in American Cities." *American Political Science Review* 67 (1): 11-28.

Gamson, William A., and Kathryn E. Lasch. 1981. "The Political Culture of Social Welfare Policy."

Giddens, Anthony. 2013. The Consequences of Modernity. John Wiley & Sons.

Goodwin, Jeff, & James M. Jasper. 1999. "Caught in a Winding, Snarling Vine: The Structural Bias of Political Process Theory." *Sociological Forum*, 14:27–54.

Gurr, Ted Robert. 1970. Why Men Rebel. Princeton, N.J: Published for the Center of International Studies, Princeton University Press.

Gurr, Ted Robert. 2011. Why Men Rebel. 40. anniversary paperback ed. Boulder, Colo.: Paradigm Publ.

Habermas, Jürgen. 1985. The Theory of Communicative Action: Lifeworld and System: A Critique of Functionalist Reason. Translated by Thomas McCarthy. Vol. 2. Beacon Press.

Hunter, Susan, & Kevin M. Leyden. 1995. "Beyond NIMBY." *Policy Studies Journal* 23 (4): 601–619.

Inglehart, Ronald. 1981. "Post-Materialism in an Environment of Insecurity." *American Political Science Review* 75 (4): 880–900.

Jasper, James M. 2010. "Social Movement Theory Today: Toward a Theory of Action?" *Sociology Compass* 4 (11): 965–976.

King, Gary, Jennifer Pan, & Margaret E. Roberts. 2013. "How Censorship in China Allows Government Criticism but Silences Collective Expression." *American Political Science Review* 107 (2): 326–343.

Le Bon, Gustave. 2001. The Crowd: A Study of the Popular Mind. Mineola, NY: Dover Publications.

Mayer, Margit. 2006. "Manuel Castells' the City and the Grassroots." *International Journal of Urban and Regional Research* 30 (1): 202–206.

McAdam, Doug, John D. McCarthy, & Mayer N. Zald. 1996. Comparative Perspectives on Social Movements: Political Opportunities, Mobilizing Structures, and Cultural Framings. Cambridge University Press.

McAdam, Doug, John D. McCarthy, Mayer N. Zald, & others. 1996. "Introduction: Opportunities, Mobilizing Structures, and Framing Processes—toward a Synthetic, Comparative Perspective on Social Movements." Comparative Perspectives on Social Movements: Political Opportunities, Mobilizing Structures, and Cultural Framings, 1–20.

McAdam, Douglas, Sidney Tarrow, & Charles Tilly. 2001. Dynamics of Contention. Cambridge: Cambridge University Press.

McCarthy, John D., & Mayer N. Zald. 1977. "Resource Mobilization and Social Movements: A Partial Theory." American Journal of Sociology, 1212–1241.

Mol, Arthur PJ, & Gert Spaargaren. 1993. "Environment, Modernity and the Risk-Society: The Apocalyptic Horizon of Environmental Reform." International Sociology 8 (4): 431–459.

Olson, Mancur. 2009. The Logic of Collective Action: Public Goods and the Theory of Groups. Vol. 124. Harvard University Press.

Ragin, Charles C. 1987. The Comparative Method: Moving beyond Qualitative and Quantitative Strategies. University of California Press.

Ragin, Charles C. 2000. Fuzzy-Set Social Science. University of Chicago Press.

Ragin, Charles C. 2008. Redesigning Social Inquiry: Fuzzy Sets and Beyond. University of Chicago Press.

Ragin, Charles C., Susan E. Mayer, and Kriss A. Drass. 1984. "Assessing Discrimination: A Boolean Approach." American Sociological Review 49 (2): 221.

Ragin, Charles C., Claude Rubinson, David Schaefer, Shawna Anderson, Emily Williams, and Helen Giesel. 2008. "User's Guide to Fuzzy-Set/qualitative Comparative Analysis." University of Arizona 87.

Schively, Carissa. 2007. "Understanding the NIMBY and LULU Phenomena: Reassessing Our Knowledge Base and Informing Future Research." Journal of Planning Literature 21 (3): 255–266.

Snow, David A., Robert D. Benford, and others. 1988. "Ideology, Frame Resonance, and Participant Mobilization." *International Social Movement Research* 1 (1): 197–217.

Snow, David A., E. Burke Rochford Jr, Steven K. Worden, and Robert D. Benford. 1986. "Frame Alignment Processes, Micromobilization, and Movement Participation." *American Sociological Review*, 464–481.

Tarrow, Sidney. 1996. "States and Opportunities: The Political Structuring of Social Movements." *Comparative Perspectives on Social Movements*, 41–61.

Tarrow, Sidney G., and J. Tollefson. 1994. Power in Movement: Social Movements, Collective Action and Politics. Cambridge Univ Press.

Tilly, Charles. 1978. From Mobilization to Revolution. McGraw-Hill New York.

Vittes, M. Elliot, P. H. Pollock, and Stuart A. Lilie. 1993. "Factors Contributing to NIMBY Attitudes." *Waste Management* 13 (2): 125–129.

Wright, Rachel A., and Hilary Schaffer Boudet. 2012. "To Act or Not to Act: Context, Capability, and Community Response to Environmental Risk." *American Journal of Sociology* 118 (3): 728–777.

三校2016年硕士论文题目汇总

北京大学（本部）

陈　静：职业地位获得影响因素的阶层差异

陈雪松："打赊"中的"义""利"整合——团结经济理论视角下对村民资金互助合作的研究

曹　羽：资源整合与结构重构——信息技术对非营利组织的影响研究——以北京市 C 基金会为例

程梦玲：双重边缘性与生存策略——以新疆生产建设兵团农业职工为例

杜京帅：服务整合与发送：个案管理在家庭综合服务中的应用研究——以 H 社会工作机构 F 项目为例

范　爽：家庭为本：个案管理模式在精神障碍患者社区康复中的本土化——以北京市 Y 区 C 医院精神科为例

范志英：组织、网络与个体的江湖地位获得

方　草：北京市 J 机构大龄自闭症人士的增能照顾研究

付华昊：群租房：二房东与管理者的博弈

郭舒云：乡村公共空间及其新发育——以黔东南一个侗族村寨作为考察对象

哈斯乌云：栖居在鬼城：康巴什的日常生活研究

胡　晓：海南省候鸟老人生活满意度的影响因素研究

黄　婧：外部纠纷压力下的医院内部协调模式研究

黄　静：我国城乡医疗服务利用的不平等研究——基于 CHARLS2013 数据

邝继浩：电影研究中的"田野调查"：文本解读与社会学分析刍议

赖晓涵：身处迷雾的手机游戏玩家：资本控制下的自由与创新

李芳云：新制度主义视角下医务社会工作合法性的获得与发展——以 G 组织的医务社会工作实践为例

者为例

薛荻枫：政府购买社会服务项目研究——以北京市西城区 B 社区为例

杨　珩：互联网创新社会治理的地方经验研究——以深圳市 B 区为例

杨林翰：越轨的亲密关系正常化——小姐和客人的恋情分析

尹亚文：国家的扩张：理性选择视角下 F 市社会工作发展的逻辑

张　龙：社会学"南开班"（1981—1982）

郑　捷：困境与调适——自闭症儿童家庭抗逆力研究

周　航：抗争是否发生？—— 对二甲苯（PX）项目集体抗争影响因素的定性
　　比较分析

周子威：草根 NGO 公益众筹的合法性困境研究——以 W 公益众筹平台为例

朱婷婷：从内生式发展看中国农村社区发展——以北京市两村发展为例

北京大学（深圳研究院）

曹金羽：漫游者与自我的起源

郭亚楠：国企改制和工人地位认知感的变迁——来自河南某煤炭国企的个案
　　研究

侯安琪：背包旅游：从仪式反抗到趋同消费

侯郁聪：社会主义时期工人的主人翁意识——以西北 600 工厂为例

姜　楠：妇女生育与其离婚风险——基于 2010 年 CFPS 数据

焦秋秋：同伴影响、一般自我效能感与学习成绩的关系

李晓菁：从政治驱动到资本驱动的情感劳动 ——以国内空姐的实证研究为例

李栩栩：隔代照料行为及照料强度的影响因素研究

李远飞：教育期望的性别差异

龙清华：家庭实权对女性自主行为的影响

倪梦薇：医患冲突中的规则与利益

冉东升：困顿生活中的信仰应对——以东北地区萨满式地仙信仰为例

冉慧林：当代台湾基督教的发展与变迁

史俊鹏：在信仰中找寻自我认同——中国大陆城市同志基督徒的调查

清华大学

黄　璜：权力驯服教学：熊堡小学运动式教育治理及其失败

倘凌越：弱者抗争与符号生产——以广州市环卫工停工维权为例

洪　韵：后单位制社区的"选择性治理"

朱　倞：城镇化进程中农民工信任影响机制研究

吴筱雅：历史都市的保存与再生——以京都为例

陈可玹：基于母系家庭的亲属制度研究

塔徒丽：丝绸之路还是"国家"之路

金胜姬：中韩老年人自杀现象比较研究

袁丛珊："在混沌中求生"：社会企业的合法性建构

人民大学

陈二培：宗教信仰与主观幸福感——基于 CGSS2010 数据的实证分析

陈宏宇：淘宝业发展中的社会空间变迁——以河北省清河县为例

陈香茗：信息并不平等——基于大学生和新生代农民工数字鸿沟的研究

陳柔安：中国居民吸烟行为的社会阶层差异及其变动趋势

崔宇宸：景观、体验与欲望生产——基于北京 F 商场的消费社会学分析

邓亚兵　：婚姻挤压背景下农村青年男性的现实困境与婚姻策略——基于 X
　　　　村的访谈发现

冯瑞珍：从传统小吃到文化商品——人类学视野下的申家饸饹

宫　赫：健身房中的身体规训与反抗——基于中国人民大学健身房的实地研
　　　　究

郭新亮：宗教信仰对性观念的影响

贺菁菁：现代熬夜现象的社会学研究

黄全梅：社会性别视角下女性体育参与研究——以北京健身跑运动参与者为
　　　　例

李　朝：求职过程中社会关系使用的影响因素研究——基于 CGSS2008 的数
　　　　据分析

李梦璐：违法行为的成本与效益——乌市交通禁限行的法社会学分析